365 이벤트

KB085999

❶ 기출문제 복원 이벤트

이기적 수험서로 열심히 공부하고
시험에 응시하신 독자님들,
기억나는 문제를 공유해 주세요.

응시일로부터
7일 이내의
복원 제보만
인정됩니다

세부 내용

참여 혜택

📖 영진닷컴 도서(최대 30,000원 상당)
🎁 이벤트 선물(영진닷컴 쇼핑몰 포인트, N페이
포인트 등 다양한 혜택 제공)

❷ 리뷰 참여 이벤트

온라인 서점 또는 개인 SNS에
도서리뷰와 합격 후기를 작성해 주세요.

YES 24
인터파크 도서 알라딘
교보문고

세부 내용   당첨자 확인

세부 내용

❸ 정오표 이벤트

⚠️ 이기적 수험서의 오타 및 오류를 영진닷컴에
제보해 주세요.

book2@youngjin.com으로 [도서명], [페이지],
[수정사항], [이름], [연락처]를 보내주세요.

이기적 스터디 카페

1:1 질문답변

집에서도, 카페에서도, 도서관에서도!
전문가 선생님의 1대1 맞춤 과외!

온라인 스터디

서로 당겨주고, 밀어주고, 합격을 함께 할
스터디 파트너를 구해 보세요!

구매자 한정 혜택

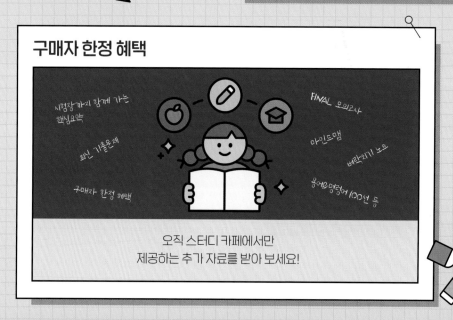

시험장까지 함께 가는
핵심요약

최신 기출문제

구매자 한정 혜택

FINAL 모의고사

마인드맵

벼락치기 노트

용어&명령어 100선 등

오직 스터디 카페에서만
제공하는 추가 자료를 받아 보세요!

* 제공되는 혜택은 도서별로 상이합니다. 각 도서의 혜택을 확인해 주세요.

NAVER 이기적 스터디 카페

나만의 합격 키트

PDF 다운로드 후
태블릿 PC에서
사용 가능합니다.

캘린더

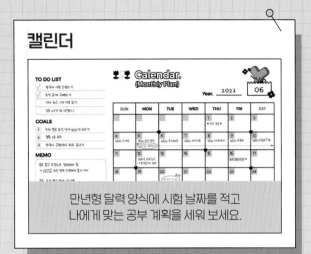

만년형 달력 양식에 시험 날짜를 적고
나에게 맞는 공부 계획을 세워 보세요.

스터디 플래너

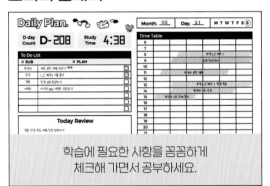

학습에 필요한 사항을 꼼꼼하게
체크해 가면서 공부하세요.

오답노트

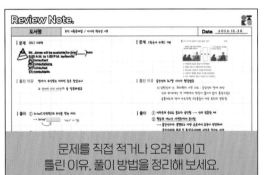

문제를 직접 적거나 오려 붙이고
틀린 이유, 풀이 방법을 정리해 보세요.

다꾸 스티커 패키지

추가 증정
이벤트

스티커1

스티커2

스티커3

명품 강사진

누적 조회수 3400만이 시청한
명품 강의로 한 번에 합격!

정보처리기사	컴퓨터활용능력	컴퓨터그래픽스운용기능사	한식조리기능사
고소현	박윤정	이향아	최경선

정보처리기사	컴퓨터활용능력	한국사능력검정	전산회계	지게차/굴착기
한진만	홍태성	김민석	정창화	김주승

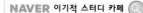

환상의 콤비 필기+실기
사무자동화산업기사

★

1권 · 필기

구매자 혜택 BIG 6

이기적 독자에게 모두 드리는 자료!

CBT 온라인 문제집

실제 시험장처럼 PC로 시험에 응시해 보세요(모바일로도 응시 가능합니다!). 하나하나 풀다 보면 실력이 쑥쑥 올라가는 것을 확인할 수 있습니다.

합격 강의 무료

추가 설명이 필요한 학습자를 위해 이론 동영상 강의를 준비했습니다. 도서 구매자라면 100% 무료로 강의를 시청해보세요.

* 강의 시청은 1판 1쇄 기준 2년까지 유효합니다.

이기적 스터디 카페

이기적 스터디 카페에서 함께 자격증을 준비하세요. 다양한 시험 정보와 이벤트, 1:1 질문답변까지 해결해 드립니다.

* 이기적 스터디 카페 : cafe.naver.com/yjbooks

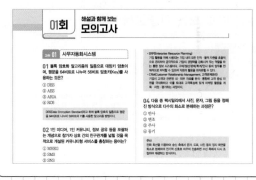

추가 필기 모의고사 PDF

도서에 수록되지 않은 필기 모의고사 3회분을 추가로 제공합니다. 이기적 홈페이지 자료실에서 PDF를 다운받아 이용해 주세요.

* 암호 : sm6953

시험장까지 함께 가는 핵심 요약 PDF(모바일 버전 제공)

마지막에 마지막까지 이기적이 여러분과 함께 합니다. 이보다 더 중요할 순 없는 내용만 꽉꽉 담은 핵심 요약 PDF로 마지막 순간까지 이기적과 함께 하세요.

* 이기적 스터디 카페에서 구매 인증을 통해 받으실 수 있습니다.

정오표

이미 출간된 도서에는 오류가 있을 수 있습니다. 출간 후 발견되는 오류는 정오표를 확인해 주세요.

* 도서의 오류는 교환, 환불의 사유에 해당하지 않습니다.

이기적 200% 활용 가이드

완벽 합격을 위한 사용 설명서

STEP 1

손에 잡히는 핵심이론

// POINT //
01 사무자동화 개념과 특징

01 사무자동화의 개념

◎ 사무자동화(OA; Office Automation)의 정의
- 조직의 사무업무를 수행하기 위해 사무기능을 자동화한 것이다.
- 컴퓨터 기술, 통신 기술, 시스템 과학, 행동과학을 적용하여 사무의 생산성을 높이는 일이다.
- 사무 근로자의 생산성을 높이기 위해 그들이 사용하는 장비에 수행하는 업무를 통합시키는 것이다.
- 전사적, 장기적 관점에서의 사무생산성 향상과 창조적 인간능력 개선이다. ─ 결정적 정의
- 기존의 자료 처리 기술로는 다루기 어렵고 자료 양이 많으면서도 명확하지 않은 사무업무에 대하여 컴퓨터 기술, 통신 기술, 시스템 과학, 행동 과학을 적용한 학문이다. ─ Zisman의 정의
  - 시스템 과학을 적용하는 데 있어서 갖춰야 할 특징 : 반환(Feedback) 기능, 입/출력의 분석, 목적·목표의 계속적 추구, 질서 있는 전체로서의 추구
  - 행동 과학의 요소 : 사회학, 심리학, 인류학

◎ 사무자동화의 ABCD
- A : Automated Office(자동화 사무실)
- B : Business Machine(사무기기)
- C : Communication System(통신 시스템)
- D : Data Processing System(자료 처리 시스템)

02 사무자동화의 등장 배경 요인

◎ 사회적 요인
- 정보화 사회의 출현으로 사무실에서 처리해야 할 정보의 대량화 및 다양화

- 사무업무에 대한 기존의 의식 변화
- 정보산업으로의 발전 및 확대

◎ 경제적 요인
- 최대의 이익을 추구하기 위하여 정보의 최대 활용이 요구되는 경제 환경의 변화
- 사무 부문의 비용 증가(인건비, 사무실 운영비, 문서 작성비/보관비) 등
- 생산부문에 비해 사무부문의 생산성 증가 크게 저조

◎ 기술적 요인
- 하드웨어 기술의 발전
- 소프트웨어 기술의 발전
- 통신(네트워크) 기술의 발전

03 사무자동화의 특징과 주요 기능

◎ 사무자동화의 특징
- 사무자동화는 사용자 중심이어야 한다.
- 사무자동화는 종합적인 체계로 구성되어야 한다.
- 사무자동화는 실제적인 개념이다.
- 사무자동화시스템의 구현이 성공하기 위해서는 사용자 집단의 거부 반응을 최소화해야 한다는 것이 공통된 의견이다.
- 인간과 기계 간의 인터페이스(Man-Machine Interface)이다.

◎ 사무자동화의 목적
- 사무 분야의 지적 생산성 향상
- 사무처리의 질적 향상
- 사무처리의 비용 절감

다년간 분석한 데이터를 바탕으로 필기 시험에 나오는 중요한 이론을 58가지 포인트로 정리했습니다.

① 출제 빈도 상 중 하
각 포인트를 출제 빈도에 따라 상/중/하 등급으로 나누었습니다.

②
요약된 핵심이론이 어렵다면 이론 강의를 들어보세요.

③ 단답형 문제
이론 포인트를 단답형 문제로 바로 체크할 수 있도록 준비했습니다.

④ 객관식 문제
개념을 이해할 수 있도록 준비된 객관식 문제입니다.

STEP 2

해설과 따로 보는 기출문제 + 해설

필기   2023년 기출문제 01회

1과목 사무자동화시스템

01 순차접근(Sequential Access)방식의 저장장치로 옳은 것은?
① Flash Memory   ② 자기 테이프
③ 윈체스터 디스크   ④ CD-ROM

02 인터넷을 통한 전자상거래(EC)의 효과로 옳지 않은 것은?
① 잠재고객의 확보와 물리적 제약 극복
② 소비자의 다양한 정보와 선택의 다양화
③ 완벽한 기밀성과 익명성의 보장
④ 구매자의 비용 절감

05 광케이블을 특정 지점까지만 연결하고 구내에는 UTP 또는 동축케이블을 연결하는 것과는 달리 광케이블을 구내의 종단까지 직접 연결하여 기존 방식 대비 최대 100배 이상 빠른 서비스를 제공할 수 있는 초고속 인터넷 서비스의 명칭은?
① ADSL
② FTTH
③ WLAN
④ VDSL

06 Windows 시스템상에서 일본어, 중국어 등 문자 수가 많은 언어를 입력하기 위해 필요한 소프트웨어는?

해설과 따로 보는 기출문제   **정답 및 해설**

2023년 기출공학 문제				
01 ④	02 ②	03 ②	04 ④	05 ③
06 ①	07 ④	08 ④	09 ②	10 ③
11 ④	12 ④	13 ②	14 ④	15 ①
16 ①	17 ②	18 ①	19 ④	20 ④
21 ②	22 ①	23 ④	24 ④	25 ④
26 ③	27 ④	28 ②	29 ④	30 ④
31 ②	32 ①	33 ④	34 ②	35 ④
36 ④	37 ③	38 ②	39 ①	40 ④
41 ④	42 ②	43 ④	44 ①	45 ③
46 ④	47 ②	48 ④	49 ④	50 ①
51 ①	52 ③	53 ①	54 ①	55 ①
56 ①	57 ④	58 ①	59 ④	60 ③
61 ②	62 ④	63 ④	64 ④	65 ④
66 ③	67 ④	68 ①	69 ③	70 ④

06 ①
IME소프트는 경영전략(이란 시장과 제품에 대한 최종 도달점의 길이 개념으로 볼 수 있으며, 이에 따른 구체적인 의사결정에는 실행 시점의 내적, 경쟁상의 외적, 설정에따라 사...

07 ④
페이욜(Fayol, H.의 경영 5대 관리 기능 : 기술적 행위, 상업적 행위, 재무적 행위, 안전행위, 회계행위, 관리행위(계획화, 조직화, 지휘, 조정화, 통제화)

08 ④
트랜잭션의 특성
- 원자성(Atomicity) : 완전하게 수행 완료되지 않으면 전혀 수행되지 않아야 한다.
- 일관성(Consistency) : 시스템의 고정 요소는 트랜잭션 수행 전후에 같아야 한다.
- 격리성(Isolation) : 트랜잭션 실행 시 다른 트랜잭션의 간섭을 받지 않아야 한다.

2022~2023년 필기 기출문제 5회분을 풀어보며 실전 감각을 키워보세요.

① 1-148p
문제는 어느 페이지에 있는지 바로 확인할 수 있습니다.

② 오답 피하기
옳지 않은 보기는 왜 정답이 아닌지 정리했습니다.

STEP 3

MS 오피스 따라 하기

실기 시험 문제풀이 작업을 순서대로 따라하면서 문제풀이 방법과 과정을 습득할 수 있습니다.

① **핵심 포인트**

효율적으로 공부할 수 있도록 핵심 포인트를 제시했습니다.

②

동영상 강의를 들으며 풀이 과정을 확실히 익혀 보세요.

③ **기적의 Tip**

학습 노하우를 알려주는 Tip을 제시했습니다.

④ **해결 Tip**

작업 시 맞닥뜨릴 어려움에 대비하는 해결 Tip을 제시했습니다.

STEP 4

공단 공개문제 + 해설

공단 공개문제 6회분을 풀어보며 최종 마무리 학습을 하세요.

① **엑셀 작업** EXCEL 표 계산(SP) 작업 정답

헷갈리지 않게 정답으로 인정되는 답을 명확하게 제시했습니다.

② **01** EXCEL 표 계산(SP) 작업 풀이

해당 문제의 작업 풀이를 상세하게 설명했습니다.

③ **기적의 Tip**

학습 노하우를 알려주는 Tip 제시했습니다.

필기 차례

1권

구매자 혜택 BIG 6	1-2
이기적 200% 활용 가이드	1-4
차례	1-6
시험의 모든 것	1-8
CBT 시험 가이드	1-10
필기 시험 출제 경향	1-12
자주 질문하는 필기 Q&A	1-14

PART 01
손에 잡히는 핵심이론

1과목 • 사무자동화시스템	1-16
2과목 • 사무경영관리개론	1-54
3과목 • 프로그래밍 일반	1-82
4과목 • 정보통신개론	1-114

PART 02
해설과 따로 보는 기출문제

2023년 기출공략 문제	1-148
2023년 기출문제 01회	1-158
2023년 기출문제 02회	1-167
2022년 기출문제 01회	1-176
2022년 기출문제 02회	1-185

PART 03
정답 및 해설

정답 및 해설	1-196

실기 차례

2권

실기 시험 출제 경향	2-2
실기 차례	2-4
자주 질문하는 실기 Q&A	2-5

PART 01 MS 오피스 따라 하기

SECTION 01 Excel 따라 하기	2-16
SECTION 02 Access 따라 하기	2-48
SECTION 03 PowerPoint 따라 하기	2-85

PART 02 공단 공개문제

SECTION 01 공단 공개문제 01회	2-108
SECTION 02 공단 공개문제 02회	2-129
SECTION 03 공단 공개문제 03회	2-151
SECTION 04 공단 공개문제 04회	2-173
SECTION 05 공단 공개문제 05회	2-193
SECTION 06 공단 공개문제 06회	2-215

PART 03 함수 사전

SECTION 01 Excel 함수 사전	2-236
SECTION 02 Access 함수 사전	2-299

시험의 모든 것

01 필기 응시 자격 조건

- 2년제 이상 대학 졸업자 및 졸업 예정자(관련 학과)
- 이외의 응시 자격은 시행처 확인

02 원서 접수하기

- www.q-net.or.kr에서 접수
- 정기 검정 : 1년에 3회
- 검정 수수료 : 필기 19,400원, 실기 31,000원

03 필기 및 실기 시험

- 신분증과 수험표 지참
- 필기 시험 : 객관식 4지 택일형(과목당 30분)
- 실기 시험 : 작업형(2시간)

04 합격자 발표

- 필기 시험 : 시험 종료 후 바로 확인
- 실기 시험 : 해당 합격자 발표일 오전 9시

1. 응시 자격

- 기능사(타 산업기사, 타 자격 포함) 이상+실무 1년 이상
- 동일 및 유사 직무분야 산업기사 이상 취득
- 2·3년제 전문대학 또는 대학 졸업자 및 졸업예정자(관련 학과)
- 실무 경력 2년 이상
- 실기 시험 : 필기 시험 합격자

2. 원서 접수

필기 : 19,400원, 실기 : 31,000원

(원서접수 마감일 18시까지 결제, 계좌 이체 및 신용카드 결제 가능)

3. 합격 기준

필기 시험	100점을 만점으로 하여 과목당 40점 이상, 전과목 평균 60점 이상
실기 시험	100점을 만점으로 하여 60점 이상

4. 합격자 발표

- 필기 시험 : 최종 답안 제출 후 바로 점수 확인 가능
- 실기 시험 : 최종 합격자 발표일 오전 9시

5. 자격증 수령

- 상장형 자격증을 원칙으로 하며 수첩형 자격증도 발급
- 자격 취득 사실 확인이 필요할 경우 취득사항확인서(한글, 영문) 발급

형태	상장형 및 수첩형
신청 절차	공단이 본인 확인용 사진을 보유한 경우, 인터넷 배송 신청 가능(q-net.or.kr)
수수료	• 인터넷 접수 수수료 : 3,100원 • 우편 발송 요금 : 3,010원
수령 방법	• 상장형 자격증은 인터넷을 통해 무료 발급 가능(1회 1종목) • 수첩형 자격증은 우편배송만 가능 • 신분 미확인자는 공단에 직접 방문하여 수령
신청 접수 기간	합격자 발표일 이후

6. 출제 기준

출제 기준 상세 보기

- 적용 기간 : 2023.01.01.~2025.12.31.
- 필기 출제 기준
  - 1과목 : 사무자동화시스템

사무자동화 개념	사무자동화 정의 및 기본요소, 사무자동화 추진 및 전략, 사무자동화 경영관리
사무자동화 기술	하드웨어기술, 응용소프트웨어기술, 통신응용기술, 정보보안기술
사무자동화 응용	자료전송, 자료저장
통합사무자동화	데이터베이스, e-비즈니스, 경영관리시스템

  - 2과목 : 사무경영관리개론

사무정보관리	사무관리 의의, 정보자원관리, 경영정보관리
사무관리 표준화	사무의 계획 및 조직, 사무의 통제 및 표준화, 사무환경관리
자료관리 운용	자료의 개요, 정보보안, 전산망 관리와 운용, 자료관리의 자동화
사무작업 형태	사무작업의 효율화, 전자문서의 관리와 운용

  - 3과목 : 프로그래밍 일반

프로그래밍 언어	프로그래밍 설계, 언어번역, 자료형, 순서제어
시스템 소프트웨어	운영체제

  - 4과목 : 정보통신개론

정보통신의 개념	정보통신 시스템 구성 및 서비스
정보통신기기	단말 및 교환기, 전송 및 접속장비
정보전송 기술	정보전송이론, 전송 및 변조방식
통신프로토콜	통신프로토콜의 개념, OSI 모델, 표준안 및 권고안
정보통신망	정보통신망 개요, 데이터통신망, 광통신, 무선통신, 위성통신

- 실기 출제 기준

응용프로그램 설치 및 삭제	응용프로그램 설치 및 삭제하기
사무자동화 활용 하기	스프레드시트, 데이터관리, 프레젠테이션
인쇄	인쇄하기

CBT 시험 가이드

CBT 시험 체험하기

CBT란 Computer Based Test의 약자로, 종이 시험 대신 컴퓨터로 문제를 푸는 시험 방식을 말합니다. 직접 체험을 원하는 수험생은 한국산업인력공단 홈페이지 큐넷(Q-net)을 방문하거나, 본 도서의 QR코드를 통해 자격검정 CBT 웹 체험 프로그램을 이용하실 수 있습니다.

* CBT 온라인 문제집 체험(cbt.youngjin.com)

01 좌석 번호 확인

수험자 접속 대기 화면에서 본인의 좌석 번호를 확인합니다.

02 수험자 정보 확인

시험 감독관이 수험자의 신분을 확인하는 단계입니다. 신분 확인이 끝나면 시험이 시작됩니다.

03 안내사항

시험 안내사항을 확인하고, 다음을 클릭합니다.

04 유의사항

시험과 관련된 유의사항을 확인합니다.

05 문제풀이 메뉴 설명

시험을 볼 때 필요한 메뉴에 대한 설명입니다. 메뉴를 이용해 글자 크기와 화면 배치를 조정할 수 있습니다. 남은 시간을 확인하며 답을 표기하고, 필요한 경우 아래의 계산기를 이용할 수 있습니다.

06 문제풀이 연습

시험 보기 전, 연습을 해 보는 단계입니다. 직접 시험 메뉴 화면을 클릭하며, CBT가 어떻게 진행되는지 확인합니다.

07 시험 준비 완료

문제풀이 연습을 모두 마친 후 [시험 준비 완료] 버튼을 클릭하면 시험 감독관의 지시에 따라 시험이 시작됩니다.

08 시험 시작

시험이 시작되었습니다. 수험자분들은 제한 시간에 맞추어 문제풀이를 시작합니다.

09 답안 제출

시험을 완료하면 [답안 제출] 버튼을 클릭합니다. 답안을 수정하기 위해 시험화면으로 돌아가고 싶으면 [아니오] 버튼을 클릭합니다.

10 답안 제출 최종 확인

답안 제출 메뉴에서 [예] 버튼을 클릭하면, 수험자의 실수를 방지하기 위해 한 번 더 주의 문구가 나타납니다. 완벽히 시험 문제 풀이가 끝났다면 [예] 버튼을 클릭하여 최종 제출합니다.

11 합격 발표

CBT 시험이 모두 종료되면, 바로 합격/불합격 여부를 확인할 수 있습니다.

시험은 이렇게 출제된다!

수험서는 최소 평균 60점만 맞으면 합격입니다. 백날 천날 공부해도 이해 안 되는 어려운 과목은 과감하게 과락을 면제받을 정도로만 공부하고 자신 있는 과목에 집중하세요. 그게 합격의 지름길입니다. 마무리 체크를 원하는 수험생, 시간이 없어서 중요한 것만 공부하고 싶은 수험생은 자주 출제되는 기출 태그만이라도 꼭 짚고 넘어가세요. 우리의 목표는 100점이 아니라 합격이니까요.

| 1과목 | 사무자동화시스템 | 자주 출제되는 내용이 많고 고득점 얻기 쉬운 과목! | 20문항 |

가장 기초적이면서 기본적인 내용을 담고 있는 부분입니다. 사무자동화 정의 및 배경, 목적 등 각 항목은 반드시 외우고 항목별로 뜻하는 의미도 기억해 두어야 변형되는 유사 문제들을 풀 수 있습니다. 자주 출제되지만 어려운 과목은 아니므로 종종 지나치는 부분이 많을 수 있습니다. 꼭 자신이 확실히 알고 있는지 확인을 해보세요.

항목	비율	내용
1. 사무자동화 개념	24%	사무자동화 정의 및 목적, 접근 방법의 종류 및 추진과정, 생산성 및 평가 기준과 방법, 경영정보시스템, 데이터웨어하우스
2. 사무자동화 기술	25%	중앙 처리 장치, 주기억장치, 소프트웨어, 정보통신시스템
3. 사무자동화 기기	25%	자료 처리 기기, 팩시밀리 주사 방식, 전자우편, 디스크의 개념과 종류
4. 통합 사무자동화	26%	데이터베이스 정의 및 특징, 스키마, 전자상거래, 전자화폐, 그룹웨어

| 2과목 | 사무경영관리개론 | 조금은 외울 것이 많은 과목! 꼼꼼한 학습이 필요! | 20문항 |

관리의 기능인 계획 · 조직 · 통제 · 조정 · 지시 · 인사 등을 묻는 문제가 빈번히 출제되었고, 사무관리와 정보관리에 대한 설명으로 옳지 않은 것을 고르는 문제, 각각의 기능과 차이점 등을 묻는 문제가 해마다 출제됩니다. 각 기능들에 대한 설명과 그에 따른 학자들의 주장 등은 다소 헷갈릴 수 있으므로 꼼꼼한 학습이 필요합니다.

항목	비율	내용
1. 사무관리 개요	26%	사무의 개념/본질/분류, 사무관리의 기능, 현대적 사무관리, 경영 정보 시스템
2. 사무관리 표준화	24%	사무 계획화, 사무 조직화, 사무 통제 방법, 표준화 종류, 사무실 관리 및 배치 원칙
3. 자료관리 운용	25%	자료의 종류/수집/분류, 정보보안, 국가기간 전산망, 전산망 관련 기관
4. 사무작업 형태	25%	사무 간소화, 사무 분석, EDI 시스템, 사무관리 규정, 전자문서

3과목 | 프로그래밍 일반 | 기출문제가 많이 나오는 과목! 신유형보다는 기출문제! | 20문항

자료형, C언어, 운영체제에서 많은 문제가 출제됩니다. 신유형 문제가 출제되기는 하지만, 적은 수의 신유형 문제를 위해 시간을 쏟기보다는 기출 문제의 철저한 학습과 이해를 중심으로 준비하는 것이 합격의 지름길입니다.

1. 프로그래밍 언어 개요 17% 기계어, 어셈블리어, 호환성, 시스템 프로그래밍용 언어

2. 언어의 설계와 구현 17% 디버깅, 컴파일러, 인터프리터, 목적 프로그램, 링키지에디터, 바인딩

3. 언어 구문과 번역 21% 예약어, 핵심어, BNF, 파스 트리, 정규 문법, 어휘 분석, 구문 분석, 토큰

4. 자료형과 C, Java 13% 변수, 상수, 기억 장소, 기억 클래스, 관계 연산자, 기본 입력함수, 상속성

5. 순서 제어 16% 연산자, 중위표기법, 반복 실행, 조건문, 반복문, 스택, 큐, 매크로

6. 운영체제 16% 소프트웨어, 제어 프로그램, 처리 프로그램, 프로세스, HRN 스케줄링, 주기억장치 배치전략, 페이징 기법, UNIX 명령어

4과목 | 정보통신개론 | 광범위한 영역! 예측할 수 없는 신유형! 하지만~! | 20문항

광범위한 내용을 다루며 신유형이 가장 많이 출제되는 과목입니다. 하지만 분명 필수적으로 반복되는 기출문제 유형이 있습니다. 기출문제에 집중!하는 것이 역시 해답입니다.

1. 정보통신 개요 18% 광역화, 데이터 전송계, 데이터 처리계, 데이터 전송 경로

2. 정보통신 기기 22% 단말 장치, 접속 규격, 교환기기, 코덱, 광케이블, 다중화기

3. 정보 전송 기술 20% 주파수, 변조, 위상, 샤논의 법칙, 동기식/비동기식 특징, 프로토콜, ARQ

4. 통신 프로토콜 13% 통신 규약, 공중 데이터망, OSI 7계층 구조

5. 정보 통신망 15% 교환망의 특징, 트래픽 제어, LAN, ISDN, ATM, CDMA/CD

6. 인터넷과 뉴미디어 12% 서브네팅, TCP/IP 프로토콜, IP주소 클래스의 크기, 비디오텍스

자주 질문하는 필기 Q&A

Q 사무자동화산업기사 시험에 응시할 수 있는 자격 제한은 어떻게 되나요?

2년제 이상 관련 학과의 대학졸업(예정)자 또는 이와 동등한 학력을 소유하면 응시할 수 있습니다(자세한 사항은 www.q-net. or.kr에서 확인하실 수 있습니다).

Q 사무자동화산업기사 시험은 어디에서 접수하며, 방문 접수도 가능한가요?

한국산업인력공단 홈페이지(www.q-net.or.kr)에서 인터넷 접수만 가능합니다.

Q 접수 후 시험 장소나 일정을 변경할 수 있나요?

원서접수 마감 이후 환불로 인해 발생한 잔여석을 대상으로 시험 장소 및 일정을 변경할 수 있습니다.

Q 접수 가능한 사진 범위 등 변경사항 구분 내용은 어떻게 되나요?

구분	내용
접수 가능 사진	6개월 이내 촬영한 (3×4cm) 컬러 사진, 상반신 정면, 탈모, 무 배경
접수 불가 사진	스냅 사진, 선글라스, 스티커 사진, 측면 사진, 모자 착용, 혼란한 배경사진, 기타 신분확인이 불가한 사진

Q-net 사진등록, 원서접수 사진 등록 시 등 상기에 명시된 접수 불가 사진은 컴퓨터 자동인식 프로그램에 의해서 접수가 거부될 수 있습니다.

Q 입실 시간이 지난 후 시험장에 도착할 경우 시험 응시가 가능한가요?

반드시 시험 30분 전에 입실해야 합니다. 입실 시간이 지나면 시험에 응시할 수 없습니다.

Q 필기시험 합격 유효 기간은 언제까지 인가요?

필기시험 합격 유효 기간은 합격자 발표일로부터 2년 동안 유효합니다.

Q 자격증 분실 시 재발급 방법 및 준비물은 어떤 것들이 있나요?

본인이나 대리인이 직접 방문 또는 www.q-net.or.kr에서 신청하시면 됩니다.
준비물 : 신분증, 사진(증명 또는 반명함 1매), 수수료 등

Q 자격증 발급 신청 후 수령까지 소요 기간은 얼마나 걸리나요?

자격증 발급(3~6일) 및 배송업체에서 배송하는 기간(2~4일)을 포함하여 약 7일(5~10일) 정도 소요되며, 정확한 배송예정일은 우체국에서 자격증이 배송되기 전에 SMS 문자 메시지로 전송될 예정입니다.

※ 시험의 일반 사항에 관한 내용은 얼마든지 변경될 수 있으니 한국산업인력공단(www.q-net.or.kr)에서 최종 확인하시기 바랍니다.

손에 잡히는
핵심이론

사무자동화산업기사 필기 시험은 사무자동화시스템, 사무경영관리개론, 프로그
래밍 일반, 정보통신개론의 4과목으로 구성됩니다. PART 01에는 4과목의 방대
한 이론 중 출제 가능성이 높은 핵심이론만을 엄선하여 POINT 58가지로 수록
하였습니다. 무료로 제공되는 POINT별 동영상 강의를 활용한다면 이론을 좀 더
확실하게 정리할 수 있습니다.

사무자동화 개념과 특징

01 사무자동화의 개념

◈ 사무자동화(OA; Office Automation)의 정의

- 조직의 사무업무를 수행하기 위해 사무기능을 자동화한 것이다.
- 컴퓨터 기술, 통신 기술, 시스템 과학, 행동과학을 적용하여 사무의 생산성을 높이는 일이다.
- 사무 근로자의 생산성을 높이기 위해 그들이 사용하는 장비에 수행하는 업무를 통합시키는 것이다.
- 전사적, 장기적 관점에서의 사무생산성 향상과 창조적 인간능력 개선이다. — 광의적 정의
- 기존의 자료 처리 기술로는 다루기 어렵고 자료 양이 많으면서도 명확하지 않은 사무업무에 대하여 컴퓨터 기술, 통신 기술, 시스템 과학, 행동 과학을 적용한 학문이다. — Zisman의 정의
  - 시스템 과학을 적용하는 데 있어서 갖춰야 할 특징 : 반환(Feedback) 기능, 입/출력의 분석, 목적·목표의 계속적 추구, 질서 있는 전체로서의 추구
  - 행동 과학의 요소 : 사회학, 심리학, 인류학

◈ 사무자동화의 ABCD

- A : Automated Office(자동화 사무실)
- B : Business Machine(사무기기)
- C : Communication System(통신 시스템)
- D : Data Processing System(자료 처리 시스템)

02 사무자동화의 등장 배경 요인

◈ 사회적 요인

- 정보화 사회의 출현으로 사무실에서 처리해야 할 정보의 대량화 및 다양화
- 고학력화, 고령화로 인한 인구수, 연령분포, 교육 연수의 변화
- 사무관리의 질적인 효율성 필요

- 사무업무에 대한 기존의 의식 변화
- 정보산업으로의 발전 및 확대

◈ 경제적 요인

- 최대의 이익을 추구하기 위하여 정보의 최대 활용이 요구되는 경제 환경의 변화
- 사무 부문의 비용 증가(인건비, 사무실 운영비, 문서 작성비/보관비 등)
- 생산부문에 비해 사무부문의 생산성 증가 크게 저조

◈ 기술적 요인

- 하드웨어 기술의 발전
- 소프트웨어 기술의 발전
- 통신(네트워크) 기술의 발전

03 사무자동화의 특징과 주요 기능

◈ 사무자동화의 특징

- 사무자동화는 사용자 중심이어야 한다.
- 사무자동화는 종합적인 체제로 구성되어야 한다.
- 사무자동화는 실제적인 개념이다.
- 사무자동화시스템의 구현이 성공하기 위해서는 사용자 집단의 거부 반응을 최소화해야 한다는 것이 공통된 의견이다.
- 인간과 기계 간의 인터페이스(Man-Machine Interface)이다.

◈ 사무자동화의 목적

- 사무 분야의 지적 생산성 향상
- 사무처리의 질적 향상
- 사무처리의 비용 절감
- 사무처리의 시간 단축
- 사무처리의 투명화
- 효과적인 정보 관리
- 정형적 업무의 자동화

- 욕구의 다양화에 대처
- 유효성 향상
- 창조성 향상

◈ 사무자동화의 주요 기능

- **문서화(Documentation) 기능** : 문서의 작성, 배포, 보관의 신속화, 정확도의 향상을 위한 기능이다.
- **통신(Communication) 기능** : 통신망을 이용해 자료를 송수신하거나 상호 대화를 지원하는 기능이다.
- **정보(Information) 활용 기능** : 문자, 음성, 화상 정보 등의 다양한 정보를 활용하는 기능이다.
- **업무의 자동화(Automation) 기능** : 문서화 기능, 통신 기능, 정보 활용 기능을 유기적으로 결합시키는 기능이다.

◈ 사무자동화의 기본 요소

- **철학(Philosophy)** : 사무자동화에 대한 명료한 개념을 파악하고 계획 및 실천에 대한 확고한 신념과 의지를 가져야 한다.
- **장비(Equipment)** : 사무자동화를 위해 필요한 사무 기기 등을 총칭하는 것으로, 하드웨어와 소프트웨어로 나눌 수 있다.

- **제도(System)** : 오디오시스템, 비디오시스템, 경영 관리 시스템 등 유형·무형의 시스템이 수없이 많이 존재하고 있다.
- **사람(People)** : 사무자동화는 사무의 생산성을 높이기 위해 필요한 것인 만큼 사람은 모든 시스템의 주체가 될 수 있다.

◈ 자동화 시스템의 종류

- OA(Office Automation, 사무자동화)
- FA(Factory Automation, 공장자동화)
- HA(Home Automation, 가정자동화)
- SA(Sales Automation, 점포자동화)
- MA(Management Automation, 관리자동화)
- AA(Accounting Automation, 회계자동화)

◈ 사무자동화의 최종 목적

- 사무부문의 지적 생산성 향상에 있다.
- **사무부문의 지적 생산성 향상을 위한 접근 방법** : 사람·조직 개편, 사무 작업 개선, 사무 환경 정비, 정보 시스템 확립이 있다.

개념 체크

 단답형 문제

16.3, 13.9, 07.9
01 사무자동화를 추진하고 수행하는 데 있어서 모든 시스템의 주체 및 운영의 주역이 되는 요소는?

 객관식 문제

19.9, 13.6, 10.9, 07.5, 04.5
02 사무자동화의 배경 요인 및 필요성이 <u>아닌</u> 것은?
① 고생산성과 고설비 투자
② 문서 작성비 및 보관비 상승
③ 컴퓨터 기술과 통신기술의 발전
④ 고학력 노동자의 증가와 사무관리의 질적인 효율성 필요

13.3, 11.9, 10.3
03 사무자동화시스템의 목적에 가장 거리가 <u>먼</u> 것은?
① 욕구의 다양화에 대처   ② 처리의 신속화와 정확화
③ 처리의 투명화   ④ 사무원의 건강 검진

07.3, 05.3, 99.5
04 사무자동화의 효과로 볼 수 <u>없는</u> 것은?
① 시설비 및 관리비 증가 효과
② 행정사무의 신속하고 정확한 처리효과
③ 표준 서식을 사용함으로써 불편해소의 효과
④ 보존 공간 절약으로 주변, 사무실 환경개선의 효과

15.5, 13.9, 11.3, 08.5
05 사무자동화의 목표에 관한 설명으로 <u>틀린</u> 것은?
① 비전문가라도 사용할 수 있는 시스템을 추구한다.
② 사무실의 기계화를 궁극적인 목표로 한다.
③ 창조적 인간능력의 증대를 목표로 한다.
④ 생산성 향상을 꾀하는 것이다.

|정답| 01. 사람 02. ① 03. ④ 04. ① 05. ②

사무자동화 생산성 및 기대효과

01 사무자동화의 생산성

◈ 생산성

- 사무부문의 성과는 생산성으로 측정한다.
- 사무부문의 생산성은 간접적으로는 구할 수 있지만 직접적으로는 평가할 수 없다.
- 평가 기준을 명확하게 규정하기 어려운 경우가 많다.
- 성과가 투입의 시점에서부터 뒤늦게 나타난다.
- 사무 생산성 측정에 필요한 투입, 산출의 관계가 정확하지 못하다.
- 직접 산출효과 이외에 축적 산출효과가 있다.
- 사무 근로자의 지식, 경험의 영향이 크므로 산출 성과를 안정적으로 유지할 수 없다.

◈ 평가 기준

- **효율성**
  - 시스템에 유입되는 투입량과 산출량의 양적 비율을 나타낸다.
  - 사무업무를 적은 인원과 시간, 비용으로 처리하는 것이다.
  - 한정된 자원으로 주어진 업무를 제대로 수행하는 것을 의미한다.
- **유효성**
  - 사무업무에 있어서 산출물의 질적 개념으로 목표에 맞는 일을 수행했느냐의 여부를 나타낸다.
  - 산출물의 정확성, 신속성, 확실성, 품질의 향상 등을 의미하며, 조직구성원의 행동적 측면과 많은 관련이 있다.
- **창조성**
  - 사무실의 환경 향상, 직장의 활성화 등을 나타낸다.
  - 근로자의 창조성 측정은 경제적 기준에 의해 쉽게 측정할 수 없다.
  - 인간성이라고도 한다.

- **생산성**
  - 효율성, 유효성 모두를 감안하므로 생산성은 측정이 어렵다.
  - 양적, 질적 효과로 나누어진다.

◈ 생산성 측정이 어려운 요인

- 성과가 투입의 시점에서 나타나지 않고 늦게 나타난다.
- 효율성과 유효성 양면에 대한 평가 기준을 명확하게 규정할 방법이 없다.
- 사무 근로자의 지식과 경험의 영향이 커서 산출 성과를 안정적으로 유지하기 어렵다.

◈ 사무자동화시스템의 효율성

- **매체 변환(Media Transformation)의 감소** : 자동화를 통해 매체 사이의 전송량을 줄일 수 있다.
- **부수적 기능(Shadow Function)의 감소** : 작업 시 오류를 줄여 주는 것을 의미한다. 예를 들어 데이터 입력 시의 오타나 전화 걸 때 전화번호를 잘못 누르는 것 등을 의미한다.
- **자동화(Automation)의 증가** : 인력을 이용해야 하는 작업을 기계로 자동화해서 인력 소모를 줄일 수 있다.
- **적시성(Timing)의 증가** : 대기시간 및 기회비용을 줄여 적절한 시간에 신속한 결정을 할 수 있다.
- **통제(Control)의 향상** : 적절한 통제를 이용해 양적으로 적은 정보로도 신속한 변화를 꾀할 수 있다.

02 사무자동화의 기대효과와 측정법

◈ 사무자동화의 기대효과

- **생산성의 개선**
  - 단위 시간당 작업량 증대
  - 업무의 정확성 증가
  - 사무기기의 고장 시간 감소

- 조직의 최적화
  - 개인의 능력 향상
  - 단순 반복 업무의 감소
  - 공간의 효율적 사용
- 경쟁력의 증대
  - 정보획득 시간의 단축
  - 의사결정의 신속화
  - 서비스의 개선

◈ 기대효과의 분류

- **정량적 효과** — 양적으로 측정할 수 있는 효과를 말합니다.
  - 인력의 능률적 활용
  - 공간의 효율적 사용
  - 업무 시간의 효율적 활용
  - 경쟁력 강화, PR 효과에 따른 매출액 증대
  - 재고, 설비, 금리 등에 대한 고정비, 간접비의 개선
- **정성적 효과** — 질적으로 측정할 수 있는 효과를 말합니다.
  - 사무환경 개선에 따른 업무 만족도 증가
  - 기업 내에서의 사기 앙양으로 업무능률 향상
  - 대외 이미지의 개선
  - 시장 환경의 변화에 신속히 대처
  - 과거에 불가능했던 일이나 조사가 가능
  - 설문조사 등을 통해 간접적으로 평가하는 방법

◈ 사무자동화의 효과 측정법

- **투자 효율 산정법** : 『투자이익효과 = 산출효과 / 투자비용』으로 계산한다.
- **상대적 평가법** : 간접효과를 사무자동화 실시 전과 후의 연도, 부서별로 심사 분석 자료를 이용해 생산성 지표를 비교하는 방법이다.
- **정성적 평가법**
  - 정량적으로 측정하기 어려운 자료를 설문조사 등을 이용해 간접적으로 평가하는 방법이다.
  - 평가항목에는 양질의 문서작성과 신속성, 서비스 개선 및 향상, 사무처리의 정확성 및 의사결정의 신속성·정확성, 사무처리 기계화에 의한 근무율 향상 등이 있다.

◈ 사무경영 관련 용어

- **POS(Point Of Sale)** : 상점의 바코드리더 등을 이용하여 판매 시점의 자료를 온라인 시스템으로 공동 이용하고 재고 관리 및 생산관리와 판매관리를 빠르게 처리하는 시스템이다.
- **RTE(Real Time Enterprise)** : 회사의 주요 경영정보를 통합 관리하기 위하여 기업 내·외부에 걸쳐 지속적인 프로세스 개선, 실시간 정보제공으로 업무 지연을 최소화하며 의사결정 속도를 높여 기업 경쟁력을 높인다.
- **CTI(Computer Telephony Integration)** : 컴퓨터를 통하여 전화, 팩스 등 통합하는 시스템으로 고객정보를 데이터베이스화하여 기업의 전화 통제 시스템에 연동시키는 솔루션이다.

단답형 문제

01 사무자동화시스템의 평가 방법 중 설문조사 등을 통해 간접적으로 평가하는 방법은?

19.9, 13.9/3

객관식 문제

02 사무자동화시스템은 수작업 처리를 자동화함으로써 처리 시간을 감소시키거나 여러 가지 효율성을 증가시킨다. 이에 해당되지 않는 사항은?

18.10, 04.5, 01.5, 99.3

① 매체 변환(Media Transformation)의 감소
② 부수적 기능(Shadow Function)의 증가
③ 적시성(Timing)의 향상
④ 통제(Control)의 향상

03 사무자동화를 통한 생산성 향상의 척도 기준으로 적합하지 않은 것은?

04.3, 02.9, 99.5

① 효율성
② 기기의 독립성
③ 유효성
④ 창조성

04 사무자동화시스템을 평가하는 방법에 속하지 않는 것은?

14.5, 10.9, 09.5, 07.9

① 투자 효율 산정법
② 상대적 평가법
③ 정성적 평가법
④ 전사적 평가법

05 사무자동화시스템의 효과 중 정성적 평가방법에 해당되지 않는 것은?

16.3, 15.3, 14.5

① 사무환경 개선에 따른 업무 만족도
② 사무처리 기계화에 의한 근무 향상
③ 사무처리의 정확성 및 의사결정의 신속화
④ 사무자동화에 따른 전체 비용의 절감

06 다음 중 사무 표준화의 기대효과로 가장 옳지 않은 것은?

18.3

① 관리자는 사무원들을 감독하고 통제하기 용이하다.
② 공동 이해 촉진과 통제의 강화로 인해 비용을 절감할 수 있다.
③ 정책, 규격, 방법, 절차 등에 다양성을 가져온다.
④ 직원들의 사기를 높여주며, 능력별로 활용할 수 있다.

07 회사의 주요 경영정보를 통합 관리하기 위하여 기업 내, 외부에 걸친 지속적인 프로세스의 개선과 실시간 정보제공을 통해 업무 지연을 최소화하고 의사결정 속도를 높여 기업 경쟁력을 극대화하는 것은?

15.5

① ERP
② RLE
③ RTE
④ RSM

08 다음 중 사무자동화의 생산성 평가 기준 항목으로 적합한 것은?

12.9

① 신속성, 확실성, 가치성
② 다양성, 안전성, 연계성
③ 가치성, 연계성, 기록성
④ 효율성, 유효성, 창조성

09 컴퓨터와 전화를 통합시켜 기존의 분리된 전화 업무와 컴퓨터 업무를 하나로 처리할 수 있도록 구성된 기술은?

20.6

① EIS
② DSS
③ SIS
④ CTI

10 사무자동화의 궁극적인 기대효과가 아닌 것은?

15.9

① 생산성의 개선
② 조직의 최적화
③ 의사소통의 원활
④ 경쟁력의 증대

|정답| 01. 정성적 평가법 02. ② 03. ② 04. ④ 05. ④ 06. ③ 07. ③ 08. ④ 09. ④ 10. ③

// POINT //
03
사무자동화 추진 및 전략

출제빈도 **상** 중 하

01 사무자동화의 접근 방식

◆ 전사적 접근 방식

- 사무자동화 대상의 모든 시스템과 전체적인 업무 기능 및 계층에 걸쳐 추진되는 방식이다.
- 사업 전반에 걸쳐 문제점이나 개선점을 분석 · 정리하여 추진하는 방식이다.
- 작은 규모의 조직이나 신설되는 조직 혹은 조직 개편을 하고자 할 때 적당하다.
- 시스템 도입의 낭비를 줄일 수 있다.
- 검토 개시에서 시스템 구축 운용까지의 시간이 오래 걸린다.
- 경영자의 인식과 강한 리더십이 필요하고 사내 협력 추진 조직이 필요하다.

부문 전개 방식이라고도 합니다.

◆ 부분 전개 접근 방식

- 먼저 적용할 특정 부문을 선정하여 사무자동화를 추진해 가는 접근 방식이다.
- 요구가 큰 부분을 먼저 추진한다.
- 추진하기 쉬운 업무부터 우선 추진한다.
- 전시효과가 큰 업무부터 먼저 추진한다.

◆ 공통 과제형 접근 방식

- 모든 부문에서 공통으로 적용되는 영역을 대상으로 사무자동화를 추진하는 방식이다.
- 모든 부문을 대상으로 해서 효율성이 크지만 과제 선정이 어렵다.

◆ 기기 도입형 접근 방식

- 필요한 부문에서 시험적으로 사무자동화 기기를 도입한 후 점차 확대해 나가면서 사무자동화를 추진하는 방식이다.
- 기기에 대한 부담감이 없지만 필요한 사무기기 선정에 어려움이 발생할 수 있다.

◆ 계층별 접근 방식

- 업무의 계층 및 직위에 따라서 대상 범위를 점차 확대해 나가면서 사무자동화를 추진하는 방식이다.
- 경영층은 자동 보고시스템, 스케줄 관리, 회의 일정관리부터 시작한다.
- 사무원은 문서 작성, 파일 구축부터 시작한다.
- 신속한 의사결정이 가능하고, 신뢰성이 높다.

◆ 업무별 접근 방식

- 업무의 종류와 방향의 흐름에 따라 우선순위를 정하여 사무자동화를 추진하는 방식이다.
- 해당하는 업무에 대한 흐름 파악을 사전에 충분히 해야 한다.
- 해당하는 업무의 신속하고 정확한 처리가 가능하다.

02 사무자동화의 수행 방식

◆ 상향식 접근 방식(Bottom-Up Approach)

- 기업의 최하위 단위부터 자동화하여 그 효과를 점차 증대시키는 방식이다.
- 업무 개선, 기계화, 재편성의 단계를 거쳐 자동화가 수행된다.
- 점진적인 사무자동화의 추진으로 기존 조직에 거부 반응이 최소화된다.
- 시행착오로 인하여 전체적인 비용이 증가하는 경우가 발생할 수 있다.
- 요구되는 사무자동화시스템을 구축하는 시간이 많이 소요된다.

◈ 하향식 접근 방식(Top-Down Approach)

- 전체 조직을 총괄 분석하여 사무자동화 방해 요인을 제거하고 최고 경영자가 요구하는 최적의 시스템을 구축할 수 있는 방식이다.
- 최고 경영자에게 필요한 정보를 즉시 제공할 수 있어서 실효성이 크다.
- 단기간에 구축할 수 있다.

◈ 전사적 접근 방식(Enterprise Approach)

- 상향식 접근 방식과 하향식 접근 방식을 절충한 방식이다.
- 사무자동화 추진에서 최적 시스템을 구성하고 추진 효과를 극대화할 수 있는 방식이다.

03 사무자동화의 추진

◈ 사무자동화 추진의 선결 과제

사무환경 정비, 사무관리 제도 개혁, 조직 및 체제의 재정비, 정보 시스템의 구축

◈ 사무자동화 추진 단계

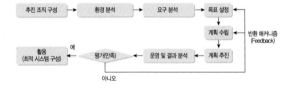

- **환경 분석**
  - **내적 환경 분석** : 사무구성원 분석, 사무기기 분석, 사무구조 분석
  - **외적 환경 분석** : 사무기기 생산업체, 소프트웨어 개발업체, 통신망 분석
- **요구 분석**
  - 사용자의 인적 요소에 관한 특성의 분석
  - 자동화기기의 기능과 특성에 관한 요구 분석
  - 기기 도입 후 관리 및 사용 효율화에 관한 분석
  - 요구 분석 방법 : 인적요소, 관리요소, 처리요소
- **목표 설정**
  - **목표 설정의 기준** : 면밀한 계획과 조직의 편성, 목적의 명확화, 전 사원의 의식 개혁과 실천, 목표 실시에 따른 면밀한 분석, 검토가 필요하다.

– 목표 설정 방법

수행 주체에 따른 목표	개인	문서의 효율적인 보관, PC 이용 방법 등 개인적인 목표
	단위 사무실	정보의 공유화, 문서 작성의 중복 방지 등 단위 사무실에서의 목표
	조직 전체	부문 간의 중복된 정보처리 및 불필요한 정보의 집중을 지양하는 등의 조직 단위에서의 목표
각 부분별 목표 설정	최종	전체적인 균형 유지
	부분 구성	다른 구성 목표와의 연관성을 고려하여 결정
	세부	처리 방법 지정 등 계량적이고 구체적인 것
시간에 따른 목표	단기 목표	1~2년 이내에 실행 가능한 목표
	중기 목표	4~5년 이내에 실행 가능한 목표
	장기 목표	10년 이내에 실행 가능한 목표

• 계획 수립 및 고려 사항

계획 수립 내용	사무자동화를 위한 정보 수집, 사무자동화 대상 업무 결정, 구체적인 세부 목표 설정, 이용 자원에 대한 고려, 일정 계획표를 작성
계획 수립 시 고려 사항	문제점의 이해와 의식, 목표 및 목적의 타당성, 현실성 및 추진 방법의 적정성을 고려
구체적인 계획 사항	기업 모델 작성, 업무 모델 작성, 시스템화 계획안 작성, 업무별 정보 흐름도 작성, 시스템 구성도 작성 등
수행 방법 결정	상향식, 하향식 또는 전사적 방법 중에서 가장 타당성이 있는 추진 방법을 선택
사무기기 구성 방법	업무별 정보 흐름도와 업무 조사표 또는 설문 결과에서 나온 업무량을 중심으로 구성하며, 통합 시스템의 전체 조직에서 벗어나지 않도록 구성
사무기기 선정 시 고려 사항	워드프로세서나 PC 등과 같이 사무업무의 가장 기본이 되는 기기를 우선적으로 도입하고, 저렴한 비용으로 큰 효과를 낼 수 있는 것을 선택

• 계획 추진

사무자동화 기초 작업 단계 (기반 조성 단계)	규정의 정비, 문서의 형식, 문서의 규격, 용어의 통일, 코드의 표준화 등을 추진하는 단계
적용 범위 확대 단계	기초 작업 단계에서 나타난 문제점을 보완하고 사무자동화 기기를 사용하여 문서 작성, 단순 계산 업무 등을 자동화시켜 나감

공동 활용 단계 (통신망 구축 단계)	컴퓨터와 각종 기기를 접속하는 네트워크를 구성하여 조직원 간의 원활한 의사 전달과 정보교환을 가능하게 함
정보 시스템의 통합화 단계	사무자동화의 완성 단계로 정보처리 시스템, 각종 관리 시스템 및 사무자동화 시스템이 통합되고, 의사결정 지원 시스템이 구축

- 결과 분석

각 단위 업무의 분석	• 모든 사무자동화 기기에 공통으로 적용되는 부분 • 하드웨어의 구성 요소의 검사와 소프트웨어의 기능 분석
서브 시스템의 분석	• 업무의 부분 최적화가 가능한지의 여부 판단 • 계획과 일치하고 있는지를 검토 • 추가적인 개선의 필요성에 대해서 분석
총괄 시스템의 분석	기업 경영 전반에 걸쳐 충분한 지식을 가진 사람에 의해 분석되어야 함

- 평가

평가 기준		기기의 차원, 사용자의 차원, 조직적 차원, 대외적 차원 등으로 나누어 계획의 수행성과를 측정
평가 종류	사전 평가	경제성 평가
	중간 평가	성능에 대한 분석
	사후 평가	시스템 가치, 기술적 평가, 운영에 대한 평가, 경제성 평가

- 피드백(FeedBack) : 사무자동화 도입에 따른 결과 분석 및 과정에서 드러난 운용상의 문제점이나 미비점은 다시 추진 목표 및 계획 수립에 반영되도록 하는 것을 말한다.

◈ 과학적 사무자동화 계획

- 사무자동화의 계획과 추진에 시스템 과학과 행동 과학을 적용한다.
- 시스템 과학의 적용 : 사무실을 하나의 시스템으로써 자동화된 사무실 시스템으로 전환하기 위해서는 사무실 시스템을 명확히 정의하고 분석하여야 하며 이를 통해 생산성을 극대화할 수 있다.

◈ 사무자동화 추진 시 선결 과제

사무환경 정비, 사무관리 제도 개혁, 조직 및 체제의 재정비, 정보 시스템의 구축, 실시안의 결정, 도입교육실시, 한계선 설정

◈ 사무자동화 추진 전략의 종류

- **기술 집약 전략** : 발전하는 기술을 효율적으로 조직 내에 수용하는 문제이다.
- **응용 항목 전략** : 어떤 기술을 응용하며 우선순위를 어디에 둘 것인가의 문제이다.
- **측정 전략** : 생산성 측정의 문제이다.
- **실행 전략** : 시스템이 개발된 후 조직 내에 효과적으로 확산시킬 방안에 관한 문제이다.
- **관리 전략** : 설치될 여러 형태의 OA 장비들을 관리할 방침 및 절차에 관한 문제이다.
- **교육 전략** : 관리자 및 직원들에게 사무자동화에 대한 교육을 어떻게 시킬 것인가의 문제이다.
- **조직 전략** : 사무자동화 기능을 어떻게 조직할 것인가의 문제이다.

◈ 사무자동화 추진 조직의 유형

- 전문 조직 주도형
- 프로젝트 주도형
- 위원회 주도형
- 사용자 주도형
- 전산 부분 주도형

◈ 네트워크 조직(Network Organization)

정의	• 전통적인 계층형 피라미드 조직의 경직성을 극복하기 위한 대안적 조직 운영 방식을 일컫는 개념 • 조직의 위계 서열과는 무관하게 조직 구성원 개개인의 전문성, 지식에 근거한 자율권을 기초로 개인 능력 발휘의 극대화와 제반 기능 간, 사업부문 간 의사소통의 활성화를 도모하기 위한 신축적인 조직 운영 방식 • 외부 자원 활용을 통해 유연성을 확보하는 기업 간 네트워크를 지칭하는 의미로 사용
장점	• 계층이 거의 없고, 조직 간의 벽도 없으며, 부문 간 교류가 활발하게 이루어짐 • 조직 구성원들에게 자율과 책임에서 오는 참여 정신과 창의성 발휘를 극대화 • 빠르고 신속한 업무 처리가 가능
단점	• 계층제(피라미드형)에 비해 소속감이 낮음 • 상대방에 대한 의존도가 강화되고 구성원들이 고정화되어 네트워크 전체가 폐쇄화되고 유연성이 저하

◈ 비즈니스인텔리전스(BI)

- 기업에서 사용하는 소프트웨어군으로 기업 업무를 보다 합리적으로 이끌어 갈 수 있다.
- 주로 중간관리자와 지식노동자에게 복잡하고 일상적이지 않은 결정들에 대한 컴퓨터 지원 기반을 제공하는 시스템이다.

단답형 문제

17.3/9, 08.9

01 사무자동화 접근 방법 중 사무자동화 대상이 되는 모든 시스템, 즉 전 업무 또는 전 계층에 걸쳐 실시되는 것은?

15.9

02 주로 중간관리자와 지식노동자에게 복잡하고 일상적이지 않은 결정들에 대한 컴퓨터 기반 지원을 제공하는 시스템은?

객관식 문제

20.6, 15.9, 14.3, 09.3

03 사무자동화 추진 시 조직의 생산성을 향상시키기 위한 선결 과제가 <u>아닌</u> 것은?
① 사무환경 정비
② 사무관리 제도 개혁
③ 조직 및 체제의 재정비
④ 사무원 감소 및 문서량 감소

17.5, 03.5, 99.9

04 사무자동화 추진 시 요구 분석의 내용을 설명한 것으로 적절하지 <u>않은</u> 것은?
① 자동화기기의 기능과 특성에 관한 요구 분석
② 사무자동화 추진 목표 설정에 관한 분석
③ 사용자의 인적 요소에 관한 특성의 분석
④ 기기 도입 후 관리 및 사용 효율화에 관한 분석

14.9, 12.3

05 사무자동화 수행 방식 중 상향식(Bottom Up) 접근 방식의 특징에 해당하는 것은?
① 요구되는 사무자동화시스템을 단기간에 구축할 수 있다.
② 조직의 전체적인 참여의식이나 의식 개혁이 희박하여 조직 전체로의 확산이 어렵다.
③ 기존 조직으로부터의 반발이 크고 전체 조직을 총괄하는 상설 기구가 필요하다.
④ 최고 경영자에게 필요한 정보를 즉시 제공할 수 있어서 실효성이 크다.

17.5, 14.9, 13.6, 10.5, 08.3

06 다음 중 사무자동화 접근 방법으로 <u>틀린</u> 것은?
① 전사적 접근 방식
② 기술 통합 접근 방식
③ 공통 과제 접근 방식
④ 계층별 접근 방식

10.5

07 OA 목표설정 방법 중 시간에 따른 목표 설정이 <u>틀린</u> 것은?
① 단기 목표 – 1년에서 2년 이내 실행이 가능한 목표
② 중기 목표 – 4년에서 5년 사이에 실행이 가능한 목표
③ 장기 목표 – 10년 이내 실행이 가능한 목표
④ 중장기 목표 – 4년에서 5년 사이에 실행이 가능한 목표

16.5

08 사무자동화 추진 조직 구성에서 전문인력 집단을 구성하여 추진하기 때문에 해당 분야의 구체적 전개는 가능하나 타부서와의 의견조정이 어려운 유형은?
① 사용자 주도형
② 위원회 주도형
③ 전문조직 주도형
④ 프로젝트 주도형

01.5, 99.3

09 사무자동화의 구현 시 성능에 대한 분석을 하기 위해 필요한 평가 방법은?
① 사전 평가
② 중간 평가
③ 사후 평가
④ 최종 평가

14.9, 11.4, 01.3

10 사무자동화 추진 전략에 포함되지 <u>않는</u> 것은?
① 측정 전략
② 차별화 전략
③ 관리 전략
④ 교육 전략

|정답| 01. 전사적 접근 방법 02. 비즈니스인텔리전스 03. ④ 04. ② 05. ② 06. ② 07. ④ 08. ④ 09. ② 10. ②

01 경영 정보 시스템(MIS)

◈ 경영 정보 시스템의 정의

- 기업의 내/외부의 비즈니스, 데이터를 수집해서 가공하고 기업을 관리하는 모든 계층 사람들의 의사결정에 필요한 정보를 제공해 주는 시스템이다.
- 경영 의사결정에 필요한 정보를 공급하기 위하여 다양한 공급원들로부터 자료를 통합할 수 있는 형식화된 컴퓨터 정보 시스템이다.
- 경영진과 관리진에게 투자, 판매, 보수, 자본계정, 환수계정 등 경영 정보를 제공하는 자료의 처리 시스템이다.

◈ 경영 정보 시스템의 특징

Management Information System

- MIS는 기업의 전략, 계획, 조정, 관리, 운영 등의 결정을 보조하는 특징을 갖고 있다.
- MIS의 전문성은 기업의 업무를 분석하고 기업 경영을 진단하는 능력이다.
- MIS는 분석과 진단에 의해 기업 업무의 정보 요구가 정의되어야 하고, 정의된 정보를 효율적으로 처리할 수 있는 시스템을 개발하고 관리하는 특징을 갖고 있다.
- MIS는 의사결정 지향적이며 요약된 정보를 가지고 있다. 또한 예측 및 통제 지향적이다.

◈ 경영 정보 시스템의 기본 구성

- 의사결정 지원 시스템
- 프로세스 서브시스템
- 데이터베이스 서브시스템
- 통신 서브시스템
- 거래 처리 시스템
- 중역 정보 시스템

02 의사결정 지원 시스템(DSS)

Decision
Support System

◈ 의사결정 지원 시스템의 정의

의사결정에 필요한 정보를 데이터베이스로부터 검색하여 필요한 분석을 하고 보기 쉬운 형태로 편집, 출력해 주는 시스템이다.

◈ 의사결정 지원 시스템의 특징

- 초기 시스템은 주로 반구조적, 비구조적 문제를 해결하기 위해 사용된다.
- 전통적인 데이터 처리와 경영과학의 계량적 분석기법을 통합하여 사용된다.
- 의사결정자가 신속하고 다양하게 문제를 해결할 수 있는 정보시스템 환경을 제공한다.

◈ 안소프(H.I. Ansoff)에 의한 기업의 의사결정

- 전략적 의사결정(Strategic Decision)
- 업무적 의사결정(Operating Decision)
- 관리적 의사결정(Administrative Decision)

03 경영 관리 시스템

Enterprise Resource Planning

◈ 전사적 자원 관리(ERP)

- 기업 경영에 필요한 모든 자원의 흐름을 언제든지 정확히 추출하여 기업에서 소요되는 자원의 효율적인 배치와 평가를 목적으로 한다.
- 전 부문에 걸쳐 있는 경영자원을 최적화된 방법으로 통합하는 통합 정보 시스템이라 할 수 있다.
- 응용 시스템에 속하고 피라미드 구조를 이루고 있지 않다.

◈ 고객관계관리(CRM)

─Customer Relationship Management

- 기업이 고객관계를 관리해 나가는 데 필요한 방법론이나 소프트웨어 등을 가리킨다.
- 현재의 고객 및 잠재 고객에 대한 내·외부 자료를 정리·분석해 마케팅 정보로 변환함으로써 고객의 구매 관련 행동을 지수화하고, 이를 바탕으로 고객 특성에 맞게 마케팅 활동을 펼치는 고객 중심의 경영기법이다.

◈ 기업 애플리케이션 통합(EAI; Enterprise Application Integration)

기업 내의 컴퓨터 애플리케이션들을 현대화하고, 통합하고, 조정하는 것을 목표로 세운 계획, 방법 및 도구 등을 가리킨다.

◈ 6시그마(6Sigma)

- 제너럴일렉트릭의 잭 웰치(Jack Welch)에 의해 유명해진 품질경영 혁신기법이다.
- 기업에서 전략적으로 완벽에 가까운 제품이나 서비스를 개발하고 제공하려는 목적으로 정립된 품질경영 기법이다.

04 데이터웨어하우스

◈ 데이터웨어하우스

─Online Transaction Processing

- 업무를 처리하는 시스템을 온라인 트랜잭션 시스템(OLTP)이라고 한다. OLTP에 의해 구축된 정보를 기업의 업무적인 요구에 따라 다양한 관점으로 분석하여 보여 주는 시스템을 말한다.
- 필요한 데이터를 추출하여 기업 경영 분석 자료와 의사결정에 도움을 주기 위한 시스템이다.
- 주제지향적이며, 시간에 따라 변화한다. 또한 항존적인 특징이 있다.

◈ 데이터웨어하우징 ─ 대표적으로 고객관리 등에 사용됩니다.

데이터웨어하우스를 이용하여 유용한 자료를 추출하는 일련의 과정을 말한다.

◈ 데이터마이닝

대량의 자료에서 유용한 정보를 찾아내어 그 데이터 사이의 연관 관계를 분석해 미래에 대한 예측을 가능하게 하는 것이다.

◈ 데이터마트

비용과 시간이 많이 드는 데이터웨어하우스를 작은 크기로 구축하는 것을 말한다.

개념
체크

단답형 문제

16.5, 06.3, 03.5
01 의사결정에 필요한 정보를 데이터베이스로부터 검색하여 필요한 분석을 행하고 보기 쉬운 형태로 편집, 출력해 주는 시스템으로 가장 적합한 것은?

17.3, 04.5, 02.5
02 "의사결정 지원을 위한 주제 지향적이고 통합적이며, 시계열적(Historical)이고 비휘발적인 데이터의 집합"을 무엇이라고 하는가?

객관식 문제

14.9, 10.5, 09.5
03 경영 정보 시스템에서 기업의 구조에 따라 피라미드 구조를 이루고 있는 형태에 해당되지 <u>않는</u> 것은?
① 거래처리 시스템
② 의사결정 지원 시스템
③ 중역 정보 시스템
④ 전사적 자원 관리 시스템

17.9, 12.5, 07.5
04 고객관계관리를 의미하는 용어로 가장 옳은 것은?
① CRM   ② SCM
③ ERP   ④ POS

|정답| **01.** 의사결정 지원 시스템(DSS) **02.** Data Warehouse **03.** ④ **04.** ①

하드웨어 기술 −CPU와 I/O

01 중앙처리장치(CPU)

◈ 중앙처리장치의 개념

- 컴퓨터의 각 부분의 동작을 제어하고 연산을 수행하는 핵심적인 장치이다.
- 중앙처리장치에 해당하는 부분을 하나의 대규모 집적회로의 칩에 내장시켜 기능을 수행하게 하는 것을 마이크로프로세서(Microprocessor)라고 한다.
- 제어장치, 연산장치, 기억장치(레지스터) 등으로 구성되어 있다.

◈ 제어장치(Control Unit)

- 입력장치, 기억장치, 연산장치, 출력장치에 동작을 명령, 감독, 통제하는 장치이다.
- 주기억장치에 기억된 명령을 꺼내서 해독하고, 시스템 전체에 지시 신호를 보낸다.
- 명령어 해독기, 프로그램 카운터, 명령어 레지스터, 주소 레지스터 등으로 구성된다.

◈ 연산장치(ALU; Arithmetic Logic Unit)

- 산술 및 논리연산을 수행하는 장치이다.
- 연산 수행에 필요한 제어신호는 제어장치에서 통제한다.
   └─ 산술 가산을 처리하는 장치입니다.
- 누산기, 가산기, 보수기, 레지스터 등으로 구성된다.

◈ 레지스터(Register)

중앙처리장치가 데이터를 처리하는 동안 사용할 값이나 중간 결과를 일시적으로 저장해 두는 중앙처리장치 내의 고속기억장치이다.

• 제어 레지스터

프로그램 카운터(PC, Program Counter)	다음에 실행할 명령의 주소를 기억한다.
명령 레지스터(IR, Instruction Register)	현재 실행 중인 명령을 기억한다.
해독기(Decoder)	명령 레지스터에 있는 명령어를 해독하는 회로이다.
부호기(Encoder)	해독기에서 전송되어 온 명령을 실행하기 적합한 신호로 변환하는 회로이다.
기억 번지 레지스터(MAR, Memory Address Register)	기억 장소의 번지를 기억하는 레지스터이다.
기억 버퍼 레지스터(MBR, Memory Buffer Register)	기억장치에 출입하는 자료를 기억하는 레지스터이다.
베이스 레지스터(Base Register)	명령이 시작되는 최초의 번지를 기억한다.

• 연산 레지스터

누산기(ACC, Accumulator)	연산 결과를 임시로 기억한다.
가산기(Adder)	2진수들의 더하기를 수행한다.
보수기(Complement)	입력 데이터의 보수를 출력한다.
데이터 레지스터(Data Register)	연산에 필요한 자료를 보관하는 레지스터이다.
프로그램 상태 레지스터(PSWR, Program Status Word Register)	• 시스템 내부의 순간 순간의 상태를 기록하고 있는 정보인 PSW(Program Status Word)를 기억한다. • 플래그 레지스터(Flag Register) 또는 상태 레지스터(Status Register)라고도 한다.

◈ 처리 속도 단위

- 1ms = 1밀리초(millisecond) = 10^{-3}초
- 1μs = 1마이크로초(microsecond) = 10^{-6}초
- 1ns = 1나노초(nanosecond) = 10^{-9}초
- 1ps = 1피코초(picosecond) = 10^{-12}초
- 1fs = 1펨토초(femtosecond) = 10^{-15}초

◈ CPU의 명령어 사이클(Instruction Cycle)

- Fetch Cycle(인출 사이클) : 주기억장치에 기억된 명령어를 호출하여 중앙처리장치로 가져오도록 하는 명령어 호출 사이클이다. 한 명령의 실행 사이클 중에 인터럽트 요청을 받아 인터럽트를 처리한 후 CPU가 다음에 수행하는 사이클이다.
- Indirect Cycle(간접 사이클) : 해독된 명령의 주소가 간접 주소일 경우 유효 주소를 구하는 사이클이다.
- Execute Cycle(실행 사이클) : 실제로 명령이 실행되는 사이클이다.
- Interrupt Cycle(인터럽트 사이클) : 인터럽트가 발생하면 처리하는 사이클이다.

02 입 · 출력 기술

◈ 맨-머신 인터페이스(Man-Machine Interface)

- 인간이 기계를 조작할 때 공유 영역으로서 상호 의사전달이 이루어지는 것이다.
- 의사전달의 수단으로 도구나 기계를 사용하는 것이다.
- 입력 및 표시장치 등을 통하여 가능하다.
- 입력, 출력 및 이들 기기의 이용 소프트웨어 등의 기술로 이루어진다.

◈ 입력 기술(입력장치)

스캐너 (Scanner)	정지 화상 자료를 컴퓨터 내의 자료 표현 방식으로 바꾸어 주는 입력장치이다.
디지털 카메라 (Digital Camera)	광학 영상을 필름에 기록하지 않고 전자 데이터로 변환시켜 플래시 메모리(Flash Memory)와 같은 보조기억장치에 저장하는 장치이다.
디지타이저 (Digitizer)	• 문자나 그림, 설계도면을 읽어 디지털 신호로 변환시켜 컴퓨터 내부로 입력하는 장치이다. • 태블릿(Tablet)과 스타일러스 펜(Stylus Pen)으로 구성된다.
OMR (광학 마크 판독기)	빛을 이용하여 카드에 마킹된 부분을 판독하는 장치이다.
OCR (광학 문자 판독기)	인쇄되거나 손으로 쓴 문자에 빛을 쬐어 반사되는 양으로 정보를 입력하는 장치이다.
MICR (자기 잉크 문자 판독기)	자기적으로 인쇄된 독특한 모양의 문자를 인식하는 것으로 은행 업무용으로 표준화되어 널리 사용되고 있는 입력장치이다.
BCR (바코드 판독기)	빛을 이용하여 굵기가 서로 다른 바코드(Barcode)를 판독하는 장치이다.

◈ 출력 기술(출력장치)

모니터 (Monitor)	• 해상도가 높을수록 모니터에 나타나는 영상은 선명하다. • DPI(Dot Per Inch) : 모니터 등의 디스플레이나 프린터의 해상도 단위이며 1인치당 몇 개의 도트(점)가 들어가는지를 의미한다. • 픽셀(Pixel) : 화면을 이루는 최소의 단위로서 그림의 화소라는 뜻을 의미하며 픽셀 수가 많을수록 해상도가 높아진다. • CGA → EGA → VGA → SVGA → XGA 순으로 해상도가 높다.
프린터 (Printer)	• 충격식 프린터 : 도트 프린터, 라인 프린터 • 비충격식 프린터 : 잉크젯 프린터, 열전사 프린터, 레이저 프린터
플로터 (Plotter)	그래프나 도형, CAD, 도면 등을 출력하기 위한 대형 출력장치이다.

◈ 채널(Channel)

- CPU의 부담을 덜기 위해 독립적으로 입 · 출력장치와 기억장치 간의 데이터의 입 · 출력을 제어하는 장치이다.
- 전체 시스템의 입 · 출력 처리 속도를 향상시킨다.
- 선택 채널(Selector Channel) : 고속의 입 · 출력장치를 제어한다.
- 다중 채널(Multiplexer Channel) : 저속의 입 · 출력장치를 제어한다.
- 블록 다중 채널(Block Multiplexer Channel) : 선택 채널 + 다중 채널이다.

개념
체크

단답형 문제

17.9, 13.6, 07.3, 05.5, 02.2

01 1인치에 출력되는 점(Dot)의 수로, 디스플레이나 프린터의 해당도를 나타내는 단위는?

16.10, 04.5, 03.3

02 기억장치에서 명령어를 읽어 CPU로 가져오는 것을 무엇이라고 하는가?

객관식 문제

10.5, 08.6, 07.9, 06.3, 99.5

03 Man-Machine Interface와 관계없는 것은?

① 입력 기술, 출력 기술 및 소프트웨어 기술과 관련된다.
② 인간과 기기가 상호 의사 전달이 가능할 수 있도록 하기 위한 기능이다.
③ 입력 및 표시장치 등을 통하여 가능하다.
④ 기억장치 및 중앙처리장치를 통하여 가능하다.

19.9, 17.9, 06.5

04 다음 중 비충격식(Non-Impact) 프린터가 아닌 것은?

① Ink-jet Printer
② Laser Printer
③ 열전사 프린터
④ Dot Printer

13.5, 09.9, 04.9, 03.5

05 Accumulator(누산기)의 설명으로 가장 적합한 것은?

① 자료를 이동시키거나 자료의 입·출력을 제어하는 레지스터
② 연산 명령의 순서를 기억하고 있는 주기억장치의 레지스터
③ 산술 및 논리연산의 결과를 일시적으로 기억하는 레지스터
④ 명령어 처리에 필요한 실제 데이터가 들어있는 기억장소를 구하는 레지스터

17.5, 10.3, 08.5

06 프로세서의 처리 속도 단위가 느린 것부터 빠른 순으로 올바르게 나열된 것은?

① ps-μs-ms-ns
② ms-ns-μs-ps
③ ms-μs-ns-ps
④ ns-ps-μs-ms

16.9

07 중앙처리장치의 구성요소가 아닌 것은?

① 주기억장치
② 연산장치
③ 제어장치
④ 입·출력장치

17.5

08 다음 중 중앙처리장치 내에 존재하는 레지스터가 아닌 것은?

① Program Counter
② Instruction register
③ Accumulator
④ Multiplexer

16.3

09 컴퓨터의 핵심 부품인 중앙처리장치 중 제어장치의 구성요소가 아닌 것은?

① 명령 레지스터
② 프로그램 카운터
③ 메모리 주소 레지스터
④ 데이터 레지스터

|정답| **01.** DPI **02.** Fetch Cycle **03.** ④ **04.** ④ **05.** ③ **06.** ③ **07.** ④ **08.** ④ **09.** ④

06 하드웨어 기술-기억장치

01 주기억장치

◈ ROM(Read Only Memory)

- 기억된 내용을 읽을 수만 있는 기억장치이다.
- 기억된 내용은 전원이 끊어져도 지워지지 않는다 (비휘발성).

Mask ROM	반도체 공장에서 내용이 기억되며, 읽기만 가능한 ROM이다.
PROM (Programmable ROM)	사용자가 원하는 프로그램을 한 번 기억시키면 지울 수 없는 ROM이다.
EPROM (Erasable PROM)	• 사용자가 임의로 내용을 지우고 다시 프로그램을 기입할 수 있다. • UVEPROM(Ultra-Violet EPROM) : 자외선으로 지운다. • EEPROM(Electrically EPROM) : 전기적으로 지운다.

◈ RAM(Random Access Memory)

- 읽기/쓰기가 자유롭고 기억된 내용은 전원이 끊어지면 지워진다. ─ 휘발성이 있다고 이야기합니다.
- 재충전 여부에 따라 DRAM과 SRAM으로 구분된다.

DRAM (Dynamic RAM, 동적 램)	전원이 계속 공급되더라도 주기적으로 재충전(Refresh)되어야 기억된 내용을 유지할 수 있는 기억 소자이다.
SRAM (Static RAM, 정적 램)	전원만 공급되면 재충전 없이도 기억된 내용을 유지할 수 있는 기억 소자이고 캐시 메모리 등에 사용된다.

02 보조기억장치

◈ 자기테이프(Magnetic Tape)

- 플라스틱 테이프의 표면에 자성 물질을 입힌 것이며 순차적 접근만 가능하다.
- 대량의 자료를 장시간 보관하는 데 유리하고 블록 단위로 데이터를 전송한다.

- 블록화 인수(Blocking Factor) : 하나의 블록을 구성하는 레코드의 개수로, 블록 크기를 레코드 크기로 나눔으로써 구할 수 있다.
  예 자기테이프의 레코드 크기가 70자이고, 블록 크기가 2,800자인 경우 블록화 인수는 40이다. (2800/70=40)

◈ 자기디스크(Magnetic Disk)

- 자성 물질을 입힌 금속 원판을 여러 장 겹친 것이다.
- 순차적 접근과 직접 접근이 모두 가능하다.
- 용량이 크고 접근 속도가 빠르다.
- 자기디스크 접근 시간(Access Time) = 탐색 시간(Seek Time) + 회전 지연 시간(Rotational Latency Time) + 전송 시간(Transmission Time)

트랙 (Track)	디스크 표면의 동심원
섹터 (Sector)	트랙 일부분으로 데이터가 저장되는 기본 단위
실린더 (Cylinder)	• 같은 트랙의 모임(실린더 수 = 트랙 수)으로, 논리적인 개념 • 동일한 수직 선상의 트랙들의 집합 • 디스크 팩의 사용 가능한 실린더 수 = 트랙 수
클러스터 (Cluster)	몇 개의 섹터를 묶은 것으로, 실제 데이터를 읽고 쓰는 단위
액세스 암 (Access Arm)	데이터에 접근하기 위한 장치
읽기/쓰기 헤드 (Read/Write Head)	데이터를 읽어 내거나 쓰는 장치
디스크 팩 (Disk Pack)	• 여러 장의 디스크를 하나의 축에 고정시켜 사용하는 것 • 윗면과 밑면은 정보를 기억하지 않는 보호면으로 사용 • 사용 가능한 면 = 총 디스크 수 × 2면 - 윗면 - 밑면

플로피 디스크 (Floppy Disk)	• 얇은 플라스틱 원판에 자성체를 입혀 정보를 기억시키는 장치 • 소규모의 데이터를 저장하는 데 사용 • 용량 = 기록면 수 × 트랙 수 × 섹터 수 × 섹터당 바이트 수
하드 디스크 (Hard Disk)	• 여러 디스크들이 레코드판처럼 겹쳐져 구성 • 대량의 데이터를 저장하고 비교적 빠르게 접근 가능
RAID	• 여러 하드 디스크를 하나의 저장 장치처럼 사용하는 것 • 동일한 데이터를 다른 위치에 중복해서 저장하는 방법
NAS (Network-Attached Storage)	• 컴퓨터 네트워크에 연결된 파일 수준의 데이터 저장 서버 • 다른 네트워크 클라이언트에 데이터 접근 권한을 제공하는 시스템

◈ 광디스크(Optical Disk)

• 광학적 방식의 정보 저장 및 추출 방식 중 하나이다.
• 기록이 안정적이고 대용량으로 동화상 정보 저장에 이용되며, 중요한 데이터를 백업할 때 많이 사용된다.
• 데이터의 안정성과 신뢰성이 우수하며 데이터의 영구보존이 가능하다.
• 자기디스크의 10배 이상의 대량 정보 기록이 가능하다.
• 종류 : CD-ROM(Compact Disk Read Only Memory), CD-R(CD Recordable), CD-R/W (CD-Read/Write), DVD(Digital Versatile Disk), HD-DVD, 블루레이 디스크(Blu-ray Disc)

◈ WORM(Write Once, Read Many) 디스크

안전이나 법적인 이유로 한 번 기록된 후에는 변경해서는 안 될 자료, 즉 은행이나 중개소의 거래내역이나 이미지, 문서 등의 저장 시에 주로 이용된다.

◈ Blu-ray

• 디지털 비디오 디스크(DVD)보다 약 10배를 저장할 수 있는 용량의 청자색 레이저를 사용한다.
• DVD가 650nm 파장의 적색 레이저를 사용하는 데 비해 블루 레이 디스크는 좀 더 좁은 405nm 파장의 청자색 레이저를 사용하며 다중 레이어(면)을 이용할 수 있다.

• 한 면에 최대 27GB, 듀얼은 50GB, 쿼드 레이어는 100G 데이터를 기록한다.

◈ LTO(Linear Tape-Open, 개방 선형 테이프)

• 고속 데이터 처리와 대용량 형식으로 만들어진 백업용 개방 테이프 시스템이다. Accelis 방식과 Ultrium 방식이 있다.
• 240MB/S의 속도를 갖는다.
• 순차접근방식의 저장장치이다.

◈ SSD(Solid State Drive)

반도체를 이용하여 정보를 저장하는 장치이다. 하드 디스크 드라이브에 비하여 속도가 빠르고 기계적 지연이나 실패율, 발열·소음도 적으며, 소형화·경량화할 수 있는 장점이 있다.

◈ CAV 등각 속도(Constant Angular Velocity) 광디스크 검색 방식

언제나 회전 속도가 일정해 스핀들 모터에 무리가 없으며 한 바퀴 도는 동안 최외각에서 읽어 들이는 데이터양이 최내각에서 읽어 들이는 것보다 2.5배가 많고 디스크 저장 공간이 비효율적으로 사용된다. 속도가 가변적이고 최대속도만 표기한다.

◈ CLV 등선 속도(Constant Linear Velocity) 광디스크 검색 방식

CD 안쪽과 바깥쪽은 원주 길이에서 2.5배 차이로 인해 재생할 때 RPM이 유동적으로 바뀌며 데이터를 읽어 들이는 속도가 언제나 일정하다.

◈ USB 메모리(Universal Serial Bus Memory)

• 컴퓨터와 주변 기기를 연결하는 데 쓰이는 입·출력 표준 중 하나이며, 기존의 다양한 방식의 연결을 대처하기 위해 만들었다.
• 외부 전원을 이용하지 않고도 쉽게 주변 기기를 사용할 수 있다.
• IBM에서 제창한 규격이다.
• USB 방식으로 연결된 주변 기기는 대부분 핫 플러그를 지원한다.

◈ 핫 플러그(Hot Plug)

컴퓨터의 전원이 켜진 상태에서도 외부장치의 탈착이 가능하도록 지원한다.

◈ USB OTG(Universal Serial Bus On-The-Go)

메인 컴퓨터의 개입 없이 스마트폰, MP3 플레이어 등과 같은 포터블 장치 간 동작될 수 있도록 수정된 USB 규격이다.

◈ 전자 파일링 시스템(Electronic Filing System)

• 파일링 시스템

개념	필요한 서류를 필요한 때에 바로 꺼낼 수 있도록 서류를 체계적으로 정리·보관, 폐기하는 일련의 제도
도입 효과 (도입 목적)	• 문서관리의 명확화, 정보 전달의 원활화 • 정확한 의사결정, 기록의 효과적 활용 • 공용 파일에 대하여 개인 물건화 방지 • 사무환경의 정리 • 중복 문서의 제거, 불필요한 문서의 폐기 • 신속한 검색 활용의 용이(시간 절약), 기록 활용에 대한 제비용 절감 • 보존, 보관, 폐기를 정기적으로 실시함에 따라 업무상 필요한 기록의 보존 및 폐기가 용이

• 전자 파일링 시스템

개념	자료, 도면 등을 이미지 데이터(전자 파일)로 저장 매체에 보관하여 검색이나 편집을 할 수 있도록 하는 시스템
특징	• 저장 매체로 자기 기록형, 마이크로필름, 광디스크 등을 사용 • 고밀도의 기억이 가능하며, 보안성 및 즉시성, 고속의 검색 기능, 저렴한 가격, 통신 기능 등을 가짐 • 자료의 저장도 중요하지만 저장된 자료의 갱신도 중요하므로 갱신 시기 및 책임자 등에 관해 명백한 사항을 명시하고, 자료의 관리 체제, 보안 문제 등에 관한 절차와 방법을 마련해야 함

03 기억장치의 특징

◈ 기억장치 접근 속도

레지스터 〉 캐시 〉 램 〉 롬 〉 자기디스크 〉 광디스크 〉 플로피디스크 〉 자기테이프

◈ 기타 기억장치

• 캐시 메모리(Cache Memory) : 주기억장치와 CPU의 속도 차이를 줄여 처리의 효율을 높이기 위한 목적으로 사용된다.

• 연관 메모리(Associative Memory) : 저장된 내용을 이용해 접근하는 기억장치로, CAM(Content Addressable Memory)이라고도 한다.
• 가상 메모리(Virtual Memory) : 주기억장치의 부족한 용량을 해결하기 위해 보조기억장치를 주기억장치처럼 사용하는 기법이다.

◈ 기억 용량 단위

• 1KB = 1,024(=2^{10})Byte
• 1MB = 1,024KB
• 1GB = 1,024MB
• 1TB = 1,024GB
• 1PB = 1,024TB

◈ 평균고장간격(MTBF; Mean Time Between Failures)

• 신뢰도 척도로서 수리 가능한 장치의 첫 번째 고장에서 다음 고장의 사이 시간을 말한다.
• 수리 완료 시간부터 다음 고장까지 정상적으로 작동하는 시간의 평균값이다.

TBF			
고장시간1	정상가동1	고장시간2	정상가동2
TTR	TTF		

• MTTR(Mean Time To Repair) : 평균수리시간
• MTTF(Mean Time To Failure) : 평균가동시간
• MTBF(Mean Time Between Failures) : 평균무고장시간 → MTBF = MTTF + MTTR
• 신뢰도(가동률) = MTBF/(MTBF+MTTR)
  = MTTF/(MTTF+MTTR)

단답형 문제

15.9, 09.9

01 데이터를 복수 또는 분할 저장하여 병렬로 데이터를 읽는 보조기억장치 또는 그 방법으로 디스크의 고장에 대비하여 데이터의 안정성을 높이는 기술은?

20.8, 18.9, 08.3, 04.5, 02.3

02 컴퓨터의 성능을 높이기 위하여 명령어의 처리 속도를 CPU와 같도록 할 목적으로 기억장치와 CPU 사이에 사용하는 것은?

18.3, 14.3, 07.5, 06.3, 04.3

03 사용자가 보조기억장치의 전체 용량에 해당하는 기억장소를 컴퓨터가 가지고 있는 것으로 생각하여 주기억장소의 용량보다 큰 프로그램을 작성할 수 있도록 하는 개념의 메모리는?

 객관식 문제

16.3

04 컴퓨터 네트워크에 연결된 파일 수준의 데이터 저장 서버로 서로 다른 네트워크 클라이언트에 데이터 접근 권한을 제공하는 시스템은?

① NAS

② FDD

③ HDD

④ SAMBA

16.5, 11.5

05 다음 CD-ROM에 대한 설명으로 가장 옳지 않은 것은?

① 레이저 빔을 비추어 반사하는 정도로써 정보를 읽는다.

② 광디스크의 일종이다.

③ Read-only 매체이다.

④ 주기억장치로 사용된다.

15.5, 11.3, 07.9, 06.5, 02.3

06 어떤 디스크 팩이 7장으로 구성되어 있고 한 면당 200개의 트랙으로 구성되어 있을 때, 이 디스크 팩에서 사용 가능한 실린더의 수는?

① 200

② 400

③ 1200

④ 1400

04.3, 03.5, 02.5

07 자기테이프의 레코드 크기가 70자이고, 블록 크기가 2800자인 경우 블록화 인수는 얼마인가?

① 35

② 40

③ 45

④ 50

10.5, 04.9, 03.9

08 기억 용량을 나타내는 단위로 바이트(Byte)를 사용한다. 단위의 표현이 올바른 것은?

① 1[KByte] = 1,000[Byte]

② 1[MByte] = 1,024[KByte]

③ 1[Byte] = 1,000[KByte]

④ 1[GByte] = 1,024[KByte]

15.9, 14.3, 10.3

09 다음 보조기억장치 등에 사용되는 USB에 대한 설명으로 틀린 것은?

① 컴퓨터와 주변 기기를 연결하는 데 쓰이는 입·출력 표준 중 하나이다.

② USB 방식으로 연결된 주변 기기는 대부분 핫 플러그를 지원한다.

③ 미국 애플사가 제창한 시리얼 버스 인터페이스 표준 규격이다.

④ USB 방식은 보통 외부 전원을 이용하지 않고도 쉽게 주변 기기를 사용할 수 있다.

16.5, 15.3, 11.6, 10.5

10 파일링시스템의 장점으로 가장 거리가 먼 것은?

① 서류분실 방지

② 정보통신의 용이

③ 신속한 검색 활용의 용이

④ 불필요한 문서의 폐기

|정답| **01.** RAID **02.** Cache Memory **03.** Virtual Memory **04.** ① **05.** ④ **06.** ① **07.** ② **08.** ② **09.** ③ **10.** ②

▲ 합격 강의

// POINT //
07 소프트웨어 기술

출제
빈도 상 중 하

---

01 시스템 소프트웨어의 특징

◈ **시스템 소프트웨어(System Software)**

- 컴퓨터를 사용할 때 가장 기본적으로 필요한 소프트웨어로, 응용 소프트웨어의 기초가 된다.
- 운영체제, 컴파일러, 링커, 로더 등이 있다.

◈ **운영체제의 구성**

- **제어프로그램** : 감시프로그램, 작업관리프로그램, 데이터관리프로그램
- **처리프로그램** : 언어번역프로그램, 서비스프로그램, 문제처리프로그램

◈ **운영체제의 성능평가 항목**

처리 능력, 반환 시간, 사용 가능도

◈ **운영체제의 종류**

- PC용 : Windows 7, Linux, MacOS, MS-DOS
- 서버용 : Windows Sever 2008, Linux, Unix
- 네트워크용 : Netware, Banyan VINES, LAN-Manager
- 스마트폰용 : iOS, Android, Symbian, Windows Mobile, Black Berry
  - 아이폰 운영체제
  - 노키아 운영체제

---

02 응용 소프트웨어와 기타 소프트웨어

◈ **응용 소프트웨어(Application Software)**

- 특정한 작업을 수행할 수 있도록 사용자가 개발한 프로그램이다.
- 워드프로세서, 스프레드시트, 데이터베이스, 그래픽 프로그램 등이 있다.

◈ **통합화 소프트웨어 패키지**

- 퍼스널 컴퓨터상에서 표 계산 및 워드프로세스 기능 등을 한 개의 프로그램으로 처리할 수 있도록 한 것이다.

- 상호 간에 파일을 공용할 수 있도록 한다.
- 처리 도중에 별개의 기능을 사용해서 결과를 결합시켜 사용하기 편리하다.

◈ **비용 지불 방법에 따른 소프트웨어 분류**

데모 버전 (Demo Version)	어떤 기능을 가졌는지 소개하기 위해 제작한 소프트웨어이다.
프리웨어 (Freeware)	누구나 자유롭게 사용할 수 있는 소프트웨어로 기간 및 기능에 제한이 없다.
셰어웨어 (Shareware)	시험 삼아 사용한 후 필요하다고 느껴 대가를 지급하는 것을 전제로 무료로 배포하는 소프트웨어이다.
상용 소프트웨어 (Commercial Software)	상업을 목적으로 돈을 받고 판매하는 정식 버전의 소프트웨어이다.

---

03 소프트웨어 용어

◈ **자연어(Natural Language)**

일반적으로 기계가 아닌 사람이 사용하는 언어를 의미한다.

◈ **무손실 압축**

- 멀티미디어 정보에서 의학용 영상 등과 같은 정확성이 요구되는 데이터들의 압축에 주로 사용되는 비트 보존 압축 기법이다.
- 압축된 데이터를 다시 복원했을 때 원래 데이터와 모든 비트가 일치한다.

◈ **손실 압축**

- 압축된 데이터를 다시 복원했을 때 일부 데이터가 손실되는 압축 기법이다.
- 일반적으로 영상이나 음성 파일의 크기를 원래의 5%까지 압축 가능하다.

◈ 멀티미디어 압축 기술

- **GIF(Graphic Interchange Format)** : 이미지의 전송을 빠르게 하기 위하여 압축 저장하는 방식으로 저장할 수 있는 이미지가 256색상으로 제한되어 있다.
- **PNG(Portable Network Graphics)** : 비손실 그래픽 파일 포맷의 하나로 GIF 포맷의 문제점을 개선하기 위해 고안되었다.
  └─ 인터넷 이미지에 주로 사용됩니다.
- **JPEG(Joint Photographic Experts Group)** : 정지화상 압축에 대한 ISO 국제 표준안이다.
- **MPEG(Moving Picture Experts Group)** : 동화상 압축에 대한 ISO 국제 표준안이다.

MPEG-1	가정용 VTR 수준의 품질(1.5Mbps) 영상을 제공하기 위한 표준이다.
MPEG-2	저장매체인 DVD에서 특히 영상 데이터 저장 시 적용되는 압축 기술이다.
MPEG-4	• 양방향 멀티미디어를 구현할 수 있는 화상통신을 위한 동영상 압축 기술이다. • 64Kbps급의 초저속 고압축률 실현을 목적으로 하고 있다.
MPEG-7	동영상 데이터 검색이나 전자상거래 등에 적합하도록 개발된 차세대 동영상 압축 재생기술이다.

- **MHEG(Multimedia and Hypermedia information coding Experts Group)** : 멀티미디어나 하이퍼미디어에서 사용되는 데이터 부호화 · 압축 방식의 국제 표준이다.

◈ MPEG 표준 분류

- **MPEG-A** : 멀티미디어 애플리케이션 포맷(MAF)을 위한 표준이다.
- **MPEG-B** : 시스템 표준 분류를 위한 MPEG 표준이다.
- **MPEG-C** : 비디오 표준 분류를 위한 MPEG 표준이다.
- **MPEG-D** : 오디오 표준 분류를 위한 MPEG 표준이다(사실상 MPEG 서라운드(MPEG Surround) 표준에 해당).
- **MPEG-E** : 멀티미디어 미들웨어를 위한 표준이다.

◈ MIDI(Musical Instrument Digital Interface)

신시사이저, 리듬머신 등 컴퓨터 음악 연주에 사용되는 장비를 연결하기 위한 전송규격이다.

◈ indeo

인텔사에 의해 개발된 비디오 코덱(codec)이다. 초기 버전은 마이크로소프트사의 AVI 코덱 수준이었다.

개념 체크

 단답형 문제

08.3, 05.9
01 압축 기법 중 멀티미디어 정보에서 의학용 영상 등과 같은 정확성이 요구되는 데이터들의 압축에 주로 사용되는 비트 보존 압축 기법은?

 객관식 문제

17.5, 16.3
02 다음 중 사무자동화를 위한 퍼스널컴퓨터(PC)의 운영체제로 가장 거리가 먼 것은?
① Windows
② MacOS
③ Linux
④ TinyOS

11.9, 08.5, 07.3
03 사진 등의 정지화상을 통신에 사용하기 위해서 압축하는 기술 표준은?
① BMP
② ALZIP
③ MPEG
④ JPEG

11.5, 09.9
04 양방향 멀티미디어를 구현할 수 있는, 화상통신을 위한 동영상 압축 기술로 64Kbps급의 초저속 고압축률 실현을 목적으로 하고 있는 것은?
① MPEG-1
② MPEG-2
③ MPEG-4
④ MPEG-21

16.5, 12.9
05 MPEG 표준에서 오디오 표준 분류를 위한 규격은?
① MPEG-A
② MPEG-B
③ MPEG-C
④ MPEG-D

|정답| 01. 무손실 압축 02. ④ 03. ④ 04. ③ 05. ④

통신 응용 기술

01 정보 처리 시스템의 특징

◈ 정보 처리 시스템

정보 처리 시스템은 자료(Data)를 입력받아 처리(Processing) 과정을 거쳐 정보(Information)로 변환하는 시스템이다.

◈ 정보 처리 시스템의 발전 과정

비집중 처리 시스템 → 집중 처리 시스템 → 분산 처리 시스템

- 비집중 처리 시스템
  - 자료가 발생하는 곳에서 자료를 직접 처리하는 시스템이다.
  - 단일 처리 시스템이라고도 한다.
  - 자원과 데이터 공유가 불가능하다.
- 집중 처리 시스템
  - 모든 처리를 담당하는 중앙 컴퓨터와 데이터 입·출력을 담당하는 단말기로 구성된 시스템이다.
  - 전사적 관리가 용이하다.
  - 회선 비용이 적게 든다.
  - 중앙에 전산 개발 및 운영 요원이 주도적으로 운영하는 방식으로 다수의 인력이 필요하지만, 수준 높은 전산 요원이 부족하다.
  - 소프트웨어 개발이 집중됨으로 인하여 제한된 개발 인력의 한계로 소프트웨어 개발의 저생산성 문제가 발생할 수 있다.
  - 중앙 컴퓨터로 부하가 집중되는 관계로 대용량의 컴퓨터가 필요하다.
- 분산 처리 시스템
  - 여러 대의 컴퓨터들에 의해 작업들을 나누어 처리하고 그 내용이나 결과를 통신망을 이용하여 상호 교환되도록 연결된 시스템이다.
  - 사용자 중심의 시스템이다.
  - 자원과 데이터 공유가 가능하다.

- 처리 능력(생산성)이 향상된다.
- 조직 요구에 대한 대응이 용이하다.
- 시스템의 신뢰성, 유연성, 확장성이 우수하다.
- 보안성이 떨어진다.
- 분산 처리 시스템의 형태
  - 계층형 분산 처리 시스템
  - 수평형 분산 처리 시스템
  - 혼합형 분산 처리 시스템
  - 분산 데이터 입력 시스템

02 정보 통신 시스템

◈ 통신망 기술

- LAN(Local Area Network, 근거리 통신망) : ⌐200m 이내의 네트워크 구성⌐ 구내 등 비교적 제한된 지역에 설치되어 있는 컴퓨터나 각종 단말기기와 고속 전송로를 사용하여 접속한 통신망이다.
- WAN(Wide Area Network, 광역 통신망) : 넓은 지역에 만드는 네트워크로, LAN으로 상호 연결한 망을 의미한다.
- MAN(Metropolitan Area Network, 도시권 통신망) : WAN보다 넓은 도시단위를 만드는 네트워크로, WAN을 상호 연결한 망을 의미한다.
- VAN(Value Added Network, 부가가치 통신망) : 기간통신사업자의 회선을 임차하여 부가가치를 부여한 음성이나 데이터 정보를 제공한다. 프로토콜 변환, 포맷 변환 등의 부가가치 통신 서비스를 이용자에게 재판매하는 통신 처리망이다.
- ISDN(Integrated Service Digital Network, 종합정보통신망) : 음성, 데이터, 문자, 영상 등 여러 종류의 서비스를 디지털로 변환하여 한 망에서 총괄적으로 처리할 수 있게 한 망이다.

- B-ISDN(Broadband ISDN, 광대역 종합정보통신 망) : 영상 전화와 같은 동화상과 음향, 고정밀 동화상, 고속 데이터, HDTV 등을 전송할 수 있다. 이러한 서비스를 전송하는 기술은 ATM이 있다. ATM 교환기와 소요 단말기, 광섬유 가입자망 등의 기반시설이 필요하다.

◈ 정보 통신의 이용 형태에 따른 분류

- 온라인 시스템(On-Line System)
  - 데이터 발생 현장에 설치된 단말 장치가 원격지에 설치된 컴퓨터와 통신 회선을 통해 직접 연결된 형태의 시스템이다.
  - 데이터의 전송과 처리 과정에 사람이 개입되지 않는다.
- **일괄 처리 시스템(Batch Processing System)** : 처리할 데이터를 일정량 또는 일정 기간 수집한 후 일괄 처리하는 시스템이다.
- **실시간 처리 시스템(Real-Time Processing System)** : 데이터가 발생하는 즉시 처리하여 그 결과를 돌려주는 시스템이다.
- 시분할 처리 시스템(Time Sharing System) : 하나의 컴퓨터를 여러 개의 단말 장치가 공동으로 사용하도록 하는 시스템이다.

03 인텔리전트 빌딩(Intelligent Building)

◈ 인텔리전트 빌딩의 특징

- 건축, 통신, 사무자동화, 빌딩자동화 등의 4가지 시스템을 유기적으로 통합하여 첨단 서비스 기능을 제공하는 빌딩이다.
- 정보 통신 시스템, 사무자동화시스템, 빌딩관리 시스템, 환경관리 시스템, 보안 시스템 등으로 구성된다.
- 입주자에게 업무의 효율화, 정보화의 대응, 쾌적한 환경 등의 이점을 제공한다.
- 사무 생산성의 향상, 사무작업의 노동생활 향상을 가져올 수 있다.
- 최대의 목표는 인간의 능력을 최대로 발휘할 수 있는 이상적인 환경의 창조에 있다.
- 스마트 빌딩(Smart Building)이라고도 한다.
- 인텔리전트 빌딩의 구축에 있어서 데이터계 서비스와 CATV(Cable Television) 등의 뉴미디어계 서비스 및 빌딩 관리 서비스를 제공하는 시스템은 정보 통신 시스템이다.

◈ 시스템 통합화의 서비스 목적

- 사무자동화시스템에 의한 서비스
- 전자통신 시스템에 의한 서비스
- 빌딩자동화에 의한 서비스

개념 체크

단답형 문제

17.9, 14.9, 04.5
01 빌딩, 공장, 대학 캠퍼스 등과 같이 한정된 영역을 대상으로 설치되는 통신망으로서, 구내 통신망이라고도 불리는 용어는?

18.9, 16.3, 14.5
02 변동자료를 모아 한꺼번에 처리하는 자료처리 방식은?

객관식 문제

19.4, 04.3, 01.9, 98.9
03 인텔리전트 빌딩에 관한 내용 중 설명이 적절하지 않은 것은?
① 최대의 목표는 인간의 능력을 최대로 발휘할 수 있는 이상적인 환경의 창조에 있다.
② 정보 통신 시스템, 사무자동화시스템, 빌딩관리 시스템, 환경관리 시스템, 보안 시스템 등으로 구성된다.

③ 개방 시스템으로 구성된 개인이나 개별 사무와 기업 등의 사무처리가 폐쇄 시스템으로 변환된다.
④ 사무 생산성의 향상, 사무작업의 노동생활 향상을 가져올 수 있다.

13.4, 10.3
04 분산 시스템의 장점으로 적합하지 않은 것은?
① 자원과 데이터 공유   ② 작업부하 조절 가능
③ 처리 능력 향상   ④ 보안 강화

07.3
05 다음 중 분산 처리의 형태가 아닌 것은?
① 혼합형 분산 처리 시스템
② 계층형 분산 처리 시스템
③ 수평형 분산 처리 시스템
④ 관계형 분산 처리 시스템

|정답| **01.** LAN(Local Area Network) **02.** 일괄 처리 방식 **03.** ③ **04.** ④ **05.** ④

01 사무자동화 기기

◈ 사무자동화 기기의 특징

• 사무자동화 기기의 상품으로서 갖추어야 할 성립
  조건
  – 비교되는 기기의 구입 가격이 저렴하여야 한다.
  – 설치 및 유지보수비가 적어야 한다.
  – 기기의 설치 면적이 작아야 한다.
• 사무자동화 기기의 선정 및 도입 시 고려할 사항
  – 가격이 저렴하고 효과가 큰 기기부터 도입한다.
  – 기기 사용에 대한 두려움과 부담감을 주지 않는
    기기를 선정해야 한다.
  – 업무의 가시적 효과를 크게 주는 기기를 선정
    한다.
• 사무자동화 기기의 발전 방향
  – 소형화 및 휴대성
  – 복합화 및 통합화
  – 기능 및 성능의 향상
• 근거리 통신망(LAN)의 개발로 인해 사무자동화 기
  기의 통합이 촉진되었다.

◈ 정보처리 유형에 따른 사무자동화 기기의 분류

자료준비 기기, 자료처리 기기, 자료전송 기기, 자료
저장 기기

02 자료준비 기기

└─ 전자 타자기와 유사하게 생겼으며, S/W가 아님에 유의하세요.

◈ 워드프로세서(Word Processor)

• 문서의 작성, 편집, 저장 등의 기능을 가진다.
• 일반 타자기보다 문장의 수정이 용이하고, 문장을
  정리할 수 있으며, 문서의 저장 및 검색이 유리하
  다는 이점이 있다.

◈ 스프레드시트

• 수식, 함수, 차트를 이용하여 데이터 처리를 쉽게
  할 수 있는 도구이며, 대표적으로 Microsoft Excel
  이 있다.
• 셀 단위의 데이터 처리가 가능하며 행과 열로 구성
  된다.
• 셀의 참조 방식은 절대참조와 상대참조가 있다.
• 반복적이고 규칙적인 대량의 작업을 일괄적으로 자
  동처리할 수 있다.
• 스프레드시트 데이터 분석 기능
  – **피벗테이블** : 기존 목록이나 표에 있는 데이터를
    요약하고 분석할 수 있도록 하는 대화형 테이블
    이다.
  – **정렬** : 특정 필드를 기준으로 레코드의 순서를 재
    배치하는 방법(오름차순, 내림차순)이다.
  – **부분합** : 특정 항목을 기준으로 분류된 데이터를
    항목별로 함수를 이용해 계산하는 기능이다.
  – **시나리오** : 결과를 예측하기 어려운 경우 여러 가지
    변수와 상황에 따른 다양한 결과 값의 변화를 가
    상의 상황을 만들어 요약해 분석하는 기능이다.
  – **목표값찾기** : 수식에서 얻고자 하는 결과 값은 알
    고 있으나 필요한 입력값을 모를 경우 사용한다.
• 스프레드시트 데이터 분석 기능 및 함수
  – COUNTA : 범위 안에 있는 숫자뿐만 아니라 문자,
    기호를 모두 세어 개수를 표시하는 함수이다.
  – LOOKUP : "범위1" 영역에서 "찾을 값"과 같은
    데이터를 찾은 후, "범위2"에서 찾은 값과 같은
    행에 있는 데이터를 반환하는 함수이다.
  – INDIRECT : 수식 자체는 변경하지 않고서 수식
    안에 있는 셀에 대한 참조를 변경하는 함수이다.

◈ CRT 단말기(CRT Terminal)

• 입력장치로부터 입력받은 데이터를 화면에 표시
  한다.
• 대화형 질의 · 응답이 가능하다.

03 자료처리 기기의 종류

◈ 워드프로세서(Word Processor)

- 문서 작성이나 편집을 수월하게 하는 장치이다. 소프트웨어적인 워드프로세서가 아닌 타자기에서 발전한 형태로, 현재는 사용되지 않고 있다.
- **구성** : 본체, 입·출력장치, 기억장치

◈ 사무용 컴퓨터(Office Computer)

- 주로 사무처리에 사용되는 컴퓨터이다.
- 하드웨어 및 소프트웨어가 사무처리에 적합하도록 구성되어 있다.
- LAN 등을 이용하여 서로 연결되어 있다.
- 대량의 데이터를 처리하고 멀티미디어 데이터를 처리할 수 있다.
- 저장기능을 활용한 전자우편, 전자 파일링, 스케줄 관리를 수행할 수 있다.
- 사용이 편리하며 정확한 업무처리를 도모할 수 있다.

◈ 개인용 컴퓨터(PC; Personal Computer)

- 본체가 전원장치, 마더보드, 디스크 드라이브 등으로 구성되어 있다.
- 데스크톱, 랩톱, 노트북, 팜톱 등의 종류가 있다.

◈ 워크스테이션(Workstation)

- 개인이나 소수의 사람이 특수한 분야에 사용하기 위해 만들어진 고성능의 컴퓨터이다.
- 네트워크에 연결하여 주로 소형 서버로 사용되거나 고속 연산을 요하는 그래픽 처리, CAD, 시뮬레이션 분야에서 사용된다.
- **워크스테이션의 필수 기능** : 고도의 맨-머신 인터페이스, 고도의 연산기능, 화상 처리기능, 파일링 및 메일링 기능, 네트워크 기능

◈ 컴퓨터 안전장치의 종류

- **AVR(Automatic Voltage Regulator)** : 자동전압 조정장치로, 컴퓨터 처리는 전기를 소스로 하기 때문에 전압이 불안정할 경우 잘못된 결과를 출력할 수 있다. 이를 막기 위해 AVR을 설치해 일정한 전압을 컴퓨터에 공급한다.
- **UPS(Uninterruptible Power Supply)** : 무정전 전원 공급 장치로, 갑자기 발생하는 정전을 막기 위해 다수의 배터리를 이용해 예비전원을 구축하는 시스템이다.
- **CVCF(Constant Voltage Constant Frequency)** : 정전압 정주파 안정장치로, 잘못된 전압과 주파수로부터 컴퓨터의 오류처리를 예방하기 위한 장치이다. 일반적으로 워크스테이션 이상의 중대형 컴퓨터에 적용한다.

개념체크

자료전송 및 자료저장 기기

01 전자우편(E-mail)

◈ 전자우편의 개념

- 인터넷을 통하여 사용자끼리 서로 편지를 주고받는 서비스이다.
- 정보전달 방식을 전자적으로 하는 것으로, 메시지를 컴퓨터에 축적하여 아무 때나 수신자가 검색·출력하여 볼 수 있다.

◈ 전자우편의 특징

- 문서우편에 비해 복수의 수신자에게 배포가 용이하다.
- 전자적인 수단을 이용하여 순간적인 전송이 가능하므로 즉시성의 효과를 얻을 수 있다.
- 컴퓨터 내에 파일화가 용이하므로 필요할 때 자유자재로 검색할 수 있다.
- 종이 및 우편 요금을 절약할 수 있다.

◈ 전자우편의 기능

- 동보(Broadcast) : 같은 내용을 여러 사람에게 보내는 기능이다.
- 전달(Forward) : 받은 내용을 그대로 타인에게 보내는 기능이다.

◈ 전자우편 프로토콜

- SMTP(Simple Mail Transfer Protocol) : 전자우편 송신 프로토콜이다.
- POP3(Post Office Protocol 3) : 전자우편 수신 프로토콜이다.
- IMAP(Internet Messaging Access Protocol) : 전자우편의 제목만 전송한 다음 제목을 클릭하면 본문의 내용을 전송하는 프로토콜이다.
- MIME(Multipurpose Internet Mail Extensions) : 웹 브라우저가 지원하지 않는 각종 멀티미디어 파일의 내용을 확인하고 실행시켜 주는 프로토콜이다.

◈ 전자우편의 보안 기법

- PEM(Privacy Enhanced Mail) : 전자우편을 엽서가 아닌 밀봉된 봉투에 넣어서 보낸다는 개념으로 IETF에서 인터넷 초안으로 채택한 것이다.
- PGP(Pretty Good Privacy) : 전자우편을 다른 사람이 받아 볼 수 없도록 암호화하고, 받은 전자우편의 암호를 해석해 주는 프로그램으로, 현재 가장 많이 사용되고 있다.
- S/MIME : 인증, 메시지 무결성, 송신처의 부인방지, 데이터 보안과 같은 암호학적 보안 서비스를 제공한다.

◈ 메시지 처리 시스템(Message Handling System)

- 개인용 컴퓨터, 팩시밀리, 텔렉스 등 통신수단에 관계없이 상대방의 통신수단별 번호만 알면 국내외 어디서나 메시지를 교환할 수 있는 시스템이다.
- 기본적으로 제공하는 전자우편 서비스를 비롯하여 다양한 부가 서비스를 제공한다.

02 자료전송 기기

◈ 팩시밀리(Fax)

- 문자, 도표, 사진 등의 정지 화상을 화소로 분해하여 전기적 신호로 변환하여 전송하여 원래대로 복원 기록하는 전송기기이다.
- 팩시밀리의 화상통신 계통도

- 주사(Scan) : 전송 화면을 다수의 작은 화소로 분해하는 과정이며, 원통 주사, 평면 주사의 기계적 주사 방식과 고체 주사의 전자적 주사 방식이 있다.
- 전자적 주사 방식에는 고체 주사 방식이 있다.

- 광전변환 : 화소를 전기 신호로 변환하는 과정이다.
- 전광변환 : 전기 신호를 화소로 변환하는 과정이다.
- 동기 : 송신 측의 송신속도와 수신 측의 기록속도를 일치시키는 과정이다.

◈ 팩시밀리의 특징

- 정보 전달의 신속성 · 정확성
- 정보 전달의 특수성
- 정보 내용의 임의성

◈ 원격회의 시스템(Teleconference System)

- 멀리 떨어져 있는 회의실 상호 간을 통신회선으로 연결하여 회의를 진행할 수 있는 시스템이다.
- 원격회의 시스템의 장점 : 시간 절약, 의사소통 기능의 강화, 신속한 의사결정 가능 등이 있다.

03 자료저장 기기

◈ 마이크로필름(Microfilm)

- 마이크로필름의 특징
  - 고밀도 기록이 가능하여 대용량화하기 쉽다.
  - 기록 내용을 확대하면 그대로 재현된다.
  - 기록 내용의 보존이 반영구적이며 기밀 유지가 용이하다.
- 마이크로필름의 이용 분야
  - 중요 문서의 보존 수단 및 문서의 장기간 보존 수단
  - 문서보관 작업의 기계화 수단 및 방대한 자료의 용이한 검출 수단
- COM(Computer Output Microfilm) : 컴퓨터의 처리 결과나 종이에 인쇄된 정보를 문자나 도형으로 변환하여 마이크로 필름에 저장하는 방식이며, 순차 처리 방식으로 처리된다.
- CAR(Computer Assisted Retrieval) : 컴퓨터를 이용하여 마이크로필름을 고속 자동으로 검색해 주는 시스템이다.

◈ 웹 하드(Web Hard)

인터넷으로 대용량의 파일을 저장하고 또 내려받을 수 있는 서비스를 의미한다. 저렴한 비용으로 대용량의 데이터를 자유롭게 주고받을 수 있다는 장점도 있지만, 각종 불법 자료 거래의 온상으로 이용되는 문제점도 있다.

개념 체크

단답형 문제

18.5, 13.3, 12.3, 09.3

01 전자우편시스템의 주요 기능으로, 개인은 물론 그룹 혹은 선별된 다수인에게 복사, 중복된 문서의 작성 없이 동시에 같은 내용을 편지로 보낼 수 있는 기능은?

15.3, 06.9, 04.3

02 전자우편을 보낼 때 사용하는 프로토콜은?

객관식 문제

16.10, 14.5, 13.6,12.3, 07.3

03 다음 중 COM(Computer Output Microfilm) 시스템의 특징으로 옳지 않은 것은?
  ① 문서/파일의 작성 및 복사 비용이 저렴하다.
  ② 대량 복사 및 고속 인쇄가 가능하다.
  ③ 검색시간이 실시간 처리에 적당하다.
  ④ 기록과정이 복잡하고 시간이 많이 걸린다.

17.9, 16.10, 15.3, 08.3, 04.9

04 다음 중 원격회의 시스템의 장점으로 옳지 않은 것은?
  ① 시간 절약
  ② 개인적 정보접근 가능
  ③ 신속한 의사결정
  ④ 의사소통 기능의 강화

20.6, 13.9, 09.9

05 전자우편을 엽서가 아닌 밀봉된 봉투에 넣어서 보낸다는 개념으로 IETF(Internet Engineering Task Force)에서 인터넷 초안으로 채택한 것은?
  ① PEM   ② PGP
  ③ S/MIME   ④ PGP/MIME

|정답| 01. 동보기능 02. SMTP 03. ③ 04. ② 05. ①

데이터베이스 시스템

01 데이터베이스(Database)

◈ 데이터베이스(Database)의 개념

자료의 집중화를 통해 중복된 자료를 최소화시킴으로써 다양한 응용 분야를 효과적으로 컴퓨터에서 지원할 수 있도록 체계적으로 구성된 자료의 집합이다.

◈ 데이터베이스의 특징

• 데이터의 독립성 : 데이터의 물리적, 논리적 독립성을 유지한다.
• 데이터의 무결성 : 데이터를 올바르게 유지한다.
• 데이터의 일관성 : 데이터 중복을 최소화하여 자료의 일치를 기한다.
• 데이터의 보안성 : 데이터 보안을 유지하여 데이터의 손실을 방지한다.
• 데이터의 공유 : 데이터를 공동으로 이용한다.

◈ 빅데이터(Big Data)

데이터의 생성 양, 주기, 형식 등이 기존 데이터에 비해 매우 크기 때문에, 종래의 방법으로는 수집, 저장, 검색, 분석이 어려운 방대한 데이터를 의미한다. 정보화 사회에서 여러 방향으로 수집된 대량의 데이터를 의미한다.

◈ DBMS(DataBase Management System, 데이터베이스 관리 시스템)의 정의

• 종속성과 중복성의 문제를 해결하기 위해서 제안된 시스템이다.
• 응용 프로그램과 데이터의 중재자로서 모든 응용 프로그램들이 데이터베이스를 공유할 수 있도록 관리한다.
• 데이터베이스의 구성, 접근방법, 관리유지에 대한 모든 책임을 진다.

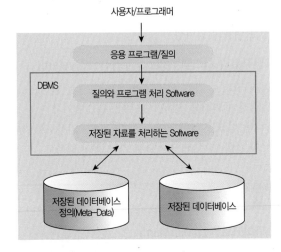

• **DBMS의 필수 기능**
  - 정의 기능(Definition Facility) : 데이터베이스의 구조를 정의하며, 데이터의 논리적 구조와 물리적 구조 사이에 변환이 가능하도록 두 구조 사이의 사상(Mapping)을 명시한다.
  - 조작 기능(Manipulation Facility) : 데이터베이스에 접근하여 데이터의 검색, 삽입, 삭제, 갱신 등의 연산 작업을 위한 사용자와 데이터베이스 사이의 인터페이스 수단을 제공한다.
  - 제어 기능(Control Facility) : 데이터 무결성 유지, 보안 유지 및 권한 검사, 병행 제어를 제공한다.

◈ DBMS의 장 · 단점

• **장점**
  - 데이터 중복 및 종속성을 최소화시킬 수 있다.
  - 데이터 공유가 가능하다.
  - 데이터 무결성 및 일관성을 유지할 수 있다.
  - 데이터 보안 보장이 용이하다.

• **단점**
  - 예비와 회복 기법이 어렵다.
  - 데이터베이스 전문가가 부족하다.
  - 시스템이 복잡하고, 전산화 비용이 증가한다.

◈ 데이터베이스의 구성 요소

- **객체(Entity)**
  - 데이터베이스에 표현하려고 하는 현실 세계의 대상체이다.
  - 유·무형의 정보로서 서로 연관된 몇 개의 속성으로 구성된다.
  - 파일 구조상의 레코드에 대응하는 것으로 어떤 정보를 제공하는 역할을 수행한다.
- **속성(Attribute)**
  - 데이터의 가장 작은 논리적 단위이다.
  - 개체의 성질이나 상태를 나타낸다.
  - 파일 구조상의 데이터 항목(Data Item) 또는 데이터 필드(Data Field)에 대응한다.
- **관계(Relationship)**
  - 데이터베이스에서 구성 요소들이 성립될 수 있도록 임의로 규정된 특정 범주(Category)를 나타낸다.
  - 개체 간의 연관성을 결정짓는 의미 있는 연결이다.
- **도메인(Domain)**
  - 속성이 취할 수 있는 값들의 집합이다.
  - 관계 데이터 모델에서 하나의 애트리뷰트가 취할 수 있는 같은 타입의 원자(Atomic)값들의 집합을 의미한다.

◈ 데이터베이스 설계 순서

> 요구조건 분석 → 개념적 설계 → 논리적 설계 → 물리적 설계 → 데이터베이스 구현

- **요구조건 분석**
  - 데이터베이스 사용자로부터 요구조건 수집
  - 요구조건 명세서 작성
- **개념적 설계**
  - 목표 DBMS에 독립적인 개념 스키마 설계
  - 개념 스키마 모델링과 트랜잭션 모델링 병행 수행
  - E-R 다이어그램 작성
- **논리적 설계**
  - 목표 DBMS에 종속적인 논리적 스키마 설계
  - 논리적 데이터 모델로 변환
  - 트랜잭션 인터페이스 설계
  - 스키마의 평가 및 정제

- **물리적 설계**
  - 목표 DBMS에 종속적인 물리적 구조 설계
  - 저장 레코드 양식 설계
  - 레코드 집중의 분석/설계
  - 접근 경로 설계
  - 트랜잭션 세부 설계
- **데이터베이스 구현**
  - 목표 DBMS의 DDL로 스키마 작성 후 데이터베이스에 등록
  - 트랜잭션 작성

◈ 정규화

- **정규화(Normalization)의 개념**
  - 함수적 종속성 등의 종속성 이론을 이용하여 잘못 설계된 관계형 스키마를 더 작은 속성의 세트로 쪼개어 바람직한 스키마로 만들어 가는 과정이다.
  - 좋은 데이터베이스 스키마를 생성해 내고 불필요한 데이터의 중복을 방지하여 정보 검색을 용이하게 할 수 있도록 허용한다.
  - **정규화의 목적** : 데이터 구조의 안정성 최대화, 중복 데이터의 최소화, 수정·삭제 시 이상 현상 최소화, 테이블 불일치 위험 간소화
- **이상(Anomaly)**
  - **삽입 이상(Insertion Anomaly)** : 데이터를 삽입할 때 불필요한 데이터가 함께 삽입되는 현상이다.
  - **삭제 이상(Deletion Anomaly)** : 릴레이션의 한 튜플을 삭제함으로써 연쇄 삭제로 인해 정보의 손실을 발생시키는 현상이다.
  - **갱신 이상(Updating Anomaly)** : 튜플 중에서 일부 속성을 갱신함으로써 정보의 모순성이 발생하는 현상이다.

◆ 정규화 과정

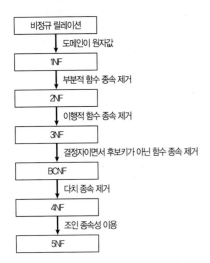

```
┌─────────────────┐
│   비정규 릴레이션   │
└─────────────────┘
        │ 도메인이 원자값
        ▼
┌─────────────────┐
│      1NF        │
└─────────────────┘
        │ 부분적 함수 종속 제거
        ▼
┌─────────────────┐
│      2NF        │
└─────────────────┘
        │ 이행적 함수 종속 제거
        ▼
┌─────────────────┐
│      3NF        │
└─────────────────┘
        │ 결정자이면서 후보키가 아닌 함수 종속 제거
        ▼
┌─────────────────┐
│      BCNF       │
└─────────────────┘
        │ 다치 종속 제거
        ▼
┌─────────────────┐
│      4NF        │
└─────────────────┘
        │ 조인 종속성 이용
        ▼
┌─────────────────┐
│      5NF        │
└─────────────────┘
```

02 데이터베이스 시스템의 구성

◆ 데이터베이스 관리 시스템(DBMS)
└ DataBase Management System

- 파일 시스템의 종속성과 중복성의 문제를 해결하기 위해서 제안된 시스템이다.
- 응용 프로그램과 데이터의 중재자로서 모든 응용 프로그램들이 데이터베이스를 공유할 수 있도록 관리한다.
- DBMS의 기능
  - 데이터베이스 내의 자료 관계를 설정한다.
  - 자료의 보안을 담당한다.
  - 자료의 회복(Recovery) 능력을 갖추고 있다.
  - 질의어(Query Language) 능력을 갖추고 있다.
- DBMS의 필수 기능
  - 정의 기능(Definition Facility)
  - 조작 기능(Manipulation Facility)
  - 제어 기능(Control Facility)

◆ 스키마(Schema)

- 데이터베이스에 관한 전반적인 기술을 의미한다.
- 데이터베이스를 구성하는 자료 객체, 이들의 성질, 이들 간의 관계, 자료의 조작 및 이들 자료값들이 갖는 제약 조건에 관한 정의를 총칭해서 스키마라 한다.

◆ 스키마의 3단계

- 외부 스키마(External Schema) : 사용자 입장에서 본 데이터베이스의 논리적인 구조를 기술한다.

- 개념 스키마(Conceptual Schema) : 범기관적, 조직체의 입장에서 본 데이터베이스의 전체 논리적인 구조를 기술한다.
- 내부 스키마(Internal Schema) : 저장장치의 측면에서 본 데이터베이스의 전체 물리적인 구조를 기술한다.

◆ 데이터베이스 언어(Database Language)

- 데이터 정의어(DDL) : 데이터베이스를 생성하거나 수정하기 위해 사용하는 언어이다.
- 데이터 조작어(DML) : 데이터의 삽입, 삭제, 수정 등을 하기 위해 사용하는 언어이다.
- 데이터 제어어(DCL) : 데이터 보안, 데이터 무결성, 데이터 복구 등을 위해 사용하는 언어이다.

◆ 데이터베이스 관리자(DBA; DataBase Administrator)

- 데이터베이스 구축
- DBMS 관리 └ 개념 및 내부 스키마
- 사용자 요구 정보 결정 및 효율적 관리
- 백업 및 회복 전략 정의

◆ 데이터베이스의 종류

- 계층형 데이터베이스(Hierarchical Database) : 각 레코드가 트리 구조로 된 데이터베이스이다.
- 망형 데이터베이스(Network Database) : 서로 관계있는 레코드들이 그물처럼 얽혀 있는 구조로 된 데이터베이스이다. └ Owner-Member로 표현합니다.
- 관계형 데이터베이스(Relational Database) : 행과 열로 구성된 2차원 조직으로 된 데이터베이스이다. └ 표(Table)로 표현합니다.
- 객체지향형 데이터베이스(Object-Oriented Database) : 객체지향 개념을 도입한 데이터베이스이다.

◆ 기본키(Primary Key)

- 관계형 모델에서 릴레이션의 각 레코드를 식별할 수 있는 속성을 의미한다.
- 후보키 중에서 대표로 선정된 키를 의미한다.
- 기본키는 널 값을 가질 수 없다.
  - 널 값(Null Value) : 공백(Space)이나 0(Zero)와는 다른 의미이며, 아직 알려지지 않거나 모르는 값을 의미한다.

단답형 문제

07.9, 05.3, 03.3
01 데이터베이스 관리 시스템의 기능을 원활하게 수행하기 위하여 관리 책임을 지는 사람은?

13.9, 10.9
02 관계형 데이터베이스에서 속성(Attribute)들이 가질 수 있는 값들의 집합은?

14.3
03 데이터베이스의 구조에 대한 정의와 이에 대한 제약 조건 등을 기술한 것을 무엇이라 하는가?

객관식 문제

15.5, 10.5, 04.3
04 데이터베이스의 특징과 가장 밀접한 항목은?
① 데이터의 중복성
② 데이터의 일관성
③ 데이터의 모순성
④ 데이터의 종속성

19.3, 16.3
05 데이터의 생성 양, 주기, 형식 등이 기존 데이터에 비해 매우 크기 때문에, 종래의 방법으로는 수집, 저장, 검색, 분석이 어려운 방대한 데이터를 의미하는 개념은?
① 빅데이터
② 데이터마트
③ 데이터웨어하우스
④ 네트워크 데이터베이스

16.5, 10.3, 09.3
06 데이터베이스 관리 시스템의 기능으로 옳지 않은 것은?
① 데이터베이스 내의 자료 관계를 설정한다.
② 자료의 보안을 담당하지 않아도 된다.
③ 자료의 회복(Recovery) 능력을 갖추고 있다.
④ 질의어(Query Language) 능력을 갖추고 있다.

20.8, 15.9
07 데이터 중복을 최소화하고 데이터의 정확성을 최대화하기 위하여 관계형 DB를 분석하고 능률적인 형태로 변화하는 방법은?
① 정규화
② 일반화
③ 구체화
④ 분석화

19.4, 10.9, 07.9, 06.9, 05.5
08 데이터베이스를 구성하는 자료 객체, 이들의 성질, 이들 간의 관계, 자료의 조작 및 이들 자료 값들이 갖는 제약 조건에 관한 정의를 총칭해서 스키마라 한다. 다음 중 3단계 스키마에 속하지 않는 것은?
① 외부 스키마
② 관계 스키마
③ 내부 스키마
④ 개념 스키마

18.5, 13.5, 06.9
09 계층형 데이터베이스에 대한 설명으로 옳은 것은?
① 서로 관계있는 레코드들이 그물처럼 얽혀 있는 구조로 되어 있다.
② 각 레코드가 트리 구조 형식으로 구성된 모형이다.
③ 수학적 이론에 기초하여 테이블 형태로 표현된 모형이다.
④ 행과 열로 구성된 2차원 구조이다.

15.1, 12,3
10 관계형 데이터베이스에서 기본키(Prime Key)가 가져야 할 성질은?
① 공유성
② 중복성
③ 식별성
④ 연결성

|정답| **01.** 데이터베이스 관리자(DBA) **02.** 도메인 **03.** 스키마 **04.** ② **05.** ① **06.** ② **07.** ① **08.** ② **09.** ② **10.** ③

01 관계 데이터 연산

◈ 관계 대수(Relational Algebra)

- 원하는 정보와 그 정보를 어떻게 유도하는가를 기술하는 절차적인 방법이다.
- 릴레이션 조작을 위한 연산의 집합으로 피연산자와 결과가 모두 릴레이션이다.
- 일반 집합 연산과 순수 관계 연산으로 구분된다.
- 질의에 대한 해를 구하기 위해 수행해야 할 연산의 순서를 명시한다.
- **종류**

구분	연산자	기호	의미
순수 관계 연산자	Select	σ	조건에 맞는 튜플을 구하는 수평적 연산
	Project	π	속성 리스트로 주어진 속성만 구하는 수직적 연산
	Join	$\bowtie$	공통 속성을 기준으로 두 릴레이션을 합하여 새로운 릴레이션을 만드는 연산
	Division	$\div$	두 릴레이션 A, B에 대해 B 릴레이션의 모든 조건을 만족하는 튜플들을 릴레이션 A에서 분리해 내어 프로젝션하는 연산
일반 집합 연산자	합집합	$\cup$	두 릴레이션의 튜플의 합집합을 구하는 연산
	교집합	$\cap$	두 릴레이션의 튜플의 교집합을 구하는 연산
	차집합	$-$	두 릴레이션의 튜플의 차집합을 구하는 연산
	교차곱	$\times$	두 릴레이션의 튜플들의 교차곱 (순서쌍)을 구하는 연산

◈ 관계 해석(Relational Calculus)

- 원하는 정보가 무엇이라는 것만 정의하는 비절차적인 방법이다.
- 수학의 Predicate Calculus에 기반을 두고 있다.
- **종류** : 튜플 관계 해석, 도메인 관계 해석이 있다.

02 SQL(Structured Query Language)

◈ SQL(Structured Query Language)의 개념

- 관계형 데이터베이스의 표준 질의어이다.
- **종류** : DDL, DML, DCL이 있다.

◈ DDL(Data Definition Language, 데이터 정의어)

- 데이터베이스의 정의/변경/삭제에 사용되는 언어이다.
- 논리적 데이터 구조와 물리적 데이터 구조를 정의한다.
- 논리적 데이터 구조와 물리적 데이터 구조 간의 사상을 정의한다.
- 번역한 결과가 데이터 사전에 저장된다.
- **종류**

CREATE	스키마, 도메인, 테이블, 뷰 정의
ALTER	테이블 정의 변경
DROP	스키마, 도메인, 테이블, 뷰 삭제

◈ CREATE TABLE : 테이블 정의

```
CREATE TABLE 기본테이블
       ({열이름 데이터_타입 [NOT NULL], [DEFALUT 값]},…,
       {[PRIMARY KEY(열이름_리스트)]},
       {[UNIQUE(열이름_리스트,…)]},
       {[FOREIGN KEY(열이름_리스트)]
       REFERENCES 기본테이블[(기본키_열이름)]
       [ON DELETE 옵션]
       [ON UPDATE 옵션]}
       [CHECK(조건식)]);
```

- { }는 중복 가능한 부분이다.
- NOT NULL은 특정 열에 대해 널(Null) 값을 허용하지 않을 때 기술한다.
- PRIMARY KEY는 기본키를 구성하는 속성을 지정할 때 기술한다.
- FOREIGN KEY는 외래키로 어떤 릴레이션의 기본키를 참조하는지를 기술한다.

◈ ALTER TABLE : 테이블 구조 변경문

> ALTER TABLE 테이블_이름 ADD 열_이름 데이터_타입 DE-FAULT 값;
> ALTER TABLE 테이블_이름 ALTER 열_이름 SET DEFAULT 값;
> ALTER TABLE 테이블_이름 DROP 열_이름 CASCADE;

- ADD : 새로운 열(속성)을 추가할 때 사용한다.
- ALTER : 특정 열(속성)의 디폴트 값을 변경할 때 사용한다.
- DROP : 특정 열(속성)을 제거할 때 사용한다.

◈ DROP : 테이블 삭제문

> DROP SCHEMA 스키마_이름 [CASCADE | RESTRICT];
> DROP DOMAIN 도메인_이름 [CASCADE | RESTRICT];
> DROP TABLE 테이블_이름 [CASCADE | RESTRICT];
> DROP INDEX 인덱스_이름;

- CASCADES 옵션을 사용하면 삭제할 요소가 다른 개체에서 참조 중이라도 삭제가 수행된다.
- RESTRICT 옵션을 사용하면 삭제할 요소가 다른 개체에서 참조 중인 경우 삭제가 수행되지 않는다.

◈ DML(Data Manipulation Language, 데이터 조작어)

- 데이터의 검색/삽입/삭제/변경에 사용되는 언어이다.
- 사용자와 DBMS 간의 인터페이스를 제공한다.
- 종류

SELECT	• 튜플 검색 • 기본 구조 SELECT 속성명[ALL | DISTINCT | FROM 릴레이션명 WHERE 조건; [GROUP BY 속성명1, 속성명2,…] [HAVING 조건] [ORDER BY 속성명 [ASC | DESC]]; • ALL : 모든 튜플을 검색(생략 가능) • DISTINCT : 중복된 튜플 생략
INSERT	• 튜플 삽입 • 기본 구조 INSERT INTO 테이블명(속성명1, 속성명2, …) VALUES (데이터1, 데이터2 …);
DELETE	• 튜플 삭제 • 기본 구조 DELETE FROM 테이블명 WHERE 조건;
UPDATE	• 튜플의 내용 변경 • 기본 구조 UPDATE 테이블명 SET 속성명=데이터 WHERE 조건;

◈ DCL(Data Control Language, 데이터 제어어)

- 데이터 제어 정의 및 기술에 사용되는 언어이다.
- 불법적인 사용자로부터 데이터를 보호한다.
- 무결성을 유지한다.
- 데이터 복구 및 병행 제어를 한다.
- 종류

COMMIT	명령어로 수행된 결과를 실제 물리적 디스크로 저장하고, 명령어로 수행을 성공적으로 완료하였음을 선언
ROLLBACK	명령어로 수행을 실패하였음을 알리고, 수행된 결과를 원상복귀시킴
GRANT	데이터베이스 사용자에게 사용 권한 부여
REVOKE	데이터베이스 사용자로부터 사용 권한 취소

03 뷰와 시스템 카탈로그

◈ 뷰(View)

- 사용자에게 접근이 허용된 자료만을 제한적으로 보여주기 위해 기본 테이블에서 유도되는 가상 테이블이다.
- 특징
  - 뷰의 생성 시 CREATE문, 검색 시 SELECT문, 제거 시 DROP문을 이용한다.
  - 뷰를 이용한 또 다른 뷰의 생성이 가능하다.
  - 하나의 뷰 제거 시 그 뷰를 기초로 정의된 다른 뷰도 함께 삭제된다.
  - 뷰 위에 또 다른 뷰 정의가 가능하다.
  - DBA는 보안 측면에서 뷰 활용이 가능하다.

• 장 · 단점

장점	• 논리적 데이터 독립성 제공 • 사용자 데이터 관리 편의성 제공 • 접근 제어를 통한 보안 제공
단점	• ALTER VIEW문으로 뷰의 정의 변경 불가 • 삽입, 갱신, 삭제 연산에 제약이 따름

◈ 시스템 카탈로그(System Catalog)

• 시스템 자신이 필요로 하는 여러 가지 객체(기본 테이블, 뷰, 인덱스, 데이터베이스, 패키지, 접근 권한 등)에 관한 정보를 포함하고 있는 시스템 데이터베이스이다.

• 데이터 사전(Data Dictionary)이라고도 한다.

• 시스템 카탈로그 자체도 시스템 테이블로 구성되어 있어 SQL문을 이용해 내용 검색이 가능하다.

• 사용자가 시스템 카탈로그를 직접 갱신할 수는 없으며, 사용자가 SQL문으로 여러 가지 객체에 변화를 주면 시스템이 자동으로 갱신한다.

04 키와 무결성

◈ 키(Key)의 종류

• 슈퍼키(Super Key)
  – 두 개 이상의 속성으로 구성된 키 또는 혼합키이다.
  – 유일성○, 최소성×

• 후보키(Candidate Key)
  – 모든 튜플들을 유일하게 식별할 수 있는 하나 또는 몇 개의 속성 집합이다.
  – 유일성○, 최소성○

• 기본키(Primary Key)
  – 후보키 중에서 대표로 선정된 키이다.
  – 널 값을 가질 수 없다.
  – 널 값(Null Value) : 공백(Space)이나 0(Zero)과는 다른 의미이며, 아직 알려지지 않거나 모르는 값을 의미한다.

• 대체키(Alternate Key) : 후보키가 둘 이상 되는 경우, 그 중에서 어느 하나를 선정하여 기본키로 지정하고 남은 나머지 후보키이다.

• 외래키(Foreign Key) : 다른 테이블의 기본키로 사용되는 속성이다.

◈ 무결성(Integrity)

• 개체 무결성 : 기본키의 값은 널 값이나 중복값을 가질 수 없다는 제약 조건이다.

• 참조 무결성 : 참조할 수 없는 외래키 값을 가질 수 없다는 제약 조건이다.

**개념
체크**

단답형 문제

11.9
01 데이터베이스 자체를 생성(CREATE)하거나 변경(ALTER)하는 목적으로 사용하는 언어는?

예상문제
02 트랜잭션의 실행을 성공적으로 완료하였음을 선언하는 SQL문은?

객관식 문제

16.5
03 다음 SQL문의 의미로 옳은 것은?

```
select hk, nm from ipsi;
```

① 테이블 ipsi에 항목 hk, nm의 값을 삽입하라.
② 테이블 ipsi에서 항목 hk, nm의 모든 값을 추출하라.
③ 테이블 ipsi에서 항목 hk, nm의 값을 삭제하라.
④ 테이블 ipsi에 두 항목 hk, nm의 값으로 변경하라.

15.5
04 관계 대수 연산자와 기호가 잘못 짝지어진 것은?
① 셀렉션 : σ
② 프로젝션 : π
③ 개명 : ρ
④ 조인 : $\times$

08.5
05 하나의 릴레이션에 나타나는 주어진 일련의 속성 값들이 다른 릴레이션에 일련의 속성으로 반드시 나타나야 할 필요가 있는 것을 무엇이라 하는가?
① 함수적 종속(Functional dependency)
② 참조 무결성(Referential integrity)
③ 무결성 매니저(Integrity manager)
④ 지배 엔티티(Dominant entity)

12.5
06 데이터베이스의 뷰(View)에 대한 설명으로 옳지 않은 것은?
① 뷰를 제거할 때는 DELETE문을 사용한다.
② 실제로는 존재하지 않는 가상의 테이블이다.
③ 데이터 접근 제어로 보안을 제공한다.
④ 실제 저장된 데이터 중에서 사용자가 필요한 내용만을 선별해서 볼 수 있다.

예상문제
07 시스템 카탈로그(System Catalog)에 대한 옳은 설명 모두를 나열한 것은?

⊙ 데이터베이스에 포함되는 모든 데이터 객체에 대한 정의나 명세에 관한 정보를 유지 관리한다.
ⓒ DBMS가 스스로 생성하고 유지하는 데이터베이스 내의 특별한 테이블의 집합체이다.
ⓒ 카탈로그에 저장된 정보를 메타 데이터(Meta-Data)라고도 한다.
ⓔ 시스템 카탈로그의 갱신은 무결성 유지를 위하여 SQL을 이용하여 사용자가 직접 갱신하여야 한다.

① ⊙
② ⊙, ⓒ
③ ⊙, ⓒ, ⓒ
④ ⊙, ⓒ, ⓒ, ⓔ

18.5
08 관계형 데이터베이스에서 기본 키(Primary Key)가 가져야 할 성질은?
① 공유성
② 중복성
③ 식별성
④ 연결성

19.5
09 DBMS에서 사용자가 응용 프로그램을 통하여 저장된 데이터를 실질적으로 SELECT, UPDATE 등의 질의어를 사용하여 처리하는 언어의 개념은?
① 데이터 독립어
② 데이터 정의어
③ 데이터 조작어
④ 데이터 제어어

19.9
10 다음 SQL문의 의미로 가장 옳은 것은?

```
SQL> select hk, mm, from ipsi;
```

① 테이블 ipsi에 항목 hk, nm의 값을 삽입하라.
② 테이블 ipsi에 항목 hk, nm의 모든 값을 추출하라.
③ 테이블 ipsi에 항목 hk, nm의 값을 삭제하라.
④ 테이블 ipsi에 항목 hk, nm의 값으로 변경하라.

전자상거래 시스템

01 전자상거래(EC; Electronic Commerce)

◈ 전자상거래의 개념

• 인터넷을 통해 소비자와 기업이 상품과 서비스를 사고파는 행위를 일컫는다.

• Kalakota&Whinston의 정의

통신 관점	정보 전달, 제품/서비스, 전화선, 컴퓨터 네트워크 등 매체를 이용한 결제 분야
비즈니스 프로세스 관점	상거래와 업무흐름 자동화를 위한 기술의 적용 분야
서비스 관점	상품의 품질과 서비스 배달 속도를 향상시키며 서비스 비용 절감 관리를 통해 기업, 소비자의 욕망을 충족시키는 분야
온라인 관점	인터넷과 기타 온라인 서비스를 이용한 상품과 정보를 제공하고 획득하는 분야

◈ 전자상거래의 특징

• 시간과 공간의 제약을 받지 않는다.

• 전 세계 네티즌을 대상으로 할 수 있다.

• 정보의 활용을 통한 국제 경쟁력을 향상시킬 수 있다.

• 유통 비용과 건물 임대료 등의 운영비를 크게 줄일 수 있다.

• 구매 비용을 절감할 수 있다.

• 정보의 보호를 위한 암호화 기법이 중요하다.

◈ 전자상거래의 기능

• 통합 물류 기능

• 고객 서비스 기능

• 전자적 상품 정보 제공 기능

◈ 전자상거래 구성 요건

• 정보 인프라스트럭처

• 요소 기술

• 공공정책 및 법률

◈ 전자상거래의 유형

• B2C(Business to Customer) : 소비자와 기업 간 거래

• C2C(Customer to Customer) : 소비자와 소비자 간 거래

• B2B(Business to Business) : 기업과 기업 간 거래

• B2G(Business to Government) : 기업과 정부 간 거래

02 전자결제 시스템

◈ 전자결제 시스템의 요건

• 안전하고 다양한 대금 지불 방법을 지원한다.

• 사용자 프라이버시와 익명성을 보장한다.

• 거래 당사자의 신용 확인을 위한 기반을 조성한다.

◈ 전자결제 시스템의 유형

• 신용카드

  − 현재 가장 많이 사용되고 있는 전자결제 시스템이다.

  − 전자결제 수수료와 보안문제 그리고 운영체제별 호환성 문제 등의 단점이 있다.

• 전자화폐

  − 은행 및 전자화폐 발생자가 컴퓨터 시스템이나 카드 시스템을 이용해 일정한 금액의 가치를 갖도록 전자매체나 코드로 기록해서 이를 제시할 시에 해당 금액 지급을 보장하는 것을 말한다.

  − 유통성, 양도 가능성, 범용성, 익명성 등의 현금과 같은 기능을 갖추고 있다.

  − 불법적인 수단으로 사용될 수 있는 단점이 있다.

• 전자수표

  − 주로 큰 금액의 거래나 기업 간 B2B 거래에 사용되며 전자수표사용자는 은행에 신용 계좌를 보유하고 있어야 한다.

  − 발행자, 수취자의 신원 보호를 위해 보안기법이 필요하다.

  − 이체비용이 발생한다는 단점이 있다.

- 전자자금 이체 : 컴퓨터 네트워크를 통해 금융기관에서 계좌이체, 자동이체 등 자금의 이동이 발생하는 것을 의미한다. 홈뱅킹, ATM 등이 있다.
  └ Automatic Teller Machine

◈ EFT(Electronic Funds Transfer, 전자 자동 결제 시스템)

은행 거래에서 서비스 요금이나 상품 대금을 직접 현금으로 지불하는 대신 신용카드나 지로 등으로 처리하는 방법을 의미한다.

◈ 전자화폐의 특징

- 전자화폐 사용에서 사적인 비밀보장이 갖추어져야 한다.
- 전자화폐의 보안성이 물리적인 존재에 의존해서는 안 된다.
- 다른 사람에게 이전이 가능해야 한다.
- 보다 작은 액수로 나눌 수 있어야 한다.
- 정보통신망을 이용하여 세금 등을 납부할 때 이용할 수 있는 방법으로는 전자화폐, 전자결제가 있다.

┌ 광속상거래
◈ CALS(Commerce At Light Speed)

- 제품의 설계, 개발, 생산, 판매, 유지보수, 폐기 등에 이르는 제품 수명 전 주기를 관리하기 위해 기업활동 전반을 전자화하는 것이다.

- CALS의 도입 효과
  - 비용 절감 및 신속한 정보의 제공
  - 처리 시간의 단축 및 품질 향상
  - 종이 없는 환경 구축과 인력 절감

◈ 전자상거래에서의 소비자보호에 관한 법률

- 전자상거래 시 전자적 대금 지급 관련자는 1.계좌이체업무를 수행하는 금융기관, 2.신용카드업자, 3.결제수단의 발행자, 4.결제서비스 사업자, 5.정보통신 서비스 제공자, 6.전자결제 대행 또는 중개서비스 사업자가 있다.
- 통신판매중개자가 자신의 정보처리 시스템을 통하여 처리한 기록 중 대금결제에 관한 기록의 보존 기준은 5년으로 한다.
- 포털사이트는 정보통신망 이용촉진 및 정보보호 등에 관한 법령상 전년도 말 기준 직전 3개월간의 일일평균 이용자수가 5만 명 이상인 경우 주민등록번호를 사용하지 아니하고도 회원으로 가입할 수 있는 방법을 제공하여야 한다.
- 통신판매중개자가 자신의 정보처리시스템을 통하여 처리한 기록 중 소비자의 불만 또는 분쟁처리에 관한 기록의 보존 기준은 3년으로 한다.

단답형 문제

19.3, 16.10
01 특정 기업 간의 CALS 및 EDI를 통한 수주, 구매, 조달 및 납품 등과 관련되어 기업 간의 전자상거래를 의미하는 용어는?

객관식 문제

19.9, 17.3
02 다음 중 전자상거래에 관한 특징이 아닌 것은?
① 생산자는 소자본 창업이 가능하다.
② 근로자는 시공간을 초월하여 업무를 수행할 수 있다.
③ 소비자는 상품을 선택할 기회가 적다.
④ 운송비가 절감되고 상품 조사가 용이하다.

12.5, 08.3
03 다음 중 전자화폐의 특징에 해당하지 않은 것은?
① 전자화폐는 한국은행에서 발행한다.
② 사적인 비밀보장이 갖추어져야 한다.
③ 다른 사람에게 이전이 가능해야 한다.
④ 전자화폐의 보안성이 물리적인 존재에 의존해서는 안 된다.

13.3, 12.4, 10.1
04 통신판매중개자가 자신의 정보처리시스템을 통하여 처리한 기록 중 계약 또는 청약철회 등에 관한 기록의 보존 기준은?
① 6개월   ② 1년   ③ 3년   ④ 5년

16.10, 15.5
05 정보보안의 측면에서 전자상거래 시스템 구축을 위한 기본적 충족 요건이 아닌 것은?
① Confidentiality   ② Efficiency
③ Integrity   ④ Availability

|정답| 01. B2B 02. ③ 03. ① 04. ④ 05. ②

01 그룹웨어 시스템(Groupware System)

그룹웨어 시스템의 개념

• 근거리통신망(LAN) 등으로 연결된 컴퓨터로 공동의 업무를 수행하는 구성원들이 원활하게 정보를 공유하도록 하고, 신속하고 정확한 의사결정을 내릴 수 있도록 지원하여, 수행하는 업무의 생산성을 높이기 위한 집합 소프트웨어를 말한다.

• 기업 내에서 업무에 활용되는 전자결재, 전자우편, 게시판 등으로 여러 사람이 공통의 업무를 수행하는 데 있어 공통으로 사용할 수 있는 소프트웨어이다.

• 공동 작업이나 공동 목표에 참여하는 다양한 작업 그룹을 지원하는 응용 시스템이다.

• 협동 작업을 지원하기 위해 컴퓨터 기술을 이용하는 시스템의 통칭이다.

• 컴퓨터 지원 협동 작업을 가능하게 하는 하드웨어 및 소프트웨어 시스템이다.

• 사람 간의 프로세스의 생산성과 기능성을 증진하는 컴퓨터로 중재되는 시스템이다.

그룹웨어 시스템의 구성 요소

• **네트워크 요소** : 네트워크를 통한 서버와 클라이언트의 연결을 담당하고 주로 구내 통신망으로 사용된다. 서버/클라이언트 간의 통신 모듈과 네트워크 모듈 등이 있다.

• **서버 요소** : 서버 측에는 주로 클라이언트 측에서 요구한 기능을 처리하는 모듈들과 데이터베이스와의 연결을 담당하는 모듈로 이루어진다.

• **클라이언트 요소** : 서버에게 의뢰한 작업 결과를 받아서 이를 사용자에게 알려 주는 인터페이스 역할을 한다.

워크플로우(Workflow)

업무의 절차 또는 활동을 플로우차트처럼 시스템화한 그룹웨어를 말한다. 이는 마치 컴퓨터의 프로그램을 짤 때와 마찬가지로 업무를 하나의 흐름으로 파악하여 경영활동을 개선하려는 시도에서 비롯되었다.

그룹웨어의 특징

• 통신망을 이용한다.

• 구성원들 간에 정보를 주고받으면서 생산성을 높이는 데 주안점을 둔다.

• 정보를 공유하여 신속한 결정을 내릴 수 있도록 지원한다.

• 신속하고 정확한 업무를 지원하는 환경을 제공한다.

• 전자우편이나 게시판을 통하여 정보를 공유할 수 있다.

• 지역적으로 떨어져 있는 경우 컴퓨터를 이용하여 전자적으로 회의를 할 수도 있다.

• 공동 작업이나 공동 목표에 참여하는 다양한 작업 그룹을 지원한다.

• 클라이언트/서버(Client/Server) 환경에서 많이 구현된다.

• 비즈니스 규칙이나 작업자들의 역할에 따라 그룹의 업무 처리 흐름을 자동화하는 워크플로우 기능이 있다.

그룹웨어 기능

• 기본 기능(문서 작성 및 이미지 작성)
• 정보 공유 기능
• 커뮤니케이션 기능
• 의사결정 기능
• 컴퓨터 회의 기능
• 프로젝트 관리 기능
• 팀 구축 지원 기술 기능
• 스케줄링 기능
• 워크플로우(Workflow) 기능
• 흐름 관리 기능
• 시스템 관리 기능

인트라넷(Intranet)

• 인터넷 기술 등을 이용하여 조직 내부 업무를 통합하는 정보 시스템이다.

- 인터넷 기술을 이용하기 때문에 적은 비용으로 큰 성과를 얻을 수 있고, 차세대 정보 기술로 빨리 전환할 수 있으며 조직 내·외부의 정보를 결합하기 쉽다는 장점과 기회를 제공한다.
- 별도의 통신망을 구축하지 않더라도 세계 어느 곳에서도 자신이 속한 조직의 정보 시스템을 사용할 수 있다.
- 정보의 보안 문제가 있다.

◈ 익스트라넷(ExtraNet)

- 인트라넷의 확장 개념으로, 고객 및 협력업체와의 관계 증진을 위해 기업의 내부 통신시스템인 인트라넷에 이들을 포함시킨 통신구조이다.
- 즉각적인 상호작용이 가능해서 반응을 리얼타임으로 입수할 수 있기 때문에 고객의 의견을 품질향상에 즉시 반영할 수 있고, 제품개발 속도를 가속화할 수 있다.
- 네트워크가 사용자 전체에 연결되어 있어야 하며, 정보 발신자와 수신자가 가능한 한 가까이 있어 전자적·인위적 여과기가 없어야 하고, 개인은 좋은 정보라고 판단되면 신속하게 이에 반응할 수 있어야 한다.

- 웹, 인터넷, 그룹웨어 어플리케이션, 방화벽 등 4가지 기술에 의존한다.

◈ SNS(Social Networking Service)

- SNS의 의미
  - 1인 미디어, 1인 커뮤니티, 정보 공유 등을 포괄하는 개념이며, 참가자가 서로에게 친구를 소개하여 친구관계를 넓힐 것을 목적으로 개설된 커뮤니티형 서비스이다.
  - 일명 '온라인 인맥구축 서비스'라고 할 수 있다.
- SNS의 종류
  - 트위터, 인스타그램, 페이스북, 싸이월드가 대표적이며, 마이스페이스, 링키드인, 비보 등의 소셜 네트워크 서비스가 있다.
  - 트위터 : 트위터는 140자 이내 단문으로 개인의 의견이나 생각을 공유하고 소통하는 사이트다. twitter(지저귀다)의 뜻 그대로 재잘거리듯이 일상의 얘기들을 그때그때 짧게 올릴 수 있는 온라인 공간이다.

개념 체크

✓ 단답형 문제

07.9
01 다음은 무엇에 대한 설명인가?

> 인터넷 기술을 이용하기 때문에 적은 비용으로 큰 성과를 얻을 수 있고, 차세대 정보 기술로 빨리 전환할 수 있으며 조직 내·외부의 정보를 결합하기 쉽다는 장점과 기회를 제공한다. 그러나 단점으로는 정보의 보안 문제가 있다.

✓ 객관식 문제

19.4, 19.3, 18.9, 18.5, 16.5, 14.9, 08.9
02 다음 중 그룹웨어(Groupware)에 대한 설명으로 가장 거리가 먼 것은?
① 협동 작업을 지원하기 위해 컴퓨터 기술을 이용하는 시스템의 통칭이다.
② 컴퓨터 지원 협동 작업을 가능하게 하는 하드웨어 및 소프트웨어 시스템이다.
③ 클라이언트를 사용자 단말기로 하고 서버를 호스트 컴퓨터로 하는 네트워크 시스템이다.

④ 사람 간의 프로세스의 생산성과 기능성을 증진하는 컴퓨터로 중재되는 시스템이다.

12.9
03 다음 중 문서이미지 관리시스템을 기반으로 발전된 그룹웨어는?
① 전자우편, 메시징　　　② 워크플로우
③ 전자회의　　　　　　　④ 커뮤니케이션

13.6, 07.8, 07.7
04 인트라넷에 대한 설명으로 옳지 <u>않은</u> 것은?
① 인터넷을 사용하면 별도의 통신망을 구축하지 않더라도 세계 어느 곳에서도 자신이 속한 조직의 정보시스템을 사용할 수 있다.
② 인터넷 기술 등을 이용하여 조직 내부 업무를 통합하는 정보 시스템을 말한다.
③ 통신망이나 통신환경의 일종이다.
④ 조직 내·외부의 정보를 결합하기 쉽다는 장점이 있다.

|정답| 01. 인트라넷 02. ③ 03. ② 04. ③

01 사무(Office Work)의 개요

◈ 사무의 정의

- 경영활동의 중요한 수단으로, 조직의 목적을 수행하고 달성하기 위하여 정보를 효율적으로 수집, 처리, 가공, 전달, 보관하는 정보처리 활동을 의미한다.
- 광의적으로는 의사결정 업무까지 포함한다.

- 학자에 따른 사무의 정의

포레스터 (Forrester)	경영의 정보를 행동으로 연결시키는 과정이다.
달링톤 (Darlington)	경영체는 인체요, 사무는 신경계통이다.
레핑웰 (Leffingwell)	경영체 내부의 여러 기능과 활동을 능률적이고 효과적으로 달성하기 위해 조정·지휘·통제하는 관리 활동의 일부로서, 경영 활동 전체의 흐름을 이어 주고 각각의 기능을 결합시키는 기능을 수행한다.
테리 (Terry)	모든 부문의 조직 활동을 활발하게 움직이게 하고 상호 결합 기능을 갖게 하는 동적인 결합체이며 모체이다.
힉스 (Hicks)	사무작업은 계산, 기록, 서식, 전화, 보고, 회의, 명령, 기록의 파일화 및 폐기를 포함한 기록 보존 등의 의사소통 등으로 구분한다.

◈ 사무의 특징

- 사무는 경영 활동인 생산, 판매, 구매, 재무 등을 연결 짓는 역할을 한다.
- 사무의 정보를 취급하고 정보의 기록과 관리를 한다.
- 사무는 조직구성원이 근무하는 과정에서 처리하는 일로써, 조직체를 전제로 한다.

◈ 사무의 본질

- 사무의 본질은 작업이다.
- 사무의 본질은 작업적 측면과 기능적 측면으로 분류할 수 있다.

작업적 측면	• 계산(Computing) • 기록(Writing) • 면담(Interviewing) • 통신(Communicating) • 분류 및 정리(Classifying and Filing) • 사무기기 조작(Operating)
기능적 측면	• 정보처리 기능 • 경영 활동의 결합 기능 • 경영 활동의 보조 및 촉진 기능

◈ 사무의 구성 요소

사무원, 사무실, 사무기기, 사무문서, 사무제도

◈ 사무의 분류

- 목적에 따른 분류

본래 사무	• 행정 목적을 직접 수행하는 사무이다. • 외교통상부의 경우 외교정책의 수립 및 시행, 외국과의 통상 및 통상교섭 등이 본래 사무라고 할 수 있다.
지원 사무	• 참모 부분이 담당하는 참모 사무이다. • 인사 사무, 회계 사무 등이 지원 사무라 할 수 있다.

난이도에 따른 분류라고도 합니다.

- 기능에 따른 분류

관리 사무 (판단 사무)	• 관리자, 경영자, 감독자가 수행하는 사무이다. • 정책 결정, 사업계획, 통제, 감사 등이 있다.
작업 사무 (단순 사무)	일반적인 계산, 기록, 정리 등과 같은 사무이다.
서비스 (잡무)	특별한 지식이나 경험이 필요 없는 사무이다.

- 사무실의 기본 기능에 따른 분류
  - 의사결정
  - 데이터 처리
  - 커뮤니케이션

02 사무관리의 특성

◈ 관리(Management)의 정의

- 계획을 세우고 이를 달성하기 위하여 인간, 기계, 자료, 방법 등을 조정하는 모든 활동을 의미한다.
- **관리의 기본 특성** : 연속성, 향상성, 통일성이 있다.
- **사무관리의 특성**
  - 사무활동과 기능을 원활히 수행하기 위한 관리 행위이며, 사무작업을 과학적 관리 등을 이용하여 효율적으로 수행하는 것을 의미한다.
  - 의사결정의 활동과는 관련이 없다.
  - 사무관리론의 발전 과정 : 과학적 관리법 – 사무작업연구 – 사무공정연구 – 정보처리시스템

◈ 관리의 기능

계획화 (Planning)	목적을 달성하기 위해 미래에 대한 전망이나 예측을 하는 것이다.
조직화 (Organizing)	계획이 실현될 수 있도록 직무를 명확하게 하고, 이들 직무를 유기적으로 결합하여 직무 상호 간의 전체적 관련을 객관적으로 규정함과 아울러 기타 필요한 재원 등을 투입하면서 통합적으로 추진해 나가는 것이다.
통제화 (Controlling)	계획에 준한 기준을 설정하는 것이다.
조정화 (Coordinating)	업무 수행에 필요한 이해나 견해를 마찰이 없도록 결합하고 조화시키는 것이다.
지시 (Directing)	주어진 목적을 달성하기 위해 직원과 부하들을 지도하는 것이다.

◈ 사무관리의 일반적인 순환 구조

계획화 – 조직화 – 통제화

◈ 사무관리의 전문화(Specialization)

개인적 전문화, 집단적 전문화, 기계적 전문화, 기술적 전문화를 기하도록 관리를 해야 한다.

개념 체크

💧 단답형 문제

18.9, 14.3, 10.9, 07.3

01 "사무는 경영의 정보를 행동으로 연결시키는 과정"이라고 주장한 사람은 누구인가?

10.5

02 다음은 관리의 기능 중 어느 것을 설명한 것인가?

> "계획이 실현될 수 있도록 직무를 명확화하고, 이들 직무를 유기적으로 결합하여 직무 상호 간의 전체적 관련을 객관적으로 규정함과 아울러 기타 필요한 재원 등을 투입하면서 통합적으로 추진해 나가는 것"

💧 객관식 문제

15.5, 10.3, 09.5, 08.3

03 사무를 위한 통상적인 작업과 관련이 없는 것은?
① 기록　　　　　② 계산
③ 면담　　　　　④ 관리

08.9, 07.3

04 사무관리는 조직의 관리자에 의하여 3가지 기능으로 분류하는데 다음 중 기본적인 관리 기능이 아닌 것은?
① 운영화(Operating)
② 계획화(Planning)
③ 조직화(Organizing)
④ 통제화(Controlling)

04.3, 02.9

05 다음 중 사무의 본질을 기능적 측면에서 구분한 것은?
① 대화와 독해 기능
② 독해와 정보처리 기능
③ 정보처리와 결합 기능
④ 사서와 분류정리 기능

|정답| **01.** 포레스터(J.W. Forrester) **02.** 조직(Organizing) **03.** ④ **04.** ① **05.** ③

사무관리 운용체계

01 사무관리

◈ 사무관리의 개념

- 조직의 운영에 필요한 유용한 정보를 효율적으로 관리하는 것을 말한다.
- 테리(Terry) : 사무관리란 눈에 보이지 않는 힘으로 기업의 목적을 달성하기 위하여 지휘·통제하는 행위로 정의하였다.
- 리틀필드(LittleField) : 사무의 계획, 조직, 조정, 인사, 통제, 지위를 전체적이거나 부분적으로 수행하는 행위로 무형의 역할에 의해 조직의 목적을 달성해 가는 과정이라고 정의하였다.
- 사무실의 실체를 작업으로 규정하는 것을 사무관리의 작업적 접근 방법이라고 하며, 이는 정보관리와 사무관리의 핵심이다.
- Time Lag : 사무관리의 산출 요소 중에서 투입 후 산출까지의 시간적 지체를 의미한다.

◈ 사무관리의 목적

사무제도(事務制度)와 사무구조(事務構造)를 만들며, 기업이 환경변화에 효과적으로 대처해 나갈 수 있도록 정보 체계를 세워 운영해 나가는 일이다.

◈ 사무관리의 목표

- **사무능률의 증대(능률화)** : 효율적인 사무관리로 사무능력 향상, 사무작업의 작업능률·정신능률·균형능률·표준능률·종합능률을 고려해야 한다.
- **사무비용의 절감(경제화)** : 소모품비, 인건비, 비품 등의 비용을 절감할 수 있으며 낭비요소를 제거할 수 있다.

◈ 사무관리의 원칙

용이성	작업 동작의 개선, 기계화, 표준화, 사무분담의 합리화, 사무환경의 정비 등을 통하여 사무작업을 현재보다 쉽게 하려는 것
정확성	기계화, 전기 회수의 감소, 검사 및 점검 방법의 적정화, 사무 분담의 상호견제 등을 통하여 사무 업무에 오류가 없도록 하는 것
신속성	표준화, 경로의 축소, 신속한 운송 수단 등을 통하여 사무 업무를 신속하게 처리하려는 것
경제성	소모용품의 절감, 장표의 설계 및 운용의 합리화, 문서 의존도의 절감 등을 통하여 사무 처리에 지출되는 비용을 줄이는 것

◈ 사무관리의 필요성

- 기업 규모의 대형화와 경영 활동의 복잡화
- 사무 활동의 비중 증대와 사무 직원의 양적 증가
- 사무량의 증가와 사무 방법의 복잡화
- 사무기기의 발전, 특히 컴퓨터 기술과 정보통신 기술의 발전

◈ 사무관리의 3대 기능

- **결합 기능(Linking Function, 연결 기능)**
  - 기업의 경영 활동에 속하는 생산, 판매, 인사, 재무 등의 활동을 사무라는 하나의 흐름에 연결시켜 통일된 경영 활동이 이루어지도록 한다.
  - 연결 기능을 주장한 학자 : 레핑웰과 달링턴
- **관리 기능(Management Funtion, 보조 기능)**
  - 본래의 직무수행이 효율적으로 관리될 수 있도록 조언 및 뒷받침을 하기도 한다.
  - 페이욜(Fayol) : 좀 더 효과적인 경영활동을 통해서 기업 목표를 달성할 수 있도록 조언과 뒷받침을 해 주는 인적 보조기능으로써 경영 규모가 커질수록 관리 기능은 더욱 확대된다.
  - 페이욜(Fayol)의 관리 기능 : 회계활동, 기술활동, 재무활동
- **정보 기능(Information Function)** : 사무절차는 생산, 판매, 구매, 재무, 인사, 연구 개발 등으로 이루어진 정보 시스템의 한 구체적인 표현 형태이며, 이런 하위 시스템이 모여서 기업의 전체적인 사무 시스템을 구성한다.

◈ 사무관리의 작업적 접근방법

- 사무의 실체를 작업으로 규정하는 것이다.
- 초기연구자는 레핑웰(W.H.Leffingwell)이다.
- 사무소는 공장과 같이 사무라는 서비스를 생산한다.

◈ 사무관리의 시스템적 접근방법

- 사무 시스템은 경영 각 부분의 전체가 상호 관련되어 시너지 효과를 가진다.
- 관리정보시스템, 사이버네틱스 사고방법을 가진다.
- 사무시스템, 기계시스템, 자료처리시스템, 통신기구 등을 포함한다.

◈ 사무관리 관리층

최고 경영층	회사 설립 목적의 설정, 인사방침의 설정 등을 담당한다.
중간 관리층	조직 구성, 예산의 편성 및 기획 등을 담당한다.
하위 관리층	사무 진행 계획 수립, 부하직원 통제 등을 담당한다.

◈ 사무관리자의 역할

- 정의 : 사무관리자(Office Manager)는 관리 전반에 걸친 모든 방침과 실천 방법에 관한 전문가이며, 사무작업의 전 과정에 책임이 있다.
- 역할의 구체적인 내용
  - 적절한 사무관리 조직을 작성한다.
  - 사무작업 계획을 수립한다.
  - 사무절차 및 사무직원 배치를 지시한다.
  - 경영조직 속 사무 서비스가 제대로 기능하는지 파악한다.
  - 종업원을 감독하며 그들의 협력을 구한다.

◈ 과학적(현대) 사무관리

- 과학적 사무관리의 목표 : 생산성 증대, 능률의 향상, 낭비의 배제
- 과학적 사무관리를 위한 5단계 : 문제의 인식 → 자료의 수집 → 가설의 공식화 → 가설의 검증 → 해결책의 적용

◈ 과학적 사무관리의 특징 ─ 과학적 사무관리가 추구하는 3S

- 표준화(Standardization) : 인적 자원, 물적 자원, 기계, 방법, 금전, 시장이 모두 표준화의 대상이 된다.

- 간소화(Simplification) : 불필요성, 비합리성, 비능률성 등을 제거한다.
- 전문화(Specialization)
  - 기능과 부서를 나누고 소관 부서에서 각각의 업무처리를 분담해 전문화를 꾀하는 것이다.
  - 개인적 전문화, 집단적 전문화, 기계적 전문화가 있다.

◈ 현대 과학적 사무관리의 5단계

문제인식 → 자료 수집 → 가설의 공식화 → 가설의 검증 → 업무의 해결책 적용

◈ 테일러(Taylor)의 과학적 관리법

- 테일러 시스템(Taylor System)이라고 하며, 작업 과정의 능률을 최고로 높이기 위한 연구이다.
- 시간연구와 동작연구를 기초로 노동의 표준량을 정하고, 임금을 작업량에 따라 지급하는 등의 방법을 연구한다.
- 기업의 기능을 관리 기능과 작업 기능으로 분리하며, 기능식 직장제를 사용한다.

02 정보관리

◈ 정보

- 정보는 사실이나 자료에 지적인 처리를 가하여 얻어진 지식이다.
- 유용한 정보가 되기 위한 요건은 관련성, 경제성, 충분성이다.
- 기업 정보는 일반적인 정보와 다르게 적시성, 객관성, 다면성, 통합성 등의 요건을 갖추어야 한다.

◈ 정보관리

- 정보관리의 목적은 기업에서 의사결정에 필요한 정보를 신속, 정확, 편리하게 제공하는 것이다.
- 정보관리의 기능 : 정보 계획, 정보 통제, 정보 처리, 정보 보관, 정보 제공 등이다.
- 정보관리를 위한 4단계 : 정보 수요 파악 → 수집 계획 수립 → 정보 가공 → 정보 활용
- 정보관리의 활동범위가 사무관리보다 광범위하다.
  - 정보관리 업무는 조직의 제반기능, 경영활동을 폭넓게 지원한다.

– 사무관리는 정보관리 내의 지정된 정보 통제 기능과 정보 처리 기능만을 담당한다.
– 사무관리는 일상 업무를 처리하는 보고서를 작성하는 반면에 정보관리는 경영정보 시스템의 도입으로 데이터베이스를 구축하는 것도 포함한다.
– **경영정보 시스템** : 기업 경영에서 의사결정의 유효성을 높이기 위하여, 경영 내외의 관련 정보(전략, 계획, 조정, 관리, 운영) 등을 즉각적이고, 대량으로 수집 · 전달 · 처리 · 저장 · 이용할 수 있도록 편성한 인간과 컴퓨터와의 결합 시스템을 의미한다.
• 드러커(Drucker) : 현대 경영을 정보와의 싸움으로 보고 더욱 풍부하고 질이 좋은 정보를 보다 빨리 얻고 신속하게 이해하는 것만이 경쟁에서 승리할 수 있다고 정보관리의 중요성을 강조하였다.

◈ **사무관리와 정보관리의 차이점**

• 목적 : 정보관리는 의사결정에 필요한 정보를 신속, 정확하게 제공하는 데 있지만, 사무관리는 사무작업의 능률 향상에 목적을 둔다.
• 범위 : 정보관리의 범위는 계획, 통제, 처리, 보관이지만, 사무관리의 범위는 정보통제와 정보처리이다.
• 업무 내용 : 정보관리는 조직의 제반 기능 및 경영 활동을 폭넓게 지원하지만, 사무관리는 사무의 개선과 분석 그리고 사무 기계화가 주된 업무 내용이다.

03 경영 정보관리

◈ **경영 정보의 개요**

• 경영과 사무
  – 사무에서 경영에 이르는 경로 : 사무 → 자료(데이터) → 정보 → 의사결정 → 경영
  – 경영은 의사결정의 흐름이며, 의사결정에는 정보가 필수적이다.
• 경영의 기능별 분류
  – 생산정보 시스템
  – 판매 및 마케팅정보 시스템
  – 회계정보 시스템
  – 재무정보 시스템
  – 인적자원정보 시스템

• 정보
  – 데이터 : 관찰이나 측정을 통해 가공되지 않은 상태의 사실이나 결과값을 말한다.
  – 정보 : 의사결정자에게 유용한 형태의 변형된 자료로, 일정한 의도를 가지고 정리해 놓은 자료의 집합이며, 이용자를 위하여 일정한 규칙에 따라 재배열, 요약, 삭제하는 행위를 거쳐야 한다.

◈ **경영 정보 시스템**

• 경영 정보와 의사결정
  – 맥도노우(McDonough) : 정보, 데이터, 사무는 경영 내에서 동일 계열상에 위치하며 사무는 의사결정의 기초가 된다.
  – 포레스터(Forrester) : 정보를 행동으로 연결시키는 과정은 의사결정과 정보를 중심으로 한 근대적 경영 행동이다. 환경 변화는 정보로 전이되고 정보는 의사결정으로 전이되며 의사결정은 행동으로 전이된다.
• 안소프(H. Igor Ansoff)가 분류한 의사결정의 유형
  – 전략적 의사결정(Strategic Decision) : 기업의 외부 환경에 관한 의사결정으로, 주로 최고 관리층에서 의사 결정을 한다.
  – 관리적 의사결정(Administrative Decision) : 결정된 목표와 전략을 가장 효과적으로 달성하기 위한 활동과 관련이 있다. 자원의 획득과 개발에 대한 문제와 개인과 조직 목표 간의 갈등 문제를 다루며, 주로 조직의 중간 경영층에서 전략과 운영 사이의 조정을 위한 의사 결정을 한다.
  – 운영적 의사결정(Operating Decision) : 부서 혹은 사업부가 독자적으로 의사결정을 한다. 단순하고 일상적이며 반복적인 의사결정을 한다.

◈ **6시그마(6σ)**

• 기업에서 전략적으로 완벽에 가까운 제품이나 서비스를 개발하고 제공하려는 목적으로 정립된 품질경영 기법 또는 철학이다.
• 기업 또는 조직 내의 다양한 문제를 구체적으로 정의하고 현재 수준을 계량화하고 평가한 다음 개선하고 이를 유지 관리하는 경영 기법이다.
• 회사의 모든 부서의 업무에 적용할 수 있으며, 각자의 상황에 알맞은 고유한 방법론을 개발하고 적용하여 정량적 기법과 통계학적 기법으로 향상시킬 수 있다.

단답형 문제

18.3, 15.5, 08.9

01 사무에 대한 개념 중 사무의 연결 기능을 주장한 학자는?

20.8, 15.5, 02.9

02 현대 경영을 정보와의 싸움으로 보고 더욱 풍부하고 질이 좋은 정보를 보다 빨리 얻고 신속하게 이해하는 것만이 경쟁에서 승리할 수 있다고 강조한 인물은?

18.9, 14.3, 10.9, 03.9

03 "사무는 경영의 정보를 행동으로 결합시키는 과정(Process)"이라고 주장한 사람은?

객관식 문제

16.10, 06.5, 04.3

04 다음 중 페이욜(H.Fayol)의 관리 기능이라고 볼 수 없는 것은?

① 회계활동
② 기술활동
③ 재무활동
④ 예산활동

16.10

05 다음 설명에 가장 부합하는 사무관리의 원칙은?

> 작업 동작의 개선, 기계화, 표준화, 사무분담의 합리화, 사무환경의 정비 등을 통하여 사무작업을 현재보다 쉽게 하려는 것

① 경제성
② 정확성
③ 신속성
④ 용이성

16.3, 13.3

06 다음 중 사무관리의 시스템적 접근방법이 아닌 것은?

① 관리정보시스템
② 사이버네틱스 사고방법
③ 사무시스템, 기계시스템, 자료처리시스템, 통신기구 등을 포함
④ 사무 실체의 작업적 방법

18.5, 17.9, 16.3/10, 13.3, 05.9

07 과학적 사무관리가 추구하는 3S가 아닌 것은?

① 표준화(Standardization)
② 신속화(Speed)
③ 간소화(Simplification)
④ 전문화(Specialization)

13.6, 12.3, 11.5

08 정보관리와 사무관리의 업무 내용에 대한 설명으로 옳지 않은 것은?

① 사무관리는 사무실에서 발생하는 일상 업무를 처리하는 보고서를 작성한다.
② 사무관리는 사무기기를 통해 일상적인 처리의 자동화를 꾀한다.
③ 정보관리는 사무관리보다 포괄적인 개념으로 조직 내의 제반 기능과 경영 관리 활동을 폭넓게 지원한다.
④ 정보관리는 컴퓨터에 입력하기 위한 사무절차나 사무 처리의 표준화를 행하는 것으로 정보관리의 역할이다.

15.5, 10.5, 08.5

09 다음 중 정보관리의 기능과 가장 거리가 먼 것은?

① 정보의 계획
② 정보의 처리
③ 정보의 조정
④ 정보의 보관

15.9

10 사무관리와 정보관리에 관한 설명 중 옳지 않은 것은?

① 정보관리의 목적은 의사결정에 필요한 정보를 신속, 정확, 용이하게 제공하는 것이다.
② 정보관리와 사무관리는 사무활동을 대상으로 하는 점에서 같으나 관리범위가 사무관리는 넓고 정보관리는 좁다.
③ 사무관리의 목적 중 하나는 지정된 데이터를 지정된 기일 및 방법으로 작성하는 것이다.
④ 사무관리의 범위는 정보관리 내의 정보통제기능과 정보처리기능을 대상으로 한다.

|정답| 01. 레핑웰과 달링톤 02. 드럭커 03. 포레스터 04. ④ 05. ④ 06. ④ 07. ② 08. ④ 09. ③ 10. ②

01 사무계획의 개요

◈ 사무계획의 개념

- 기업경영에 필요한 사무관리 목표를 정한 후, 그것을 효과적으로 수행할 수 있도록 하고자 하는 것이다.
- 목표 달성을 위해 미래의 사무행동노선을 사전에 준비하는 과정이다.

◈ 사무계획의 요소

- 목표(Objective)
- 방침(Policy)
- 프로그램(Program)
- 예측(Forecast)
- 예산(Budget)
- 스케줄(Schedule)

02 사무계획의 특징

◈ 사무계획의 필요성

- 현대 사무는 복잡화되고 있기 때문이다.
- 예산, 인력, 정보 등의 사무 자원의 낭비를 최소화할 수 있기 때문이다.
- 사무처리를 지휘 및 통제할 수 있기 때문이다.
- 환경 변화에 따라 신축성 있게 적응할 수 있기 때문이다.
- 미래의 목표를 위해 관련된 요소를 지휘하고 통제하는 기준과 수단이기 때문이다.
- 목표를 달성하기 위한 의사소통과 의사결정을 위한 경로를 수립할 수 있기 때문이다.

◈ 사무계획의 효과

- 중요한 업무를 중요하지 않은 업무보다 선행하여 처리한다.
- 인적, 물적 자원 및 시간의 낭비를 막을 수 있다.
- 사무량을 평준화시킴으로써 혼란과 낭비를 제거할 수 있다.

- 사무기기 및 자동화설비의 구입을 비교적 쉽게 할 수 있다.
- 관리자는 정해진 규칙에 의해 부하를 통솔해서 상호 이해 분위기 조성이 가능하다.
- 사무의 중복과 누락이 줄어들고 사무 인력의 적재적소 배치가 가능하다.

◈ 사무계획의 내용

- 자료(Data) 양식을 결정한다.
- 사무량을 예측한다.

◈ 사무처리 방식의 결정

개별 처리 방식	자료 수집, 자료 작성, 자료 전송 등의 사무 처리를 한 명의 사무원이 모두 처리하는 방식이다.
유동 처리 방식	사무의 처리 순서대로 사무원을 배치하여 1인의 사무원 처리가 끝나면 다음 사무 공정으로 진행하는 방식이다.
로트 처리 방식	여럿이 분담하여 처리하는 것으로 각 사무원이 각자 맡은 처리를 행한 다음 다른 사람에게 넘기는 방식이다.
자동화 방식	컴퓨터 및 통신기기를 기반으로 한 사무기기를 사용하여 사무를 자동으로 처리하는 방식이다.

◈ 사무계획의 종류

- 표준 계획 : 일반적 상황하에서 수립하는 계획이다.
- 개별 선정 계획 : 특정 상황에 대응하여 그때마다 수립하는 계획이다.

◈ 조직 계층에 따른 의사결정 사항

- 최고 관리자 : 전략적 계획을 주로 담당하며 회사의 목적 선택, 인사 방침, 재무 방침, 마케팅 방침, 연구방침 등을 결정한다.
- 중간 관리자
  - 경영의 통제를 담당하여 예산편성, 스태프 인사 계획, 광고 계획의 작성, 연구 계획의 선택, 제품 개선의 선택, 공장배치 교체 등을 결정한다.

– 경영 실적의 측정 및 평가 그리고 개선을 담당한다.
- **하위 관리자** : 운영통제를 담당하며 각 방침의 실제적 실시를 담당한다. 고용의 통제, 신용 확장의 통제, 광고 배분의 통제, 재고 관리, 생산스케줄 관리 등을 담당한다.

◈ **효과적이고 효율적인 사무계획의 요건**

- 타당성과 합리성
- 탄력성과 신축성
- 용이성과 실현 가능성

◈ **사무계획화의 내용**

- **필요 정보의 확정**
  – 필요 정보의 조사　　– 개요 설계
  – 개요 설계의 수정　　– 본 설계
- **사무량 예측**
  – 사무량에 따른 적정 인원 배치를 위해 사무량을 측정한다(데이터 계열 분석법 사용).
  – **총 사무량** : 경상 사무량 + 일시적 사무량이다.

- **사무처리 방식(방침) 결정**
  – **개별 처리 방식** : 1인의 사무원이 정보의 수집부터 작성까지 모두 처리한다.
  – **로트(lot) 처리 방식** : 정보의 수집부터 작성까지 여러 사무원이 분담하여 처리한다.
  – **유동 처리 방식** : 사무의 처리 순서대로 1인의 사무원(혹은 사무기계)의 처리가 끝나면 다음 과정으로 진행한다.
  – **오토메이션 방식** : OA 기기를 이용하여 자동적으로 사무를 처리한다.

◈ **사무계획의 수립 절차**

목표 설정 → 정보 수집 · 분석 → 대안 구상 → 최종안 결정

◈ **사무계획의 대상**

- 사무작업의 개선 발전을 위한 사항
- 유효적절한 정보처리 문제
- 사무 진행상 더욱 능률적이고 유기적인 관계를 유지하도록 하는 사항
- 관례적이고 반복적인 작업

개념 체크

💧 **단답형 문제**

09.9
01 사무계획 중 일반적 상황에서 계획하는 것은?

💧 **객관식 문제**

17.3, 11.5, 02.5
02 다음 사무처리 방식에 대한 설명으로 가장 옳은 것은?
① 개별 처리 방식은 다수의 사무원이 자료수집에서 작성까지의 모든 사무처리를 하는 방식이다.
② 로트 처리 방식은 여럿이 분담하여 사무처리를 하는 방식으로 각 사무원이 각자 맡은 사무를 처리한다.
③ 유동작업 방식은 임의로 사무기계 및 사무원을 배치하여 사무처리를 행하는 방식이다.
④ 자동화 방식은 컴퓨터 및 사무기기를 사용하여 사무를 수동적으로 처리하는 방식이다.

09.5, 04.9
03 사무계획화의 대상으로 볼 수 없는 것은?
① 사무작업의 개선 발전을 위한 사항
② 유효적절한 정보처리 문제
③ 임금 인상을 위한 사항
④ 사무 진행상 더욱 능률적이고 유기적인 관계를 유지하도록 하는 사항

19.9, 15.5, 09.5, 07.9
04 계획화(Planning)의 내용과 거리가 먼 것은?
① 목표 또는 목적의 설정
② 자금의 조달과 원천의 결정
③ 실시 가능한 대체안 중 최선안 선택
④ 업무처리 결과에 대한 분석

12.9
05 사무계획의 필요성에 해당되지 않는 것은?
① 목표의 설정　　　　② 예산의 효과적 사용
③ 최신의 사무기기 사용　④ 사무의 우선순위 결정

|정답| 01. 표준 계획 02. ② 03. ③ 04. ④ 05. ③

01 사무조직화

◈ 사무조직의 중요성

- 업무의 흐름을 명확히 한다.
- 개별적 직무에 대한 지침을 제공한다.
- 직무 간의 갈등을 막을 수 있다.
- 의사소통에 도움을 준다.
- 각 구성원의 활동을 조직목표와 연결시켜 직무수행 성과를 증대시킨다.

◈ 사무조직화의 원칙

목적의 원칙	조직의 목적을 분명히 해야 한다.
기능화의 원칙	조직 구성원의 능력이나 사정 등을 고려하지 않고 해야 할 일을 중심으로 조직을 구성해야 한다.
명령 일원화의 원칙	조직원은 한 명의 상사에게 명령을 받아야 한다.
책임/권한의 원칙	각 계층에 할당된 책임을 명확히 하기 위해 권한을 위임한다.
권한 위임의 원칙	권한을 가능한 한 실시계층에 가깝게 위임해야 한다.
전문화의 원칙	구성원은 전문화된 활동분야를 담당하도록 하는 것이 바람직하다.
통솔 범위의 원칙	• 일정 관리자가 감독할 수 있는 직원의 수와 조직의 수는 일정한 통솔 범위 안에 들도록 한다. • 통솔 범위 결정요인에는 감독자 능력과 근무시간의 한계, 업무의 성질, 직원들의 능력, 조직의 전통, 조직의 규모, 지리적 조건 등이 있다.

◈ 사무조직의 형태

• 라인(Line) 조직

- 상위자로부터 하위자까지 명령이 수직으로 전달되는 사무조직 형태이다.
- 직선 조직 또는 군대식 조직이라고도 한다.

장점	• 전체의 통일성과 질서가 유지되고 책임과 권한의 구분이 명확하다. • 결정과 집행이 신속하고 하위자의 조정이 가능하다. • 소기업에서 경제적인 형태이다.
단점	• 상위자에게 너무 많은 책임이 주어지며 조직 구성원의 의욕과 창의력이 저하된다. • 독단적인 처사에 의한 폐단을 면하기 어렵고 전문화가 결여된다. • 각 부문 간의 유기적 연결 조정이 어렵다.

• 스태프(Staff) 조직

- 라인 조직의 전문화 결여를 개선하기 위한 사무조직 형태이다.
- 모든 업무가 기능별 담당자에 의해 전문적으로 수행되며, 기능식 조직이라고도 한다.
- 각 조직원은 부서의 상사가 아닌 진행 중인 업무에 따라 각각 다른 감독관의 통제를 받는다.
- 전문적 지식을 바탕으로 관리하는 경우 유리하다.

장점	• 조직 구조는 전문가로 구성되어 있고 보다 좋은 감독이 가능하다. • 교육 훈련이 용이해 전문가 양성이 쉽고 작업의 표준화가 가능하다.
단점	• 권한이 분산되어 책임 전가가 가능하다. • 관리비용이 증가하고 경영 전체의 조정이 어렵다.

• 라인과 스태프 조직

- 라인 조직의 지휘·명령의 통일성을 유지하면서 전문화의 원리를 살리기 위하여 스태프 조직을 절충시킨 사무조직 형태이다.
- 직계참모 조직 또는 에머슨식 조직이라고도 한다.

장점	• 업무 집행에 전념이 가능하고 지휘, 명령계통의 일관성을 유지할 수 있다. • 전문가 활용으로 직무의 질을 높일 수 있다. • 의사결정에 시간적 여유가 있다.
단점	• 명령 계통과 참모 계통의 혼돈이 유발된다. • 라인부분에서 책임 회피가 발생할 수 있다.

- **위원회 조직** : 한 사람에게 지나치게 강한 권한 부여를 막기 위해 다수의 위원으로 구성되어 집단 토의 방법으로 의사결정을 하는 사무조직 형태이다.

02 사무의 집중화와 분산화

◈ 사무의 집중화

조직 내에 별도의 사무전담 부서와 사무관리자를 두어 사무관리 업무만 전문적으로 처리하도록 하는 조직 형태이다.

장점	• 사무처리 기능의 전문화와 기능별 인력을 양성할 수 있다. • 제한된 인력의 효과적인 활용이 가능하다. • 신속, 정확하게 처리할 수 있다. • 사무의 요구에 따른 인원의 육성이 용이하다. • 작업량의 균일화가 가능하여 사무량 측정이 용이하다. • 감독이 용이하다.
단점	• 부서별 중요성이나 긴급성이 반영되지 않는다. • 사무전담 부서와 작업을 주고받으면서 지연 현상이 발생한다. • 환경 변화에 신속하게 대응할 수 없다. • 각 부서의 비밀 유지가 어렵다.

◈ 사무의 분산화

부서별로 사무관리자를 두는 조직 형태이다.

장점	• 환경 변화에 신속하게 대응할 수 있다. • 사무의 중요도에 따라 순조롭게 처리할 수 있다.
단점	• 사무원 관리가 어렵다. • 사무량 측정이 어렵다. • 전문성이 떨어진다.

개념 체크

단답형 문제

13.9, 05.9
01 라인 조직의 지휘 · 명령의 통일성을 유지하면서 전문화의 원리를 살리기 위하여 스텝 제도를 절충시킨 형태로 에머슨식 조직이라고도 하는 것은?

객관식 문제

13.5, 07.3, 05.9
02 사무조직화의 일반원칙을 가장 적합하게 설명한 것은?
① 조직을 효율적으로 관리하기 위한 일련의 계통이 설정되어, 그 책임과 권한이 완전하게 행사되어야 한다.
② 할당된 직무는 충분히 많아야 하며, 책임이 상호 간 중복되어야 한다.
③ 직원 각자의 책임과 권한의 균형을 도모하기 위하여 이중 위임을 활성화한다.
④ 한 사람의 관리자가 직접 감독할 수 있는 부하 직원의 수나 조직의 수는 관리자의 능력에 따라 제한이 없다.

17.5, 11.5
03 사무조직의 형태에 관한 설명으로 가장 옳지 않은 것은?
① 라인 조직은 직선 조직 또는 군대식 조직이라고 한다.
② 스태프 조직은 부서의 의사결정권자인 직속상사의 유일한 통제를 받는다.
③ 라인스태프 조직은 직계참모 조직 또는 에머슨식 조직이라고도 한다.
④ 위원회 조직은 다수의 위원으로 구성되어 집단 토의 방법으로 의사결정을 하는 형태이다.

17.5, 12.9, 08.9, 08.3, 03.3
04 사무작업의 분산화 목적과 거리가 먼 것은?
① 작업 시간, 거리, 운반 등의 간격을 줄일 수 있다.
② 사무 작업자의 사기 저하를 방지할 수 있다.
③ 사무의 중요도에 따라 순조롭게 처리할 수 있다.
④ 사무원 관리가 용이하다.

|정답| 01. 직계참모 조직 02. ① 03. ② 04. ④

01 사무통제

◈ 사무통제의 개념

- 쿤츠(H. Koontz)와 오도넬(C. O' Donnell)은 통제를 어떠한 일의 성취도를 계획에 비추어 측정하고 계획상의 목표달성을 보장할 수 있도록 계획으로부터의 차질을 시정하는 조치라고 정의하였다.
- 사무집행이 당초 계획대로 행해지고 있는가의 여부를 확인하는 수단이다.
- 계획과 실행 간의 차이를 시정하는 관리활동이다.
- 통제 기준을 설정하여 비교, 검토 및 평가를 한다.
- 통제는 사후에 행하는 것보다 작업 전 과정에 걸쳐서 행하는 것이 효과적이다.

◈ 사무통제의 절차

계획 → 일정수립 → 준비 → 전달 → 지시 → 감독 → 비교 → 시정

◈ 사무통제의 방법

정책	모든 통제의 근본을 이루는 것으로서, 정책을 바탕으로 다른 통제가 가능
예산	수립된 예산을 바탕으로 경영활동을 수행하며, 최초의 예산과 업무 성과의 차이를 분석
감사	조사/검사/조회/평가 등의 방법으로서, 무질서하게 행해지는 산발적인 체크 정도이거나 혹은 일정한 룰에 기초한 표본 조사인 방법
장표	장표는 정해진 규칙에 따라 작성
집중화	일반적으로 감독자가 실시하고 관리
절차	업무 수행에 있어 준수해야 하는 규정
기록	권한을 확립하고 방향을 지정하며 결과를 표시
보고	보고를 급하게 할 때는 결론 → 이유 → 경과 순으로 보고
일정	목표를 명확하게 제시하고 효과적인 산출량 통제가 가능
표준	측정을 위한 기준으로 사용
기계	기계에 따라 생산 속도나 품질 등이 결정

◈ 사무통제의 수단

일정표	가장 흔히 사용되는 방법 중의 하나로, 간단하지만 특정 업무를 통제할 때 필요
전달판	사무원의 이름이 표시된 위치에 업무지시서를 둠으로써 업무를 지시
간트 도표 (Gantt Chart)	각 작업들의 시작점과 종료점을 파악할 수 있도록 수평 막대로 기간을 나타내어 표시(시간선 차트)
자동독촉제도 (Come Up System)	사무진행의 통제를 전담하는 부서가 처리해야 할 서류를 정리·보관하여 두었다가 처리해야 할 시기에 사무처리 담당자에게 전달해서 처리하도록 하는 제도
티클러 시스템 (Tickler System)	자동독촉제도와 목적은 같으나 전담 부서 대신에 티클러 파일에 날짜별 수행 업무를 끼워 두었다가 해당 날짜에 찾아서 처리
PERT (Program Evaluation and Review Technique)	• 하나의 시간계획을 작성할 때 사용하는 것으로 관리자에게 완성될 프로젝트에 관하여 정확히 요구된 시간의 추정치를 창출할 수 있는 사무계획 수립 기법 • 계획공정(Network)을 작성하여 분석하므로 간트 도표에 비해 작업계획을 수립하기 쉬움 • 계획공정의 문제점을 명확히 종합적으로 파악할 수 있음
MBO (Management By Objectives, 목표에 의한 관리)	• 하급자가 담당하는 일의 목표를 세우고 목표 달성 정도를 직접 평가하여 상급자에게 보고하는 방법 • 역할 갈등을 느끼지 않고, 권한과 책임의 영역이 명확해지며, 직무를 통해서 높은 수준의 욕구 충족이 가능

◈ 통제과정에 관한 원칙의 종류

표준의 원칙, 중요 항목 통제의 원칙, 예외의 원칙, 탄력적인 통제원칙, 활동의 원칙이 있다.

02 사무표준화

◈ 사무표준화의 개념

- 일정 시간 내에 일정 생산량을 정하는 작업 또는 수단이다.

- 표준을 만들어 내는 작업 또는 수단이다.
- 절차에 대하여 획일성 및 통일성을 기하는 것이다.

◈ 사무표준화의 대상

정책(Policies), 재료(Materials), 방법(Methods), 장표/기록/절차, 사무 설비, 사무 기계 등이 있다.

◈ 사무표준화의 목적(기대효과)

- 관리자의 관리 활동을 편리하게 해 준다.
- 직원들에 대한 감독에 있어서 통제를 철저히 할 수 있다.
- 사무에 대한 효과적인 감독 및 통제를 할 수 있다.
- 사무원의 생산성 향상에 도움이 된다.
- 직원들을 그 능력별로 활용하기가 유리하다.
- 사무종사자의 근로의욕을 높이고 능률을 증진시킬 수 있다.
- 사무업무의 용어나 개념상의 통일을 기대할 수 있다.

◈ 통신표준화를 통하여 얻을 수 있는 장점

- 통신하려고 하는 각기 다른 회사나 집단을 만족시킨다.
- 통신시스템 간에 인터페이스를 만족시킨다.
- 사용자가 제품을 구입하는 데 융통성을 제공한다.

◈ 사무표준화의 구비 조건

- 사무표준은 정확해야 한다.
- 사무작업 내용과 근무 조건을 분석한 다음에 만들어져야 한다.
- 실제 적용에 무리가 없고 당사자인 사무원들이 받아들일 수 있어야 한다.
- 주기적으로 재검토하여 수정하여야 한다.

◈ 사무표준의 종류

양(Quantity) 표준	• 일정 시간 내에 생산되는 작업 단위의 수를 의미하는 표준 • 시간 표준을 포함
질(Quality) 표준	• 작업의 정확도를 향상시키기 위한 표준 • 단위의 수가 아닌 보통 %로 표시
양 및 질 표준	양 표준과 질 표준을 함께 적용

개념 체크

 단답형 문제

10.9, 06.9, 02.5
01 "통제란 어떠한 일의 성취도를 계획에 비추어 측정하고 계획상의 목표달성을 보장할 수 있도록 계획으로부터의 차질을 시정하는 조치"라고 정의한 학자는?

15.9, 14.5, 10.3, 07.5, 99.5
02 하나의 시간계획을 작성할 때 사용하는 것으로 관리자에게 완성될 프로젝트에 관하여 정확히 요구된 시간의 추정치를 창출할 수 있는 사무계획 수립 기법은?

객관식 문제

14.9, 10.5, 08.5
03 다음 중 통신의 표준화를 통하여 얻을 수 있는 장점과 거리가 먼 것은?
① 통신하려고 하는 각기 다른 회사나 집단을 만족시킨다.
② 하드웨어와 소프트웨어의 형태는 정형화되어 호환성이 떨어진다.

③ 통신시스템 간에 인터페이스를 만족시킨다.
④ 사용자가 제품을 구입하는 데 융통성을 제공한다.

13.9, 10.5, 09.9
04 다음 중 사무 표준화의 목적과 가장 관계가 없는 것은?
① 사무 환경의 개선
② 직원들의 사기가 높아지며 능력별 활용에 유리
③ 감독, 통제의 통일
④ 공동 이해 촉진과 직원의 생산성 향상

14.9, 10.9
05 사무통제의 방법이 아닌 것은?
① 예산
② 분산화
③ 기록
④ 표준

| 정답 | 01. 쿤츠(H. Koontz)와 오도넬(C. O' Donnell) 02. PERT 03. ② 04. ① 05. ②

사무실 위치 및 배치

01 사무실 위치

◈ 사무실 위치 선정 기준

- 유사한 업종이 한 곳에 집합하여 있는 곳이어야 한다.
- 여러 가지 서비스 기관의 이용이 편리해야 한다.
- 회사의 경우 거래처 등과 연락의 편의를 고려해야 한다.
- 지사 혹은 지점이 있을 때 조직 전체에 대한 봉사를 최대한으로 할 수 있는 곳이어야 한다.
- 근처에 생활환경이 편리한 주거시설이 있어야 한다.
- 사무실 주변의 보건 위생적 환경이 양호해야 한다.

02 사무실 배치

◈ 사무실 배치의 내용

- 구성원이 필요로 하는 기기, 설비 등의 크기와 위치를 설정한다.
- 기기, 설비 등을 적절하게 배치한다.
- 공간의 유기적인 활용 및 쾌적한 환경을 위한 활동이다.

◈ 사무실 배치의 목표

- 사무작업의 흐름이 효율적으로 수행되도록 한다.
- 사무실의 경제성을 높이고 사무원가를 낮출 수 있도록 고려한다.
- 사무원의 근로 의욕을 높일 수 있는 근무 환경을 만들어야 한다.
- 업무의 성격이 표현되도록 한다.

◈ 대실주의   ┌── 큰방주의

- 사무실을 너무 세분화하는 것보다는 여러 과를 한 사무실에 배정하여 사용하는 것이 바람직하다고 생각하는 사무실의 배정 방식이다.

- 대실주의의 이점
  - 실내 공간 이용도를 높일 수 있다.
  - 사무의 흐름을 직선화하는 데 편리하며 직원 상호간 친목도를 높인다.
  - 과별로 직원 상호 간에 행동상의 비교가 이루어져 자유통제가 쉽다.

◈ 사무실 배치의 일반적인 원칙

- 업무에 알맞은 면적을 확보한다.
- 건물의 공간을 잘 활용하도록 한다.
- 불규칙한 형태보다 장방형의 사무실이 경제적인 배치에 유리하다.
- 사무처리나 업무흐름이 원활히 유통하도록 한다.
- 주된 부서를 먼저 배치하고 타부서를 나중에 배치한다.
- 고객이 많은 부서는 입구 근처에 배치한다.
- 업무상 관련이 깊은 부서는 가능한 한 가깝게 둔다.
- 부서 확대 등 장래를 예측하여 융통성 있는 배치를 한다.
- 자주 사용하는 사무용품은 그것을 사용하는 사무원 가까이에 배치한다.
- 관리자, 감독자는 가능한 부하직원의 후면에 위치시키도록 한다.
- 통일된 사무용 기구를 사용한다.
- 광선은 좌측 어깨로부터 받을 수 있도록 배치한다.

◈ 사무실 배치 기준 면적

- 대사무실주의 적정 면적 : $50m^2$
- 일반 직원 1일당 마루 적정 면적 : $5m^2$
- 일반 직원 1일당 마루 최소 면적 : $3m^2$

◈ 사무실 공간 설계 과정에 대한 내용

• 공간배치 계획
• 의사소통 계획
• 추진 전담반 편성

◈ 작업 공간의 설계

• 인간공학적 요인 : 손발이 닿는 범위, 키보드와 팔의 각도, 화면을 향한 시각, 체형, 능력
• 환경적 요인 : 채광, 온도, 습도, 소음, 공기 청정도
• 지각적 요인 : 시청각을 고려한 디스플레이, 시각 범위를 고려한 문서와의 거리, 음원의 방향
• 동기유발 요인 : 지위, 귀속성, 충족성, 프라이버시 유지

◈ 책상 배치

• 책상 배치 방식 : 대향식, 동향식, 좌우 대향식, 좌우 방향식, ㄴ자형, +자형, S자형, T자형, U자형 등 다양한 방식이 있다.
• 사무원의 시선이 주 통로나 입구로 향하면 산만해지므로 피하도록 하고 부득이한 경우에는 파티션, 플랜트 박스 등으로 가리도록 한다.

• 관리자는 가능한 사무원 뒷면이나 측면에 위치하도록 하며 감시적인 느낌이 들지 않도록 한다.

◈ 책상 배치 방식

• 대향식

장점	• 서로 마주보게 배치하는 방식이다. • 점유 공간이 적다. • 대인 의사소통이 촉진된다. • 전화기를 공동으로 사용할 수 있다.
단점	• 정신집중 작업에는 어려움이 있다. • 여유 공간 확보가 어렵다. • 잡담 기회가 증가된다. • 감독이 어렵다.

• 동향식

장점	• 같은 방향을 향하게 배치하는 방식이다. • 대인 의사소통이 적을 때 유리하다. • 감독하기에 편리하다.
단점	• 대향식에 비해 10~20% 공간이 더 필요하다. • 전화 대수에 따른 불편함이 발생한다. • 의사소통이 상대적으로 어렵다. • 연속적인 사무 흐름이 어렵다.

개념
체크

◈ 단답형 문제

14.5, 99.3
01 점유 공간이 적고, 대인 의사소통이 촉진되지만 정신집중 작업에는 어려움이 있는 책상 배치 방법은?

16.10, 11.3, 05.9
02 사무실을 너무 세분화하는 것보다는 여러 과를 한 사무실에 배정하여 사용하는 것이 바람직하다고 생각하는 사무실의 배정 방식은?

◈ 객관식 문제

17.5, 16.10, 09.3/9, 07.3
03 다음 중 사무실 배치의 일반적인 원칙이라고 볼 수 없는 것은?

① 고객이 많은 부서는 입구 근처에 배치시킨다.
② 가능한 독방을 사용할 수 있도록 배치한다.
③ 업무상 관련이 깊은 부서는 가능한 한 가깝게 둔다.
④ 큰 방을 우선적으로 고려한다.

16.5, 10.3, 08.3, 07.9
04 사무환경의 배치에 관한 것으로 가장 적합한 것은?
① 광선은 우측 어깨로부터 받을 수 있도록 배치한다.
② 관리자, 감독자는 가능한 부하직원의 전면에 위치시키도록 한다.
③ 방문객의 접촉 기회가 많은 부서는 입구와 거리가 먼 자리에 배치한다.
④ 작업자가 빈번히 사용하는 사무용품이나 비품은 가능한 집무자 곁에 배치한다.

|정답| **01.** 대향식 배치 **02.** 대사무실주의 배치 **03.** ② **04.** ④

21 사무 환경 요소

출제
빈도 **상** 중 하

01 사무실 환경

◈ 집무환경의 요소

실내 조명, 색채 조절, 방음 시설, 공기 청정도, 온도, 습도 등이 있다.

◈ 조명

- **조명 방법** : 자연 조명, 인공 조명(직접 조명, 간접 조명, 반간접 조명)이 있다.
- 조명은 자연 조명에 역점을 둔다.
- 사무실의 조도는 500럭스(Lux)가 적합하다. └밝기의 단위
- **"산업안전보건기준에 관한 규칙"에 의거 사무실 용도별 조도 기준**
  - **초정밀 작업** : 750럭스 이상
  - **정밀 작업** : 300럭스 이상
  - **보통 작업** : 150럭스 이상
  - **기타 작업** : 75럭스 이상
- "산업안전보건기준에 관한 규칙"상 근로자가 통행하는 통로에 75럭스 이상의 채광 또는 조명시설을 하여야 한다.

◈ 소음

- 사무실에 알맞은 소음 허용 한도는 55데시벨(dB)이다(ISO의 권고 기준).
- "산업안전보건기준에 관한 규칙"에 의거 소음 작업은 1일 8시간 작업을 기준으로 85데시벨 이상의 소음이 발생하는 작업을 말한다.
- **"산업안전보건기준에 관한 규칙"에 의거 강렬한 소음 작업**
  - 90데시벨 이상의 소음이 1일 8시간 이상 발생하는 작업
  - 95데시벨 이상의 소음이 1일 4시간 이상 발생하는 작업
  - 100데시벨 이상의 소음이 1일 2시간 이상 발생하는 작업

  - 105데시벨 이상의 소음이 1일 1시간 이상 발생하는 작업
  - 110데시벨 이상의 소음이 1일 30분 이상 발생하는 작업
  - 115데시벨 이상의 소음이 1일 15분 이상 발생하는 작업
- "산업안전보건기준에 관한 규칙"에 의거 소음의 작업측정 결과 소음 수준이 90데시벨을 초과하는 사업장은 청력보존프로그램을 수립 및 시행해야 한다.
- **사무실 내의 소음 방지 요령**
  - 소음 발생원을 소음실로 격리시킨다.
  - 바닥은 탄력성이 있는 재료를 사용한다.
  - 이중 유리 시설을 한다.
  - 외부 방문객을 가급적 사무실에서 만나지 않도록 사무실 가까이에 공용 응접실을 마련한다.
  - 사무실 배치를 합리적으로 하여 불필요한 보행을 줄인다.
  - 사무실 내에서의 불필요한 대화는 가급적 억제한다.
  - 소음을 차단하기 위해서는 철근 콘크리트벽 20cm 이상이 바람직하다.

◈ 색채

- 색채는 획일화, 조직화, 효율화를 기할 수 있어야 한다.
- **사무실의 색채 조절이 잘 될 때의 효과**
  - 사무원의 능률이 향상된다.
  - 조명효과가 있으며 밝고 쾌적하다.
  - 작업의 질이 좋아진다.
  - 재해가 줄어든다.
- **색채 조절 요령**
  - 책상, 사무용품, 벽 등은 되도록 자극성이 적은 색을 사용한다.
  - 색의 경중감각을 이용하여 사무실의 안정감을 높이기 위하여 사무실의 아래 부분은 명도가 낮은 색으로, 윗부분은 명도가 높은 색으로 하되, 명도의 차이가 너무 심하지 않은 것이 좋다.

– 자주 접촉하는 책상·사무용품 또는 벽 등은 되도록 자극이 적은 색을 사용하고 단조롭고 정적인 사무를 처리하는 사무실은 활기를 조장하기 위하여 비교적 명쾌한 자극성이 높은 색을 사용하는 것이 필요하다.

– 색채는 온도 감각을 지니고 있으며 붉은색은 따뜻한 느낌을 준다.

◈ 공기

- "산업안전보건기준에 관한 규칙"에 의거 적정 공기
  – 산소농도의 범위가 18% 이상 23.5% 미만인 수준의 공기
  – 탄산가스의 농도가 1.5% 미만인 수준의 공기
  – 황화수소의 농도가 10피피엠(ppm) 미만인 수준의 공기
- "산업안전보건기준에 관한 규칙"에 의거 산소 결핍이란 공기 중의 산소농도가 18퍼센트 미만인 상태를 말한다.
- 쾌적한 사무실 공기를 유지하기 위한 포름알데히드의 관리 기준은 0.1피피엠 이하이다.
- "산업안전보건기준에 관한 규칙"에 의거 공기정화설비 등에 의하여 사무실로 들어오는 공기의 기류속도 기준은 매 초당 0.5미터 이하로 한다.

◈ 온도/습도

- 사무작업을 하기에 가장 쾌적한 온도와 습도는 각각 21℃, 60%이다.
- 전산 시스템을 보호하기 위한 허용 온도의 범위는 16~28℃이다.

Visual Display Terminal Syndrome

02 VDT 증후군

◈ VDT 증후군

- 컴퓨터 터미널에서 오랫동안 작업하는 사람에게 생기는 이상 현상을 말한다.
- VDT 증후군은 영상표시장치에 의하여 발생한다.

◈ VDT 작업자의 정신활동 피로도 측정 방법

임계 점멸융합주파수 : 개인의 피로 정도를 스트레스와 말초혈액순환 기능평가에 의해 객관적으로 정확히 평가하고 검증하는 스트레스성 피로 검사 방법 및 장치이다.

◈ VDT 증후군의 증상

- 시력 저하, 망막 건조, 백내장 등의 시력 장애가 온다.
- 두통이나 어깨, 팔, 허리 등에 통증이 온다.
- 빈혈, 생리불순, 임신, 출산 등에 영향을 준다.

개념
체크

단답형 문제

19.9, 13.9, 10.9, 09.5
01 쾌적한 사무실 공기를 유지하기 위한 포름알데히드의 관리 기준은?

객관식 문제

16.3, 99.9
02 사무실 색채 조절요령 중 가장 적합하지 않는 것은?
① 책상, 사무용품, 벽 등은 되도록 자극성이 적은 색을 사용한다.
② 사무실 벽의 아래 부분은 윗부분에 비해 명도가 높은 색을 사용한다.
③ 사무실의 활기를 조장하기 위해서는 자극성이 높은 색을 사용한다.
④ 사무실 벽의 윗부분과 아래 부분은 가능한 한 명도의 차를 적게 한다.

17.9, 13.3, 07.9, 05.5
03 VDT 증후군 중 전자파의 노출을 방지하기 위한 노력이 아닌 것은?
① 컴퓨터로부터 멀리 떨어져서 자주 휴식을 취한다.
② 컴퓨터 작업 시 노트북 컴퓨터 대신 데스크탑 컴퓨터를 사용한다.
③ 빛의 반사가 없는 곳에 모니터를 설치한다.
④ 모니터는 눈으로부터 40~50cm 거리에 있어야 한다.

12.3, 10.5, 09.3, 08.3
04 산업안전보건기준에 관한 규칙에 의거 소음의 작업측정 결과 청력보존프로그램을 수립, 시행해야 할 기준으로 옳은 것은?
① 소음 수준이 50데시벨을 초과하는 사업장
② 소음 수준이 70데시벨을 초과하는 사업장
③ 소음 수준이 90데시벨을 초과하는 사업장
④ 소음 수준이 100데시벨을 초과하는 사업장

|정답| **01.** 0.1ppm 이하 **02.** ② **03.** ② **04.** ③

자료관리

01 자료관리의 개념

◈ 자료관리의 개념

• 자료로서 가치성을 검토할 경우 적용하는 기준 항목에는 유용성, 신뢰성, 효과성 등이 있다.

• 자료관리의 의미
  − 필요한 자료를 계획적으로 수집, 분류하는 것이다.
  − 자료를 필요로 하는 곳에 신속하게 전달하는 것이다.
  − 자료의 대출, 전시, 복사, 번역 서비스 등을 행하는 것이다.

• 자료관리의 필요성
  − 자료의 자연 증가를 통제할 수 있다.
  − 자료의 이동 과정을 신속하게 파악할 수 있다.
  − 자료처리에 따르는 경비를 절약할 수 있다.

• 자료관리를 자동화할 경우 기대효과
  − 정보 처리량의 증가로 인한 복잡한 행정사무를 보다 신속, 정확하게 처리할 수 있다.
  − 통일된 서식을 사용함으로써 사용상의 불편함을 해소할 수 있다.
  − 보존문서 등을 마이크로필름이나 광디스크에 보관함으로써 많은 공간을 절약할 수 있다.

• 자료의 종류
  − **행정 간행물** : 행정에 관한 조사보고서, 연구보고서, 통계서, 백서 및 홍보 안내서의 간행물 등으로 행정기관이 발간하여 배포하는 자료이다.
  − **행정 자료** : 대내문서, 법규문서, 지시문서, 공고문서, 비치문서 등으로 행정기관이 관리하는 기업체, 단체 또는 외국의 행정기관이 생산한 행정 업무에 관한 자료이다.
  − **일반 자료** : 행정기관이 생산하지 않은 각종 전문서적, 교양서적 등의 기타 자료이다.

◈ 자료관리와 연관된 단어
────Index

• **색인(索引)** : 본문 중의 중요한 항목 · 술어 · 인명 · 지명 등을 뽑아 한 곳에 모아, 이들의 본문 소재의 페이지를 기재한 것이다.

• **초록(抄錄)** : 필요한 부분만을 뽑아서 적음. 또는 그런 기록이다. ≒ 초(抄), 초기(抄記)

• **목록(目錄)** : 어떤 물품의 이름이나 책 제목 위를 일정한 순서로 적은 것을 말한다. ≒ 약절, 표목(標目)

• **각주(脚註)** : 논문 따위의 글을 쓸 때, 본문의 어떤 부분의 뜻을 보충하거나 풀이한 글을 본문의 아래쪽에 따로 단 것이다. ≒ 아랫주, 주각(註脚)

◈ 자료관리의 목적

• 방대한 자료에서 적절한 정보를 얻어 낼 수 있다.
• 자료의 자연증가를 통제할 수 있다.
• 자료의 이동 과정을 신속하게 파악할 수 있다.
• 자료처리에 따르는 경비를 절약할 수 있다.

◈ 자료관리의 기능

자료의 수집, 자료의 분류, 자료의 열람, 자료의 폐기

02 자료의 수집, 분류, 열람, 폐기

◈ 자료의 수집

• **납본에 의한 방법** : 각 기관에 발행된 자료를 납본받아 수집하는 방법이다. 납본이란 새로 발간한 출판물을 본보기로 해당 기관에 제출하거나 주문받은 책을 거래처에 가져다주는 행위를 말한다. 행정기관의 자료과는 간행물에 대해서 9부씩 납본을 받을 수 있다.

• **구입에 의한 방법** : 타 행정기관의 간행물을 구입하여 수집하는 방법을 말한다.

• **교환에 의한 방법** : 국내 · 국외 행정기관이나 민관기관에서 상호교환에 의한 약정으로 수집하는 방법이다. 요청을 받은 기관은 특별한 사유가 없는 경우 이에 응해야 한다.

- 과제 부여에 의한 방법 : 필요한 자료에 대해 직원에게 과제를 부여하여 수집하는 방법으로 자료수집에 필요한 경비는 과제 부여 기관에서 지급을 한다.

◇ **자료의 분류**

— 한국십진분류법

- KDC(Korean Decimal Classification) : 우리나라의 일반 자료 분류에 많이 사용되는 분류법이다.

000	총류	500	기술과학
100	철학	600	예술
200	종교	700	어학
300	사회과학	800	문학
400	순수과학	900	역사

- DDC(Dewey Decimal Classification) : 듀이가 창안한 최초의 십진분류법이다.　— 듀이십진분류법

000	총류	500	과학
100	철학	600	기술
200	종교	700	예술
300	사회과학	800	문학
400	언어	900	역사/지리

◇ **자료의 열람**

- 공개할 경우 사회 및 경제 질서 유지에 혼란이 초래될 우려가 있는 자료는 열람을 제한한다.
- 개인의 기밀에 속하는 사항으로 당사자에게 불이익을 줄 우려가 있는 경우 열람을 제한한다.
- 열람을 제한할 필요가 있다고 인정하는 자료에 대하여 열람 또는 복사를 제한할 수 있다.
- 열람 제한 자료는 별도의 자료실에 관리하거나 서류 보관함에 넣어 특별히 관리한다.
- 열람 제한 자료는 자료관리대장의 비고란에 "열람 제한"이라고 표시한다.

◇ **자료의 폐기**

자료 점검 결과 다음에 해당하는 자료는 당해 자료관리 기관의 장이 폐기할 수 있다.

- 자료로서의 가치가 떨어져 더 이상 관리할 필요가 없게 된 자료
- 2본 이상의 복사본을 소장하고 있는 자료로서 열람 빈도가 낮아 복사본을 소장할 필요가 없게 된 자료
- 심한 훼손으로 더 이상 활용이 곤란하게 된 자료
- 기타 당해 자료관리 기관의 장이 소장할 필요가 없다고 인정하는 자료

개념 체크

 단답형 문제

17.9, 13.9, 07.3, 03.9, 02.3

01 자료의 십진분류 방법 중에서 우리나라의 일반자료의 분류에 많이 사용되는 분류법은?

18.9, 15.5, 08.9, 08.3/9

02 DDC(듀이십진분류표)에 의한 분류에서 "600"에 해당하는 것은?

 객관식 문제

15.3, 08.3, 06.3, 04.9

03 다음 중 자료의 수집 방법에 해당하지 않은 것은?

① 납본　　　　　　② 구입
③ 교환　　　　　　④ 변경

17.3/5/9

04 자료의 열람 및 폐기에 관한 설명으로 가장 옳지 않은 것은?

① 공개할 경우 사회 및 경제 질서 유지에 혼란이 초래될 우려가 있는 자료는 열람을 제한한다.
② 개인의 기밀에 속하는 사항으로 당사자에게 불이익을 줄 우려가 있는 경우 열람을 제한한다.
③ 심한 훼손으로 더 이상 활용이 곤란하게 된 자료는 자료 관리 기관의 장이 폐기할 수 있다.
④ 3본 이상의 복사본을 소장하고 있는 자료로서 열람 빈도가 낮아 복사본을 소장할 필요가 없게 된 자료는 자료관리 기관의 장이 폐기할 수 있다.

13.3

05 자료의 내용에서 중요한 역할을 하는 사항이나 인명 및 건명을 뽑아내어서 분류, 배열한 것으로 이용자에게 필요한 정보제공 여부를 알리는 것은?

① 초록　　　　　　② 색인
③ 목록　　　　　　④ 미주

|정답| 01. KDC 02. 기술 03. ④ 04. ④ 05. ②

01 문서관리

◇ 문서의 기능

- 의사의 전달 : 전달 내용을 정확하게 전달할 수 있다.
- 의사의 보존 : 증빙 자료나 역사 자료로 사용된다.
- 자료 제공 및 협조

◇ 문서 작성 요령

- 결론을 앞에 넣는다.
- 이해하기 쉬운 용어를 사용한다.
- 간결한 문장을 사용한다.
- 수식어는 가능한 많이 사용하지 않는다.

◇ 문서관리의 기본 원칙(문서관리의 목표)

- 표준화 : 문서양식, 처리규정, 표현방법 등을 표준화한다.
- 신속화 : 문서의 처리를 빠르게 할 수 있도록 하여야 한다.
- 경제성 : 인건비와 사무관리비를 절감할 수 있도록 분산관리보다는 집중관리를 강구해야 한다.
- 용이성 : 문서를 쉽게 작성한다.
- 자동화 : 문서의 작성 및 처리를 자동화한다.
- 전문화 : 담당자를 지정하여 전문성을 높인다.
- 간소화 : 문서의 처리와 작성 및 취급이 쉽고 간편하여야 한다.
- 정확화 : 해석상 표현이 애매하거나 과장된 문구를 피하여 명료하게 하여야 한다.

◇ 문서처리의 원칙

- 즉일처리의 원칙 : 문서는 효율적인 업무수행을 위하여 그날로 처리하는 것이 바람직하다.
- 책임처리의 원칙 : 문서는 각자의 직무범위 내에서 책임을 가지고 관계규정에 따라 처리하여야 한다.
- 법령적합의 원칙 : 문서는 법령의 규정에 따라 일정한 형식 및 요건을 갖추어야 한다.

◇ 문서의 정리

문서정리의 기본 절차 : 분류 → 보관 → 보존 → 폐기

분류	문서 분류표를 작성하여 문서를 일관성 있게 분류한다.
보관	• 문서자료의 처리 완결 후부터 보존되기 전까지의 관리를 보관이라고 한다. • 문서는 파일 캐비넷(또는 이에 준하는 것)에 보관하고 서류함 외부에는 서류함 번호와 문서철의 분류번호를 기재한다. • 완결되지 아니한 미결문서는 한 건으로 철하여 서류함에 보관하면 된다. • 활용 빈도가 높은 보관문서는 서류함의 윗단에 보관하고, 보존문서는 아랫단에 보존한다. • 미결문서의 문서철 표지에는 단위 업무별 기능 명칭으로 문서를 쉽게 찾아볼 수 있도록 보관한다.

보존	• 문서정리 보존의 일반원칙
	  – 보존할 문서는 가능한 한 줄인다.
	  – 규정에 의거 보존문서의 정리 및 폐기를 자주 한다.
	  – 문서보존 규정을 제정하고 이를 준수한다.
	• 공공기록물의 보존기간은 영구, 준영구, 30년, 10년, 5년, 3년, 1년으로 구분한다.
	• 공공기록물 중 보존기간 종료 시까지 관할 기록관 또는 특수 기록관에 보존해야 하는 기록물은 보존기간이 10년 이하인 기록물이다.
	• 영구보존으로 분류된 기록물 중 중요한 기록물에 대하여는 복제본을 제작하여 보존하거나 보존매체에 수록하는 등의 방법으로 이중보존함을 원칙으로 한다.
	• 인수가 종료된 전자기록물 중 중앙기록물관리기관의 장이 정하는 바에 따라 문서보존 포맷 및 장기보존 포맷으로 변환하여 관리해야 하는 경우는 보존기간이 10년 이상인 경우이다.
	• 감열기록방식의 모사전송기로 보존기간이 3년 이상인 문서를 수신한 당해 문서는 복사하여 접수하여야 한다.

폐기	문서 폐기 시 내용을 알 수 없도록 절단하거나 소각해야 한다.

◇ 문서관리의 기능

문서의 보관, 문서의 인계, 문서의 폐기, 문서의 분류

◈ 파일링시스템(Filing System)

- 문서 자료를 조직적으로 정리하여 일관성 있게 보존하는 시스템이다.
- 파일링시스템의 도입 효과
  - 문서관리의 명확화를 기할 수 있다.
  - 업무상 필요한 문서를 신속하게 이용할 수 있다.
  - 보존, 보관, 폐기를 정기적으로 실시함에 따라 업무상 필요한 기록의 보전, 추구가 용이하다.
  - 공용 파일에 대하여 개인 물건화를 방지한다.

02 공공기록물의 관리

중앙기록물 관리기관	• 기록물 관리를 총괄 · 조정하고 기록물의 영구보존 및 관리를 위하여 행정안전부장관 소속하에 설치 · 운영하는 영구기록물 관리기관이다. • 전자기록물의 관리체계, 기록물관리 절차별 표준기능, 기록물 종류별 관리기준

헌법기관기록물 관리기관	국회 · 대법원 · 헌법재판소 및 중앙선거관리위원회는 소관 기록물의 영구보존 및 관리를 위하여 설치 · 운영하는 영구기록물관리기관이다.
지방기록물 관리기관	• 시 · 도 기록물관리기관 • 시 · 도 교육청 기록물관리기관 • 시 · 군 · 구 기록물관리기관
국가기록원	공공기록물 관리에 관한 정책의 수립 및 중요 공공기록물의 수집 · 보존 · 서비스를 목적으로 설립된 중앙기록물관리기관이다.
대통령기록관	대통령기록물의 영구보존에 필요한 시설 및 장비와 이를 운영하기 위한 전문 인력을 갖추고 대통령기록물을 영구적으로 관리하는 기관이다.

개념 체크

 단답형 문제

09.3

01 문서정리의 기본적인 4단계 절차를 순서대로 나열하시오.

 객관식 문제

18.3, 15.3, 06.5, 04.5

02 다음 중 문서정리의 기본적인 절차는?
① 보관 → 분류 → 보존 → 폐기
② 분류 → 보존 → 보관 → 폐기
③ 보관 → 보존 → 분류 → 폐기
④ 분류 → 보관 → 보존 → 폐기

13.6

03 공공기록물 관리에 관한 법률상 다음 ( ) 안에 알맞은 것은?

> (㉠)으로 분류된 기록물 중 중요한 기록물은 복제본을 제작하여 보존하거나 보존매체에 수록하는 등의 방법으로 (㉡)하는 것을 원칙으로 한다.

① ㉠ 영구보존 ㉡ 이중보존 ② ㉠ 기밀보존 ㉡ 이중보존
③ ㉠ 영구보존 ㉡ 분산보존 ④ ㉠ 기밀보존 ㉡ 분산보존

17.5, 15.5, 12.5

04 문서처리의 원칙에 해당하지 <u>않는</u> 것은?
① 즉일처리의 원칙
② 책임처리의 원칙
③ 영구보존의 원칙
④ 법령적합의 원칙

12.9, 08.5, 06.5

05 문서정리 보존의 일반 원칙과 관계<u>없는</u> 것은?
① 보존할 문서는 가능한 한 줄인다.
② 규정에 의거 보존문서의 정리 및 폐기를 자주 한다.
③ 문서보전 규정을 제정하고 이를 준수한다.
④ 훼손되어 활용이 불가능한 문서도 영구 보존해야 한다.

|정답| 01. 분류 → 보관 → 보존 → 폐기 02. ④ 03. ① 04. ③ 05. ④

01 저작권법

◈ **저작권법**

• 저작자의 권리와 이에 인접하는 권리를 보호하고 저작물의 공정한 이용을 도모함으로써 문화 및 관련 산업의 향상발전에 이바지함을 목적으로 제정되었다.

• **저작권법에서 사용하는 주요 용어**

저작물	인간의 사상 또는 감정을 표현한 창작물을 말한다.
저작자	저작물을 창작한 자를 말한다.
컴퓨터 프로그램 저작물	특정한 결과를 얻기 위하여 컴퓨터 등 정보처리 능력을 가진 장치 내에서 직접 또는 간접으로 사용되는 일련의 지시·명령으로 표현된 창작물을 말한다.
데이터 베이스	소재를 체계적으로 배열 또는 구성한 편집물로서 개별적으로 그 소재에 접근하거나 그 소재를 검색할 수 있도록 한 것을 말한다.
데이터 베이스 제작자	데이터베이스의 제작 또는 그 소재의 갱신·검증 또는 보충에 인적 또는 물적으로 상당한 투자를 한 자를 말한다.
공동저작물	2인 이상이 공동으로 창작한 저작물로서 각자의 이바지한 부분을 분리하여 이용할 수 없는 것을 말한다.
복제	인쇄·사진촬영·복사·녹음·녹화 그 밖의 방법에 의하여 유형물에 고정하거나 유형물로 다시 제작하는 것을 말하며, 건축물의 경우에는 그 건축을 위한 모형 또는 설계도서에 따라 이를 시공하는 것을 포함한다.
배포	저작물 등의 원본 또는 그 복제물을 공중에게 대가를 받거나 받지 아니하고 양도 또는 대여하는 것을 말한다.
발행	저작물 또는 음반을 공중의 수요를 충족시키기 위하여 복제·배포하는 것을 말한다.
공표	저작물을 공연, 공중송신 또는 전시 그 밖의 방법으로 공중에게 공개하는 경우와 저작물을 발행하는 경우를 말한다.
프로그램 코드 역분석	독립적으로 창작된 컴퓨터 프로그램 저작물과 다른 컴퓨터 프로그램과의 호환에 필요한 정보를 얻기 위하여 컴퓨터 프로그램 저작물 코드를 복제 또는 변환하는 것을 말한다.
프로그램 배타적 발행권	프로그램의 저작재산권자는 다른 사람에게 그 저작물에 대하여 독점적으로 복제하여 배포 또는 전송할 수 있도록 하는 배타적 권리(프로그램 배타적 발행권)를 설정할 수 있다.

◈ **저작권**

• **저작인격권**

공표권	저작자는 그의 저작물을 공표하거나 공표하지 아니할 것을 결정할 권리를 가진다.
성명 표시권	저작자는 저작물의 원본이나 그 복제물에 또는 저작물의 공표 매체에 그의 실명 또는 이명을 표시할 권리를 가진다.
동일성 유지권	저작자는 그의 저작물의 내용·형식 및 제호의 동일성을 유지할 권리를 가진다.

• **저작재산권**

복제권	저작자는 그의 저작물을 복제할 권리를 가진다.
공연권	저작자는 그의 저작물을 공연할 권리를 가진다.
공중송신권	저작자는 그의 저작물을 공중송신할 권리를 가진다.
전시권	저작자는 미술저작물 등의 원본이나 그 복제물을 전시할 권리를 가진다.
배포권	저작자는 저작물의 원본이나 그 복제물을 배포할 권리를 가진다.
대여권	저작자는 판매용 음반이나 판매용 프로그램을 영리를 목적으로 대여할 권리를 가진다.
2차적 저작물 작성권	저작자는 그의 저작물을 원저작물로 하는 2차적 저작물을 작성하여 이용할 권리를 가진다.

◈ **저작재산권 보호기간 〈개정 2011.6.30〉〈시행일 2013.7.2〉**

• 저작재산권은 이 관에 특별한 규정이 있는 경우를 제외하고는 저작자가 생존하는 동안과 사망한 후 70년간 존속한다.

• 공동저작물의 저작재산권은 맨 마지막으로 사망한 저작자가 사망한 후 70년간 존속한다.

- 무명 또는 널리 알려지지 아니한 이명이 표시된 저작물의 저작재산권은 공표된 때부터 70년간 존속한다. 다만, 이 기간 내에 저작자가 사망한 지 70년이 지났다고 인정할 만한 정당한 사유가 발생한 경우에는 그 저작재산권은 저작자가 사망한 후 70년이 지났다고 인정되는 때에 소멸한 것으로 본다.
- 업무상저작물의 저작재산권은 공표한 때부터 70년간 존속한다. 다만, 창작한 때부터 50년 이내에 공표되지 아니한 경우에는 창작한 때부터 70년간 존속한다.
- 영상저작물의 저작재산권은 제39조 및 제40조에도 불구하고 공표한 때부터 70년간 존속한다. 다만, 창작한 때부터 50년 이내에 공표되지 아니한 경우에는 창작한 때부터 70년간 존속한다.
- 데이터베이스 제작자의 권리 발생 기준 : 데이터베이스의 제작을 완료한 때부터 발생하며, 그 다음 해부터 기산하여 5년간 존속한다.

◈ **한국저작권위원회의 업무 내용**

- 분쟁의 알선 · 조정
- 저작권위탁관리업자의 수수료 및 사용료의 요율 또는 금액에 관한 사항 및 문화체육관광부장관 또는 위원 3인 이상이 공동으로 부의하는 사항의 심의

◈ **컴퓨터 프로그램 저작물 등록부에 기재하여야 할 사항**

등록번호, 저작물의 제호, 저작자 등의 성명, 창작 · 공표 및 발행연월일, 등록권리자의 성명 및 주소, 등록의 내용

◈ **전산망**

- 행정정보통신망 : 국가 및 지방자치단체의 기관 간에 이용하는 통신망이다.
- 5대 국가 기간 전산망 : 행정전산망, 금융전산망, 교육연구전산망, 국방전산망, 공안전산망이다.

개념 체크

 단답형 문제

10.3

01 저작자가 저작물의 원본이나 그 복제물에 또는 저작물의 공표 매체에 그의 실명 또는 이명을 표시할 권리를 가지는데 이것을 무엇이라고 하는가?

 객관식 문제

13.5, 12.9, 10.9

02 공동저작물의 저작재산권을 행사할 수 있는 경우는?
① 저작재산권자 일부의 합의
② 저작재산권자 전원의 합의
③ 저작재산권자 1/2의 합의
④ 저작재산권자 2/3의 합의

07.5

03 국가에서 추진하고 있는 5대 국가 기간 전산망(정보통신망)이 아닌 것은?
① 행정전산망
② 경제전산망
③ 공안전산망
④ 국방전산망

11.9

04 다음 중 프로그램 저작자의 권리라고 볼 수 없는 것은?
① 공표권
② 성명 표시권
③ 동일성 유지권
④ 개발 이용권

16.5, 15.2

05 저작권법 제1장 제2조(정의)에 명시된 저작물 등의 원본 또는 그 복제물을 공중에게 대가를 받거나 받지 아니하고 양도 또는 대여하는 것에 해당하는 것은?
① 복제
② 발행
③ 공표
④ 배포

|정답| 01. 성명 표시권 02. ② 03. ② 04. ④ 05. ④

01 사무간소화

◈ 사무간소화의 개념

- 사무간소화란 사무의 내용, 방법, 절차 등을 감소시키는 것을 의미한다.
- 사무간소화는 사무량 측정 → 사무 분석 → 사무간소화 순으로 진행된다.

· 사무간소화의 목적

- 사무작업을 용이하게 처리한다.
- 사무업무를 정확히 처리한다.
- 사무업무를 신속히 처리한다.

· 사무간소화 대상

- 본질적이 아닌 작업
- 사무작업에서 불필요한 단계나 복잡성
- 사무작업의 중복성
- 소요시간이 긴 작업
- 비용이 많이 드는 작업
- 사무원들 사이에 어려운 작업방법, 과중한 업무량 등으로 불평불만의 대상이 되는 작업

◈ 사무간소화 추진 방법

비공식 프로그램	모든 사무 관계자의 자발적인 자세를 전제로, 전문가의 조언 없이 개인별로 사무간소화를 추진하는 방법이다.
공식 프로그램	외부 전문가나 자문기관 또는 내부의 특정 스태프을 통해 사무간소화를 추진하는 방법이다.
자발적 접근법	상관의 교육을 통하여 사무간소화에 대한 교육을 실시하고, 이후로는 직원들이 자발적으로 사무간소화를 추진하는 방법이다.
문제 해결식 접근법	부하, 상사, 교관이 하나의 문제를 놓고 함께 해결하여 사무간소화를 추진하는 방법이다.
순수 개발식 접근법	부서장이 사무간소화 훈련을 받은 후 말단 사원까지 훈련을 시키면서 사무간소화를 추진하는 방법이다.

사무 공정 분석	사무 업무는 단계별로 흐르면서 진행되는데 이러한 흐름의 과정을 분석하는 것으로 다시 말하면 한 장소에서 다른 장소로, 한 사람에서 다른 사람으로 또 시간과 시간으로 흐르는 과정을 분석하는 것이다.
사무 작업 분석	사무 작업에 대한 분석으로 사무 처리를 하기 위한 작업 시간의 조건, 기기 등의 설비 조건, 집무 환경 등을 분석하는 것이다.
사무 가동 분석	사무 가동 비율, 또는 여유율, 업무의 발생 비율 등을 조사, 분석하는 것이다.
사무 분담 분석	· 사무 업무는 계층화, 부문화가 되면서 일정한 업무가 수행된다. · 업무 수행을 위해 각자의 직무 분담이 발생되는데, 이때 그 업무가 적절한지의 여부 등을 분석하는 것이다.

02 사무량 측정 및 방법

◈ 사무량 측정

- 단위별 사무량을 세분화하여 사무작업이나 동작 등을 정해진 척도에 의하여 정량적으로 측정한 후 해당 사무량을 처리하는 데 필요한 표준 시간(=정규 작업시간+여유시간)을 정하는 것이다.

· 사무량 측정이 적합한 대상

- 업무의 구성이 동일한 사무
- 일상적으로 일정한 처리 방법으로 반복되는 사무
- 상당기간 내용적으로 처리 방법이 균일하여 변동이 별로 없는 사무
- 성과 또는 진행 상황을 수치화하여 일정 단위로서 계산할 수 있는 사무

· 사무량 측정이 부적합한 사무

- 사무량이 적은 잡다한 사무
- 조사기획과 같은 비교적 판단 및 사고력이 요구되는 사무

◈ 사무량 측정 방법

시간 연구법 (Stop Watch)	• 가장 일반적으로 알려진 관측법이다. • 소요시간을 측정하여 여기서 얻은 수치로서 표준시간을 계정하는 방법이다.
워크 샘플링법 (WS; Work Sampling)	• 임의의 시간 간격으로 관측하여 시간적 구성 비율을 통계적으로 추측하는 방법이다. • 모집단 속에서 임의로 표본을 추출하여 조사하며, 이 표본조사에서 얻은 결과를 분석하여 모집단의 상태를 판정하는 방법이다.
요소시간 측정법 (PTS; Predetermined Time Standard)	기본 동작들에 대한 표준 소요시간을 미리 설정해 놓고, 사무를 구성하는 요소별 표준 소요시간을 더하여 표준시간을 구한다. 기정시간표준법이라고도 한다.
경험적 측정법 (청취법)	담당자나 그 업무에 정통한 사람에게 문의한 후 사무량을 측정하는 방법이다.
실적 기록법 (CMU; Clerical Minute per Unit)	일정 단위의 사무량과 소요시간을 계속적으로 기록하고, 통계적 분석을 사용하여 표준시간을 결정하는 방법이다.

◈ 사무작업의 효율화

• **동작 연구** : 작업자의 전체 동작을 분석하여 그중에서 불필요한 동작을 제거하여 필요한 동작만 쉽고 간편한 동작으로 개선시키는 것이다.

• **동작 연구 방법**
  – **목시 분석** : 육안으로 볼 수 있는 동작을 대상으로 한다.
  – **미시 분석** : 필름에 의한 분석방법으로 초당 16컷을 연속 촬영하는 마이크로 모션 분석과 메모 모션 분석법이 있다.
  – **서블릭(Therblig)** : 길브레스(Gilbreth) 부부가 고안해 낸 18개의 동작요소로서 사무 동작 연구의 분석 단위이다.

• **동작의 경제 원칙** : 인체 사용에 관한 원칙, 작업장의 배열에 관한 원칙, 공구 및 장비의 설계에 관한 원칙으로 생산작업뿐만 아니라 사무작업에도 응용할 수 있다.
  예 왼손으로 할 수 있는 것은 오른손을 사용하지 않는다.

• **시간 연구** : 소요시간을 측정하여 여기서 얻은 수치로서 표준시간을 계정하는 방법이다.

• **동작 및 시간 연구** : 서식 절차 도표, 작업 도표, 서식 경략 도표가 있다.

**개념
체크**

단답형 문제

09.9, 99.9
01 일정 단위의 사무량과 소요시간을 계속적으로 기록하고, 통계적 분석을 사용하여 표준시간을 결정하는 방법은?

11.9, 04.5, 01.5, 99.3
02 다음은 사무량 측정의 방법 중 어떤 것을 설명한 것인가?

> "모집단 속에서 임의로 표본을 추출하여 조사하며, 이 표본조사에서 얻은 결과를 분석하여 모집단의 상태를 판정하는 방법"

객관식 문제

13.9, 10.3, 08.9, 02.9
03 사무작업의 측정법과 관계없는 것은?
  ① 경험적 측정법　　② 워크 샘플링법
  ③ 실적 통계법　　④ 추상적 측정법

15.5, 12.5, 10.5, 09.3, 06.3
04 길브레스 부부는 인간의 동작을 구성하는 기본적인 요소를 18가지의 미세동작으로 나누고 이 미세동작이 결합함으로써 작업이 수행된다고 보았으며, 이 18가지의 미세동작을 기호화하였는데 그 기호의 이름은?
  ① Symbol　　② Code
  ③ Therblig　　④ Mark

17.9, 13.9, 10.9, 08.5, 07.3
05 동작의 경제 원칙을 가장 잘 나타내고 있는 것은?
  ① 발로 할 수 있는 일은 오른손을 사용한다.
  ② 왼손으로 할 수 있는 것은 오른손을 사용하지 않는다.
  ③ 가능한 한 양손이 동시에 작업을 시작하되 끝날 때는 각각 끝나도록 한다.
  ④ 이 원칙은 본래 생산 작업을 대상으로 만들어졌기 때문에 사무작업에는 응용할 수 없다.

|정답| **01.** 실적 기록법(CMU) **02.** WS(Work Sampling)법 **03.** ④ **04.** ③ **05.** ②

01 EDI(Electronic Data Interchange)

◈ EDI의 개념

- E-Mail이 일정한 형식이 없는 메시지를 교환하는 데 비하여 EDI는 컴퓨터가 자동으로 판독할 수 있는 일정한 구조를 가진 메시지 형태의 서류를 교환한다.
- 기업 간 또는 공공기관 사이에 교환되는 문서로 작성된 거래정보를 컴퓨터 간의 전자적 수단으로 표준화된 형태와 코드체계를 이용하여 교환하는 시스템이다.
- 거래 쌍방의 자주성과 독립성이 보장되며 독립된 데이터베이스를 가진다.
- 구조화되지 않은 데이터는 전송할 수 없다.

◈ EDI의 발생 배경

- 업무처리의 신속성과 대량의 정보처리에 대한 요구 증대
- 정보통신 기술의 발전과 첨단 정보처리에 대한 요구 증대
- 수작업 비용의 증가
- 외부 정보 의존 증대

◈ EDI의 특징(효과)

- 거래 시간을 단축시킨다.
- 업무 처리 비용을 절감시킨다.
- 오류를 감소시킨다.
- 불확실성을 감소시킨다.
- 데이터 수정이 용이하다.
- 사회 간접 효과를 제공한다.

◈ EDI의 이용 특성

- 자료 수정의 용이성
- 자료 처리의 신속성
- 자료 용지의 무용성

◈ EDI의 표준화(Standard)

- 컴퓨터가 자동으로 판독할 수 있는 일정한 표준안을 마련해야 한다.
- EDI 표준에는 크게 양식 표준과 통신 표준이 있다.
- **EDI 구성요소**
    - 하드웨어(Hardware)
    - 소프트웨어(Software)
    - 네트워크(Network)

◈ EDI의 종류

- **일괄처리 방식 EDI** : 가장 일반적인 방식으로서, 부가가치 통신망(VAN)을 이용한 축적전송방식이 많이 사용되는 EDI 방식이다.
- **즉시응답 방식 EDI** : 문서를 수신하는 즉시 처리하여 그 결과를 반환하는 EDI 방식이다.
- **대화형(쌍방향) 방식 EDI** : 거래 당사자 간에 실시간으로 질의와 응답을 주고받을 수 있는 EDI 방식이다.

◈ EDIFACT(Electronic Data Interchange For Administration, Commerce and Transport)

국제 연합 유럽 경제 위원회(UN/ECE)에서 미국과 유럽 각국이 협조하여 추진하고 있는 표준 EDI 통신 규약이다. 행정·상업·수송을 위한 전자 자료 교환(EDI)이라는 뜻으로, UN/EDIFACT라고도 한다.

◈ EDIFACT 기본요소

- 문법과 구문규칙
- 데이터 엘리먼트 디렉터리
- 표준 메시지

◈ CITIS(Contractor Integrated Technical Information Service)

- 계약자 통합 기술 정보 서비스라고 한다.
- 조달자와 공급자 간 계약에 의해 규정된 정보를 전자적으로 액세스 납입을 위하여 개발하여 관리되는 기능 및 지원 사항 시스템이다.

- EDI는 문서의 표준화, CITIS는 정보전달 기능 및 지원 사항 전체를 의미한다.

02   전자문서

◈ 전자문서의 개념

컴퓨터 등 정보처리 능력을 가진 장치에 의하여 전자적인 형태로 작성되어 송·수신 또는 저장된 문서형식의 자료로서 표준화된 것을 의미한다.

◈ 전자문서의 효력발생 시기

- 전자문서가 그 효력을 발생하는 경우는 수신자의 컴퓨터 파일에 기록되었을 때이다.
- 행정기관에 송신한 전자문서는 당해 전자문서의 송신 시점이 컴퓨터에 의하여 전자적으로 기록된 때에 그 송신자가 발송한 것으로 본다.
- 전자문서는 작성자 외의 자 또는 작성자의 대리인 외의 자가 관리하는 컴퓨터에 입력된 때에 송신된 것으로 본다.
- 전자문서는 수신자가 전자문서를 수신할 컴퓨터를 지정하지 아니한 경우에는 수신자가 관리하는 컴퓨터에 입력되었을 때 수신된 것으로 본다.

◈ 국가기관 또는 지방자치단체의 장이 전자문서 처리를 위하여 고시하여야 할 사항

- 전자문서로 처리하는 대상 업무 및 그 표준화 방식
- 전자문서중계설비를 관리하는 자
- 전자문서의 보관기간
- 기타 전자문서로 처리하기 위하여 필요한 사항

◈ 전자문서 관련 용어

전자서명	전자문서를 작성한 작성자의 신원과 당해 전자문서가 그 작성자에 의하여 작성되었음을 나타내는 전자적 형태의 서명이다.
행정전자서명	전자문서를 작성한 행정기관, 보조기관, 보좌기관 또는 공무원의 신원과 전자문서의 변형 여부를 확인할 수 있는 정보로서 당해 문서에 고유하다.
공인전자서명	공인인증서에 기초한 전자서명이다.
공인인증서	공인인증기관이 발급하는 인증서이다.
전자정부	정보기술을 활용하여 행정 및 공공기관의 업무를 전자화하여 행정 및 공공기관 상호 간의 행정업무 및 국민에 대한 행정업무를 효율적으로 수행하는 정부이다.

개념 체크

💧 단답형 문제

12.3, 07.9, 04.9
01 표준양식을 가지고 구조화된 데이터를 전송해서 수신 측의 컴퓨터가 직접처리 가능하도록 하는 것은?

09.9
02 기업 간 통합정보서비스로, 기업 간 전자상거래의 핵심이며 조달 측과 공급 측 사이에서 정보수수의 과정 전체를 전자화하려는 것은?

✅ 객관식 문제

10.5, 07.9
03 EDI의 발생 배경이 아닌 것은?
① 전산관련 업무를 맡은 유능한 인재들의 활용
② 정보통신 기술의 발전 및 활용 가능성 인식
③ 대량의 업무처리에 대한 신속성 요구 증대
④ 외부 정보에 의존 증대

15.5, 05.9, 03.5
04 EDI를 구성하고 있는 기본 요소와 가장 거리가 먼 것은?
① 하드웨어   ② 네트워크
③ EDI 소프트웨어   ④ 데이터베이스

10.9, 08.9
05 사무관리 규정상 전자문서가 그 효력을 발생하는 경우는?
① 작성자의 컴퓨터에 입력되었을 때
② 작성자의 컴퓨터에 출력되었을 때
③ 수신자의 컴퓨터 파일에 기록되었을 때
④ 수신자의 컴퓨터에 송신되었을 때

15.3, 13.6
06 EDI 시스템에 관한 설명 중 옳은 것은?
① 수신자의 데이터 추출 및 재입력
② 당사자 간 즉시 이동
③ 구조화된 표준 양식
④ person to person

|정답| **01.** EDI **02.** CITIS **03.** ① **04.** ④ **05.** ③ **06.** ③

27 행정업무의 운영 및 혁신에 관한 규정

출제
빈도 **상** 중 하

▲ 합격강의

01 사무관리 규정과 용어

◆ 사무관리 규정

- 사무관리 규정은 행정기관의 사무관리에 관한 사항을 규정함으로써 사무의 간소화·표준화·과학화 및 정보화를 기하여 행정의 능률을 높이기 위하여 제정되었다.
- 행정기관의 사무는 용이성·정확성·신속성 및 경제성이 확보될 수 있도록 관리하여야 한다.
- 각 처리과의 장은 사무의 능률적 처리와 책임소재의 명확을 기하기 위하여 소관 사무를 단위 업무별로 분장하되, 소속공무원 간의 업무량이 균등해야 한다.

◆ 사무관리 규정 관련 용어

공문서	• 행정기관 내부 또는 상호 간이나 대외적으로 공무상 작성 또는 시행되는 문서(도면·사진·디스크·테이프·필름·슬라이드·전자문서 등의 특수매체기록 포함) 및 행정기관이 접수한 모든 문서를 말한다. • 공문서는 법규문서·지시문서·공고문서·비치문서·민원문서 및 일반문서로 나뉜다.
문서과	행정기관 내의 공문서의 분류·배부·수발업무 지원 및 보존 등 문서에 관한 사무를 주관하는 과·담당관 또는 계를 말한다.
처리과	문서의 수발 및 사무처리를 주관하는 과·담당관 또는 계를 말한다.
서명	기안자·검토자·협조자·결재권자 또는 발신명의인이 공문서(전자문서 제외)상에 자필로 자기의 성명을 다른 사람이 알아볼 수 있도록 한글로 표시하는 것을 말한다.
전자문자 서명	기안자·검토자·협조자·결재권자 또는 발신명의인이 전자문서상에 전자적 결합으로 자동 생성된 자기의 성명을 전자적인 문자 형태로 표시하는 것을 말한다.
전자이미지 서명	기안자·검토자·협조자·결재권자 또는 발신명의인이 전자문서상에 전자적인 이미지 형태로 된 자기의 성명을 표시하는 것을 말한다.
행정전자 서명	기안자·검토자·협조자·결재권자 또는 발신명의인의 신원과 전자문서의 변경 여부를 확인할 수 있도록 당해 전자문서에 첨부되거나 논리적으로 결합된 전자적 형태의 정보로서 인증을 받은 것을 말한다.
전자이미지 관인	관인의 인영을 컴퓨터 등 정보처리 능력을 가진 장치에 전자적인 이미지 형태로 입력하여 사용하는 관인을 말한다.
전자문서 시스템	문서의 기안·검토·협조·결재·등록·시행·분류·편철·보관·보존·이관·접수·배부·공람·검색·활용 등 문서의 모든 처리절차가 전자적으로 처리되는 시스템을 말한다.
업무관리 시스템	행정기관이 업무처리의 전 과정을 과제관리카드 및 문서관리카드 등을 이용하여 전자적으로 관리하는 시스템을 말한다.

02 문서 작성의 원칙

◆ 문서 작성의 원칙

- 법규문서는 조문형식에 의하여 작성하고, 누년 일련번호를 사용한다.
- 지시문서는 다음 구분에 의하여 작성한다.

훈령	• 상급기관이 하급기관에 대하여 장기간에 걸쳐 그 권한의 행사를 일반적으로 지시하기 위하여 발하는 명령이다. • 조문형식 등에 의하여 작성하고, 누년 일련번호를 사용한다.
지시	• 상급기관이 직권 또는 하급기관의 문의에 의하여 하급기관에 개별적·구체적으로 발하는 명령이다. • 시행문형식에 의하여 작성하고, 연도표시 일련번호를 사용한다.
예규	• 행정사무의 통일을 기하기 위하여 반복적 행정사무의 처리기준을 제시하는 법규문서 외의 문서이다. • 조문형식 또는 시행문형식에 의하여 작성하고, 누년 일련번호를 사용한다.
일일명령	• 당직·출장·시간외근무·휴가 등 일일업무에 관한 명령이다. • 시행문형식 등에 의하여 작성하고, 연도별 일련번호를 사용한다.

- 공고문서는 다음 구분에 의하여 작성한다.

고시	법령이 정하는 바에 따라 일정한 사항을 일반에게 알리기 위한 문서로서 연도표시 일련번호를 사용한다.
공고	일정한 사항을 일반에게 알리는 문서로서 연도표시 일련번호를 사용한다.

- 비치문서는 비치하여 사용하는 대장류 및 카드류의 문서로서 적합한 형태의 서식으로 정하여 작성한다.
- 민원문서 및 일반문서는 시행문형식 등에 의하여 작성한다.

◈ 일반사항

- 숫자는 특별한 사유가 있는 경우를 제외하고는 아라비아숫자로 한다.
- 날짜의 표기는 숫자로 하되, 연ㆍ월ㆍ일의 글자는 생략하고 그 자리에 온점(.)을 찍어 표시하며, 시ㆍ분의 표기는 24시각제에 따라 숫자로 하되, 시ㆍ분의 글자는 생략하고 그 사이에 쌍점(:)을 찍어 구분한다. 다만, 특별한 사유로 인하여 다른 방법으로 표시할 필요가 있는 경우에는 그러하지 아니하다.
- **용지의 규격** : 문서 작성에 사용하는 용지는 특별한 사유가 없으면 가로 210mm, 세로 297mm의 직사각형 용지로 한다. ―A4 용지

- **용지의 여백** : 위쪽과 좌ㆍ우측 20mm, 아래쪽 10mm, 머리말ㆍ꼬리말 0mm로 하되, 필요한 경우 프린터로 출력 가능한 범위에서 확대하거나 축소할 수 있다. 〈개정 2011.12.30.〉
- **사무관리 규정에 의하여 서식용지의 지질 및 단위당 중량을 결정할 때, 참작할 사항** : 사용목적, 보존기간 및 보존방법, 기재방법, 복사방법 및 복사매수, 사용빈도
- **글자의 색깔** : 문서에 쓰이는 글자의 색깔은 검은색 또는 푸른색으로 한다. 단, 도표의 작성이나 수정 또는 주의환기 등 특별한 표시가 필요한 때에는 다른 색깔로 할 수 있다.
- 기안문의 해당 직위 또는 직급의 앞 또는 위에 발의자는 ★ 표시를, 보고자는 ⊙ 표시를 한다.
- 행정업무의 운영 및 혁신에 관한 규정에서 문서는 처리과에서 접수하여야 하며, 접수한 문서에는 접수일시와 접수등록번호를 전자적으로 표시하되, 종이문서인 경우에는 행정안전부령으로 정하는 접수인을 찍고 접수일시와 접수등록번호를 적는다.

개념 체크

 단답형 문제

08.3

01 전자문서를 작성한 행정기관, 보조기관, 보좌기관 또는 공무원의 신원과 전자문서의 변경 여부를 확인할 수 있는 정보로서 당해 문서에 고유한 것은?

15.9, 10.5

02 사무관리 규정상 기안문의 해당 직위 또는 직급의 앞 또는 위에 발의자는 어떤 표시를 하는가?

객관식 문제

10.9, 10.5, 10.3

03 사무관리 규정상 문서의 위 여백 기준으로 옳은 것은?
① 용지의 위부터 10밀리미터
② 용지의 위부터 15밀리미터
③ 용지의 위부터 20밀리미터
④ 용지의 위부터 30밀리미터

09.3

04 "사무관리 규정"에 따른 공문서의 분류에 해당하지 <u>않는</u> 것은?
① 법규문서
② 비치문서
③ 일반문서
④ 비밀문서

20.8, 13.6, 10.5

05 기안문에서 발의자와 보고자의 표시가 옳게 짝지어진 것은?
① 발의자 : ⊙ 보고자 : ★
② 발의자 : ★ 보고자 : ⊙
③ 발의자 : ◎ 보고자 : ●
④ 발의자 : ● 보고자 : ◎

|정답| 01. 행정전자서명 02. ★ 표시 03. ③ 04. ④ 05. ②

프로그래밍 언어의 종류

01 저급 언어와 고급 언어

◈ 저급 언어(Low-Level Language)

• 기계 중심의 언어이다.
• 실행 속도가 빠르다.
• 상이한 기계에서 수정을 해야 실행 가능하다.

기계어 (Machine Language)	• 컴퓨터가 직접 이해할 수 있는 언어이다. • 0과 1의 2진수 형태로 표현되며 수행 시간이 빠르다. • 전문적인 지식이 없으면 프로그램 작성 및 이해가 어렵다. • 기종마다 기계어가 다르므로 언어의 호환성이 없다. • 프로그램 유지보수가 어렵다.
어셈블리어 (Assembly Language)	• 기계어와 1:1로 대응되는 기호로 이루어진 언어이다. • 기호 코드(Mnemonic Code)라고도 한다. • 기계어와 가장 유사하다. • 기계어로 번역하기 위해서는 어셈블러(Assembler)가 필요하다.

◈ 고급 언어(High-Level Language)

• 사람 중심의 언어이다.
• 실행을 위해서는 번역하는 과정이 필요하다.
• 상이한 기계에서 별다른 수정 없이 실행 가능하다.

FORTRAN	• 과학 계산용 언어로써, 뛰어난 실행 효율성으로 성공한 언어이다. • 번역기를 구현한 최초의 고급 언어로 평가된다.
COBOL	• 회사의 사무용 자료처리 언어로 개발되었다. • 기계 독립적인 부분과 기계 종속적인 부분을 분리하는 데 성공한 언어이다.
ALGOL	• 알고리즘의 연구개발을 위한 목적으로 개발된 언어이다. • 실무보다는 주로 교육용으로 사용되었다.
LISP	• 리스트 처리용 언어이다. • 인공지능 분야에서 주로 사용되었다.
APL	고급 수학용 프로그래밍 언어이다.

PL/1	과학, 공학 및 산업 응용 프로그램을 위해 개발된 명령형 프로그래밍 언어이다.
BASIC	교육용으로 개발된 프로그래밍 언어이다.
SNOBOL	• 스트림 자료 활용이 가장 많은 언어이다. • 문자열 대치, 복사, 치환 등과 같은 문자열의 조작을 편리하게 수행할 수 있도록 여러 가지 기능을 제공한다.
Pascal	• 간결하면서도 강력한 언어로 손꼽히고 있다. • 교육용 언어로는 뛰어나다는 평가를 받고 있다.
PROLOG	• 논리 기반의 비절차적 언어이다. • 인공지능 분야에서 주로 사용되었다.
Ada	• 미 국방성의 주도로 개발된 고급 프로그램 작성 언어이다. • 데이터 추출과 정보 은폐에 주안점을 두었고 입 · 출력 기능이 뛰어나서 대량 자료 처리에 적합하다.
C	• 1972년 미국 벨연구소의 데니스 리치에 의해 개발된 언어이다. • 고급 언어 프로그래밍과 저급 언어 프로그래밍도 가능하다. • 시스템 프로그래밍에 가장 적합한 언어이다.
Java	썬 마이크로시스템즈에서 개발한 객체지향 프로그래밍 언어이다.

◈ 저급 언어와 고급 언어의 특징

구분	고급 언어	저급 언어
호환성	좋다.	나쁘다.
용이성	쉽다.	어렵다.
실행 속도	상대적으로 느리다.	빠르다.

◆ 객체지향 프로그래밍 언어의 개념

- 현실 세계의 현상을 컴퓨터상에 객체(Object)로 모델화함으로써, 컴퓨터를 자연스러운 형태로 사용하여 여러 가지 문제를 해결할 수 있는 언어이다.
- 절차적 언어에 비해 특히 유지보수성(Maintainability)과 재사용성(Reusability)이 좋다.
- **종류** : Ada, Smalltalk, C++, Java 등이 있다.

◆ 객체지향 언어의 기본 구성 요소

객체 (Object)	• 데이터와 메소드로 구성된다. • 데이터(Data) : 객체가 가지고 있는 정보로서, 속성(Attribute)이라고도 한다. • 메소드(Method) : 객체가 메시지를 받아 실행해야 할 구체적인 연산을 정의한다.
클래스 (Class)	하나 이상의 유사한 객체들을 묶어서 하나의 공통된 특성을 표현한 것이다.
메시지 (Message)	객체들 간의 상호작용을 위한 수단으로 사용되며, 메시지를 받은 객체는 메소드를 수행한다.

◆ 객체지향 언어의 주요 특징

캡슐화 (Encapsulation)	데이터와 메소드를 하나로 묶는 것으로, 객체 내부에서 필요로 하는 정보를 외부로부터 은닉시킨다.
추상화 (Abstraction)	객체의 불필요한 부분은 숨기고 객체의 속성 중에서 가장 중요한 것에만 중점을 두고 모델화하는 것이다.
상속 (Inheritance)	이미 정의되어 있는 상위 클래스의 메소드를 비롯한 모든 속성을 하위 클래스가 물려받는 것이다.

개념 체크

단답형 문제

18.5, 16.5, 10.5, 06.5
01 객체지향 언어에서 공통된 속성과 행위를 갖는 객체들의 집합을 의미하는 것은?

16.10, 15.10, 14.5, 13.3, 11.9, 07.5/3, 06.9
02 시스템 프로그래밍 언어로서 가장 적당한 것은?

객관식 문제

09.5, 08.3
03 저급 언어(Low-Level Language)에 해당하는 것은?
① C
② ASSEMBLY Language
③ COBOL
④ FORTRAN

18.3, 16.10/5, 15.5/3, 14.3, 11.9, 10.3, 08.5, 05.9
04 기계어에 대한 설명으로 옳지 <u>않은</u> 것은?
① 0 또는 1로만 구성되어 있다.
② 컴퓨터가 이해하는 언어이다.
③ 프로그램 작성이 용이하다.
④ 처리 속도가 빠르다.

15.3, 14.5, 13.5, 12.3, 09.3
05 고급 언어에 대한 설명으로 옳지 <u>않은</u> 것은?
① 사람 중심의 언어이다.
② 상이한 기계에서 별다른 수정 없이 실행 가능하다.
③ 번역 과정 없이 실행 가능하다.
④ C, COBOL 등의 언어는 고급 언어에 해당된다.

|정답| 01. 클래스 02. C 03. ② 04. ③ 05. ③

29 프로그래밍 언어의 구문

출제 빈도 **상** 중 하

01 언어의 구문

◈ 언어의 구문 요소

문자 집합	알파벳 문자(A~Z)와 숫자(0~9), 특수 문자로 이루어진다.
식별자 (Identifier)	• 변수, 레이블, 프로시저 등의 이름을 나타낸다. • 하나의 프로그램 내에서 식별자는 유일해야 한다.
연산자 (Operator)	• 변수나 상수의 연산을 나타낸다. • +, −, *, /, % 등이 있다.
핵심어 (Key Word)	특별한 의미를 가지고 고정된 부분으로 사용되는 식별자이다.
예약어 (Reserved Word)	• 시스템이 알고 있는 특수한 기능을 수행하도록 이미 용도가 정해져 있는 단어이다. • 프로그래머가 변수 이름이나 다른 목적으로 사용할 수 없다. • 프로그램의 판독성을 증가시킨다. • 프로그램의 신뢰성을 향상시킨다. • 번역 과정에서 속도를 높여 준다. • 오류 회복이 용이하다. • 새로운 언어에서는 예약어의 수가 늘어나고 있다.
주석 (Comment)	• 프로그램을 읽어 이해하기에 도움이 되는 내용들을 기록한 부분이다. • 프로그램의 판독성을 향상시키고 프로그램 문서화의 주요 요소로서 프로그램 수행에는 영향을 주지 않는다. • 대부분의 프로그래밍 언어는 형식은 달라도 주석을 허용한다.
구분 문자	문장이나 식과 같은 구문적인 단위의 시작과 끝을 나타내기 위하여 사용되는 구문적 요소이다.
잡음어	특별한 정보는 갖고 있지 않으나, 판독성을 향상시키기 위하여 사용하는 구문 요소이다.

◈ 구문 표기법

• **BNF(Backus-Naur Form)** : 프로그래밍 언어의 구문 형식을 정의하는 가장 보편적인 방법으로 사용된다.

::=	정의
		선택(택일)
〈 〉	비종단(Non-terminal)

• **EBNF(Extended BNF)**
  – BNF를 확장하여 보다 읽기 쉽고 간결하게 표현할 수 있다.
  – 반복, 선택 부분에서 BNF보다 간결하게 표현할 수 있다.

{ }	반복
[ ]	선택 사항(옵션)
(	)	선택(택일)

• **구문 도표(Syntax Diagram)** : BNF나 EBNF 규칙을 표현하는 그래픽인 방법이다.

□	비종단(Non-terminal)
○	종단(Terminal)
→	흐름 방향

• **파스 트리(Parse Tree)**
  – 구문 분석기가 처리한 문장에 대해 그 문장의 구조를 트리로 표현한 것으로 루트, 중간, 단말 노드로 구성되는 트리이다.
  – 작성된 표현식이 BNF의 정의에 의해 바르게 작성되었는지를 확인하기 위해 만들어진 트리이다.
  – 주어진 BNF를 이용하여 고급 언어로 작성된 프로그램을 구문 분석하여 문장을 문법 구조에 따라 트리 형태로 작성한 것이다.
  – 주어진 표현식에 대한 파스 트리가 존재한다면 그 표현식은 BNF에 의해 올바르게 작성되었음을 의미한다.
  – 문법의 시작 기호로부터 적합한 생성 규칙을 적용할 때마다 가지치기가 이루어진다.
  – 파스 트리의 단말 노드는 단말 기호들이 된다.
  – 트리의 모든 가지 터미널로 유도되어 가지치기가 끝난 상태의 트리를 파스 트리라고 한다.

형식 언어(Formal Language)

◈ 형식 언어의 개념

- 언어의 분석 및 번역을 명확히 하기 위해 형식적인 기호를 사용하여 정의한 언어이다.
- 무한한 언어를 유한한 종류의 문자로 표기할 수 있는 문자열의 집합이다.

◈ 형식 문법의 계층 구조

Type 0 문법	• 형식에 어떠한 제한이 없는 문법이다. • 인식기 : 튜링 기계(Turing Machine)
Type 1 문법	• 문맥 인식 문법(Context-Sensitive Grammar)이다. • 인식기 : 선형 한계 오토마타(Linear Bounded Automata)
Type 2 문법	• 문맥 자유 문법(Context-Free Grammar)이다. • 파스 트리를 자동적으로 생성하는 데 사용한다. • 인식기 : 푸시 다운 오토마타(Push Down Automata)
Type 3 문법	• 정규 문법(Regular Grammar)이다. • 프로그래밍 언어의 어휘 구조를 표현하는 데 사용한다. • 인식기 : 유한 오토마타(Finite Automata)

◈ 정규 표현(Regular Expression)

- 정규 언어를 나타내는 수식이다.
- 유한 길이의 스트링뿐만 아니라 무한 길이의 스트링도 나타낼 수 있다.
- 상태 전이도로 나타낼 수 있다.
- 정규 집합을 형성하는 기초가 된다.

개념
체크

 단답형 문제

16.3, 15.3, 13.6/9, 10.9, 08.5, 07.3
01 프로그램을 작성하는 과정에서 컴퓨터에 의해 직접 실행되는 명령어들이 아니라, 프로그램을 읽어 이해하기에 도움이 되는 내용들을 기록한 부분으로 프로그램의 판독성을 향상시키는 요소를 무엇이라고 하는가?

17.3/5/9, 13.9, 11.3, 10.3, 08.3/9
02 BNF 심볼에서 정의를 나타내는 것은?

객관식 문제

17.5, 13.3/6, 10.5, 09.5, 08.9
03 구문에 의한 문장 생성 과정을 나타내는 것으로서, 어떤 표현이 BNF에 의해 바르게 작성되었는지 확인하기 위해 만드는 트리는?
① 문법 트리
② 파스 트리
③ 어휘 트리
④ 구문 트리

10.9, 07.3
04 EBNF에서 { }를 사용하는 이유는?
① 블록(Block)을 나타내기 위해 사용한다.
② 생략 가능한 것을 나타내기 위해 사용한다.
③ 반복되는 부분을 나타내기 위해 사용한다.
④ 선택사항을 나타내기 위해 사용한다.

14.5, 13.3/6/9, 10.9, 09.9
05 프로그래밍 언어에서 예약어란?
① 프로그래머가 미리 설정한 변수
② 데이터를 저장할 수 있는 이름이 부여된 기억 장소
③ 시스템이 알고 있는 특수한 기능을 수행하도록 이미 용도가 정해져 있는 단어
④ 프로그램이 수행되는 동안 변하지 않는 값을 나타내는 단어

|정답| 01. 주석(Comment) 02. ::= 03. ② 04. ③ 05. ③

프로그램 설계와 언어 번역

합격 강의

01 프로그램 설계

◈ 프로그램 설계(Design)의 개념

요구사항 분석 단계에서 산출된 요구사항 분석 명세서의 기능을 실현하기 위한 알고리즘과 자료 구조를 문서화하는 단계이다.

◈ 설계 방법

- **자료(Data) 설계** : 자료 구조로 변환하는 과정이다.
- **구조(Architecture) 설계** : 모듈 간의 관계를 정의하는 과정이다.
- **인터페이스(Interface) 설계** : 시스템/사용자 간의 통신 방법을 기술하는 과정이다.
- **절차(Procedure) 설계** : 기능을 절차적 기술로 변환하는 과정이다.
- **N-S 차트(Nassi-Schneiderman Chart)** : 논리적 기술에 중점을 둔 도형식 표현 방법이다.

◈ 모듈화(Modularity)

- **모듈(Module)** : 하나의 프로그램을 몇 개의 작은 부분으로 분할한 단위이며, 모듈의 독립성은 결합도와 응집도에 의해 측정된다.
- **결합도(Coupling)** : 두 모듈 간의 상호 의존도를 말하며 한 모듈 내에 있는 처리 요소들 사이의 기능적인 연관 정도를 나타낸다.
- **응집도(Cohesion)** : 모듈 안의 요소들이 서로 관련되어 있는 정도를 말하며 구조적 설계에서 기능 수행 시 모듈 간의 최소한의 상호작용을 하여 하나의 기능만을 수행하는 정도를 표현한다.
- **효과적인 모듈화 설계 방안** : 응집도는 강하게 하고, 결합도는 약하게 하며 복잡도와 중복을 피한다.

02 언어 번역 과정과 용어

◈ 언어 번역 과정

원시 프로그램 → (번역) → 목적 프로그램 → (링커) → 로드 모듈 → (로더) → 실행

◈ 언어 번역 과정별 용어

용어	설명
원시 프로그램 (Source Program)	사용자가 작성한 프로그램으로, 기계어로 번역되기 이전의 프로그램이다.
번역(Compile)	언어 번역 프로그램을 사용하여 원시 프로그램을 번역하여 목적 프로그램을 생성한다.
목적 프로그램 (Object Program)	원시 프로그램이 기계어로 번역된 상태를 의미한다.
링커(Linker)	• 여러 개의 목적 프로그램과 프로그램에서 사용되는 내장함수를 하나로 모아서 실행 가능하도록 프로그램을 생성한다. • 재배치 형태의 기계어로 된 프로그램을 묶어서 로드 모듈로 만든다.
로드 모듈 (Load Module)	즉시 실행 가능한 상태의 프로그램이다.
로더(Loader)	• 실행 가능한 프로그램을 보조기억장치에서 주기억장치로 읽어 와서 실행될 수 있도록 한다. • 로더의 기능 – 할당(Allocation) : 실행 프로그램을 실행시키기 위해 기억장치 내에 옮겨 놓을 공간을 확보한다. – 연결(Linking) : 목적 모듈들 사이의 기호적 외부 참조를 실제 주소로 변환한다. – 재배치(Relocation) : 종속적인 모든 주소를 할당된 주기억장치 주소와 일치하도록 조정한다. – 적재(Loading) : 기계 명령어와 자료를 기억 장소에 물리적으로 배치한다. • 절대 로더의 기능별 수행 주체 – 할당/연결 : 프로그래머 – 재배치 : 어셈블러 – 적재 : 로더

번역기의 종류

◈ 컴파일러(Compiler)

- 고급 언어로 작성된 원시 프로그램을 해석하고 분석하여 목적 프로그램을 생성한다.
- 반복적으로 실행하는 프로그램에서 실행 시간이 빠르다.
- 실행 시간의 효율성을 중시하는 프로그래밍 언어는 대부분 컴파일러를 사용한다.
- 번역된 산출물인 목적 프로그램이 큰 기억장치를 요한다는 단점이 있으며 정적 자료 구조이다.
- **컴파일러 언어** : C, FORTRAN, COBOL, PASCAL 등이 있다.
  └ 모두 고급 언어입니다.

◈ 인터프리터(Interpreter)

- 고급 언어로 작성된 원시 프로그램 명령문들을 한 번에 한 줄씩 읽어 들여서 실행하는 프로그램 기법이다.
- 명령 단위별로 번역 즉시 실행한다.
- 번역과 실행이 한꺼번에 이루어지기 때문에 목적 프로그램이 생성되지 않는다.
- 인터프리터를 사용하면 대화 형식의 프로그래밍이 가능하게 된다.
- 한 줄 단위로 번역이 이루어지는 동적인 자료구조이며 문법상의 오류를 쉽게 발견할 수 있고 융통성을 강조한 처리기법이다.
- **인터프리터 언어** : BASIC, LISP 등이 있다.

◈ 어셈블러(Assembler)

어셈블리어를 기계어로 번역한다.

◈ 크로스 컴파일러(Cross Compiler)

원시 프로그램을 컴파일러가 수행되고 있는 컴퓨터의 기계어로 번역하는 것이 아니라, 다른 기종에 맞는 기계어로 번역한다.

◈ 링키지 에디터(Linkage Editor)

- 독자적으로 번역된 여러 개의 목적 프로그램과 프로그램에서 사용되는 내장 함수들을 하나로 모아서 컴퓨터에서 실행될 수 있는 실행 프로그램을 생성하는 프로그램이다.
- 프로그램 적재 시에 필요한 프로그램들을 결합하여 주기억장치에 적재함은 물론 보조기억장치에 로드 이미지를 보관해 두는 역할을 한다.

◈ 프리프로세서(Preprocessor)

주석(Comment)의 제거, 상수 정의 치환, 매크로 확장 등 컴파일러가 처리하기 전에 먼저 처리하여 확장된 원시 프로그램을 생성한다.

단답형 문제

19.4, 18.5/9, 17.3, 15.3, 13.9, 12.3

01 원시 프로그램을, 컴파일러가 수행되고 있는 컴퓨터의 기계어로 번역하는 것이 아니라, 다른 기종에 맞는 기계어로 번역하는 것은?

 객관식 문제

10.9, 07.9

02 컴파일러와 인터프리터에 관한 설명으로 옳은 것은?

① 포트란, 코볼은 컴파일러 언어에 해당한다.

② 인터프리터는 원시 프로그램 번역 시 목적 프로그램을 생성한다.

③ 인터프리터는 반복적으로 생성하는 프로그램에서 실행 시간이 빠르다.

④ 컴파일러는 원시 프로그램 번역 시 목적 프로그램을 생성하지 않는다.

20.8, 17.9/3, 14.9/3, 13.9, 11.5, 10.9/3, 08.9

03 로더의 기능이 <u>아닌</u> 것은?

① 할당(Allocation)

② 링킹(Linking)

③ 재배치(Relocation)

④ 번역(Compile)

16.10, 15.10, 14.9, 13.9/6/3, 11.9, 10.9/3, 09.3

04 프로그램 수행 순서로 옳은 것은?

① 원시 프로그램 – 링커 – 로더 – 컴파일러 – 목적 프로그램

② 컴파일러 – 목적 프로그램 – 원시 프로그램 – 링커 – 로더

③ 원시 프로그램 – 목적 프로그램 – 컴파일러 – 링커 – 로더

④ 원시 프로그램 – 컴파일러 – 목적 프로그램 – 링커 – 로더

19.9, 16.10/3, 13.6/3, 09.9, 08.9

05 주석(Comment)의 제거, 상수 정의 치환, 매크로 확장 등 컴파일러가 처리하기 전에 먼저 처리하여 확장된 원시 프로그램을 생성하는 것은?

① Preprocessor

② Linker

③ Loader

④ Cross compiler

19.3

06 재배치 형태의 기계어로 된 여러 개의 프로그램을 묶어서 로드 모듈을 작성하는 것은?

① Cross Compiler

② Linkage Editor

③ Operating System

④ Preprocessor

19.9

07 실행 가능한 목적 파일을 통합해서 실행하기 위해 메인 메모리에 적재하는 기능을 하는 것은?

① 링커

② 로더

③ 컴파일러

④ 프리프로세서

19.5

08 로더의 기능 중 실행 프로그램을 실행시키기 위해 기억장치 내에 옮겨 놓을 공간을 확보하는 기능은?

① 연결

② 재배치

③ 적재

④ 할당

|정답| 01. Cross Compiler 02. ① 03. ④ 04. ④ 05. ① 06. ② 07. ② 08. ④

01 컴파일 세부 과정

◈ 컴파일러의 구조

고급언어로 작성된 프로그램을 실행하기 위해서는 실행하고자 하는 컴퓨터의 기계어로 번역하며, 이때 분석단계와 생성단계를 거쳐 번역하게 된다.

◈ 고급 언어의 번역단계

> 원시코드 → 선행 처리 → 어휘 분석(토큰) → 구문 분석(파스 트리) → 의미 분석(중간 코드) → 코드 최적화(최적화 코드) → 코드생성(목적 코드) → 링크 → 실행 가능한 코드

◈ 컴파일 세부 과정

> 선행 처리 → 어휘 분석 → 구문 분석 → 의미 분석 → 중간 코드 생성 → 코드 최적화 → 코드 생성

◈ 선행 처리(Preprocessor)

• 주석의 제거, 상수 정의 치환, 매크로 확장 등 컴파일러가 처리하기 전에 먼저 처리하여 확장된 원시 프로그램을 생성한다.
• 원시 프로그램을 기계어로 된 목적 프로그램으로 번역하는 대신에 기존의 고수준 컴파일러 언어로 전환하는 역할을 수행한다.

◈ 어휘 분석(Lexical Analysis)

• 원시 프로그램을 하나의 긴 문자열(String)로 보고 문자를 스캐닝하여 문법적으로 의미 있는 단위인 토큰(Token)으로 분할해 낸다.
• 번역의 가장 기본적인 단계로 나열된 문자들을 기초적인 구성 요소들인 식별자, 구분 문자, 연산 기호, 핵심어, 주석 등으로 그룹화하는 단계이다.
• 일반적으로 파서가 파스 트리를 형성해 나가는 과정에서 새로운 토큰을 요구하면 원시 프로그램을 문자 단위로 읽어 토큰을 생성하여 파서에게 주는 방식으로 구성된다.

소스 코드 ──어휘 분석──▶ 토큰

◈ 구문 분석(Syntax Analysis)

• 토큰들을 문법에 따라 분석하는 작업을 수행하는 단계이다.
• 주어진 문장이 정의된 문법 구조에 따라 정당하게 하나의 문장으로서 합법적으로 사용될 수 있는가를 확인하는 작업이다. 구문 트리라고도 합니다.
• 분석 결과를 파스 트리로 출력한다.
• 파싱(Parsing)이라고도 한다.
• 구문 분석에는 하향식 파싱과 상향식 파싱이 있다.

하향식 파싱 (Top-Down Parsing)	• 루트로부터 터미널 노드 쪽으로 Preorder 순으로 주어진 문자열에 대해 파스 트리를 구성한다. • 입력 문자열에 대한 좌측 유도(Left Most Derivation) 과정으로 볼 수 있다. • 파싱할 수 있는 문법에 Left Recursion이 없어야 하고 Left Factoring을 해야 하므로 상향식 파서보다는 일반적이지 못하다. • **하향식 파서 종류** : Recursive Descent Parser, Predictive Parser, LL Parser
상향식 파싱 (Bottom-Up Parsing)	• 터미널 노드로부터 루트 쪽으로 파스 트리를 구성한다. • Shift-Reduce 파싱이라고도 한다. • 주어진 문자열이 시작 심벌(루트 노드)로 축약될 수 있으면 올바른 문장이고, 그렇지 않으면 틀린 문장으로 간주한다. • **상향식 파서 종류** : Shift Reduce Parser, LR Parser

토큰 ──구문 분석──▶ 파스 트리

◈ 구문 분석기(파서)의 역할

• 입력된 토큰이 프로그래밍 언어의 문장 구조에 맞는가를 판단한다.
• 문법에 맞는가를 파악하기 위해 파스 트리를 출력한다.

◈ 의미 분석(Semantic Analysis)

• 파스 트리가 어떠한 의미와 기능인지 분석하는 단계이다.
• 분석 결과로 중간 코드(Intermediate Code)를 생성한다.

- 의미 분석기의 기능 : 매크로의 처리, 오류의 탐지, 심벌 테이블의 유지

```
파스 트리  --의미 분석-->  중간 코드
```

◈ 코드 최적화(Code Optimization)

실행 시간과 기억공간을 절약할 수 있는 최적화된 코드로 변환시킨다.

◈ 목적 코드 생성

- 코드가 기계 코드로 출력되는 다른 목적 프로그램으로 형태를 바꾸는 과정이다.
- 직접 실행 가능한 코드이다.
- 어셈블리 또는 링크와 적재 등의 다른 번역과정을 거칠 수 있다.

◈ 코드 생성(Code Generation)

목적 코드(목적 프로그램)를 생성한다.

◈ 실행 코드 생성

- 목적 코드를 실행하기 위해서는 Main 프로그램에서 호출하는 모듈을 하나로 연결하여 실행 가능한 파일로 만들어야 한다.
- 목적 코드를 실행 가능한 파일로 변경하는 작업을 링크(Link)라 한다.
- 모듈 : Library 함수, 별도로 컴파일된 목적 코드

◈ 디버깅(Debugging)
소스코드 내의 문제를 일으키는 벌레를 잡는다는 의미입니다.

- 프로그램 개발 과정에서 프로그램 안에 내재해 있는 논리적 오류를 발견하고 수정하는 작업이다.
- 컴퓨터 프로그램에서 잘못된 부분을 찾아서 수정하거나 에러를 피하는 처리 과정을 의미한다.
- 디버거(Debugger) : 번역된 프로그램의 오류 수정 작업을 위하여 사용되는 소프트웨어이다.

개념 체크

 단답형 문제

17.9, 16.10, 15.3/5
01 사용자가 작성한 소스코드를 실행하면서 오류 등을 찾기 위한 프로그램의 명칭은?

17.9, 13.9, 12.9, 10.5, 08.5, 03.5
02 원시 프로그램을 하나의 긴 스트링으로 보고 원시 프로그램을 문자 단위로 스캐닝하여 문법적으로 의미 있는 일련의 문자들로 분할해 내는 역할을 하는 것은?

 객관식 문제

06.3, 03.9
03 컴파일러의 컴파일 단계로 옳은 것은?

> ㉠ 어휘 분석(Lexical Analysis)
> ㉡ 구문 분석(Syntax Analysis)
> ㉢ 중간 코드 생성
> ㉣ 의미 분석(Sematic Analysis)
> ㉤ 코드 생성(Code Generation)
> ㉥ 코드 최적화(Code Optimizatim)

① ㉠㉡㉣㉢㉥㉤　　② ㉠㉡㉤㉥㉢㉣
③ ㉠㉣㉢㉥㉡　　　④ ㉠㉡㉢㉣㉥㉤

16.3, 12.5, 03.5, 99.3
04 구문 분석에는 하향식 파싱(Top-Down Parsing)과 상향식 파싱(Bottom-Up Parsing)이 있다. 하향식 파싱에 대한 설명으로 옳지 않은 것은?

① 하향식 구문 분석은 입력 문자열에 대한 좌측 유도(Left Most Derivation) 과정으로 볼 수 있다.

② 파싱할 수 있는 문법에 Left Recursion이 없어야 하고 Left Factoring을 해야 하므로 상향식 파서보다는 일반적이지 못하다.

③ 루트로부터 Preorder 순으로 주어진 문자열에 대해 파스 트리를 구성한다.

④ 터미널 노드에서 뿌리 노드를 만들어 내는 과정으로 뿌리 노드, 즉 시작 기호가 만들어지면 올바른 문장이고 그렇지 않으면 틀린 문장이다.

형과 객체의 특징

합격 강의 ▶

01 변수와 상수

◈ 변수(Variable)

- 프로그램에서 하나의 값을 저장할 수 있는 기억 장소의 이름을 의미한다.
- 변수는 이름, 값, 속성, 참조 등의 요소로 구성된다.
- 변수명은 프로그래머가 각 언어별로 변수명을 만드는 규칙에 따라 임의로 이름을 붙일 수 있다.
- 변수명은 묵시적으로 변수형을 선언할 수도 있고, 선언문을 사용할 수도 있다.
- 변수의 유형은 컴파일 시간에 한 번 정해지면 일반적으로 그대로 유지한다.
- 변수의 수명은 할당된 변수가 값을 저장할 기억장소를 할당받은 때부터 그 기억장소가 더 이상 변수 값을 의미하지 않을 때까지의 시간이다.

◈ 상수(Constant)

수명 시간 동안 고정된 하나의 값과 이름을 가진 자료로서, 프로그램이 동작하는 동안 값이 바뀌지 않는 공간이다.

예 PI=3.14일 경우, PI는 변수이고 3.14는 상수이다.

◈ 변수의 종류

- **지역 변수(Local Variable)**
  - 지정된 부분의 단위 프로그램에서 선언되며 해당 단위에서만 사용하는 변수를 말한다.
  - 실행 시마다 주기억장치를 할당해 초기화한다.
- **비지역 변수(Non Local Variable)** : 상위 단위 프로그램에서 선언하고 하위 단위 프로그램에서도 사용 가능한 변수를 말한다.
- **전역 변수(Global Variable)**
  - 단위 프로그램이 아닌 프로그램 상단에 선언해 하위 단위 프로그램에 모두 사용할 수 있는 변수를 말한다.
  - 프로그램 실행 시에 초기화된다.

02 선언문 및 배정문

◈ 선언문(Declaration)

- 프로그램 실행 시 사용할 데이터의 속성 정보를 언어 번역기에게 알려 주는 문장이다.
- 효율적인 주기억장치의 관리가 가능하다.
- 정적형 검사가 가능하다.

◈ 배정문(Assignment Statement)

- 변수의 내용을 변경하는 문장이다.
- 프로그램에서 가장 일반적으로 나타나는 연산문이다.

03 형 검사와 변환

◈ 형 검사(Type Checking)

- 프로그램으로 수행되는 각 연산이 올바른 자료형 (Data Type)의 인수들을 올바로 받는지 행하는 검사이다.
- 검사 시점에 따라 정적형 검사와 동적형 검사로 나뉜다.

정적형 검사	• 프로그램 번역 중에 검사한다. • 형 정보 유지를 위한 추가 저장소가 불필요하다. • 융통성이 떨어진다. • 컴파일러 언어에 적합하다.
동적형 검사	• 프로그램 실행 중에 검사한다. • 프로그램이 실행되는 과정 내에 자료형을 변경할 수 있다. • 프로그램 설계에 융통성이 있다. • 대화형(인터프리터) 언어에 적합하다.

◈ 형 변환(Type Conversion)

- **형 확장(Widening)** : 크기가 작은 자료형을 크기가 큰 자료형으로 변환시키는 것을 의미한다.

예 정수형 → 실수형

- 형 축소(Narrowing) : 크기가 큰 자료형을 크기가 작은 자료형으로 변환시키는 것을 의미한다.
  - 예 실수형 → 정수형

04 바인딩(Binding)

◈ 바인딩의 정의

개체와 속성을 말합니다.

- 어떤 변수의 명칭과 그 메모리 주소, 데이터형 또는 실제 값을 연결하는 것이다.
- 다수의 정보를 연관해 묶는다는 의미이다.
- 변수들이 갖는 속성이 완전히 결정되는 시간을 바인딩 시간(Binding Time)이라고 한다.

◈ 바인딩의 종류

정적 바인딩	• 실행 시간 이전에 일어나는 이른 바인딩이다. • 실행 이전에 할당하며 끝날 때까지 메모리를 가지고 있는 경우이다. • 실행에 있어 효율성이 좋다. • 융통성이 없고 메모리 낭비가 발생한다. • 컴파일 방식의 언어 번역에 사용된다. • 종류 : 언어 정의 시간, 언어 구현 시간, 번역 시간, 링크 시간이 있다.

동적 바인딩	• 실행 시간에 일어나는 바인딩이다. • 실행 중 메모리 할당 및 반환이 가능한 경우를 의미하며 늦은 바인딩이다. • 융통성이 있고 메모리 낭비가 없다. • 실행에 있어 효율성이 좋지 않다. • 인터프리터 언어 번역에 사용된다. • 종류 : 로드 시간, 실행 시간이 있다. • 동적 바인딩이 이루어지는 시간 : 프로그램 호출 시간, 모듈의 가동 시간, 실행 시간 중 객체 사용 시점이다.

◈ 정적 바인딩 시간 vs 동적 바인딩 시간

정적 바인딩(번역 시간 바인딩)	동적 바인딩(실행 시간 바인딩)
• 언어 정의 시간 • 언어 구현 시간 • 언어 번역 시간 • 링크 시간	• 프로그램 호출 시간 • 모듈 시작 시간 • 실행시간 중 객체 사용 시점

개념
체크

단답형 문제

07.5, 04.5, 03.3
01 프로그램에서 변수들이 갖는 속성이 완전히 결정되는 시간을 무엇이라 하는가?

객관식 문제

12.5, 08.3
02 변수(Variable)에 대한 설명으로 옳지 않은 것은?
① 프로그램 실행 과정에서 하나의 기억 장소를 차지한다.
② 변수의 유형은 컴파일 시간에 한 번 정해지면 일반적으로 그대로 유지한다.
③ 프로그램이 동작하는 동안 절대로 값이 바뀌지 않는 공간을 의미한다.
④ 변수는 이름, 값, 속성, 참조의 요소로 구성된다.

05.9
03 동적(실행 시간)형 검사에 대한 설명으로 옳지 않은 것은?
① 프로그램 설계 시 융통성을 준다.
② 프로그램이 수행되는 과정 내에 자료형을 변경할 수 있다.
③ 대화형 언어에 적합하다.
④ 프로그램 수행 중에 형 정보를 유지할 필요가 없다.

19.5, 03.9, 02.3, 99.9
04 동적 바인딩(Dynamic Binding)이 이루어지는 시간이 아닌 것은?
① 프로그램 호출 시간
② 모듈의 기동 시간
③ 실행 시간 중 객체 사용 시점
④ 번역 시간

17.3/9, 07.9, 06.5, 05.3
05 정적 바인딩에 해당하지 않는 것은?
① 번역 시간   ② 링크 시간
③ 실행 시간   ④ 언어 구현 시간

| 정답 | **01.** 바인딩 시간(Binding Time) **02.** ③ **03.** ④ **04.** ④ **05.** ③

01 자료형

◈ 자료형의 정의

- 변수가 가질 수 있는 데이터 형태와 데이터 연산의 집합을 말한다.
- 자료형 = 데이터 집합 + 연산자 집합

◈ 기본 자료형

- 정해진 구조 외에 다른 구조를 가질 수 없는 자료형이다.
- 종류 : 논리형, 문자형, 정수형, 실수형이 있다.
  └ 부울형이라고도 합니다.

02 구조적 자료형

◈ 배열(Array)

- 동일한 성격의 자료를 모아 놓은 자료형이다.
- 순차 구조이며, 첨자로 원소를 구별한다.

◈ 레코드(Record)

- 서로 다른 성격의 자료를 모아 놓은 자료형이다.
- 이름으로 원소를 구별한다.

◈ 포인터(Pointer)

- 객체를 참조하기 위해 주소를 값으로 하는 형식이다.
- 하나의 자료에 동시에 많은 리스트의 연결이 가능하다.
- 커다란 배열에 원소를 효율적으로 저장하고자 할 때 이용한다.
- 고급 언어에서 주로 사용되는 기법이다.

03 자료 구조

◈ 스택(Stack)

- 자료의 삽입과 삭제가 TOP이라고 하는 한쪽 끝에서만 일어나는 후입선출(LIFO; Last In First Out) 방식의 자료 구조이다.

- 서브루틴 호출 처리 작업 시 복귀주소를 저장하고 조회하는 용도에 적합하다.

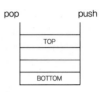

◈ 큐(Queue)

- 2개의 포인터를 사용하여 한쪽 끝에서 자료를 삽입하고, 반대쪽 끝에서 자료를 삭제하는 선입선출(FIFO; First In First Out) 방식의 자료 구조이다.
- 운영체제의 작업 스케줄링에 적합하다.

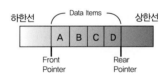

◈ 데크(Dequeue)

- 서로 다른 방향에서 삽입과 삭제가 모두 가능한 자료 구조이다.
- 가장 일반적인 구조로, 스택과 큐를 복합한 형태이다.

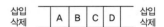

04 자료의 표현

◈ 자료의 내부적 표현

- 고정 소수점(Fixed Point) 표현
  - 소수점의 위치를 고정하여 수치를 표현한다.
  - 10진 연산과 2진 연산이 있다.
  - 연산속도가 빠르다.
  - 수치의 표현 범위가 제한된다.

- 부동 소수점(Floating Point) 표현
  - 매우 큰 수나 작은 수의 표현에 적합하다.
  - 고정 소수점 표현에 비해 연산 절차가 복잡하고 연산 시간이 많이 걸린다.
  - 지수부와 가수부로 분리시키는 정규화(Normalization) 과정이 필요하다.
  - 수치의 표현 범위가 거의 제한이 없다.

◈ 자료의 외부적 표현

- 문자 코드

BCD 코드 (Binary Coded Decimal Code)	• 6Bit 코드 IBM에서 개발하였다. • 2^6(64)가지 문자 표현이 가능하다. • 1개의 문자를 2개의 Zone Bit와 4개의 Digit Bit로 표현한다.
ASCII 코드 (American Standard Code for Information Interchange Code)	• 7Bit 코드로 미국표준협회에서 개발하였다. • 2^7(128)가지 문자 표현이 가능하다. • 1개의 문자를 3개의 Zone Bit와 4개의 Digit Bit로 표현한다.
EBCDIC (Extended BCD Interchange Code)	• 8Bit 코드 IBM에서 개발하였다. • 2^8(256)가지 문자 표현이 가능하다. • 1개의 문자를 4개의 Zone Bit와 4개의 Digit Bit로 표현한다.

- 숫자 코드

BCD 코드 (Binary Coded Decimal Code)	• 문자 코드인 BCD 코드에서 Zone Bit를 생략하여 표현한 형태이다. • 10진수 1자리를 2진수 4Bit로 표현한다. • 대표적인 가중치 코드로, 8421코드라고도 한다. 예 10진수 634를 BCD 코드로 표현하면 2진수 0110 0011 01000이 된다.
3-초과 코드 (Excess-3 Code)	BCD 코드에 3(=0011)을 더해서 표현한다. 예 10진수 4를 3-초과 코드로 표현하면 01110이 된다.
그레이 코드 (Gray Code)	• BCD 코드의 인접한 비트를 XOR 연산하여 표현한다. • 아날로그/디지털 변환이나 입·출력장치에 주로 사용된다.

 단답형 문제

13.3/6, 07.3, 04.9, 02.9
01 요소 선택과 삭제는 한쪽에서, 삽입은 다른 쪽에서 일어나도록 제한하는 것은?

13.6, 10.3, 04.5, 02.5
02 서브루틴 호출(Subroutine Call) 처리 작업 시 복귀주소를 저장하고 조회하는 용도에 적합한 자료 구조는?

 객관식 문제

13.9, 05.5, 04.9
03 부동 소수점(Floating Point) 연산에 대한 설명으로 옳지 않은 것은?
① 고정 소수점(Fixed Point) 연산에 비해 연산 절차는 단순하다.
② 매우 큰 수나 작은 수를 계산하기에 편리하다.
③ 고정 소수점(Fixed Point) 연산에 비해 시간이 많이 걸린다.
④ 정규화(Normalization) 과정이 필요하다.

16.5, 03.5, 02.9
04 10진수 634를 BCD 코드로 표현한 것은?
① 011000110100
② 001100110100
③ 011000110011
④ 001100110011

13.9, 98.9
05 동일한 성격을 가진 자료들을 모아 놓은 것을 무엇이라고 하는가?
① 스트링(String)
② 배열(Array)
③ 구조체(Structure)
④ 열거형(Enumeration)

|정답| 01. 큐(Queue) 02. 스택 03. ① 04. ① 05. ②

Java 언어

01 Java 언어의 기초

◈ Java 언어의 개념

- 객체 지향 언어이다.
- 추상화, 상속화, 다형성과 같은 특징을 가진다.
- 네트워크 환경에서 분산 작업이 가능하도록 설계되었다.
- 특정 컴퓨터 구조와 무관한 가상 바이트 머신 코드를 사용하므로 플랫폼이 독립적이다.

◈ Java 언어의 기본 자료형

분류	예약어	바이트 수	비고
정수형	byte	1byte	−127 ~ +128
	short	2byte	−32,768 ~ +32,767
	int	4byte	−2,147,483,648 ~ +2,147,483,647
	long	8byte	−9,223,372,036,854,775,808 ~ +9,223,372,036,854,775,807
실수형	float	4byte	단정도 실수형(유효 자리는 7 정도)
	double	8byte	배정도 실수형(유효 자리는 15 정도)
문자형	char	2byte	유니코드 문자열 1자
논리형	boolean	1byte	true, false

◈ 이스케이프 시퀀스(Escape Sequence)

문자	의미	기능
\n	new line	커서를 다음 줄 처음으로 이동한다.
\r	carriage return	커서를 현재 줄 처음으로 이동한다.
\t	tab	커서를 일정 간격만큼 띄운다.
\b	backspace	커서를 뒤로 한 칸 이동한다.
\f	form feed	한 페이지 넘긴다.
\'	single quote	작은따옴표를 출력한다.
\"	double quote	큰따옴표를 출력한다.
\\	backslash	역슬래시를 출력한다.

◈ Java 접근 제한자(접근 제어자)

- public : 모든 접근을 허용한다.
- private : 같은 패키지에 있는 객체와 상속 관계의 객체들만 허용한다.
- default : 같은 패키지에 있는 객체들만 허용한다.
- protected : 현재 객체 내에서만 허용한다.

◈ Java의 출력 함수

- System.out.print() : 괄호 안을 출력하고 줄 바꿈을 안 한다.
- System.out.println() : 괄호 안을 출력하고 줄 바꿈을 한다.
- System.out.printf() : 변환 문자를 사용하여 출력한다.
- 변환 문자

%d	10진 정수
%o	8진 정수
%x	16진 정수
%f	실수형
%e	지수형
%c	문자
%s	문자열

◈ Java 언어 변수명 작성 규칙

- 영문 대소문자(A~Z, a~z), 숫자(0~9), '_', '$'를 혼용하여 사용할 수 있다.
- 첫 글자는 영문자나 '_', '$'로 시작해야 한다.
- 영문자는 대소문자는 구분한다.
- 공백을 포함할 수 없다.
- 예약어(Reserved Word)를 사용할 수 없다.

◈ 연산자의 종류 및 우선순위

연산자	종류	결합 규칙	우선 순위
단항 연산자	+, − !, ~, ++, ─, &, *, sizeof	←	높음
산술 연산자	*, /, %		
	+, −		
	《, 》		
관계 연산자	〈, 〈=, 〉, 〉=, instanceof		
	==, !=		
논리 연산자	&	→	
	^		
	|		
	&&		
	||		
조건 연산자	? :		
할당 연산자	=, +=, −=, *=, /=, %=, 《=, 》=	←	낮음

개념
체크

단답형 문제

01 Java에서 문자형을 나타내는 char의 크기는 얼마인가?

02 Java의 접근 제한자 중 모든 접근을 허용하는 접근 제한자는 무엇인가?

객관식 문제

20.6
03 다음 중 Java에서 사용하는 기본형 타입은?
① 배열형
② 논리형
③ 클래스형
④ 인터페이스형

04 Java 프로그래밍 언어의 정수 데이터 타입 중 'long'의 크기는?
① 1byte
② 2byte
③ 4byte
④ 8byte

05 Java에서 사용되는 출력 함수가 <u>아닌</u> 것은?
① System.out.print( )
② System.out.println( )
③ System.out.printing( )
④ System.out.printf( )

06 Java에서 사용하는 접근 제어자의 종류가 <u>아닌</u> 것은?
① internal
② private
③ default
④ public

|정답| 01. 2Byte 02. public 03. ② 04. ④ 05. ③ 06. ①

순서 제어

01 묵시적 및 명시적 순서 제어

◈ 묵시적 순서 제어

- 프로그래머가 직접 제어를 표현하지 않았을 경우 그 언어에서 미리 정해진 순서에 의해 제어가 이루어지는 순서 제어이다.
- 연산자의 우선순위에 따른 수식 계산이 대표적인 예이다.

◈ 명시적 순서 제어

- 프로그래머가 직접 제어를 표현하여 순서를 제어하는 것이다.
- GOTO문이나 반복문, 수식의 괄호 사용 등이 대표적인 예이다.
- GOTO문을 많이 사용하면 프로그램을 이해하기가 어려워진다.

02 GOTO문

◈ GOTO문의 특징

- 비구조적인 프로그래밍 기법이다.
- 프로그램의 실행 순서를 임의 위치로 변경할 수 있다.
- 무조건 분기문이다.
- 블록 개념이 없는 저급 제어 구조이다.

◈ 장점

- FORTRAN의 기본 제어 구조로 가장 많이 사용되고 이론적으로 거의 모든 제어 구조를 표현할 수 있다.
- 직접 하드웨어 구성이 용이해 실행에 효율적이다.
- 구조가 간단해 규모가 작은 프로그램에서 활용하기 좋다.

◈ 단점

- 비구조적 기법으로 문장순서와 실행순서가 엉켜 복잡해진다.
- 가독성이 떨어져 디버깅이 어려워 프로그램 유지보수에 어려움이 따른다.
- 계층적 프로그램 작성을 하기 힘들어진다.

03 수식에서의 순서 제어

◈ 표기법(Notation)의 종류

중위(Infix) 표기법	• 연산자가 두 피연산자 사이에 표현된다. • 산술연산, 논리연산, 비교연산 등에 주로 사용된다. • 이항 연산자에 대해서 적합하다. • 피연산자 수에 제한을 받지 않는다. • 기계적으로 해석하기가 용이하다. • 프로그래밍 언어에서 가장 보편적으로 사용되는 표기법이다. **예** A+B
전위(Prefix) 표기법	• 연산자가 두 피연산자 앞에 표현된다. • 피연산자 개수와 상관없이 모든 수식을 하나의 전위 표기법으로 표현 가능하다. **예** +AB
후위(Postfix) 표기법	• 연산자가 두 피연산자 뒤에 표현된다. • 수식의 값을 계산하는 데 매우 간편하다. • 스택을 이용한다. **예** AB+

◈ 표기법의 변환

중위 표기법
↓
전위 표기법
	A+B*C
	① 연산자 우선순위에 따라 괄호로 묶는다.
	  → (A+(B*C))
	② 연산자를 해당 괄호 앞으로 이동한다.
	  → +(A*(BC))
	③ 필요 없는 괄호를 없앤다.
	  → +A*BC

중위 표기법
↓
후위 표기법
	A+B*C
	① 연산자 우선순위에 따라 괄호로 묶는다.
	  → (A+(B*C))
	② 연산자를 해당 괄호 뒤로 이동한다.
	  → (A(BC)*)+
	③ 필요 없는 괄호를 없앤다.
	  → ABC*+

전위 표기법 ↓ 중위 표기법	+A*BC ① 인접한 두 개의 피연산자와 왼쪽 연산자를 괄호로 묶는다. → (+A(*BC)) ② 연산자를 해당 피연산자 사이로 이동한다. → (A+(B*C)) ③ 필요 없는 괄호를 없앤다. → A+B*C
후위 표기법 ↓ 중위 표기법	ABC*+ ① 인접한 두 개의 피연산자와 오른쪽 연산자를 괄호로 묶는다. → (A(BC*)+) ② 연산자를 해당 피연산자 사이로 이동한다. → (A+(B*C)) ③ 필요 없는 괄호를 없앤다. → A+B*C

◈ 단항 및 이항 연산자

단항(Unary) 연산	• 하나의 피연산자를 가지는 연산이다. • 단항 연산자 종류 : NOT(COMPLEMENT), SHIFT, MOVE, ROTATE 등이 있다. 예 NOT  입력 ——————▷○—— 출력

이항(Binary) 연산	• 두 개의 피연산자를 가지는 연산이다. • 이항 연산자 종류 : AND, OR, XOR 등이 있다. 예 AND 입력 ═══╗D── 출력

◈ 단순 구문 트리

- 루트(최상위) 노드를 기점으로 계층적으로 구성한다.
- 상위 노드는 하위 노드를 가질 수 있으며 하위 노드 또한 자식 노드를 가질 수 있다.
- 계층적 자료를 표현하는 데 적합하다.
- 다양한 분야에 가장 널리 사용되는 자료 구조이다.

개념 체크

💧 단답형 문제

18.5/3, 17.9, 14.9, 13.6/3, 10.9, 10.3, 04.5

01 프로그래머가 직접 제어를 표현하지 않았을 경우, 그 언어에서 미리 정해진 순서에 의해 제어가 이루어지는 순서 제어는?

14.9, 13.6, 10.3, 08.9, 08.5

02 수식 표기법 중 연산 기호는 두 피연산자 사이에 표현되고 산술연산, 논리연산, 비교연산 등에 주로 사용되며, 이항 연산자에 적합한 표기법은?

💧 객관식 문제

18.3/5/9, 14.9, 13.9, 10.9, 09.9

03 후위 표기법으로 표현된 수식 "A B C * + D −"를 중위 표기법으로 옳게 표현한 것은?
① A B C * D − +
② A + B * C − D
③ A B + C * D −
④ A B C + * D −

12.5, 05.3

04 중위 표기법에 관한 설명으로 옳지 않은 것은?
① 연산기호는 두 피연산자 사이에 표현된다.
② 기계적으로 해석하기가 용이하다.
③ 피연산자 수에 제한을 받지 않는다.
④ 단항 연산자에 대해서 적합하다.

19.3, 16.3, 14.5, 13.9, 12.9/3, 10.3, 08.9, 08.5

05 단항(Unary) 연산에 해당하는 것은?
① OR
② AND
③ XOR
④ NOT

|정답| 01. 묵시적 순서 제어 02. 중위(Infix) 표기법 03. ② 04. ④ 05. ④

// POINT //
36

구조적 프로그램과 부프로그램

출제
빈도 상 중 하

---

01 제어문

◈ 구조적 프로그램에서의 순서 제어

- 프로그램의 이해가 쉽고 디버깅 작업이 쉽도록 한다.
- 한 개의 입구(입력)와 한 개의 출구(출력) 구조를 갖도록 한다.
- GOTO문은 사용하지 않는다.
- **구조적 프로그래밍의 기본 구조**
  - 순차(Sequence) 구조
  - 선택(Selection) 구조
  - 반복(Iteration) 구조
- **구조적 프로그램의 특징**
  - 프로그램의 가독성이 좋으며 개발 및 유지보수가 용이하다.
  - 프로그래밍에 대한 규칙을 제공하여 투자되는 노력과 시간이 감소한다.
  - 프로그램의 신뢰성이 향상된다.

◈ 조건문

- **if문**
  - 단일 if문

```
if(조건)
  문장;
```

  - 다중 if문

```
if(조건1)
  문장1;
else if(조건2)
  문장2;
...
else
  문장n;
```

- **switch문** : 다중 if문과 같은 기능을 수행하지만, 다중 if문에 비해 가독성이 좋다.

```
switch(조건) {
  case 값1 : 문장1;
          break;
  case 값2 : 문장2;
          break;
  ...
  default : 문장n;
}
```

◈ 반복문

- **while문** : 조건이 참인 동안 처리를 반복한다.

```
while(조건) {
  문장1;
  ...
  문장n;
}
```

- **do~while문**
  - 조건이 처음부터 거짓일 때도 최소 한 번은 실행한다.
  - 무조건 한 번은 실행하고 경우에 따라서는 여러 번 실행하는 처리에 사용하면 유용하다.

```
do {
  문장1;
  ...
  문장n;
}
while(조건);
```

- **for문** : 초기식에서 반복 변수를 초기화하고, 조건식에서 조건이 참일 경우 문장들을 처리한 후에 증감식에서 반복 변수를 증가(또는 감소)시킨 후에 다시 조건식을 검사하는 식으로 반복하며, 조건식에서 조건이 거짓일 경우 for문을 빠져나온다.

```
for(초기식; 조건식; 증감식) {
  문장1;
  ...
  문장n;
}
```

부프로그램의 특징

- 부프로그램은 주프로그램이나 다른 부프로그램에서 사용되는 독립된 형태의 단위 프로그램이다.
  — Subprogram
- 부프로그램을 선언할 때 부프로그램의 이름, 부프로그램의 존재를 나타내는 키워드, 부프로그램의 인자, 반환값, 부프로그램에서 수행하는 기능이 필요하다.
- 부프로그램을 사용하면 프로그램의 크기가 줄어들고, 프로그램 수정이나 관리가 편리하다.
- 두 모듈이 같이 실행되면서 서로 호출하는 형태를 코루틴(Coroutine)이라고 한다.
  — Parameter
- 주프로그램의 매개 변수를 부프로그램으로 전달하는 방법이다.
  - **값 호출(Call by Value)** : 실제 값이 전달된다.
  - **참조 호출(Call by Reference)** : 매개 변수의 주소가 전달된다.
  - **이름 호출(Call by Name)** : 매개 변수의 이름이 전달된다.

유해 요소

- **별명(Alias)**
  - 자료 객체는 생존기간 중 여러 별명을 가질 수 있다.
  - 일반적으로 별명은 프로그램의 이해를 매우 어렵게 한다.
  - 자료 객체가 여러 가지 별명을 갖는 경우 프로그램의 무결점 검증이 어려워진다.
  - 같은 참조환경에서 다른 이름으로 같은 자료 객체를 참조할 수 있는 언어의 경우, 프로그래머에게 심각한 어려움을 줄 수 있다.
- **부작용(Side Effect)**
  - 연산의 결과로 예상할 수 없을 정도로 다른 변수의 값이 변하는 경우를 의미한다.
  - 프로그램을 구성하는 함수에서 전역 변수를 사용하여 함수의 결과를 반환하는 경우, 함수에 전달되는 입력 파라미터의 값이 같아도 전역 변수의 상태에 따라 함수에서 반환되는 값이 달라질 수 있는 현상이다.

개념 체크

단답형 문제

13.9, 09.5, 04.3, 03.3

01 프로그램을 구성하는 함수에서 전역 변수를 사용하여 함수의 결과를 반환하는 경우, 함수에 전달되는 입력파라미터의 값이 같아도 전역 변수의 상태에 따라 함수에서 반환되는 값이 달라질 수 있는 현상을 무엇이라 하는가?

객관식 문제

17.3, 06.3, 04.9/3

02 자료 객체의 별명(Alias)에 관한 설명으로 옳지 않은 것은?
① 자료 객체는 생존기간 중 여러 별명을 가질 수 있다.
② 일반적으로 별명은 프로그램의 이해를 매우 어렵게 한다.
③ 자료 객체가 여러 가지 별명을 갖는 경우 프로그램의 무결점 검증이 쉬워진다.
④ 같은 참조환경에서 다른 이름으로 같은 자료 객체를 참조할 수 있는 언어의 경우 프로그래머에게 심각한 어려움을 줄 수 있다.

16.10, 13.6, 11.9/3, 10.5, 07.9, 04.9

03 구조적 프로그램의 기본 구조가 아닌 것은?
① 순차 구조
② 선택 구조
③ 일괄 구조
④ 반복 구조

13.3, 07.5, 05.3

04 부작용 현상(Side Effect)에 대한 설명으로 옳은 것은?
① 실행 시간 단축의 효과를 말한다.
② 시분할 체제에서만 발생한다.
③ 연산의 결과로 예상할 수 없을 정도로 다른 변수의 값이 변하는 경우를 의미한다.
④ 함수형 언어에서도 부작용 현상이 발생한다.

|정답| 01. 부작용 현상(Side Effect) 02. ③ 03. ③ 04. ③

C 언어의 개요

01 C 언어의 기초

◆ C 언어의 특징

- 컴파일러 방식의 대표적 언어이다.
- 포인터에 의한 번지 연산 등 다양한 연산 기능을 가진다.
- 이식성이 뛰어나 컴퓨터 기종에 관계없이 프로그램을 작성할 수 있다.
- 효율성이 좋아 대규모의 프로그램을 만들 수 있다.
- 시스템 프로그래밍에 가장 적합한 언어이다.
- 고급, 저급 언어의 특징을 모두 가진다.
- 구조적 프로그램이 가능하다.
- 대/소문자를 구분해야 한다.
- 함수 집합을 통해 프로그램을 구성한다.
- UNIX 운영체제를 구성하는 시스템 프로그램이다.

◆ C 언어의 장·단점

- **장점** : 다양한 연산자를 제공하며 프로그램을 모듈화시킨다. 메모리는 동적으로 관리되며 짧고 함축적인 프로그램 구조다.
- **단점** : 병렬연산, 동기화, 프로세스 제어 등에 약점을 가진다.

◆ C 언어의 기본 구조

- **#include** : 컴파일러가 헤더 파일(*.h)을 읽어 들여 프로그램에 포함시킨다.
- **#define** : 프로그램에서 사용할 문자열을 치환할 때 선언한다.
- **main( )** : main 함수를 반드시 포함해야 된다.
- **사용자 정의 함수** : 사용자가 임의로 정의하여 사용하는 함수이다.
- **변수** : 변수는 사용 전에 데이터 유형을 명시하여 선언해야 하며, 변수명은 영문 대소문자(A~Z, a~z), 숫자(0~9), 밑줄(_)을 사용할 수 있는데, 예약어나 공백은 변수명으로 사용할 수 없다.

- **전역 변수(Global Variable)** : 함수 외부에서 선언되는 함수로, 모든 프로그램에서 이용 가능하다.
- **지역 변수(Local Variable)** : 함수 내부에서 선언되는 함수로, 정의된 함수에서만 이용 가능하다.
- 문장을 끝마칠 때는 세미콜론(;)을 입력한다.
- 주석문은 /* ~ */ 로 사용한다.

◆ C 언어의 예약어

- **자료형** : int, long, float, double, char 등
- **제어문** : if, else, switch, case, break, do, while, for, goto 등
- **기억 클래스** : auto, register, static, extern
- **연산자** : sizeof

◆ C 언어의 기본 자료형

형식	의미	크기
int	정수형	4Byte
long	정수 확장형	4Byte
float	실수형	4Byte
double	배정도 실수형	8Byte
char	문자형	1Byte
void	값이 없음	–

◆ 기억 클래스

- **자동 변수(Automatic Variable)** : 지역 변수와 같은 의미이며, 기억 클래스를 생략하면 기본적으로 자동 변수로 인식된다.
- **레지스터 변수(Register Variable)** : 자주 사용하는 변수를 메모리가 아닌 레지스터에 할당하여 빠르게 처리할 수 있다.
- **정적 변수(Static Variable)** : 함수의 호출에 관계없이 프로그램이 실행되는 동안 메모리에 남아 있다.
- **외부 변수(External Variable)** : 다른 프로그램에 있는 변수를 참조할 때 사용한다.

02 입·출력 함수

◈ 입·출력 함수

• 표준 입·출력 함수

scanf( )	표준 입력 함수
printf( )	표준 출력 함수
getchar( )	문자 입력 함수
putchar( )	문자 출력 함수
gets( )	문자열 입력 함수
puts( )	문자열 출력 함수
fflush( )	버퍼에 남아 있는 불필요한 데이터 삭제 함수
fopen( )	fflush( ) 함수로 삭제된 버퍼에 스트림 생성 함수
fwrite( )	스트림에 바이너리 데이터 작성 시 사용 함수

• 입·출력 함수의 변환 문자

%d	10진 정수 ──── Decimal의 약자입니다.
%o	8진 정수 ──── Octet의 약자입니다.

%x	16진 정수
%c	문자
%s	문자열
%f	실수형
%e	지수형

◈ 이스케이프 시퀀스(Escape Sequence)

문자	의미	기능
\n	New Line	커서를 다음 줄 처음으로 이동
\r	Carriage Return	커서를 현재 줄 처음으로 이동
\t	Tab	커서를 일정 간격만큼 띄움
\b	Backspace	커서를 뒤로 한 칸 이동
\0	Null	널 문자 출력
\'	Single Quote	작은따옴표 출력
\"	Double Quote	큰따옴표 출력
\\	Backslash	역슬래시(\) 출력
\a	Alert	벨소리 발생
\f	Form Feed	한 페이지 넘김

개념 체크

🔹 단답형 문제

20.8, 15.3, 08.9, 07.5
01 C 언어에서 문자열을 출력하기 위해 사용되는 것은?

16.10, 14.9, 13.6, 12.9, 10.9
02 C 언어의 기억 클래스 중 저장 클래스를 명시하지 않은 변수는 기본적으로 어떤 변수로 간주되는가?

🔹 객관식 문제

17.9, 15.9, 14.9, 10.9/3, 09.5
03 C 언어에서 사용되는 데이터 형이 아닌 것은?
① long
② integer
③ double
④ float

20.6, 18.3, 15.5/3, 13.9/6, 12.9/5, 11.9/5, 10.3, 08.5, 06.9
04 C 언어에서 사용되는 이스케이프 시퀀스와 그 의미의 연결이 옳지 않은 것은?
① \n : New Line
② \b : Null Character
③ \t : Tab
④ \r : Carriage Return

19.9/3, 15.10/3, 14.5, 13.6, 10.5, 08.5/3
05 C 언어의 함수 중 문자열의 입력 함수는?
① getchar( )
② gets( )
③ puts( )
④ putchar( )

16.5
06 다음 C 프로그램의 출력값은?

```
#include <stdio.h>
void main(void)
{
  int  a=3, b=10;
  if (b)5)
    printf ("%x\n", a+b);
  else
    printf ("%x\n", b-a);
}
```

① 7
② 13
③ D
④ A

01 연산자의 종류

◈ 연산자의 종류 및 우선순위

연산자	종류	결합법칙	우선순위
일차식	( ), [ ], →	좌→우	높음
단항 연산자	+, −, !, ~, ++, −−, *, & , sizeof	좌←우	
산술 연산자	*, /, %	좌→우	
	+, −		
시프트 연산자	《, 》		
관계 연산자	〈, 〉, 〈=, 〉=		
	==, !=		
비트 연산자	& , |, ^		
논리 연산자	&&, ||		
조건 연산자	? :		
할당 연산자	=, +=, −=, *=, /=, %=, 《=, 》=	좌←우	
콤마 연산자	,	좌→우	낮음

02 연산자의 특징

◈ 증가/감소 연산자

- ++는 1씩 증가를 의미한다.
  - 예 a++; → a=a+1;　α : 1, 2, 3, 4 …
- −−는 1씩 감소를 의미한다.
  - 예 a−−; → a=a−1;

◈ 포인터 조작 연산자

- &는 변수의 주소를 의미한다.
- *는 변수의 내용을 의미한다.
  - 예 int a=3;

    int *ptr=&a; → 변수 ptr에는 변수 a의 주소 값이 저장되어 있으며, *ptr은 변수 a 자체를 의미한다.

◈ sizeof 연산자

변수, 변수형, 배열의 저장장소의 크기를 Byte 단위로 구한다.
- 예 printf("int 자료형의 크기 : %d", sizeof(int));
  - → int 자료형의 크기 : 4

◈ 산술 연산자

- 부호를 나타내는 단항 연산자 +, −는 이항 산술 연산자보다 우선순위가 높다
- 이항 연산자 +, −는 *, /, %보다 우선순위가 낮다.
- % 연산자는 나머지를 구한다.
  - 예 printf("7을 3으로 나눈 나머지 : %d", 7%3);
    - → 7을 3으로 나눈 나머지 : 1

◈ 시프트 연산자

- 《는 비트를 왼쪽으로 이동(Shift)시킨다.
- 》는 비트를 오른쪽으로 이동(Shift)시킨다.
  - 예 b=a《2 → a의 값을 왼쪽으로 2비트 이동시킨 결과를 b에 저장한다.

◈ 관계 연산자

- 〈 : ~보다 작다.
- 〉 : ~보다 크다.
- 〈= : ~보다 작거나 같다.
- 〉= : ~보다 크거나 같다.
- == : ~와 같다.
- != : ~와 같지 않다.

◈ 비트 연산자

- & : 논리곱(AND)
  - 예 a=5; b=3; c=a&b; → 0101 AND 0011의 결과인 1(=0001)이 c에 저장된다(4비트로 가정).
- | : 논리합(OR)
  - 예 a=5; b=3; c=a|b; → 0101 OR 0011의 결과인 7(=0111)이 c에 저장된다.

- ^ : 배타적 논리합(XOR)
  - 예 a=5; b=3; c=a^b; → 0101 XOR 0011의 결과인 6(=0110)이 c에 저장된다.

◈ 논리 연산자

- && : 논리곱(AND)
- || : 논리합(OR)
- ! : 부정(NOT)

◈ 조건 연산자

- C 언어에서 피연산자가 3개 필요한 유일한 삼항 연산자이다.
- 조건식이 참일 경우 수식 : 거짓일 경우 수식
  - 예 big = a>b ? a : b → a와 b 중에서 큰 수가 big에 저장된다.

◈ 할당 연산자

- = : a=b → b를 a에 할당한다.
- += : a+=b → a=a+b
- -= : a-=b → a=a-b
- *= : a*=b → a=a*b
- /= : a/=b → a=a/b
- %= : a%=b → a=a%b
- ⟨⟨= : a⟨⟨=b → a=a⟨⟨b
- ⟩⟩= : a)⟩⟩=b → a=a)⟩⟩b

◈ 콤마 연산자

성격이 동일한 자료형을 나열할 때 사용된다.

◈ 포인터 조작 연산자

- 단항 연산자이며, *는 변수의 내용을 의미한다.
- &는 변수나 배열의 주소를 나타낸다.

◈ Cast 연산자(형 변환 연산자)

명시적 형 변환 시에 사용하며 어떤 수식을 다른 데이터형으로 변경할 때 사용한다.

개념
체크

12.9, 08.3, 07.9/5

💧 **단답형 문제**

01 C 언어의 관계 연산자를 사용하여 다음 내용을 옳게 나타낸 것은?

> "A와 B가 같지 않다."

💧 **객관식 문제**

09.5, 07.9, 03.5

02 C 언어의 관계 연산자에 해당하지 <u>않는</u> 것은?

① ⟨   ② %   ③ ==   ④ !=

05.5, 01.3

03 C 언어에서 연산자 우선순위가 옳은 것은? (단, 오른쪽 마지막 연산자가 가장 높은 우선순위를 가짐)

① +=, &, ==, ⟨⟨, +, *, ++
② +=, ⟨⟨, &, ==, +, *, ++
③ +=, ==, &, ⟨⟨, +, *, ++
④ +=, &, ==, +, *, ⟨⟨, ++

03.3, 01.9/5

04 다음의 C 언어 연산자 기호 중에서 우선순위가 가장 먼저인 것은?

① &&   ② || ③ =   ④ /

17.3

05 C 언어에서 다음 코드의 결과값은?

```
int main(void)
  {
    int x=3;
    int resultxy;
    resultxy= 1+x⟨⟨2;
    printf("%d", resultxy);
    return 0;
  }
```

① 2   ② 4   ③ 8   ④ 16

|정답| 01. A != B   02. ②   03. ①   04. ④   05. ④

39 C 코딩

출제 빈도 상 **중** 하

01 C 코딩하기

◈ 반복문으로 수열 합계 계산 처리하기

- while문은 제시된 조건에 만족하는 동안 반복하는 구조이다.
- do~while문은 while과 동일하나 조건 검사는 마지막에 처리한다.
- for문은 제시된 조건만큼 반복하는 구조이다.
  예 sum이 20 미만일 때까지 반복하기

while문	do~while문
| ```c
#include <stdio.h>
int main(void)
{
    int sum, i;
    sum = 0;
    i = 1;
        while (sum < 20)
        {
            sum = sum + i;
            printf("sum : %d\n", sum);
            i = i + 1;
        }
    return 0;
}
``` | ```c
#include <stdio.h>
int main(void)
{
    int sum, i;
    sum = 0;
    i = 1;
        do
        {
            sum = sum + i;
            printf("sum : %d\n", sum);
            i = i + 1;
            printf("i : %d\n", i);
        }
        while (sum < 20);
    return 0;
}
``` |

for문	디버깅		
| ```c
#include <stdio.h>
int main(void)
{
    int sum, i;
    for (sum = 0, i = 1; sum < 20; i=i+1)
    {
        sum = sum + i;
        printf("sum : %d\n", sum);
        printf("i : %d\n", i);
    }
    return 0;
}
``` | 반복 | sum+i | i+1 |
	1	0+1=1	1+1=2
	2	1+2=3	2+1=3
	3	3+3=6	3+1=4
	4	6+4=10	4+1=5
	5	10+5=15	5+1=6
	6	15+6=21	6+1=7
	종료		

◈ 단 입력받아서 구구단 계산하기

예 구구단을 키보드로 입력받아서 입력받은 단의 구구단 계산하기

구구단 계산하기	결과
| ```c
#include <stdio.h>
int main(void)
{
    int dan, num=1;
    printf("단을 입력하세요\n");
    scanf("%d", &dan);
    while (num < 10)
    {
        printf("%dx%d=%d\n", dan, num, dan*num);
        num++;
    }
    return 0;
}
``` | 단을 입력하세요<br>3<br>3×1=3<br>3×2=6<br>3×3=9<br>3×4=12<br>3×5=15<br>3×6=18<br>3×7=21<br>3×8=24<br>3×9=27<br>계속하려면 아무 키나 누르십시오… |

※ scanf("자료형", &변수명);

◈ 정수 연산하여 16진수로 출력하기

예 정수 더하기 연산 후 16진수로 출력하기 : 10진수 13이 결과이나 출력 데이터 형이 %h(16진수)이므로 d로 출력됨

코드	결과
| ```c
#include <stdio.h>
int main(void)
{
    int a = 3, b = 10;
    if (b>5)
        printf("%x\n", a+b);
    else
        printf("%x\n", b-a);
    return 0;
}
``` | d |
```

◈ 비트단위 논리 연산

비트단위 연산자는 변수값을 2진수 비트단위로 변환하여 연산 후 출력한다.

코드	결과/분석표	
``#include <stdio.h>int main(void){ int a = 3, b = 6; int c, d, e; c = a & b; d = a	b; e = a ^ b; printf("%d %d %d\n", c, d, e); return 0;}```	2 7 5〈분석표〉	
	AND 연산(&)	OR 연산(|)
	0011& 0110────0010 = 2	0011| 0110────0111 = 7
	XOR 연산(⊕)	
	0011& 0110────0101 = 5	

◈ 논리 연산자

예 1 또는 0을 입력하여 두 수의 논리 곱, 논리 합, 논리 부정의 결과를 출력하시오.

코딩	결과
```#include <stdio.h>int main(void){ int a, b; printf("두 개의 정수 입력(스페이스 구분) :"); scanf("%d%d", &a, &b); printf("%d && %d연산 결과 : %d\n", a, b, a && b); printf("%d || %d연산 결과 : %d\n", a, b, a || b); printf("!%d연산 결과 : %d\n", a, !a); return 0;}```	두 개의 정수 입력(스페이스 구분) : 1 01 && 0연산 결과 : 01 || 0연산 결과 : 1!1연산 결과 : 0

◈ 관계 연산자

두 값의 관계를 연산하여 참(1), 거짓(0)으로 출력한다.
예 두 수 1, 0을 입력한다고 가정한다.
a==b : a와 b가 같은가? → 1, 0은 다르므로 0(거짓)
a!=b : a와 b가 다른가? → 1, 0은 다르므로 1(참)

코딩	결과
```#include <stdio.h>int main(void){ int a, b; printf("두 개의 정수를 입력:"); scanf("%d%d", &a, &b); printf("a==b 결과는 : %d\n", a == b); printf("a!=b 결과는 : %d\n", a != b); printf("a>b 결과는 : %d\n", a > b); printf("a>=b 결과는 : %d\n", a >= b); printf("a<b 결과는 : %d\n", a < b); printf("a<=b 결과는 : %d\n", a <= b); return 0;}```	두 개의 정수를 입력 : 1 0a==b 결과는 : 0a!=b 결과는 : 1a>b 결과는 : 1a>=b 결과는 : 1a<b 결과는 : 0a<=b 결과는 : 0

◈ 복합대입 연산자

+=1 : a=a+1 → +1씩 증가
*=2 : b=b*2 → *2를 계산
%= : c=c%30 → c를 30으로 나누었을 때 나머지 계산

코딩	결과
```#include <stdio.h>int main(void){ int a = 10, b = 20, c = 66; a += 1; b *= 2; c %= (10+20); printf("a = %d b = %d c = %d \n", a, b, c); return 0;}```	a = 11 b = 40 c = 6

◆ 산술 시프트

- 좌측 산술 시프트(《〈) 1비트 이동 시 값이 2배가 된다.
- 우측 산술 시프트(〉》) 1비트 이동 시 값이 1/2배가 된다.

  a를 우측 2회 시프트하면 1/4배 : 16/4 = 4

  b를 좌측 2회 시프트하면 4배 : 64×4 = 256

코드	결과

``c
#include <stdio.h>
int main(void)
{
    int a = 16, b = 64, c = 0;
    printf("시프트 횟수를 입
력하세요 : ");
    scanf("%d", &c);
 	
    a = a 》 c;
    b = b 《 c;
 	
    printf("우측 시프트 %d
회 결과 : %d\n", c, a);
    printf("좌측 시프트 %d
회 결과 : %d\n", c, b);
 	
    return 0;
}```
	시프트 횟수를 입력하세요 : 3
	우측 시프트 3회 결과 : 2
	좌측 시프트 3회 결과 : 512
	
	*16/8=2
	*64*8=512

개념 체크

🔽 단답형 문제

16.5

01 다음 C 프로그램의 출력 값은?

```c
#include <stdio.h>
int main(void)
{
    int  a=3, b=10;
    if (b)5)
        printf ("%x\n", a+b);
    else
        printf ("%x\n", b-a);
    return 0;
}
```

16.5

02 C 언어로 구현된 다음 프로그램의 실행 결과에 의해 변수 a와 b에 저장된 값은? (단, "《"는 왼쪽 시프트(Lsh), "》"는 오른쪽 시프트(Rsh)를 의미한다.)

```c
int  a=16, b=64;
a=a》2;
b=b《2;
```

🔽 객관식 문제

16.5

03 다음 C 언어는 두 수의 비트별 AND, OR, XOR을 구하는 프로그램이다. 실행 결과로 옳은 것은?

```c
int main(void)
{
    int a=3, b=6;
    int c, d, e;
    c = a & b;
    d = a | b;
    e = a ^ b;
    printf("%d %d %d\n", c, d, e);
    return 0;
}
```

① 2 2 5　　　　　　② 2 7 5

③ 5 2 2　　　　　　④ 5 7 2

16.3

04 C 언어에서 while문이 수행될 때, 중괄호로 둘러싸인 while문의 몸체는 몇 번 수행되는가?

```c
sum = 0;
i = 1;
while(sum<20)
{
        sum = sum+i;
        i=i+1;
}
```

① 1　　　　② 3　　　　③ 6　　　　④ 20

|정답| 01. D 02. a=4, b=256 03. ② 04. ③

운영체제의 개요

01 운영체제의 개념

◈ 운영체제의 정의

- 운영체제(OS; Operating System)는 컴퓨터 사용자와 컴퓨터 하드웨어 간의 인터페이스로써 동작하는 시스템 소프트웨어이다.
- 운영체제는 스스로 어떤 유용한 기능도 수행하지 않고 다른 응용 프로그램이 유용한 작업을 할 수 있도록 환경을 마련하여 준다.
- 운영체제의 종류로는 MS-DOS, Windows XP / Vista/7, LINUX, UNIX, OS/2 등이 있다.

◈ 운영체제의 목적(=운영체제의 성능 평가 항목)

- 처리 능력(Throughput) 향상
  - 주어진 시간 내에 처리되는 작업의 양을 의미한다.
  - 작업량이 많을수록 운영체제의 성능이 좋은 것이다.
- 응답 시간(Turnaround Time) 감소
  - 컴퓨터에 명령을 지시한 뒤 그 결과가 출력되는 시간을 의미한다.
  - 응답시간이 짧을수록 운영체제의 성능이 좋은 것이다.
- 신뢰성(Reliability) 향상 : 주어진 작업에 대해서 얼마나 오류 없이 처리하는지에 대한 것이다.
- 사용 가능도(Availability) 향상 : 시스템 운영 시간 중 얼마나 많은 시간을 사용 가능한지에 대한 것이다.

◈ 운영체제의 기능

- 사용자와 컴퓨터 시스템 간의 인터페이스를 제공한다.
- 프로세서, 기억장치, 입·출력장치, 파일 및 정보 등의 자원을 관리한다.
- 입·출력에 대한 보조 기능을 제공한다.
- 시스템의 오류를 검사하고 복구하여 시스템을 보호한다.

- 메모리 상태 관리, 사용자 간의 자원공유 등의 기능을 한다.

◈ 운영체제의 운영 방식

일괄 처리 시스템 (Batch Processing System)	• 유사한 성격의 작업을 한꺼번에 모아서 처리하는 시스템이다. • 오프라인 시스템에서 사용한다. • 적절한 작업 제어 언어(JCL)를 제공한다. 예 수도요금 계산 업무, 월급 계산 업무 등
다중 프로그래밍 시스템(Multi-Programming System)	CPU의 처리 효율을 극대화하기 위하여 하나 이상의 프로그램을 주기억 장소에 적재해 두고 처리하는 방식이다.
시분할 시스템 (Time Sharing System)	• 하나의 컴퓨터를 여러 개의 단말기가 공동으로 사용하도록 하는 시스템이다. • 사용자 관점에서 프로세서를 일정한 시간 주기로 번갈아 점유하는 것을 말한다. • 프로세서가 여러 사용자 프로그램을 처리함에도 불구하고 사용자는 자신의 것만을 처리하는 것으로 느낀다. • 실시간(Real Time) 응답이 요구된다. • CPU가 Multi-Programming하는 것을 가능하게 한다. • 단말기 사용자를 위한 대화형 처리를 위하여 개발되었다.
다중 처리 시스템 (Multi-Processing System)	여러 개의 CPU와 한 개의 주기억장치로 여러 프로그램을 동시에 처리하는 시스템이다.
실시간 처리 시스템 (Real Time Processing System)	• 처리해야 할 작업이 발생한 시점에서 즉각적으로 처리하여 그 결과를 얻어 내는 시스템이다. • 정해진 시간에 반드시 수행되어야 하는 작업들을 처리하기에 가장 적합하다. 예 항공기 예약 업무, 은행 창구 업무, 조회 및 질의 업무 등
다중 모드 시스템 (Multi-Mode System)	일괄 처리 + 시분할 + 다중 처리 + 실시간 처리
분산 처리 시스템 (Distributed Processing System)	여러 대의 컴퓨터들에 의해 작업들을 나누어 처리하여 그 내용이나 결과를 통신망을 이용하여 상호 교환하도록 연결되어 있는 시스템이다.

02 운영체제의 구성

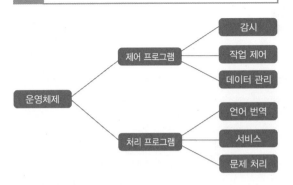

◆ 제어 프로그램(Control Program)

감시 프로그램 (Supervisor Program)	• 자원의 할당 및 시스템 전체의 작동 상태를 감시·감독하는 프로그램이다. • 제어 프로그램에서 가장 핵심이 된다.
작업 제어 프로그램 (Job Control Program)	작업의 연속 처리를 위한 스케줄 및 시스템 자원 할당의 기능을 수행한다.

데이터 관리 프로그램 (Data Management Program)	주기억장치와 보조기억장치 사이의 자료 전송, 파일의 조작 및 처리, 입·출력 자료와 프로그램 간의 논리적 연결 등 시스템에서 취급하는 파일과 데이터를 표준적인 방법으로 처리할 수 있도록 관리한다.

◆ 처리 프로그램(Processing Program)

언어 번역 프로그램 (Language Translator Program)	• 원시 프로그램을 번역하여 목적 프로그램을 생성한다. • 종류 : 어셈블러, 컴파일러, 인터프리터 등이 있다.
서비스 프로그램 (Service Program)	시스템 제공자가 사용 빈도가 높은 프로그램을 미리 작성하여 사용자에게 제공해 주는 프로그램이다.
문제 프로그램 (Problem Program)	특정 업무를 처리하기 위해 사용자가 작성한 프로그램이다.

개념 체크

💧 단답형 문제

06.3, 04.5

01 운영체제의 제어 프로그램 중 다음 설명에 해당하는 것은?

> 작업의 연속 처리를 위한 스케줄 및 시스템 자원 할당의 기능을 수행한다.

💧 객관식 문제

09.5, 07.3, 06.9, 03.9

02 운영체제를 수행 기능에 따라 분류할 경우 제어 프로그램에 해당하지 <u>않는</u> 것은?
① 감시 프로그램
② 데이터 관리 프로그램
③ 언어 번역 프로그램
④ 작업 제어 프로그램

20.8, 19.4, 17.5, 14.9/3, 10.5, 06.5, 03.5

03 운영체제의 목적으로 거리가 <u>먼</u> 것은?
① 응답 시간(Turnaround Time) 증가
② 신뢰성(Reliability) 향상
③ 처리 능력(Throughput) 향상
④ 사용의 용이성(Availability) 향상

19.4, 18.3, 17.9, 15.5/3, 13.9/3, 12.9, 09.9, 08.9/5

04 운영체제의 성능 평가 항목으로 거리가 <u>먼</u> 것은?
① 비용
② 처리 능력
③ 반환 시간
④ 사용 가능도

13.6

05 운영체제의 기능으로 옳지 <u>않은</u> 것은?
① 자원의 효율적 관리
② 작업의 연속적 관리를 위한 스케줄 관리
③ 여러 사용자 간의 자원 공유
④ 원시 프로그램에 대한 기계어 번역

|정답| 01. 작업 제어(Job Control) 프로그램 02. ③ 03. ① 04. ① 05. ④

프로세스 관리

01 프로세스(Process)

◆ 프로세스의 정의

- 실행 중인 프로그램이다.
- 프로세서가 할당되는 실체이다.
- 프로시저가 활동 중인 것이다.
- 비동기적 행위를 일으키는 주체이다.
- PCB를 가진 프로그램이다.

◆ PCB(Process Control Block, 프로세스 제어 블록)

- 프로세스 이름 및 고유 식별자
- 프로세스 현재 상태
- 프로세스 우선순위
- 할당된 주변 자원의 정보

02 스케줄링(Scheduling)

◆ 프로세스 스케줄링(Process Scheduling)

- 프로세스의 생성 및 실행에 필요한 시스템의 자원을 해당 프로세스에 할당하는 작업이다.
- 프로세스 스케줄링의 목적
  - 모든 작업들에 대한 공평성을 유지한다.
  - 단위 시간당 처리량을 최대화한다.
  - 응답 시간 및 오버헤드를 최소화한다.

◆ 선점 스케줄링(Preemptive)
'선제 공격하다'의 의미입니다.

- 한 프로세스가 CPU를 할당받아 실행 중이라도 우선순위가 높은 다른 프로세스가 CPU를 강제적으로 빼앗을 수 있는 방식이다.
- 긴급하고 높은 우선순위의 프로세스들이 빠르게 처리될 수 있다.

SRT (Shortest Remaining Time)	실행 중인 프로세스의 남은 시간과 준비상태 큐에 새로 도착한 프로세스의 실행 시간을 비교하여 실행 시간이 더 짧은 프로세스에게 CPU를 할당하는 기법이다.
RR (Round Robin)	주어진 시간 할당량(Time Slice) 안에 작업을 마치지 않으면 준비상태 큐의 가장 뒤로 배치된다.
다단계 큐 (Multi-Level Queue)	프로세스들을 우선순위에 따라 상위, 중위, 하위 단계의 단계별 준비상태 큐를 배치하는 기법이다.
다단계 피드백 큐 (Multi-Level Feedback Queue)	각 준비상태 큐마다 부여된 시간 할당량 안에 완료하지 못한 프로세스는 다음 단계의 준비상태 큐로 이동하는 기법이다.

◆ 비선점 스케줄링(Non-Preemptive)
선점과 비선점 용어에 주의하세요.

- 일단 CPU를 할당받으면 다른 프로세스가 CPU를 강제적으로 빼앗을 수 없는 방식이다.
- 모든 프로세스에 대한 공정한 처리가 가능하다.

FIFO (First In First Out)	• 준비상태 큐에 도착한 순서대로 CPU를 할당하는 기법이다. • FCFS(First Come First Service)라고도 한다.
SJF (Shortest Job First)	• 준비상태 큐에서 기다리고 있는 프로세스들 중에서 실행 시간이 가장 짧은 프로세스에게 먼저 CPU를 할당하는 스케줄링 기법이다. • 평균 대기 시간을 최소화한다.
HRN (Highest Response-ratio Next)	• 어떤 작업이 서비스 받을 시간과 그 작업이 서비스를 기다린 시간으로 결정되는 우선순위에 따라 CPU를 할당하는 기법이다. • 우선순위 계산식 = (대기 시간 + 서비스를 받을 시간) / 서비스를 받을 시간
우선순위(Priority)	준비상태 큐에서 대기하는 프로세스에게 부여된 우선순위가 가장 높은 프로세스에게 먼저 CPU를 할당하는 기법이다.

◈ 교착상태(Deadlock)

- 둘 이상의 프로세스들이 서로 다른 프로세스가 차지하고 있는 자원을 요구하며 무한정 기다리게 되어 해당 프로세스들의 진행이 중단되는 현상이다.

• 교착상태 발생의 필요충분조건

상호 배제 (Mutual Exclusion)	한 번에 한 개의 프로세스만이 공유 자원을 사용할 수 있어야 한다.
점유 및 대기 (Hold and Wait)	이미 자원을 가진 프로세스가 다른 자원의 할당을 요구한다.
비선점 (Non-preemption)	프로세스에 할당된 자원은 사용이 끝날 때까지 강제로 빼앗을 수 없다.
환형 대기 (Circular Wait)	이미 자원을 가진 프로세스가 앞이나 뒤의 프로세스의 자원을 요구한다.

• 교착상태의 해결 방법

예방 (Prevention)	교착상태 발생 조건 중 하나를 발생하지 않게 하는 방법이다.
회피 (Avoidance)	• 교착상태의 발생 가능성을 인정하고, 교착상태 가능성을 피해 가는 방법이다. • 은행원 알고리즘과 관계된다.
발견 (Detection)	교착상태가 발생했는지 검사하여 교착상태에 빠진 프로세스와 자원을 발견하는 방법이다.
회복 (Recovery)	교착상태에 빠진 프로세스를 종료하거나 해당 프로세스가 점유하고 있는 자원을 선점하여 다른 프로세스에게 할당하는 기법이다.

◈ 인터럽트(Interrupt)

- 컴퓨터에서 예기치 않은 어떤 특수한 상태가 발생하면 그것이 원인이 되어 현재 실행하고 있는 프로그램이 일시 중단되고, 그 특수한 상태를 처리하는 프로그램으로 옮겨져 처리한 후 다시 원래의 프로그램을 처리하는 현상이다.

• 인터럽트의 종류

외부 인터럽트 (External Interrupt)	전원 이상, 기계 검사, 외부 신호, 입·출력
내부 인터럽트 (Internal Interrupt)	프로그램 검사 인터럽트(Program Check Interrupt)
소프트웨어 인터럽트 (Software Interrupt)	SVC 인터럽트(SuperVisor Call Interrupt) : 프로그래머에 의해 발생하는 인터럽트로서, 보통 입·출력 수행, 기억장치 할당, 오퍼레이터와의 대화를 위해 발생한다.

개념 체크

💧 **단답형 문제**

06.5/3, 04.5
01 인터럽트의 종류 중 프로그래머에 의해 발생하는 인터럽트로서 보통 입·출력의 수행, 기억장치의 할당 및 오퍼레이터와의 대화 등의 작업 수행 시 발생하는 것은?

✓ **객관식 문제**

15.5, 14.9, 13.6, 11.3, 10.3, 08.3, 07.3
02 프로세스의 정의로 옳지 않은 것은?
① PCB를 가진 프로그램
② 프로세서가 할당되는 실체
③ 프로시저가 활동 중인 것
④ 동기적 행위를 일으키는 주체

17.5, 09.9/5, 08.5
03 교착상태 발생의 필요충분조건이 아닌 것은?
① 상호 배제 조건
② 선점 조건
③ 점유 및 대기 조건
④ 환형 대기 조건

17.3, 11.9, 09.9, 08.3
04 HRN 스케줄링 기법에서 우선순위를 구하는 방법은?
① 대기 시간 / 서비스를 받을 시간
② 서비스를 받을 시간 / 대기 시간
③ 서비스를 받을 시간 / (대기 시간 + 서비스를 받을 시간)
④ (대기 시간 + 서비스를 받을 시간) / 서비스를 받을 시간

14.5, 13.9, 10.5
05 준비상태 큐에서 기다리고 있는 프로세스들 중에서 실행 시간이 가장 짧은 프로세스에게 먼저 CPU를 할당하는 스케줄링 기법은?
① ROUND ROBIN
② SJF
③ HRN
④ SRT

|정답| **01.** SVC 인터럽트 **02.** ④ **03.** ② **04.** ④ **05.** ②

01 기억장치 관리 전략

◈ 반입 전략

• 보조기억장치에 보관 중인 프로그램이나 데이터를 주기억장치로 언제 가져올 것인지 결정하는 전략이다.

• 종류 : 요구 반입, 예상 반입이 있다.

◈ 배치 전략

보조기억장치에 보관 중인 프로그램이나 데이터를 주기억장치의 어디에 위치시킬 것인지 결정하는 전략이다.

최초 적합 (First-Fit)	적재 가능한 공간 중에서 첫 번째 공간에 배치하는 방식이다.
최적 적합 (Best-Fit)	단편화 공간이 가장 작게 발생하는 공간에 배치하는 방식이다.
최악 적합 (Worst-Fit)	단편화 공간이 가장 크게 발생하는 공간에 배치하는 방식이다.

◈ 교체 전략

주기억장치의 모든 페이지 프레임이 사용 중일 때 어떤 페이지 프레임을 교체할 것인지 결정하는 전략이다.

OPT(OPTimal replacement)	• 이후에 가장 오랫동안 사용되지 않을 페이지를 먼저 교체하는 기법이다. • 실현 가능성이 희박하다.
FIFO(First In First Out)	• 가장 먼저 적재된 페이지를 먼저 교체하는 기법이다. • 구현이 간단하다.
LRU(Least Recently Used)	각 페이지마다 계수기나 스택을 두어 현 시점에서 가장 오랫동안 사용하지 않은 페이지를 교체하는 기법이다.
LFU(Least Frequently Used)	참조된 횟수가 가장 적은 페이지를 먼저 교체하는 기법이다.
NUR(Not Used Recently)	각 페이지당 두 개의 하드웨어 비트를 두어서 가장 최근에 사용하지 않은 페이지를 교체하는 기법이다.
SCR(Second Chance Replacement)	FIFO의 단점을 보완하는 기법으로, 가장 오랫동안 주기억장치에 상주했던 페이지 중에서 자주 참조되는 페이지의 교체를 예방한다.

02 가상기억장치 구현 기법

◈ 가상기억장치(Virtual Memory)

• 주기억장치의 부족한 용량을 해결하기 위해 보조기억장치를 주기억장치처럼 사용하는 기법이다.

• 페이징 또는 세그먼테이션 기법을 사용하여 구현한다.

◈ 페이징(Paging) 기법

• 가상기억장치에 보관된 프로그램과 주기억장치의 영역을 동일한 크기로 나눈 후, 나눠진 프로그램을 동일하게 나눠진 주기억장치의 영역에 적재시켜 실행하는 기법이다. ⌐Page ⌐Page Frame

• 가상기억장치에서 주기억장치로 주소를 조정하기 위해 페이지의 위치 정보를 가진 페이지 맵 테이블이 필요하다.

• 페이지의 크기가 클수록 페이지 맵 테이블의 크기가 작아지고, 단편화가 증가하고, 디스크 접근 횟수가 감소하며, 전체 입·출력 시간이 감소한다.

• 페이지의 크기가 작을수록 페이지 맵 테이블의 크기가 커지고, 단편화가 감소하고, 디스크 접근 횟수가 증가하며, 전체 입·출력 시간이 증가한다.

◈ 세그먼테이션(Segmentation) 기법

• 가상기억장치에 보관된 프로그램을 다양한 크기로 나눈 후, 나눠진 프로그램을 주기억장치에 적재시켜 실행하는 기법이다. ⌐Segment

• 세그먼트(Segment) : 큰 프로그램을 보다 작은 프로그램으로 분할해서 하나의 논리적 단위로 묶어서 주기억장치에 읽어 들일 수 있는 최소 단위이다.

◈ 구역성(Locality)

• 프로세스가 실행되는 동안 일부 페이지만 집중적으로 참조되는 경향을 의미한다.

• 시간 구역성(Temporal Locality) : 순환(Looping), 스택(Stack), 부프로그램(Subprogram), 집계(Totaling) 등에 사용되는 변수 등이 있다.

- **공간 구역성(Spatial Locality)** : 배열 순례(Array Traversal), 프로그램의 순차적 수행 등이 있다.

◈ 워킹 셋(Working Set)

프로세스가 일정 시간 동안 자주 참조하는 페이지들의 집합이다.

◈ 스래싱(Thrashing)

하나의 프로세스가 작업 수행 과정에 수행하는 기억 장치 접근에서 지나치게 페이지 부재가 발생하여 프로세스 수행에 소요되는 시간보다 페이지 이동에 소요되는 시간이 더 커지는 현상이다.

◈ 페이지 부재(Page Fault)

참조할 페이지가 주기억장치에 없는 현상이다.

— 예제를 통해 계산방법을 기억하도록 하세요.
• 예제 •

어떤 프로그램이 다음과 같은 순서로 페이지 번호를 요구하였을 때, 페이지 교체 기법으로 LRU 기법을 사용하였다면, 페이지 부재는 몇 번 일어나겠는가? (페이지 프레임은 3개이다.)

[요청된 페이지 번호 : C, D, E, B, D, E, C]

요청 페이지	C	D	E	B	D	E	C
프레임 1	C	C	C	B	B	B	C
프레임 2		D	D	D	D	D	D
프레임 3			E	E	E	E	E
부재 발생여부	●	●	●	●			●

LRU(Least Recently Used)는 가장 오랫동안 사용하지 않는 페이지를 먼저 교체하게 된다. 그래서 페이지 부재 분석표를 통해 총 5번 페이지 폴트가 발생한다는 것을 알 수 있다.

• 예제 •

다음의 참조 페이지를 3개의 페이지 프레임을 가진 기억 장치에서 FIFO 방식으로 교체하였을 때 페이지 폴트의 수는?
[참조 페이지 : 4, 3, 4, 1, 5, 4, 3, 5]

참조 페이지	4	3	4	1	5	4	3	5
프레임 1	4	4	4	4	5	5	5	5
프레임 2		3	3	3	3	4	4	4
프레임 3				1	1	1	3	3
부재 발생여부	●	●		●	●	●	●	

페이지 부재(Fault)란 프레임 내에 참조 페이지 내용이 없는 경우 발생한다. FIFO 방식의 경우 제일 먼저 입력된 프레임값이 제일 먼저 교체된다. 즉, 주어진 예제에서 페이지 폴트는 6번 발생한다.

개념 체크

 단답형 문제

13.9, 07.3, 04.5
01 주기억장치 관리 기법 중 배치(Placement) 전략에서 입력된 작업을 가장 큰 공백에 배치하는 전략은?

19.3, 15.3, 12.5, 08.5, 05.5
02 가상기억장치 관리 기법 중 각 페이지당 두 개의 하드웨어 비트를 두어서 가장 최근에 사용하지 않은 페이지를 교체하는 기법은?

객관식 문제

14.9, 10.9, 06.5, 03.9
03 큰 프로그램을 보다 작은 프로그램으로 분할해서 하나의 논리적 단위로 묶어서 주기억장치에 읽어 들일 수 있도록 한 것은?
① 서브루틴(Subroutine)　② 세그먼트(Segment)
③ 링키지(Linkage)　④ 스래싱(Thrashing)

18.9, 15.5, 11.9, 09.9/3
04 프로세스가 일정 시간 동안 자주 참조하는 페이지들의 집합을 무엇이라고 하는가?
① Working Set　② Locality
③ Thrashing　④ Monitor

15.5, 13.3, 09.3
05 페이징 시스템에서 페이지의 크기에 관한 설명으로 옳지 않은 것은?
① 페이지의 크기가 작을수록 페이지 테이블의 크기가 커진다.
② 페이지의 크기가 클수록 내부 단편화가 감소한다.
③ 페이지의 크기가 클수록 참조되는 정보와 무관한 정보들이 많이 적재된다.
④ 페이지의 크기가 작을수록 보다 적절한 작업 세트를 유지할 수 있다.

정답 | 01. Worst-Fit　02. NUR　03. ②　04. ①　05. ②

43 통신의 개념과 데이터 전송계

출제
빈도 **상** 중 하

합격 강의

01 데이터 통신

◈ 데이터 통신의 개념

- 데이터(Data) : 현실 세계로부터 단순한 관찰이나 측정을 통해 수집된 사실이나 값이다.
- 정보(Information) : 자료를 처리하여 얻은 결과로서 의사결정을 위한 값이다.

◈ 데이터 통신과 정보 통신

- 데이터 통신(Data Communication)
  - 컴퓨터와 통신 기술의 결합에 의해 통신 처리 기능과 정보를 전송하는 것이다.
  - 정보를 기계로 처리하거나 처리한 정보를 전송하는 것이다. ─ITU-T의 정의입니다.
- 정보 통신(Information Communication) 처리 기능은 물론 정보의 변환, 저장 과정이 추가된 형태의 통신이다.
- 정보 통신의 발달 과정 : 데이터(Data) – 정보 (Information) – 지식(Knowledge) – 지능 (Intelligence)
- 정보통신 시스템의 특징
  - 고속, 고품질의 통신서비스를 제공하며 통신회선을 효율적으로 이용할 수 있다.
  - 에러 제어가 가능하여 시스템 신뢰도가 높다.
  - 기술 발달에 따라 대용량 광대역화되고 있으며 분산처리가 가능하다.
- 정보통신의 3대 목표 : 정확성, 효율성, 보안성

◈ 데이터 통신 시스템의 구성

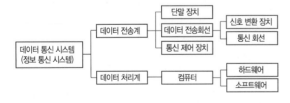

◈ 데이터 통신 시스템의 구성 요소

DTE, DCE, 전송 회선, CCU, 컴퓨터

02 데이터 전송계

◈ 단말 장치(DTE; Data Terminal Equipment)

- 단말 장치 : 데이터 통신 시스템과 사용자의 접점에 위치하여 데이터의 입·출력을 처리하는 장치이다.
- 단말 장치의 기능 : 입·출력 기능, 전송 제어 기능, 기억 기능이 있다.
- 단말 장치의 기능에 따른 분류

입력 전용 단말 장치	• 데이터 입력만 가능하다. • 키보드, 판독기(OMR/OCR/MICR) 등
출력 전용 단말 장치	• 데이터 출력만 가능하다. • 모니터, 프린터 등
입·출력 공용 단말 장치	• 입력과 출력 모두 가능하다. • 대부분의 단말 장치

- 단말 장치의 작업처리 능력에 따른 분류

스마트(Smart) 단말 장치	• 작업 처리 가능하다. • 지능형(Intelligent) 단말 장치라고도 한다.
더미(Dummy) 단말 장치	• 작업 처리 불가능하다. • 비지능형(Non-intelligent) 단말 장치라고도 한다.

◈ 신호 변환 장치(DCE; Data Circuit Equipment)

- 단말 장치나 컴퓨터의 데이터와 통신 회선의 신호 간의 변환을 수행하는 장치이다.
- 데이터 회선 종단 장치(DCE; Data Circuit-terminal Equipment)라고도 한다.

전화(Phone)	아날로그 신호 → 아날로그 회선
모뎀(MODEM, MOdulator/DEModulator)	디지털 신호 → 아날로그 회선
코덱(CODEC, COder/DECoder)	아날로그 신호 → 디지털 회선
DSU(Digital Service Unit)	디지털 신호 → 디지털 회선

◈ 통신 제어 장치(CCU, Communication Control Unit)

- 전송 회선과 컴퓨터 사이에 위치하여 컴퓨터를 대신하여 전송 관련 제어 기능을 수행하는 장치이다.
- **기능** : 전송 제어, 동기 제어, 오류 제어 등이 있다.

◈ 그 외 통신 장치

통신 제어 처리장치 (CCP; Communication Control Processor)	• 통신 제어 장치(CCU)와 마찬가지로 통신 제어 기능을 수행하는 장치로, 컴퓨터가 처리하는 메시지 단위로 데이터를 조립하고 분해하는 메시지 제어에 관한 부분까지도 처리한다. • 컴퓨터 중앙처리장치(CPU)의 부담을 줄여 준다. • 프로그램이 가능한 제어 장치이므로 기능의 변경이나 추가가 용이하여 유연성이 크며 단말기의 증설이나 회선의 고속화 등 확장성이 크다.
전(前)처리기 (FEP; Front End Process)	• 중앙 제어 장치 전단에 위치하여 통신 기능을 전담하는 장치다. • 현장에 위치한 단말 장치와의 통신 기능 및 타 시스템과의 연계 기능 등이 있다. • 메시지의 조립과 분해, 전송 메시지 검사, 통신회선 및 단말 장치 제어 등을 수행한다. • 호스트 컴퓨터와 단말 장치 사이에 고속 통신회선으로 설치된다.
PAD (Packet Assemble and Disassembly)	패킷 교환망에 접속되는 단말기 중 비패킷형 단말기(Non-Packet Mode Terminal)에서 패킷의 조립, 분해 기능을 제공해 주는 장치이다.

 단답형 문제

13.9, 10.9, 06.9
01 디지털 데이터를 디지털 신호로 변환시키는 장치는?

13.3, 04.9/5, 99.9
02 데이터 통신 시스템이 최초로 이용된 분야는?

객관식 문제

04.3, 03.5
03 데이터와 정보의 진화 과정을 가장 적합하게 순차적으로 나타낸 것은?
① 데이터(Data)-정보(Information)-지식(Knowledge)-지능(Intelligence)
② 정보(Information)-데이터(Data)-지식(Knowledge)-지능(Intelligence)
③ 데이터(Data)-정보(Information)-지능(Intelligence)-지식(Knowledge)
④ 데이터(Data)-지식(Knowledge)-정보(Information)-지능(Intelligence)

17.3, 09.5, 08.3, 07.5
04 다음 정보 통신 시스템의 구성 요소 중 그 기능이 다르게 표현된 것은?
① DTE : 입·출력 제어 및 송·수신 제어 기능 수행
② DCE : 전송된 데이터를 저장, 처리 기능 수행
③ CCU : 전송 오류 검출, 회선 감시 등과 같은 통신 제어 기능을 수행
④ 전송 회선 : 전송 신호를 송수신하기 위한 통로

07.9/5, 05.3
05 MODEM의 설명으로 가장 옳은 것은?
① 기억장치의 일종이다.
② 사용자 프로그램의 일종이다.
③ 데이터의 오류를 검사 및 교정하는 장치이다.
④ 신호의 변조와 복조를 담당하는 장치이다.

|정답| **01.** DSU **02.** 군사 분야 **03.** ① **04.** ② **05.** ④

정보통신

01 정보통신의 형성과 발달

◈ 정보시스템의 주요 발달 과정

기술	내용
SAGE	• 1958, 미 공군에서 개발한 반자동 방공 시스템 • 세계 최초의 데이터 통신 • Semi-Automatic Ground Environment
SABRE	• 1961, 미 항공사에서 도입한 항공기 좌석예약 시스템 • 세계 최초의 상업용 데이터 통신 • Semi-Automatic Business Research Environment
ARPANET	• 1969, 미 국방성을 중심으로 각 대학 및 연구 기관을 연결한 컴퓨터망 • 인터넷의 기초가 된 네트워크로 최초의 패킷 교환망 • Advance Research Project Agency NETwork
ALOHA	• 최초의 라디오 패킷망 • 최초의 무선 패킷 교환 시스템 • Addictive Links On-Line Area

◈ 정보통신 기술의 발달 과정

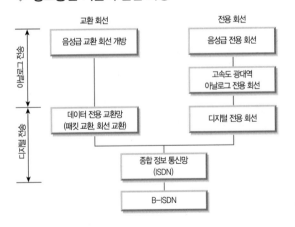

◈ 정보통신 기술의 분류

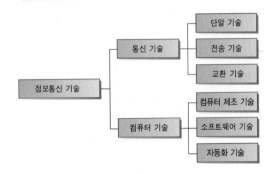

02 정보통신 시스템의 구성

◈ 정보통신 시스템의 구성요소

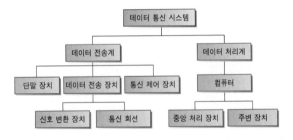

◈ 데이터 전송계 : 데이터 이동 담당

단말 장치 (DTE)	• 데이터 통신 시스템과 사용자의 접속점에 위치하여 데이터를 입·출력하는 장치 • 정보의 입력 및 출력, 저장, 에러 제어 등의 기능을 수행함 • Date Terminal Equipment
신호 변환 장치 (DCE)	• 데이터를 통신회선에 적합한 신호로 변경하거나 신호를 단말이나 컴퓨터에 적합한 데이터로 변경하는 회선 종단 장치 • 전화기, 변복조기(MODEM), DSU, 코덱 • Date Circuit-terminal Equipment

통신 회선	• 변환된 신호가 실제로 전송되는 이동 통로(또는 통신망) • 유선(유도)매체 : 트위스트 페어, 동축케이블, 광섬유 케이블 • 무선매체 : 라디오파, 지상마이크로파, 위성 마이크로파
통신 제어 장치 (CCU)	• 통신 회선과 중앙 처리 장치를 연결 • 기능 : 전송 제어, 회선 제어(감시), 동기 및 오류 제어, 전기적 결합 • Communication Control Unit

◈ 데이터 처리계 : 데이터 가공, 처리, 보관 담당

중앙 처리 장치 (CPU)	• 컴퓨터 시스템의 핵심 장치 • 단말기에서 보낸 데이터를 실제로 처리하는 기능
주변 장치	보조 기억 장치, 입ㆍ출력 장치 등

개념 체크

단답형 문제

08.3
01 정보통신의 발달에 큰 기여를 하였던 미국 항공 회사의 좌석예약 시스템은?

객관식 문제

03.3
02 미국 군사용 방공 시스템으로 사용된 최초의 데이터 통신 시스템은?
① ARPA
② CTSS
③ SABRE
④ SAGE

16.10
03 다음 중 데이터 단말기의 제어 기능과 가장 거리가 먼 것은?
① 입ㆍ출력 제어
② 다중화 제어
③ 송ㆍ수신 제어
④ 에러 제어

16.3
04 다음 중 데이터 회선종단장치와 관련이 없는 것은?
① DCE
② DTE
③ MODEM
④ DSU

정보통신 기기

합격 강의

01 단말 장치의 기능과 구성

◈ 단말 장치의 기능

입·출력 기능	• 외부로부터 데이터를 받아들이고, 역으로 데이터 통신 시스템에서 처리한 결과를 외부에 출력하는 기능 • 입력 장치로 키보드, 출력 장치로 모니터, 프린터 등
전송 제어 기능	장비 간의 정확한 데이터 송수신을 행하기 위한 전송 제어 절차를 수행하는 기능으로, 송수신 제어 기능과 입·출력 제어 기능, 오류 제어 기능을 수행
기억 기능	송수신 정보의 일시적 저장 또는 정보의 국부 처리 기능

◈ 단말기의 구성

입·출력 장치부	우리가 사용하는 자료를 컴퓨터가 다루는 신호로 변환하는 입력 장치와 컴퓨터가 처리한 결과를 우리가 인식할 수 있도록 변환하는 출력 장치로 구성
전송 제어 장치부	• 회선 접속부 : 단말기와 통신 회선을 물리적으로 연결해 주는 부분 • 회선(오류) 제어부 : 회선 접속부의 물리적 접속으로 들어온 데이터의 조립과 분해, 데이터의 버퍼링 기능, 오류제어 등 전송 제어를 행하는 부분 • 입·출력 제어부 : 입·출력 장치의 직접적인 제어를 행하는 부분

02 DTE/DCE 접속규격

◈ DTE/DCE 접속규격

서로 다른 하드웨어인 단말 장치(DTE)와 데이터 회선종단 장치(DCE) 간의 접속을 정확하게 수행하기 위한 기계적, 전기적, 기능적, 절차적 특성을 사전에 정의해 놓은 규격을 말한다.

◈ DTE/DCE 접속규격의 4가지 특성

• **기계적 특성** : 연결기기의 크기, 핀의 개수 등 물리적 연결을 규정한다.

• **전기적 특성** : DTE와 DCE 간 커넥터에 흐르는 신호의 전압 레벨, 전압 변동, 잡음 마진 등 전기적 신호법을 규정한다.

• **기능적 특성** : DTE와 DCE 간을 연결하는 RS-232C 주요 핀 이름처럼 각 회선에 의미를 부여하여 데이터, 제어, 타이밍, 접지 등 수행하는 기능을 규정한다.

• **절차적 특성** : 데이터를 전송하기 위하여 사건 흐름 순서를 규정한다. 즉, 물리적 연결의 활성화 및 비활성화, 동작 종료의 절차 등이다.

◈ DTE/DCE 접속규격 표준안

• **ITU-T(International Telecommunication Union-Telecommunication)**

V 시리즈	• DTE와 아날로그 통신회선 간에 접속할 때의 규정을 정의한다. • 공중전화 교환망(PSTN)을 통한 DTE/DCE 접속규격이다. • V.24 : 데이터 터미널과 데이터 통신기기의 접속규격으로 기능적, 절차적 조건에 대한 규정이다.
X 시리즈	• DTE와 디지털 교환망 간에 접속할 때의 규정을 정의한다. • 공중 데이터 교환망(PSDN; Public Switched Data Network)을 통한 DTE/DCE 접속규격이다. • X.21 : 공중데이터에서 동기식 전송을 위한 DTE와 DCE 사이의 접속규격이다. • X.25 : 패킷 전송을 위한 DTE/DCE 접속규격이다. • X.75 : 패킷 교환망과 패킷 교환망의 연결을 위한 망간 접속규격이다. • X.400 : 전자메시지 처리 시스템(MHS; Message Handling Service)의 시스템과 서비스를 규정하는 권고안이다.

• **EIA(Electronic Industries Association)**

RS-232C	• DTE와 DCE 간의 물리적 연결과 신호 수준을 정의한다. • 공중전화 교환망(PSTN; Public Switched Telephone Network)을 통한 DTE/DCE 접속규격이다. • ISO2110, V.24, V.28을 사용하는 접속규격이 있다.

- ISO(International Standards Organization)

ISO2110	• 공중전화 교환망(PSTN)을 통한 DTE/DCE 접속규격이다. • 주로 기계적 조건에 대한 규정이다.

◈ RS-232C 커넥션

- DTE와 DCE 사이의 접속규격이다.
- 정보통신망에서 변복조 장치를 단말 장치에 접속할 때 사용하는 표준안이다.
- 데이터 단말 장치(DTE)와 데이터 회선 종단 장치(DCE)의 전기적, 기계적 인터페이스이다.
- 스탠다드 케이블은 25핀으로 구성되어 있으며, 2번 핀은 송신 데이터의 신호를 취급하고 3번 핀은 수신 데이터의 신호를 취급한다.
- Null Modem에서 RTS는 불필요하다.

03 데이터 통신 시스템

◈ 데이터 통신 시스템의 처리 형태

- 온라인 시스템(On-line System)
  - 데이터 발생 현장에 설치된 단말 장치가 원격지에 설치된 컴퓨터와 통신 회선을 통해 직접 연결된 형태의 시스템이다.
  - 데이터의 전송과 처리 과정에 사람이 개입되지 않는다.
- 일괄 처리 시스템(Batch Processing System) : 처리할 데이터를 일정량 또는 일정 기간 수집한 후 일괄 처리하는 시스템이다.
- 실시간 처리 시스템(Real-time Processing System) : 데이터가 발생하는 즉시 처리하여 그 결과를 돌려주는 시스템이다.
- 시분할 처리 시스템(Time Sharing System) : 하나의 컴퓨터를 여러 개의 단말 장치가 공동으로 사용하도록 하는 시스템이다.

개념 체크

🔹 단답형 문제

13.3, 05.5/3
01 최초의 데이터 통신 시스템으로 군의 반자동 방공 시스템은?

15.3, 11.9, 09.9, 06.5
02 RS-232C 표준 인터페이스는 몇 개의 핀(PIN)으로 구성되어 있는가?

🔹 객관식 문제

19.3, 17.5, 14.5/9, 10.9, 06.9, 05.3, 03.3, 01.5
03 공중 데이터망에서 사용되는 DTE/DCE 간의 상호접속에 대한 정의를 규정한 권고안은?
  ① X.4
  ② X.25
  ③ X.75
  ④ X.400

16.5, 13.9, 10.9, 03.3, 01.3
04 다음 중 시분할(Time-Sharing) 시스템과 거리가 먼 것은?
  ① 실시간(Real-Time)의 응답이 주로 요구된다.
  ② 컴퓨터와 이용자가 서로 대화형으로 정보를 교환한다.
  ③ 컴퓨터 파일 자원의 공동이용이 불가능하다.
  ④ 다수의 단말기가 1대의 컴퓨터를 공동으로 사용한다.

10.5/3, 08.5
05 ITU-T 권고 시리즈의 의미가 잘못 연결된 것은?
  ① I 시리즈 : ISDN의 표준화
  ② X 시리즈 : 사설 데이터망을 통한 데이터 전송
  ③ V 시리즈 : 공중전화망을 통한 데이터 전송
  ④ T 시리즈 : 텔레마틱 서비스를 위한 프로토콜

|정답| **01.** SAGE **02.** 25 **03.** ② **04.** ③ **05.** ②

데이터 전송 기술

01 데이터 전송 방식

◇ 아날로그 전송

• 아날로그(Analog) 신호 : 시간적으로 연속인 전압, 전류 또는 그 밖의 형태의 신호이다.
• 신호의 감쇠 현상이 심해 장거리 전송 시 증폭기 (Amplifier)에 의해 신호 증폭 후 전송해야 된다.

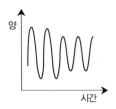

◇ 디지털 전송

• 디지털(Digital) 신호 : 전기적인 2가지 상태로만 표현되는 신호이다. ┌─── 0 또는 1
• 장거리 전송 시 데이터의 감쇠 및 왜곡 현상을 방지하기 위해서 리피터(Repeater)를 사용한다.
• 전송 용량을 다중화하여 효율성이 높다.
• 암호화 작업이 가능하므로 안정성이 높다.

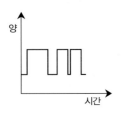

◇ 주파수(Frequency)

• 1초 동안 반복하는 사이클 횟수를 말한다.
• 단위는 [Hz]이다.

◇ 통신 방식

• 단방향(Simplex) 통신 : 한쪽 방향으로만 전송이 가능한 방식이다. 예 TV, 라디오

• 반이중(Half-Duplex) 통신 : 양쪽 방향으로 전송이 가능하지만 동시에 양쪽 방향에서 전송이 불가능한 방식이다. 예 무전기
• 전이중(Full-Duplex) 통신 : 동시에 양쪽 방향에서 전송이 가능한 방식이다. 예 전화

02 직렬 전송과 병렬 전송

◇ 직렬 전송

• 비트들의 열이 하나의 전송 선로를 통해 순서적으로 전송되는 방식이다.
• 모든 비트들이 동일한 전송선을 사용하기 때문에 전송선이 비트별로 대응되는 병렬 전송 방식보다 오류 발생 가능성이 줄어든다.
• 원거리 전송에 적합하다.

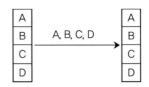

◇ 병렬 전송

• 각 비트들이 각자의 전송 선로를 통해 한꺼번에 전송되는 방식이다.
• 단위 시간에 다량의 데이터를 전송할 수 있지만 전송 거리가 길어지면 전송선별로 비트가 도착하는 시간이 다를 수 있어 원래의 비트 블록을 복원하기 어렵고 비용도 많이 든다.
• 전송 선로가 직렬 전송에 비해 많으므로 전송 속도가 빠르다.
• 컴퓨터의 CPU와 주변장치 사이의 전송에 이용된다.

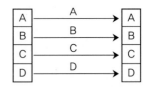

03 비동기식 및 동기식 전송

◈ 비동기식(Asynchronous) 전송

Start Bit	Data Bit	Parity Bit	Stop Bit
1Bit	5~8Bit	1Bit	1~2Bit

- Byte와 Byte를 구분하기 위해 문자의 앞뒤에 각각 Start Bit와 Stop Bit를 가진다.
- 동기식보다 주로 저속도의 전송에 이용된다.
- 비트열이 전송되지 않을 때는 휴지 상태(Idle Time)가 된다.
- 300~19,200[bps]의 비교적 저속의 데이터 전송에 주로 이용된다.
- 송신 측에서 유휴상태 비트를 전송하다가 전송 데이터가 발생하면 시작비트 0을 전송한 뒤 데이터를 전송하는 방식이다.

◈ 동기식(Synchronous) 전송

- 문자 또는 비트들의 데이터 블록을 송·수신한다.
- 전송 속도가 빠르고, 전송 효율이 좋으며, 주로 원거리 전송에 사용한다.
- **프레임(Frame)** : 동기 문자와 제어 정보, 데이터 블록으로 구성된다.
- 제어 정보의 앞부분을 프리앰블, 뒷부분을 포스트 앰블이라고 한다.
- 정보 프레임 구성에 따라 문자 동기 방식, 비트 동기 방식, 프레임 동기 방식으로 구분한다.

10101010	00101010	10101001	10001010	11111111	00001110

개념 체크

단답형 문제

18.9/3, 17.9/5, 13.3/9, 09.3, 03.9/5
01 양방향으로 데이터 전송이 가능하나 한 순간에는 한쪽 방향으로만 전송이 이루어지는 방식은?

07.5
02 데이터 전송에서 한 문자의 전송 시마다 스타트 비트와 스톱 비트를 삽입하여 전송하는 방식은?

객관식 문제

02.5
03 정보 통신 시스템에서 전송 방식에 따라 직렬 전송과 병렬 전송이 있다. 이 두 가지 전송 방법 중 실제 정보 통신 시스템에서 직렬 전송 방식을 채택하는 이유는?
① 전송 속도가 빠르기 때문이다.
② 터미널의 구성이 간단하기 때문이다.
③ 전송매체의 구성비용이 적게 들기 때문이다.
④ 에러(오류) 정정이 쉽기 때문이다.

15.5, 13.6, 12.5, 08.5, 07.5
04 비동기식 전송방식의 특징으로 틀린 것은?
① 한 번에 한 문자씩 전송되는 방식이다.
② 300~19200[bps]의 비교적 저속의 데이터 전송에 주로 이용된다.
③ 문자단위의 재동기를 위해 시작비트(Srart bit)와 정지비트(Stop bit)를 둔다.
④ 송수신기의 클록 오차에 의한 오류를 줄이기 위해 긴 비트열을 전송하여 타이밍 오류를 피한다.

신호 변환 방식

합격 강의

01 신호 변환 방식

◈ 아날로그 데이터 → 아날로그 신호

• 아날로그 데이터를 아날로그 회선을 통해 전송하기 위해 아날로그 형태로 변조하는 것이다.

종류	설명
진폭 변조 (AM; Amplitude Modulation)	변조 파형에 따라 진폭을 변조하는 방식이다.
주파수 변조 (FM; Frequency Modulation)	변조 파형에 따라 주파수를 변조하는 방식이다.
위상 변조 (PM; Phase Modulation)	변조 파형에 따라 위상을 변조하는 방식이다.

• 아날로그 신호의 구성 요소

구성 요소	설명
진폭 (Amplitude)	시간에 따른 값의 변화량 중 가장 높은 값과 가장 낮은 값의 차를 의미한다.
주파수 (Frequency)	1초간 몇 번 진폭이 발생하는지에 대한 횟수이다.
위상(Phase)	신호 간의 시작 시간 차이를 나타낸다.

◈ 아날로그 데이터 → 디지털 신호

• 아날로그 데이터를 디지털 회선을 통해 전송하기 위해 디지털 형태로 변환하는 것이다.
• 코덱(CODEC)을 이용한다. ← CODer + DECoder의 합성어입니다.
• 대표적으로 펄스 코드 변조(PCM; Pulse Code Modulation)가 있다.

◈ 디지털 데이터 → 아날로그 신호

• 디지털 데이터를 아날로그 회선을 통해 전송하기 위해 아날로그 형태로 변조하는 것이다.
• 모뎀(MODEM)을 이용한다.

종류	설명
진폭 편이 변조(ASK, Amplitude Shift Keying)	0과 1을 서로 다른 진폭의 신호로 변조하는 방식이다.
주파수 편이 변조(FSK, Frequency Shift Keying)	0과 1에 따라 주파수를 변화시키는 변조 방식이다.
위상 편이 변조(PSK, Phase Shift Keying)	반송파로 사용하는 정현파의 위상에 정보를 싣는 변조 방식이며, 동기식 변·복조기(Synchronous MODEM)에서 주로 사용한다.
직교 진폭 변조(QAM, Quadrature Shift Keying)	위상과 진폭을 함께 변화시켜서 변조하는 방식이며, 고속(주로 9,600bps) 데이터 전송에 이용된다. 진폭 위상 변조라고도 한다.

◈ 디지털 데이터 → 디지털 신호

• 디지털 데이터를 디지털 회선을 통해 전송하기 위해 디지털 형태로 변환하는 것이다.
• DSU를 이용한다.
• DSU(Digital Service Unit)
 – 디지털 데이터를 디지털 회선을 통하여 전송하기 위한 변환장치이다.
 – 디지털 데이터를 공중 데이터 교환망(PSDN)과 같은 디지털 통신망을 이용하여 전송할 때 사용된다.

◈ 베이스밴드(Baseband) 전송

• 디지털 데이터(펄스 파형)를 변조 없이 그대로 전송하는 방식이다.
• 종류 : RZ(Return to Zero), NRZ(Non Return to Zero), 단극성(Unipolar), 양극성(Bipolar), 맨체스터 방식 등이 있다.

02 펄스 코드 변조(PCM)

◈ 펄스 코드 변조

송신 측에서 아날로그 데이터를 표본화하여 PAM(펄스 진폭 변조) 신호를 만든 후 양자화, 부호화 과정을 거쳐 디지털 형태로 전송하는 방식이다.

PCM 과정	설명
표본화 (Sampling)	• 어떤 신호 f(t)를, f(t)가 가지는 최고 주파수의 2배 이상으로 채집하면, 채집된 신호는 원래의 신호가 가지는 모든 정보를 포함한다는 나이퀴스트(Nyquist) 이론이다. • 표본화 횟수 = 최고 주파수 × 2 • 표본화 간격 = 1/표본화 횟수
양자화 (Quantization)	표본화에 의해 얻어진 PAM(펄스 진폭 변조) 신호를 평준화시키는 단계이다.
부호화 (Encoding)	PAM(펄스 진폭 변조)에서 나타난 펄스 진폭의 크기를 디지털 양으로 변환하는 단계이다.

◈ 코덱(CODEC; COder/DECoder)

• 아날로그 형태를 디지털 신호로 변환하거나 다시 아날로그로 환원하는 장치다.
• 펄스 부호 변조(PCM) 방식을 이용하여 데이터를 변환한다.

◈ 펄스 부호 방식의 분류(연속 레벨 변조)

펄스 진폭 변조(PAM; Pulse Amplitude Modulation)	펄스의 진폭을 변화시켜 변조한다.
펄스 폭 변조(PWM; Pulse Width Modulation)	펄스의 폭을 변화시켜 변조한다.
펄스 위치 변조(PPM; Pulse Position Modulation)	펄스의 위치를 변화시켜 변조한다.

◈ 모뎀

• 컴퓨터와 단말기에서 발생된 디지털 신호를 아날로그 신호로 변환한다.
• 수신 측에서 그 변조된 신호를 복조하여 본래의 디지털 신호로 변환한다.
• 디지털 데이터를 공중전화 교환망(PSTN)과 같은 아날로그 통신망을 이용한다.
• 모뎀은 변조와 복조 기능, 펄스를 전송 신호로 변환(디지털 데이터를 아날로그 신호로 변환)하는 기능, 데이터 통신 및 속도 제어, 자동 응답 기능, 자동 호출 기능 등이 있다.

개념 체크

 단답형 문제

10.3, 08.3
01 PCM 방식에서 음성신호의 표본화 주파수가 8[KHz]인 경우 표본화 주기[us]는?

20.8, 18.9, 12.3, 10.5, 09.9/5
02 반송파의 진폭과 위상을 동시에 변조하는 방식은?

 객관식 문제

19.4/3, 18.5, 17.9/5, 16.5, 15.9, 10.5, 09.9/5, 08.9
03 송신 측 펄스 부호 변조(PCM) 과정을 순서대로 나열한 것은?
① 부호화 → 양자화 → 표본화
② 양자화 → 표본화 → 부호화
③ 표본화 → 양자화 → 부호화
④ 표본화 → 부호화 → 양자화

09.3, 08.5, 03.9
04 디지털 데이터를 아날로그 신호로 변환하는 과정에서 두 개의 2진값이 서로 다른 두 개의 주파수로 구분되는 변조 방식은?
① ASK
② FSK
③ PSK
④ QPSK

13.3, 10.9, 06.9/5/3
05 디지털 전송로에 디지털 신호를 전송하기 위한 신호 변환장치는?
① MODEM
② DTE
③ FEP
④ DSU

13.5, 12.9, 11.9, 00.9
06 아날로그 데이터를 전송하기 위해 디지털 형태로 변환하고 또 이러다 디지털 형태를 원래의 아날로그 데이터로 복구시키는 것은?
① CCU
② DSU
③ CODEC
④ DTE

| 정답 | 01. 125 02. QAM 03. ③ 04. ② 05. ④ 06. ③

// POINT //
48
다중화

출제
빈도 **상** 중 하

01 다중화(Multiplexing)

◈ 다중화의 개념
- 여러 개의 채널들이 하나의 통신 회선을 통하여 결합된 신호의 형태로 전송되고 수신 측에서 다시 이를 여러 개의 채널 신호로 분리하는 것이다.
- 통신 회선을 다중화하면 선로의 공동 이용이 가능해 전송 효율을 높일 수 있다.

◈ 다중화기(Multiplexer)
다중화를 수행하는 장치이다.

02 다중화의 종류

◈ 주파수 분할 다중화
(FDM; Frequency Division Multiplexing)

채널 1
채널 2
채널 3

- 주파수 대역폭을 작은 대역폭으로 나누어 사용하는 기법이다.
- 전송하려는 신호의 필요 대역폭보다 전송매체의 유효 대역폭이 클 때 사용된다.
- 채널 간의 간섭을 막기 위해 보호대역이 필요하다.
  → 채널의 이용률이 낮아진다. └─ Guard Band
- 전화 회선에서 1,200[baud] 이하의 비동기식에서만 이용된다.
- 전송 매체를 지나는 신호는 아날로그 신호이다.
- 다중화기 자체에 모뎀이 내장되어 별도의 장비가 필요하지 않다.

- 비용이 경제적이고 사용자 단말기에서 사용하는 코드와 상관없이 다중화가 가능하다.
- 하나의 주파수 대역을 분할해 사용하는 채널들이 겹치면 누화 및 상호 변조 잡음이 발생할 수 있다.

◈ 시분할 다중화
(TDM; Time Division Multiplexing)

채널 1	채널 2	채널 3

- 한 전송로의 데이터 전송 시간을 일정한 시간 폭(Time Slot)으로 나누어 각 부채널에 차례로 분배하는 방식이다.
- 비트 다중화뿐만 아니라 문자 다중화도 행한다.
- 디지털 전송 방식에서 이용된다.
- 대역폭의 이용도가 높아 고속 전송에 용이하다.
- 시분할 다중화는 직렬 변환 방식으로 볼 수 있다.
- 소요 회선 수의 절감뿐만 아니라 기기의 경비도 절감할 수 있다.
- 동기식 시분할 다중화와 통계적 시분할 다중화 방식이 있다.

◈ 동기식 시분할 다중화(STDM; Synchronous Time Division Multiplexing)
- 모든 단말 장치에 타임 슬롯(Time Slot)을 고정적으로 할당한다. → 타임 슬롯이 낭비될 수 있다.
- 고속 다중화기와 저속 단말기 간의 속도 차를 보정하기 위한 버퍼가 필요하다.
- 통신회선 전송률이 전송 디지털 신호의 데이터 전송률보다 클 때 사용한다.

◆ **비동기식 시분할 다중화(ATDM; Asynchronous Time Division Multiplexing)**

- 실제로 전송할 데이터가 있는 단말 장치에만 타임 슬롯을 할당한다. → 전송 효율이 높다.
- 실제 보낼 데이터가 있는 단말기만 시간을 할당하기 때문에 다중화된 회선의 데이터 전송률은 접속된 단말 장치 전체의 전송률의 합보다 낮다.
- 기억장치, 복잡한 주소제어 회로 등이 필요하다.
- 동기식 시분할 다중화기에 비해 가격이 비싸고, 접속에 소요되는 시간이 길어진다.
- 상대적으로 느린 단말기가 고속의 데이터 전송로를 통해 데이터를 주고받을 때 선로를 최대한 활용하도록 하는 방식이다.
- 지능 다중화, 통계적 다중화라고도 한다.
- 기억장치, 복잡한 주소제어 회로 등이 필요하다.
- 동기식 다중화기보다 더 높은 전송 효율을 가진다.
- 주소제어, 오류제어, 흐름제어 기능을 제공해 제어 회로가 복잡하다.

◆ **역다중화(Demultiplexing)**

- 다중화된 복합 신호를 분리하여 원래의 신호 복원하는 것이다.
- 비용 절감 가능하다. ___9600bps 이상
- 광대역 통신 속도를 얻을 수 있다.
- 한 채널 고장 시 나머지 한 채널을 1/2의 속도로 계속 운영 가능하다.

◆ **집중화(Concentrating)**

- 여러 개의 채널을 몇 개의 소수 채널로 공유화시키는 것이다.
- 회선의 이용률이 낮고, 불규칙적인 전송에 적합하다.
- 입·출력 각각의 대역폭이 다르다.
- 1개의 단말기가 통신 회선 점유 시 타 단말기의 경우 회선을 사용하지 못해 데이터를 임시 보관할 수 있는 버퍼가 필요하다.
- m개의 입력 회선을 n개의 출력 회선으로 집중화하는 장치이다.
- 입력 회선의 수는 출력 회선의 수보다 같거나 많아야 한다.

개념 체크

💧 **단답형 문제**

15.10, 13.9, 10.9, 08.9, 04.5

01 효율적인 전송을 위해 넓은 대역폭을 가진 하나의 전송 링크를 통하여 여러 신호를 동시에 실어 보내는 기술을 무엇이라 하는가?

13.5, 09.9, 08.9

02 두 개의 채널 사이에 보호대역(Guard Band)을 사용하여 인접한 채널 간의 간섭을 막는 다중화 방법은?

💧 **객관식 문제**

17.9, 14.5, 09.3

03 다음 중 통계적 다중화 장치에 해당하지 <u>않는</u> 것은?
① 실제로 보낼 데이터가 있는 터미널에만 동적인 방식으로 각 부채널에 타임 슬롯을 할당하는 방식이다.
② 마이크로프로세서의 이용으로 타임 슬롯의 배정이 가능하여 지능형 다중화 장치라고도 한다.

③ 상대적으로 느린 단말기가 고속의 데이터 전송로를 통해 데이터를 주고받을 때 선로를 최대한 활용하도록 하는 방식이다.
④ 각각의 입력회선을 NRODML 출력선으로 집중화하는 장치이다.

17.9, 14.5, 11.3, 06.3

04 다중화 방식 중 실제로 전송할 데이터가 있는 단말 장치에만 타임 슬롯을 할당함으로써 전송 효율을 높이는 특징을 가진 것은?
① 동기식 TDM
② FDM
③ 비동기식 TDM
④ MODEM

|정답| **01.** 다중화 **02.** 주파수 분할 다중화 **03.** ④ **04.** ③

통신 속도·용량·프로토콜

01 통신 속도

◈ 변조 속도

- 초당 발생한 신호의 상태 변화 수 단위는 보(baud)이다.
- 변조 시 상태 변화 수 : 모노비트(1비트), 디비트(2비트), 트리비트(3비트), 쿼드비트(4비트)

◈ 신호 속도

- 초당 전송된 비트 수 단위는 bps(bit/sec)이다.
- 신호 속도[bps] = 변조 속도[baud] × 변조 시 상태 변화 수

◈ 단위 신호당 비트수

- 1비트(Onebit; 2위상) : bps = 1baud
- 2비트(Dibit; 4위상) : bps = 2baud
- 3비트(Tribit; 8위상) : bps = 3baud
- 4비트(Quadbit; 16위상) : bps = 4baud

◈ bps와 baud와의 관계

- 데이터 신호 속도(bps) = 변조 속도(baud) × 단위 신호당 비트 수
- 변조 속도(baud) = $\dfrac{\text{데이터 신호 속도(bps)}}{\text{단위 신호당 비트 수}}$
- 1비트가 한 단위 신호일 경우 baud의 속도와 bps는 같다.
- 2비트가 한 단위 신호일 경우 baud의 속도는 bps의 1/2배가 된다.
- baud = $\dfrac{\text{bps}}{2}$ baud = $\dfrac{1}{2}$×bps
- 3비트가 한 단위 신호일 경우 baud의 속도는 bps의 1/3배가 된다.
- 4비트가 한 단위 신호일 경우 baud의 속도는 bps의 1/4배가 된다.

• 예제 •

쿼드비트를 사용하여 1600baud의 변조 속도를 지니는 데이터 신호가 있다. 이때 데이터 신호 속도 bps는?

- 데이터 신호 속도 bps = 변조 속도 × 단위 신호당 비트 수
- 쿼드 비트 = 4비트
∴ bps = 1600 × 4 = 6400bps

• 예제 •

8위상 2진폭 변조를 하는 모뎀이 2400baud라면 그 모뎀의 속도는?

- 8위상 = 2진수 3비트로 표현, 2진폭(2위상) = 2진수 1비트로 표현
- 3bit + 1bit = 4bit
∴ bps = 2400baud × 4비트 = 9600bps

• 예제 •

4800[bps]의 8위상 편이 변조 방식 모뎀의 변조 속도는 몇 보[baud]인가?

- 변조 속도(baud) = $\dfrac{\text{데이터 신호 속도(bps)}}{\text{단위 신호당 비트 수}}$
- 8위상 = 2^3 = 3bit
∴ 변조 속도[baud] = 4800 / 3 = 1600[baud]

02 통신 용량(샤논의 정리)

◈ C = Blog₂(1+S/N)

$C = B\log_2(1+S/N)$

C : 통신 용량, B : 대역폭, S : 신호 전력, N : 잡음 전력

◈ 통신 회선의 전송 용량을 증가시키는 방법

- 주파수 대역폭을 늘린다.
- 신호 대 잡음의 비를 줄인다(신호 전력 늘림, 잡음 전력 줄임).
- 신호 전력을 높인다.

03 통신 프로토콜의 개요

◈ 프로토콜(Protocol)의 개념

둘 이상의 컴퓨터 사이에 데이터 전송을 할 수 있도록 미리 정보의 송·수신 측에서 정해 둔 통신 규칙이다.

◈ 프로토콜의 기본 요소

- 구문(Syntax) : 전송 데이터의 형식, 부호화, 신호 레벨 등을 규정한다.
- 의미(Semantic) : 전송 제어와 오류 관리를 위한 제어 정보를 포함한다.
- 타이밍(Timing) : 두 개체 간에 통신 속도를 조정하거나 메시지의 전송 및 순서도에 대한 특성을 가리킨다.

◈ 프로토콜의 기능

단편화/재결합, 캡슐화, 흐름 제어, 오류 제어, 동기화, 순서 제어, 주소 지정, 다중화, 경로 제어가 있다.

04 OSI 7계층

◈ OSI 7계층

응용 계층	표현 계층	세션 계층	전송 계층	네트워크 계층	데이터 링크 계층	물리 계층

◈ OSI 7계층의 기능

- 물리 계층(Physical Layer) : 전기적, 기능적, 절차적 기능을 하며 표준으로는 RS-232C가 있다.
- 데이터 링크 계층(Data Link Layer) : 흐름 제어, 에러 제어 기능을 하며 HDLC, LLC, LAPB, LAPD, ADCCP, PPP가 있다.
- 네트워크 계층(Network Layer) : 경로 설정 및 네트워크 연결을 관리하며 표준으로는 X.25, IP가 있다.
- 전송 계층(Transport Layer) : 통신 양단 간(End-to-End)의 에러 제어 및 흐름을 제어하며 TCP, UDP가 있다.
- 세션 계층(Session Layer) : 회화 구성, 동기 제어, 데이터 교환 관리, 프로세스 간에 대한 연결을 확립, 관리, 단절시키는 수단을 제공한다.
- 표현 계층(Presentation Layer) : 코드 변환, 암호화, 압축, 구문 검색 등의 기능을 제공한다.
- 응용 계층(Application Layer) : 사용자에게 서비스 제공을 한다.

개념 체크

단답형 문제

12.3, 10.9/5
01 8진 PSK 변조를 사용하는 모뎀의 데이터 전송 속도가 4800[bps]일 때 변조 속도는?

15.10, 13.9, 10.3, 08.5
02 보안을 위한 암호화(Encryption)와 해독(Decryption) 및 데이터 압축을 주로 지원하는 OSI 계층은?

객관식 문제

13.5, 08.5/3, 07.9
03 통신채널의 통신용량을 증가시키기 위한 방법이 <u>아닌</u> 것은?
① 신호 세력을 높인다.
② 잡음 세력을 줄인다.
③ 데이터 오류를 줄인다.
④ 주파수 대역폭을 증가시킨다.

18.3/5, 17.9, 14.9, 13.3, 08.9, 07.3
04 통신로 용량 C는 사용할 수 있는 대역폭 W와 그 채널의 S/N 비에 의해 결정된다고 한다. 통신로 용량을 나타내는 식으로 옳은 것은?
① $C = Wlog\{10+(S/N)\}$
② $C = Wlog\{10+(N/S)\}$
③ $C = Wlog_2\{1+(S/N)\}$
④ $C = Wlog_2\{1+(N/S)\}$

17.9, 15.5, 13.6/3, 10.9, 08.9, 07.5
05 다음 중 통신 프로토콜의 구성 요소에 해당되지 <u>않는</u> 것은?
① 패킷(Packet)
② 구문(Syntax)
③ 의미(Semantics)
④ 순서(Timing)

15.3, 07.9/5
06 인터넷 프로토콜 TCP/IP에서 IP는 OSI 7계층 중 어느 계층에 가장 가까운가?
① 응용 계층
② 전송 계층
③ 네트워크 계층
④ 데이터 링크 계층

|정답| **01.** 1600[baud] **02.** 표현 계층(Presentation Layer) **03.** ③ **04.** ③ **05.** ① **06.** ③

50 전송 제어 방식

출제
빈도　상　중　하

01 전송 제어의 개요

└ Transmission Control

◈ 전송 제어의 개념

- 통신망에 접속된 컴퓨터와 단말 장치 간에 효율적이고 원활한 정보를 교환하기 위하여 정보 통신 시스템이 갖추어야 할 제어 기능과 방식을 총칭한다.
- 입·출력 제어, 동기 제어, 오류 제어, 흐름 제어 등을 수행한다.

◈ 전송 제어 절차

- **회선 접속** : 수신 측 주소를 전송하여 데이터 전송이 가능하도록 물리적인 통신 회선을 접속시켜 주는 단계이다.
- **데이터 링크 확립** : 접속된 통신 회선 상에서 송신 측과 수신 측 간의 확실한 데이터 전송을 수행하기 위한 논리적 경로를 구성하는 단계이다.
- **데이터 전송** : 데이터를 수신 측에 전송하며, 잡음에 의한 데이터 오류 제어와 순서 제어를 수행하는 단계이다.
- **데이터 링크 종결**
  - 송·수신 측 간의 논리적인 경로를 해제하는 단계이다.
  - **회선 절단** : 연결된 물리적인 통신 회선을 절단하는 단계이다.

02 데이터 링크 제어 프로토콜

◈ BSC(Binary Synchronous Control)

SYN	SYN	SOH	Heading	STX	본문	ETX/ETB	BCC

- 문자(Character) 위주의 프로토콜이다.
- 각 프레임에 전송 제어 문자를 삽입하여 전송을 제어한다.
- 반이중 전송만 지원한다.

- 주로 동기식 전송 방식을 사용하나 비동기식 전송 방식을 사용하기도 한다.
- 점-대-점(Point-to-Point), 멀티 포인트(Multi-Point) 방식에서 주로 사용한다.
- 오류 제어와 흐름 제어를 위해 정지-대기(Stop-and-Wait) ARQ를 사용한다.
  └ Automatic Repeat reQuest

- **전송 제어 문자**

SYN (SYNchronous idle)	동기를 취하거나 유지
SOH(Start Of Heading)	헤딩의 개시
STX(Start of TeXt)	본문의 개시 및 헤딩의 종료
ETX(End of TeXt)	본문의 종료
ETB(End of Transmission Block)	블록의 종료
BCC(Block Check Character)	오류 검사 수행
EOT (End Of Transmission)	전송 종료, 데이터 링크 해제
ENQ(ENQuiry)	상대국에 데이터 링크 설정 및 응답 요구
DLE (Data Link Escape)	데이터 투과성을 위해 삽입되며, 전송 제어 문자 앞에 삽입하여 전송 제어 문자임을 알림
ACK(ACKnowledge)	수신 측에서 송신 측으로 보내는 긍정 응답
NAK(Negative AcKnowledge)	수신 측에서 송신 측으로 보내는 부정 응답

◈ HDLC(High-level Data Link Control)

구분	플래그	주소부	제어부	정보부	FCS	플래그
크기	8bit	8bit	8bit		16bit	8bit

- 비트(Bit) 위주의 프로토콜이다.
- 전송 효율이 좋고 단방향, 반이중, 전이중 방식 모두 지원한다.
- 신뢰성이 높고 포인트 투 포인트, 멀티 포인트, 루프방식 모두 지원한다.
- 전송 제어 제한 없이 비트 정보를 전송할 수 있다.

◈ **프레임 구성**

- 플래그(Flag) : 프레임의 시작과 끝을 나타내며, 항상 '01111110'을 취한다.
- 주소부(Address Field) : 송·수신국을 식별한다.
- 제어부(Control Field) : 프레임 종류를 식별한다.
- 정보부(Information Field) : 실제 정보를 포함한다.
- 정보부 필드의 구성

정보 프레임	• I–프레임(Information Frame) • 사용자 데이터 전달
감독 프레임	• S–프레임(Supervisor Frame) • 에러 제어, 흐름 제어
비번호 프레임	• U–프레임(Unnumbered Frame) • 링크의 동작 모드 설정 및 관리 – 정규 응답 모드(NRM; Normal Response Mode) – 비동기 응답 모드(ARM; Asynchronous Response Mode) – 비동기 평형 모드(ABM; Asynchronous Balanced Mode)

- FCS(Frame Check Sequence Field) : 오류 검출

◈ **SDLC(Synchronous Data Link Control)**

- 비트(Bit) 위주의 프로토콜이다.
- BSC의 제한을 보완하고, HDLC의 기초가 된다.
- HDLC와 프레임 구조가 동일하다.

◈ **PPP(Point to Point Protocol)**

- 인터넷 접속에 사용되는 점대점 링크를 사용하는 IETF의 표준 프로토콜이다.
- 오류 감지기능은 제공하나 오류 복구기능은 제공하지 않는다.
- LCP와 NCP를 통하여 유용한 기능을 제공한다.
- IP 패킷의 캡슐화를 제공한다.
- PPP는 동기식과 비동기식 회선 모두를 지원한다.

 단답형 문제

01 10.9, 08.5
다음 전송 제어 문자 중 상대국에 응답을 요구하는 것은?

02 08.5
ISO에서 표준안으로 발표한 비트 동기방식의 프로토콜은?

 객관식 문제

03 19.4, 13.9, 08.3, 07.9/3
다음 중 HDLC Frame의 구조 순서로 옳은 것은? (단, A; Address, F; Flag, C; Control, I; Information, FCS; Frame Check Sequence)
① I – C – A – F – FCS – F
② C – F – I – FCS – A – F
③ F – A – C – I – FCS – F
④ F – FCS – A – C – I – F

04 13.3/6, 10.5
HDLC(High–level Data Link Control) 동작모드에 해당하지 않는 것은?
① 정규 응답 모드(NRM)
② 비동기 응답 모드(ARM)
③ 비동기 균형 모드(ABM)
④ 동기 균형 모드(SBM)

05 10.9, 09.9, 05.5
다음 중 비트 방식의 데이터 링크 프로토콜이 아닌 것은?
① BSC   ② SDLC
③ HDLC   ④ ADCCP

06 13.6, 11.5
정보의 전달을 위한 단계가 바르게 나열된 것은?
① 링크 확립–회로 연결–메시지 전달–회로 절단–링크 절단
② 링크 확립–회로 연결–메시지 전달–링크 절단–회로 절단
③ 회로 연결–링크 확립–메시지 전달–회로 절단–링크 절단
④ 회로 연결–링크 확립–메시지 전달–링크 절단–회로 절단

|정답| 01 ENQ 02. HDLC 03. ③ 04. ④ 05. ① 06. ④

01 회선 제어 방식

◈ 경쟁(Contention) 방식

- 회선에 접근하기 위해 서로 경쟁하는 방식이다.
- 송신 요구를 먼저 한 쪽이 송신권을 가진다.
- ALOHA 방식이 대표적이다.

◈ 폴링 및 셀렉션

- 폴링(Polling) : 컴퓨터가 단말기에게 전송할 데이터의 유무를 묻는 방식이다.
  - ▶ Do you have anything to send?
- 셀렉션(Selection) : 컴퓨터가 단말기에게 전송할 데이터가 있는 경우 단말기의 상태를 확인하는 방식이다.
  - ▶ Are you ready to receive?

02 오류 제어 방식

◈ 오류의 발생 원인

- 감쇠(Attenuation) : 전송 신호의 전력이 전송 매체를 통과하면서 거리에 따라 약해지는 현상이다.
- 지연 왜곡(Delay Distortion) : 주로 하드와이어 전송 매체에서 발생되며, 전송 매체를 통한 신호 전달이 주파수에 따라 그 속도를 달리함으로써 유발되는 신호 손상이다.

◈ 잡음(Noise)

- 백색 잡음 : 모든 주파수에 걸쳐서 존재하고 분자나 원자의 열운동에 의해 생기는 열잡음 또는 가우스 잡음(Gaussian Noise)을 말한다.
- 충격성 잡음(Impulse Noise) : 선로의 접점 불량, 기계적 진동 등에 의해서 순간적으로 발생되는 잡음이다.
- 누화 잡음 : 서로 다른 전송 선로상의 신호가 다른 회선에 영향을 주어 발생한다.

- 손실 : 전송 신호 세력이 거리에 따라 약해지는 현상이다.

◈ 전송 오류 제어 방식

- 전진 오류 수정(FEC; Forward Error Correction)
  - 데이터 전송 과정에서 오류가 발생하면 수신 측에서 오류를 검출하여 스스로 수정하는 방식이다.
  - 역채널이 필요 없다.
  - 연속적인 데이터의 흐름이 가능하다. *돌림형 부호라고도 합니다.*
  - 길쌈부호(Convolution Code)를 사용한다.
  - 오류 검출과 수정을 위해 해밍 코드와 상승 코드를 사용한다.
- 후진 오류 수정(BEC; Backward Error Correction)
  - 데이터 전송 과정에서 오류가 발생하면 송신 측에 재전송을 요구하는 방식이다.
  - 역채널이 필요하다.
- 자동 반복 요청(ARQ; Automatic Repeat reQuest) : 통신 경로에서 오류 발생 시 수신 측은 오류의 발생을 송신 측에 통보하고, 송신 측은 오류가 발생한 프레임을 재전송하는 오류 제어 방식이다.

◈ 자동 반복 요청 제어 방식의 종류

- 정지-대기 ARQ(Stop-and-Wait ARQ)
  - 송신 측이 한 블록 전송 후 수신 측에서 오류의 발생을 점검 후 에러 발생 유무 신호(ACK/NAK 신호)를 보내올 때까지 기다리는 방식이다.
  - 수신 측에서 에러 점검 후 제어 신호를 보내올 때까지 오버헤드가 효율면에서 가장 부담이 크다.
- 연속 ARQ(Continuous ARQ)
  - Go-Back-N ARQ : 수신 측으로부터 NAK 수신 시 오류 발생 이후의 모든 블록을 재전송하는 방식이다.
  - 선택적 재전송 ARQ(Selective-Repeat ARQ) : 수신 측으로부터 NAK 수신 시 오류가 발생한 블록만 재전송하는 방식이다.

- **적응적 ARQ(Adaptive ARQ)** : 채널 효율을 최대로 하기 위해 데이터 블록의 길이를 채널의 상태에 따라 동적으로 변경하는 방식이다.

◈ 오류 검출 방식

- **패리티 검사(Parity Check)**
  - 데이터 블록에 1비트의 패리티 비트(Parity Bit)를 추가하여 오류를 검출하는 방식이다.
  - **종류** : 짝수(우수) 패리티, 홀수(기수) 패리티가 있다.
  - 오류 검출만 가능하며, 오류 정정은 불가능하다.

방식	데이터								패리티
홀수	1	1	1	1	1	1	1	0	0
짝수	1	1	1	1	1	1	1	0	1

- **순환 중복 검사(CRC)** — Cyclic Redundancy Check
  - 집단 오류에 대한 신뢰성 있는 오류 검출을 위해 다항식 코드를 사용하여 에러 검사를 하는 방식이다.
  - 동기식 전송에 주로 사용된다.
  - 생성 다항식은 CRC-16, CRC-32 등이 있다.
  - 수신단에서 CRC 부호로 에러를 검출한다.
  - 여러 비트에서 발생하는 집단성 에러도 검출이 가능하여 신뢰성이 우수하다.
- **해밍 코드(Hamming Code) 방식**
  - 자기 정정 부호로서 오류를 검출하여 1비트의 오류를 수정하는 방식이다.
  - 1, 2, 4, 8, 16 ~ 비트 위치에 패리티 비트를 삽입해 에러 검출 및 수정을 수행한다.
  - 정보 비트 외에 추가되어야 할 패리티 비트가 많이 필요하다. — Hamming Distance
  - 해밍 거리 : 송신 데이터와 수신 데이터의 각 대응 비트가 서로 다른 비트의 수이다.
- **상승 코드 방식** : 순차적 디코딩과 한계값 디코딩을 사용하여 여러 비트의 오류를 수정하는 방식이다.

개념 체크

단답형 문제

18.9, 17.5, 13.3/9, 03.3, 01.9/3
01 데이터 통신에서 컴퓨터가 단말기에게 전송할 데이터의 유무를 묻는 것은?

09.5
02 선로의 접점 불량, 기계적 진동 등에 의해서 순간적으로 발생되는 잡음은?

객관식 문제

20.8, 18.5/3, 15.5, 13.9, 10.9, 09.5
03 송신 스테이션이 데이터 프레임을 연속적으로 전송하다가 NAK를 수신하게 되면 에러가 발생한 프레임 이후에 전송된 모든 프레임을 재전송하는 방식은?
① Stop-and-Wait ARQ
② Go-Back-N ARQ
③ Selective-Repeat ARQ
④ Adaptive ARQ

14.9, 10.3, 09.9, 08.3
04 순환 중복 검사 방식에 관한 설명으로 틀린 것은?
① 문자 단위로 데이터가 전송될 때, 에러를 검출하는 방식이다.
② 생성 다항식은 CRC-16, CRC-32 등이 있다.
③ 수신단에서 CRC부호로 에러를 검출한다.
④ 여러 비트에서 발생하는 집단성 에러도 검출이 가능하여 신뢰성이 우수하다.

13.6, 08.3, 07.3, 04.3
05 오류를 제어할 때 수신 측에서 오류의 검출과 정정 기능을 갖는 부호는?
① Hamming Code
② Parity Code
③ BCD Code
④ EBCDIC Code

|정답| 01. Polling 02. 충격성 잡음 03. ② 04. ① 05. ①

데이터 회선망

01 회선망

◈ 전용 회선 및 교환 회선

- 전용 회선(Leased Line)
  - 회선이 단말기 상호 간에 항상 고정되어 있는 방식이다.
  - 전송 속도가 빠르며, 전송 오류가 적다.
- 교환 회선(Switched Line)
  - 교환기에 의해 단말기 상호 간에 연결되는 방식이다.
  - 전용 회선에 비해 속도가 느리다.

◈ 회선 구성 방식

- 점-대-점(Point-to-Point) 방식
  - 중앙 컴퓨터와 단말기를 일대일로 연결하는 방식이다.
  - 통신망을 성형(Star)으로 구성 시 사용한다.
- 다중 점(Multi-Point) 방식
  - 한 개의 통신 회선에 여러 개의 단말기를 연결하는 방식이다.
  - 멀티 드롭(Multi-Drop) 방식이라고도 한다.
  - 통신망을 버스형(Bus)으로 구성 시 사용한다.
- 회선 다중(Line Multiplexing) 방식 : 여러 개의 단말기를 다중화기를 이용하여 중앙 컴퓨터와 연결하는 방식이다.

02 회선 교환 방식(Circuit Switching)

◈ 회선 교환 방식

- 음성 전화망과 같이 메시지가 전송되기 전에 발생지에서 목적지까지의 물리적 통신 회선 연결이 선행되어야 하는 교환 방식이다.
- 일단 통신 경로가 설정되면 데이터의 형태, 부호, 전송 제어 절차 등에 의한 제약을 받지 않는다.

- 고정된 대역폭 전송 방식으로 일정한 데이터 전송률을 제공하므로 두 가입자가 동일한 전송 속도로 운영된다.
- 송·수신자 간의 실시간 데이터 전송에 적합하다.
- 전송된 데이터에 있어서의 에러 제어나 흐름 제어는 사용자에 의해 수행되어야 한다.

◈ 회선 교환 방식의 종류

- 공간 분할 교환 방식(SDS; Space Division Switching)
  - 다수의 접점을 이용하여 교환을 수행하는 방식이다.
    ⌐ 교차점이라고도 합니다.
  - 데이터 전송에 필요한 시간이 가장 긴 일반 전화 회선 교환 방식이 해당된다.
- 시분할 교환 방식(TDS; Time Division Switching)
  - 여러 개의 디지털 신호를 시분할시켜 다중화하는 방식이다.
  - 종류 : TDM 버스 교환 방식, 타임 슬롯 교환 방식, 시간 다중화 교환 방식이다.

◈ 회선 교환 방식의 제어 신호 종류

- 감시 제어 신호(Supervisory Control Signal)
- 주소 제어 신호(Address Control Signal)
- 호 정보 제어 신호(Call Information Control Signal)
- 망 관리 제어 신호(Communication Management Control Signal)

03 축적 교환 방식

◈ 메시지 교환 방식(Message Switching)

- 하나의 메시지 단위로 저장-전달(Store-and-Forward) 방식에 의해 데이터를 교환하는 방식이다.
- 각 메시지마다 수신 주소를 붙여서 전송하므로 메시지마다 전송 경로가 다르다.

- 네트워크에서 속도나 코드 변환이 가능하다.
- 메시지번호, 전송날짜, 시간 등의 정보를 메시지에 포함해 전송 가능하다.

◈ 패킷 교환 방식(Packet Switching)

- 메시지를 일정한 길이의 전송 단위인 패킷으로 나누어 전송하는 방식이다.
- 일정한 데이터 블록에 송·수신 측 정보를 담은 것을 패킷이라고 한다.
- 다수의 사용자 간에 비대칭적 데이터 전송을 원활하게 하므로 모든 사용자 간에 빠른 응답 시간 제공이 가능하다.
- 전송에 실패한 패킷의 경우 재전송이 가능하다.
- 패킷 단위로 헤더를 추가하므로 패킷별 오버헤드가 발생한다.
- 패킷교환 공중 데이터 통신망(PSDN)이라고도 한다. ⌐Public Switched Data Network
- 경로설정 방식에 따라 가상 회선 방식과 데이터그램 방식으로 구분한다.

◈ 패킷 교환 방식(Packet Switching)의 종류

가상 회선 방식	• 단말기 간에 논리적인 가상 회선을 미리 설정하여 송신 측과 수신 측 사이의 연결을 확립한 후에 설정된 경로로 패킷들을 발생 순서대로 전송하는 연결 지향형 방식이다. • 모든 패킷은 같은 경로로 전송되므로 경로 설정이 필요 없다. • 패킷 전송을 완료하면 접속종료 Clear Request 패킷을 전송한다. • 호 설정 → 전송 → 호 단절 순으로 처리된다.
데이터그램 방식	• 데이터를 패킷 단위로 나누어 특정 경로의 설정 없이 전송되는 방식이다. • 패킷마다 전송 경로가 다르다. • 네트워크의 상황에 따라 적절한 경로로 전송이 되므로 융통성이 좋다. • 데이터 통신 시 연결 설정 및 연결 해제의 단계가 없이 각 패킷마다 수신처 주소를 기반으로 네트워크 내에서 라우팅되는 패킷교환 방식이다. • 속도 및 코드 변환이 가능하다. • 각 패킷은 오버헤드 비트가 필요하다. • 송신지는 같지만 전송 회선이 다양해 수신되는 패킷의 순서가 달라 재조립 과정이 필요하다.

◈ 패킷 교환망의 기능

패킷 다중화, 경로 제어, 트래픽 제어, 에러 제어 등이 있다.

개념 체크

◉ **단답형 문제**

06.9, 02.3
01 접속 혹은 다중화의 목적으로 메시지를 정해진 크기의 비트 수로 나눈 다음 정해진 형식에 맞추어 만들어진 데이터의 블록을 무엇이라 하는가?

◉ **객관식 문제**

18.9, 17.9, 10.9, 08.3, 06.3
02 회선 교환 방식에 대한 설명으로 틀린 것은?
① 회선 교환기 내에서 오류 제어가 용이하다.
② 일대일 정보통신이 가능하다.
③ 길이가 긴 연속적인 데이터 전송에 적합하다.
④ 회선 교환기 내에서 처리 지연 시간이 비교적 적다.

19.5, 13.9, 10.5
03 데이터그램(Datagram) 패킷 교환 방식에 대한 설명으로 틀린 것은?

① 수신은 송신된 순서대로 패킷이 도착한다.
② 속도 및 코드 변환이 가능하다.
③ 각 패킷은 오버헤드 비트가 필요하다.
④ 대역폭 설정에 융통성이 있다.

08.7
04 패킷 교환에서 가상 회선 방식에 대한 설명으로 틀린 것은?
① 패킷들은 전달될 때까지 저장되기도 한다.
② 대역폭 설정이 고정적이다.
③ 속도 및 코드 변환이 가능하다.
④ 모든 패킷은 설정된 경로에 따라 전송된다.

17.9, 15.3, 13.3
05 패킷 교환 방식(Packet Switching)의 특징이 아닌 것은?
① 메시지 교환 방식과 같이 축적 교환 방식의 일종이다.
② 트래픽 용량이 적은 경우에 유리하다.
③ 전송할 수 있는 패킷의 길이가 제한되어 있다.
④ 데이터그램과 가상 회선 방식이 있다.

| 정답 | 01. Packet 02. ① 03. ① 04. ② 05. ②

경로 제어, 트래픽 제어, 네트워크 위상

01 경로 제어(Routing)

◈ 경로 제어

• 각 메시지에서 목적지까지 갈 수 있는 여러 경로 중 한 가지 경로를 설정해 주는 과정이다.
• 경로 설정 요소(Parameter) : 성능 기준, 경로의 결정 시간과 장소, 네트워크 정보 발생지 등이 있다.

◈ 경로 설정 프로토콜의 종류

• IGP(Interior Gateway Protocol)
• RIP(Routing Information Protocol)
• OSPF(Open Shortest Path First protocol)
• EGP(Exterior Gateway Protocol)
• BGP(Border Gateway Protocol)

◈ 경로 설정 방식

• Fixed Routing(고정 경로 제어) : 자료가 전송되기 전에 전달되는 경로가 미리 결정되는 것이다. 가장 단순한 전략으로서 망 내의 각 송수신 접속구 쌍에 대하여 최적의 경로를 표시하는 테이블을 중앙 제어 접속구에서 작성하여 보관한다.
• Adaptive Routing(적응 경로 제어) : 통신망 상태, 즉 선로 고장률이나 통신량 형태 등의 변화에 따라 메시지의 전달 경로를 선택하는 방식이다.
• Flooding(범람 경로 제어) : 각 노드에서 들어온 패킷을 다른 모든 링크로 복사하여 전송하는 형태이다.
• Random Routing(임의 경로 제어) : 하나의 링크를 임의로 결정하여 전송하는 방식이다.

02 트래픽 제어(Traffic Control)

◈ 흐름 제어(Flow Control)

• 네트워크의 원활한 흐름을 위해 송신 측과 수신 측의 전송 패킷의 양이나 속도를 조절하는 것이다.

• 수신기 버퍼의 오버플로우(Overflow)를 예방하기 위한 것으로 데이터 프레임의 전송률을 조정하는 것이다.
• 흐름 제어의 종류

정지-대기 (Stop-and-Wait)	• 수신 측으로부터 ACK를 받은 후 다음 패킷을 전송하는 방식이다. • 한 번에 하나의 패킷만 전송 가능하다.
슬라이딩 윈도우 (Sliding Window)	• 한 번에 여러 개의 프레임을 나누어 전송할 경우 효율적인 방식이다. • 수신 측으로부터 이전에 송신한 프레임에 대한 ACK를 받으면 송신 윈도우가 증가하고, NAK를 받으면 송신 윈도우의 크기가 감소한다.

◈ 동기 제어

통신 제어 장치의 기능 중에서 송신과 수신을 동일한 타이밍으로 동작시키기 위한 기능이다.

◈ 혼잡 제어(Congestion Control)

네트워크 측면에서 패킷의 흐름을 제어하여 오버플로우(Overflow)를 방지하는 것이다.

◈ 교착상태 방지(Deadlock Avoidance)

교환기 내의 기억공간에 패킷들이 꽉 차서 다음 패킷이 들어오지 못하는 현상(Deadlock)을 방지하는 것이다.

03 네트워크 위상(Topology)의 종류

◈ 성형(Star)

• 중앙에 호스트 컴퓨터(Host Computer)가 있고 이를 중심으로 터미널(Terminal)들이 연결되는 중앙 집중식의 네트워크 구성 형태이다.

- 중앙 컴퓨터와 직접 연결되어 응답이 빠르고 통신 비용이 적게 소요되지만, 중앙 컴퓨터에 장애가 발생되면 전체 시스템이 마비되는 분산 시스템의 위상 구조이다.

◈ 링형(Ring)

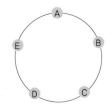

- 데이터는 한쪽 방향으로만 흐르고 병목 현상이 드물지만, 두 노드 사이의 채널이 고장 나면 전체 네트워크가 손상될 수 있다.
- 한 노드가 절단되어도 우회로를 구성하여 통신이 가능하다.

◈ 버스형(Bus)

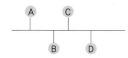

- 한 개의 통신 회선에 여러 개의 사이트가 연결된 형태이다.

- 한 사이트의 고장은 나머지 사이트들 간의 통신에 아무런 영향을 주지 않는다.

◈ 계층형(Tree)

트리(Tree) 형태이며, 분산 처리 시스템을 구성하는 방식이다.

◈ 망형(Mesh)

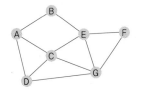

- 각 사이트는 시스템 내의 모든 사이트들과 직접 연결된 형태이다.
- 통신 회선의 총 경로가 다른 네트워크 형태에 비해 가장 길게 소요된다.
- 많은 단말기로부터 많은 양의 통신을 필요로 하는 경우에 유리하다.
- n개의 구간을 망형으로 연결하면 $n(n-1)/2$개의 회선이 필요하다.

개념 체크

 단답형 문제

13.3, 08.3, 05.9
01 정보통신망 구조 중에서 중앙에 컴퓨터가 있고 그 주위에 분산된 터미널을 연결시키는 형태의 통신망 구조는?

04.9
02 경로 설정 알고리즘 중 네트워크 정보를 요구하지 않으며, 송신처와 수신처 사이에 존재하는 모든 경로로 패킷을 전송하는 방식은?

객관식 문제

19.9, 15.9, 13.6/3, 08.3, 03.3, 00.3
03 정보 통신망 구조 중에서 중앙에 컴퓨터가 있고 그 주위에 분산된 터미널을 연결시키는 형태의 통신망 구조는?

① 성형 통신망　　② 트리형 통신망
③ 링형 통신망　　④ 버스형 통신망

17.5, 12.5, 07.5, 06.3, 02.3
04 LAN을 분류할 때 네트워크 위상(Topology)에 따른 것이 아닌 것은?
① Bus형　　② Star형
③ Packet형　　④ Ring형

17.5, 10.9, 07.5
05 통신망에서 송신처와 수신처 간의 동작 속도 차이가 존재하는 경우에 적용되는 기능은?
① 흐름 제어 기능　　② 오류 제어 기능
③ 다중화 기능　　④ 교환 기능

54 LAN(Local Area Network, 근거리 통신망)

출제
빈도 상 중 하

▲ 합격 강의

01 LAN의 개념과 특징

◈ LAN의 개념

정보 통신 기술 발전에 의해 출현한 정보화의 한 형태이다. 한 건물 또는 공장, 학교 구내, 연구소 등의 일정지역 내 설치된 통신망으로 각종 기기 사이의 통신을 실행하는 통신망이다.

◈ LAN의 특징

약 200m 이하의 한 건물 연결
- 제한된 지역 내의 통신이다.
- 망에 포함된 자원 공유이다.
- 경로 선택이 필요하지 않다.
- 오류 발생률이 낮다.
- 성형, 버스형, 링형 등의 망 형태를 갖는다.

◈ LAN의 구성 요소

- 컴퓨터
- 통신카드와 신호 변환 장치
- 접속케이블
- 네트워크 소프트웨어

◈ 전송 방식에 의한 분류

- 베이스밴드 방식
  - 신호 변조 없이 고유 주파수 영역을 사용하는 방식이다.
  - 시분할 다중화 방식을 사용하고 통신 방식이 쉽고 경제적이다.
- 브로드밴드 방식
  - 디지털 신호를 아날로그 신호로 광대역 변조하는 방식이다.
  - 주파수 분할 다중화 방식을 사용한다.

◈ LAN의 표준안(계층 구조)

데이터 링크 계층	LLC (논리 링크 제어)
	MAC (매체 접근 제어)
물리 계층	물리 계층

〈OSI 7 계층〉　〈LAN의 계층〉

◈ IEEE 802의 표준 규격

802.1	상위 계층 인터페이스
802.2	논리 링크 제어(LLC)
802.3	CSMA/CD
802.4	토큰 버스(Token Bus)
802.5	토큰 링(Token Ring)
802.6	MAN
802.8	고속 이더넷(Fast Ethernet)
802.11	무선 LAN
802.15	블루투스

◈ 매체 접근 제어(MAC; Media Access Control)

- CSMA(Carrier Sense Multiple Access)
- CSMA/CD(Carrier Sense Multiple Access/ Collision Detection)
- 토큰 버스(Token Bus)
- 토큰 링(Token Ring)
- Token Passing : 채널의 사용권을 균등 분배하기 위하여 사용권을 의미하는 토큰을 차례로 전달해 나가는 방법이다.

02 LAN의 표준안 동향 및 관련 장비

◈ LAN의 표준안 동향

- 이더넷(Ethernet)
  - 제록스사에서 개발한 후 DEC와 인텔사가 연합하여 확장한 LAN의 표준안이다.

- IEEE에 의해 802.3이 표준안으로 채택되었다.
- 대부분 버스형에 많이 사용된다.
- CSMA/CD를 MAC 프로토콜로 사용하는 LAN의 종류이다.

구분	전송매체	신호속도	전송속도	세그먼트
10 BASE 5 Ethernet	동축케이블 (50 Ohms)	베이스밴드	10Mbps	500m
10 BASE 2C heaperNet	동축케이블 (50 Ohms)	베이스밴드	10Mbps	185m
1 BASE 5 StarLAN	이중나선	베이스밴드	1Mbps	500m
10 BROAD 36	동축케이블 (75 Ohms)	베이스밴드	10Mbps	1800m
10 BASE-T	이중나선	베이스밴드	10Mbps	1000m

- **고속 이더넷(Fast Ethernet)**
  - 100 BASE T라고도 불리는 이더넷의 고속 버전으로서, 100Mbps의 전송 속도를 지원하는 LAN의 표준안이다.
  - CSMA/CD 방식 기반이다.
- **기가비트 이더넷(Gigabit Ethernet)**
  - 1Gbps의 속도를 제공한다.

- 기존 이더넷 방식을 그대로 채택하고 있으므로 호환성이 높아 효율적이다.
- **FDDI(Fiber Distributed Data Interface)**
  - LAN 간의 트래픽 폭증 문제를 해결할 수 있는 고속 LAN으로 대표적인 표준이다.
  - 미국표준협회(ANSI)와 ITU-T에 의해 표준화되었다.
  - 100Mbps의 속도를 갖는 두 개의 링으로 구성되어 있다.

◈ **네트워크 관련 장비**

- **리피터(Repeater)** : 신호가 약해지거나 왜곡될 경우 원래의 신호로 재생하여 재송신하는 장비이다.
- **브리지(Bridge)** : 두 개의 LAN이 데이터 링크 계층에서 서로 결합되어 있는 경우에 이들을 연결하는 장비이다.
- **라우터(Router)** : 적절한 전송 경로를 선택하고 이 경로로 데이터를 전달하는 것으로, 서로 다른 형태의 네트워크를 상호 접속하는 3계층 장비이다.
- **게이트웨이(Gateway)** : 서로 다른 프로토콜을 사용하는 망을 연결한다.

개념 체크

단답형 문제

18.9, 15.5, 12.3, 11.5, 10.9, 07.9, 06.3
01 LAN으로 널리 이용되는 이더넷(Ethernet)에서 데이터 충돌을 막기 위해 송신 데이터가 없을 때에만 데이터를 송신하고, 다른 장비가 송신 중일 때에는 송신을 중단하며 일정 시간 간격을 두고 대기하였다가 다시 송신하는 방식은?

13.3, 10.3, 07.3
02 서로 다른 프로토콜을 사용하는 망을 연결하는 데 사용되는 것은?

객관식 문제

12.3, 10.9
03 LAN의 특성에 대한 설명으로 틀린 것은?
① 음성, 데이터 및 화상정보를 전송할 수 있다.
② LAN 프로토콜의 OSI 참조 모델의 상위 계층에 해당된다.

③ 전송 방식으로 베이스밴드와 브로드밴드 방식이 있다.
④ 광케이블 및 동축케이블의 사용이 가능하다.

11.9, 10.5, 08.5
04 다음 중 IEEE의 LAN 관련 프로토콜이 바르게 연결된 것은?
① IEEE 802.2 - 매체접근 제어(MAC)
② IEEE 802.3 - 논리링크 제어(LLC)
③ IEEE 802.4 - 토큰 버스(Token Bus)
④ IEEE 802.5 - 광섬유 LAN

09.9, 02.9
05 10 Base T 근거리통신망의 특성을 올바르게 나타낸 것은?
① 10[Mbps], Baseband, Twisted Pair Cable
② 10[Gbps], Baseband, Twisted Pair Cable
③ 10[Gbps], Broadband, Coaxial Cable
④ 10[Mbps], Broadband, Coaxial Cable

|정답| 01. CSMA/CD 02. 게이트웨이 03. ② 04. ③ 05. ①

VAN, ISDN / 암호화 기법

01 VAN(부가가치 통신망)

◈ VAN의 개념

단순한 정보의 수집 및 전달 기능뿐만 아니라 정보의 저장, 가공, 관리 및 검색 등과 같이 정보에 부가가치를 부여하는 통신망이다.

◈ VAN의 기능

- **전송 기능** : VAN의 기본적인 기능
- **교환 기능** : 사용자 간의 정보 전송 기능
- **통신 처리 기능** : 프로토콜 변환(회선 제어, 접속 등의 통신 절차 변환), 전자 사서함, 동보통신
- **정보 처리 기능** : 정보 검색 서비스, 소프트웨어 개발, 데이터베이스 구축

◈ VAN 통신처리 계층의 기능

- **전자 사서함** : 상대방이 부재중일 때 몇 개의 메시지를 일시적으로 통신망에 축적하였다가 나중에 송출한다.
- **프로토콜 변환** : 서로 다른 기종 간에 통신이 가능하도록 통신절차를 변환한다.
- **동보통신 기능** : 한 단말 장치에서 여러 단말 장치로 같은 내용을 동시에 전송한다.
- 그 외 데이터 교환 기능, 데이터 형식 변환, 속도 변환, 정시 집신 기능, 송신 기능 등이 있다.

02 ISDN(종합 정보통신망)

◈ ISDN의 개념

- 발신 가입자로부터 수신자까지의 모든 전송, 교환 과정이 디지털 방식으로 처리되며, 음성과 비음성, 영상 등 서비스를 종합적으로 처리하는 통신망이다.
- 데이터베이스나 정보 처리 기능의 이용 범위가 넓어지게 되어 통신의 이용 가치를 높이게 한다.
- 기존의 회선 교환망이나 패킷 교환망도 이용 가능하다.

- 서비스 기능은 하위 계층인 베어러 서비스와 상위 계층인 텔레서비스를 모두 포함한다.

◈ ISDN 채널 접속규격

- **기본 속도 인터페이스(BRI; Basic Rate Interface)**
  - 일반적으로 사용되는 ISDN 서비스이다.
  - 2B + D로 구성된다.
  - **B채널** : 사용자가 실제로 사용할 수 있는 채널이다.
  - **D채널** : 교환기와 노드 간에 호 설정 및 해지를 위한 신호 채널이다.
- **1차군 속도 인터페이스(PRI; Primary Rate Interface)**
  - ISDN 사설 교환기 또는 기업의 LAN에 사용한다.
  - **23B+1D** : 1544Kbps (미국, 일본, 캐나다) └ T1
  - **30B+1D** : 2048Kbps (한국, 유럽) └ E1
  - 64Kbps 속도의 23, 30개의 통신 채널과, 기본 속도 인터페이스보다 빠른 64Kbps 속도의 1개 신호 채널로 구성된다.
- **ISDN 기본 인터페이스(BRI)**
  - 2B+1D = (2 * 64) + 64 = 192Kbps
  - 국내의 BRI는 192Kbps이다.

◈ ISDN 채널 접속규격별 속도 및 특징

채널의 종류		신호 속도(Kbps)	특징
B		64	디지털 정보 채널
D		16 또는 64	디지털 신호 채널
H	H_0	384	영상 회의 및 고속 팩시밀리 전송
	H_{11}	1536	고속 데이터 전송
	H_{12}	1920	
	H_2	7680	
	H_3	3070	
	H_4	122880	
A		4KHz	• 아날로그 전화 채널 • 아날로그 음성신호를 전송

- B(Bearer) 채널 : 음성이나 데이터를 위한 64Kbps 디지털 채널
- D(Data) 채널 : 16Kbps 혹은 64Kbps의 디지털 신호 채널
- H(Hybrid) 채널 : 384Kbps(H0), 1,536Kbps(H11), 1,920Kbps(H12)

◈ N–ISDN과 B–ISDN의 신호 방식 비교

- N–ISDN
  - 64Kbps이며 단일 채널 형태이다.
  - 회선 교환망을 사용하고 가상 채널의 개념이 없다.
- B–ISDN
  - 대칭적/비대칭적 연결 형태를 제공하고 가상 채널 개념을 도입한다.
  - 가변적인 대역폭을 사용하고 다중 연결 형태이다.
  - ATM이라는 패킷 교환망을 사용한다.
  - 155.52Mbps 또는 622.08Mbps의 속도 인터페이스를 제공한다.
- ATM(Asynchronous Transfer Mode)
  - 광대역 종합정보통신망 B–ISDN을 실현하기 위해 사용된다.
  - 48Byte의 페이로드(Payload)를 갖고 있다.
  - 5Byte의 헤더를 갖고 있다.
  - 정보는 셀 단위로 나누어 전송하며 멀티미디어 서비스에 적합하다.
  - 비동기식 전달모드로 고속데이터 전송에 사용된다.
  - 155(Mbps) 이상 5(Gbps)급의 통신 속도를 제공한다.

◈ 암호화 기법

- 비밀키(Private Key) 암호화 기법(대칭키)
  - 암호키=복호키
  - 대표 방식 : DES(Data Encryption Standard)이며 블록 암호의 일종으로 평문을 64비트로 나눠 56비트의 키를 사용한 알고리즘 방법이다.
- 공개키(Public Key) 암호화 기법(비대칭키)
  - 암호키≠복호키
  - 대표 방식 : RSA(Rivest Shamir Adleman)이다.
- 전자우편에 관한 암호화 기법
  - PGP : 전자우편을 다른 사람이 받아 볼 수 없도록 암호화하고 복호화하는 대표적인 기법이다.
  - PEM : 전자우편을 엽서가 아닌 밀봉된 봉투에 넣어서 보낸다는 개념으로 IETF에서 인터넷 초안으로 채택한 기법이다.

개념 체크

단답형 문제

14.5, 09.3, 07.3, 06.3

01 공중 전기 통신 사업자에게 임차한 통신 회선에 자신의 통신망을 연결시켜 메일박스 서비스나 프로토콜 변환, 포맷 변환 등의 부가가치 통신 서비스를 이용자에게 분할하여 재판매하는 통신 처리망은?

16.10/3, 04.3

02 ISDN의 기본적인 이용자 망 인터페이스의 구조는?

객관식 문제

05.3, 99.9

03 부가가치통신망(VAN)의 통신 처리 기능으로서 회선의 접속, 각종 제어 절차 등의 데이터를 전송할 때 통신 절차를 변환하는 기능은?

① 미디어 변환   ② 프로토콜 변환
③ 포맷 변환   ④ 부호 변환

08.7

04 광대역 종합정보통신망(B–ISDN)과 관련이 없는 것은?
① ATM 방식
② 64[Kbps] 이하의 전송 서비스
③ 광전송 기술
④ 멀티미디어 서비스

19.4, 18.3, 17.9/3, 14.5, 12.9, 10.5

05 다음 중 정보 통신 시스템의 ATM에 대한 설명으로 틀린 것은?
① 48Byte의 페이로드(Payload)를 갖는다.
② 5Byte의 헤더를 갖는다.
③ 멀티미디어 서비스에 적합하다.
④ 동기식 전달 모드로 고속데이터 전송에 사용된다.

|정답| 01. VAN 02. 2B+D 03. ② 04. ② 05. ④

// POINT // 56 통신매체와 뉴미디어

출제 빈도 **상** 중 하

합격 강의

---

01 통신매체

◈ 위성 통신

- 광대역 통신이 가능하여 대용량, 고속 통신이 가능하다.
- 광범위한 지역에 서비스 제공이 가능하다.
- 오류율의 감소로 고품질 정보 전송이 가능하다.
- 전파 지연 발생이 가능하다.
- 정지 위성 : 지구 적도 상공 약 36,000km 높이의 통신 위성을 중계하여 행하는 무선 통신이다.
- 저궤도 위성 : 일반 통신 위성으로 500~2,000km 높이의 통신 위성을 중계하여 행하는 무선 통신이다.

◈ 이동 통신망

- 다중 접속 방식의 종류 : FDMA, TDMA, CDMA
- 코드 분할 다중 접속(CDMA; Code Division Multiple Access) : 하나의 채널로 한 번에 한 통화밖에 하지 못하는 한계가 있는 아날로그 방식의 문제점을 해결하기 위해 개발된 디지털 방식 휴대폰의 한 방식이다.
- 셀룰러 시스템
  - 셀(Cell) : 무선 기지국 하나가 커버할 수 있는 지역을 말하며 5km 정도의 원형 범위이다.
- 핸드오프(Hand Off) : 통화 중인 이동국(Mobile Station)이 현재의 셀(Cell)에서 벗어나 다른 셀로 진입하는 경우, 셀이 바뀌어도 중단 없이 통화를 계속할 수 있게 해 준다.
  - Soft Hand-Off : 통화 중 기지국 간 이동 시에 아무런 영향이 없도록 해 주는 핸드오프 방식이다.
  - Softer Hand-Off : 같은 기지국의 전파가 겹치는 지역에서 2개의 섹터를 통하여 통화가 이루어지는 과정으로 소프트 핸드오프 방식과 유사한 방식을 취한다.
  - Hard Hand-Off : 통화 중 기지국 간 이동 시에 순간적인 통화 단절이 발생하지만 통화에 지장을

느끼지 못하는 순간에 다음 기지국으로 연결해 주는 방식이다.

- 로밍(Roaming) : 가입된 지역을 벗어나 타 국가 등에서도 동일한 통신기기와 정보로 이동전화 서비스를 받을 수 있도록 하는 것을 의미한다.
- WiBro(Wireless Broadband) : 사용 주파수대는 2.3 GHz, 통신 가능 이동 속도는 시간당 60킬로미터(실제 120km/h 이동속도 지원), 최대 전송 거리는 1km, 최고 전송 속도는 약 10Mbps, 평균 전달 속도는 2Mbps, 변조 방식은 광대역 OFDM 방식이다.

◈ 유선 매체 통신

- 트위스트 페어(Twisted Pair Wire) : 전기적 간섭 현상을 줄이기 위해 서로 감겨 있는 형태의 케이블이다.
- 동축 케이블
  - 구리선을 싸고 있는 피복으로 인해 외부 간섭을 덜 받으며, 전력손실이 적어 고속 통신회선으로 많이 이용되고 있으며 아날로그와 디지털 신호 전송에 모두 이용 가능하다.
  - 광대역의 높은 주파수를 전송할 수 있고 CATV, LAN 등에 사용된다.
- 광섬유 케이블(Optical Fiber Cable)

  길이 다른 두 개의 접촉면에서 빛이 완전히 굴절되는 것을 말합니다.

  - 지름이 0.1mm 정도인 유리 섬유를 케이블 안에 여러 가닥을 넣어 전반사 현상을 이용한다.
  - 대역폭이 크고 신호의 보안성이 우수한 전송 매체이며, 분기나 접속이 쉽지 않다.
  - 원료인 유리는 절연성이 좋아 전자 유도의 영향을 받지 않아 누화 방지가 가능하다.
  - LAN의 전송 매체에 좋다.
  - 광케이블의 전반사 현상을 발생시키는 장비가 Clad이며 Clad는 광신호를 코어부근으로 반사시켜 코어내부로 빛을 모아 주는 역할을 한다.

◈ 초고속 정보통신망

- ADSL(Asymmetric Digital Subscriber Line, 비대칭 디지털 가입자 회선)

- B-ISDN(Broadband-ISDN, 광대역 종합 정보 통신망)
- ATM(Asynchronous Transfer Mode, 비동기 전송 모드)

02 뉴미디어와 멀티미디어

◈ 뉴미디어(New Media)

- **특징** : 쌍방향선, 분산적, 네트워크화, 특정 다수자
- **분류** : 유선계, 무선계, 패키지계

◈ 뉴미디어의 종류

- **CATV(Cable Television)** : 공동 시청 안테나를 이용하는 텔레비전 방식으로 난시청 지역에 고감도 안테나를 설치해서, 이를 통해 수신한 양질의 TV 신호를 일정한 전송로를 통하여 수요자에게 제공하는 뉴미디어이다.
- **비디오텍스(Videotex)**
  - 정보 센터로부터 필요한 정보를 선택하여 공중 전화망을 통해 일반 TV로 수신 가능한 뉴미디어이다.

  - 쌍방향 통신이 가능하다.
- **텔레텍스트(Teletext)** : TV전파를 이용하여 필요한 문자나 도형 정보를 텔레비전 수상기의 화면상에서 볼 수 있는 뉴미디어이다.

◈ 멀티미디어 압축 표준

- **JPEG** : 정지 화상 압축 기술의 표준이다.
- **MPEG** : 동화상 압축 기술의 표준이다.

◈ 주파수와 대역폭

- **주파수** : 단위 시간당 사이클을 반복하는 횟수를 의미한다. 단위는 Hz(헤르츠)다.
- **주파수의 구분**

데이터	주파수
HF(High Frequency)	3~30MHz
VHF(Very High Frequency)	30~300MHz
UHF(Ultra High Frequency)	300~3000MHz
SHF(Super High Frequency)	3000~30000MHz

- **대역폭(Bandwidth)** : 최고 주파수와 최저 주파수 사이 간격을 의미한다(=신호 속도).

개념 체크

⬇ 단답형 문제

09.9, 05.3
01 정지 위성의 궤도 위치는 지구 적도 상공 몇 km 정도인가?

06.9
02 화상정보가 축적되어 있는 컴퓨터의 데이터베이스로부터 전화회선과 TV수상기를 이용하여 사용자가 원하는 다양한 서비스를 쌍방향 대화방식으로 제공하는 것은?

⬇ 객관식 문제

10.5, 09.9/5
03 다음 중 광섬유 케이블의 일반적인 특징이 아닌 것은?
① 광대역성이다.
② 저손실성이다.
③ 전자기적 유도를 받지 않는다.
④ 전력선과 같이 포설할 수 없다.

10.9, 04.3
04 다음 중 전화회선을 이용하지 않는 통신 서비스는?
① FAX
② TELETEXT
③ ARS
④ VIDEOTEX

16.10, 13.3, 10.3, 06.5, 04.5
05 다음 중 뉴미디어의 특징과 거리가 먼 것은?
① 정보교환의 고속화와 대용량화
② 다채널성
③ 단방향성
④ 정보형태의 다양화

|정답| 01. 36,000km 02. Videotex 03. ④ 04. ② 05. ③

57 인터네트워킹

01 인터네트워킹

◈ 인터네트워킹의 개요

- 각각 운영 중인 네트워크를 상호 연결해 데이터 통신이 이루어지도록 하는 것이다.
- 일반적으로 근거리 통신망과 광대역 통신망을 연결하는 것이다.

02 인터넷

◈ 인터넷

- TCP/IP 프로토콜을 기반으로 전 세계 수많은 컴퓨터와 네트워크가 연결된 광범위한 통신망이다.
- 인터넷 서비스(TCP/IP상에서 운용됨)
  - WWW(World Wide Web) : 하이퍼텍스트 기반으로 되어 있는 HTTP 프로토콜을 사용하며 웹페이지는 서버에서 정보를 제공하여 주고 클라이언트에서는 웹 브라우저에 의해 정보를 검색하고 제공받는다.
  - FTP : 파일 전송 프로토콜(File Transfer Protocol)의 약자로 인터넷에서 파일을 송수신할 때 사용되는 서비스이다.
  - Telnet : 컴퓨터 통신망상의 다른 컴퓨터에 로그인하기 위해 사용하는 프로토콜 혹은 서비스이다.
  - 유즈넷(Usenet) : 분야별로 공통된 관심사를 가진 인터넷 사용자들이 서로의 의견을 주고받을 수 있게 하는 서비스이다.
  - 아키(Archie) : 익명의 FTP 사이트에 있는 파일 정보를 검색할 수 있도록 하는 서비스이다.
  - 전자우편(E-Mail) : 컴퓨터 통신망을 이용하여 사용자 간에 편지나 여러 정보를 주고받을 수 있는 서비스이다.

◈ 인터넷 주소 체계

- 하나의 옥텟은 8bit로 구성된다.
- 현재는 IPv4를 사용하고 있지만 IP 주소 부족현상으로 인해 IPv6로 넘어가는 단계이다.
- IPv6(Internet Protocol version 6)는 차세대 주소 체계로 128비트(6비트씩 8개)로 구성된다.

◈ IPv4 주소(Internet Protocol Address)의 특징 및 구조

- 특징
  - IPv4의 TTL필드는 IPv6에서 홉 제한(Hop Limit)으로 불린다.
  - IPv4의 옵션 필드(Option Field)는 IPv6에서는 확장 헤더로 구현된다.
  - IPv4의 총 길이 필드는 IPv6에서 제거되고 페이로드 길이 필드로 대치된다.

- 구조

A Class	• 대형 기관 및 기업에서 사용 • 2^{24}(=16,777,216) 중 16,777,214개의 호스트 사용 가능
B Class	• 중형 기관 및 기업에서 사용 • 2^{16}(=65,536) 중 65,534개의 호스트 사용 가능
C Class	• 소형 기관 및 기업에서 사용 • 2^{8}(=256) 중 254개의 호스트 사용 가능
D Class	멀티캐스트용
E Class	실험용

256-2, 2개의 연결단말
IP는 제외합니다.

◈ 서브넷 마스크(Subnet Mask)

- 개념
  - 클래식한 기존의 네트워크를 서브, 즉 메인이 아닌 어떤 가공을 통한 네트워크로 나누어 주기 위한 기법이다.
  - 어떤 기관에서 배정받은 하나의 네트워크 주소를 다시 여러 개의 작은 네트워크로 나누어 사용하는 것을 의미한다.

– 근거리 네트워크망에서 각 네트워크망을 구분하기 위해 사용하는 것으로, IP주소를 네트워크 부분과 호스트 주소 부분으로 구분하기 위해서 사용한다.

예 어떤 회사에 컴퓨터가 100대인데 C 클래스를 받아 왔다고 치면 디폴트 서브넷 마스크로 사용할 경우 100대가 한 네트워크에 속해 있어서 브로드캐스트 영역이 크기 때문에 좋지 않다. 그래서 서브네팅을 사용해 네트워크를 나눠 주면 IP 낭비도 줄일 수 있다.

• IP 클래스별 기본 Subnet Mask
 – A Class 255.0.0.0
 – B Class 255.255.0.0
 – C Class 255.255.255.0

◈ **DNS(Domain Name System)**

• 문자로 된 도메인 네임을 숫자로 된 IP 주소로 변환하는 시스템이다.

• DNS 헤더의 플래그 필드

QR	opcode	AA	TC	RD	RA	(ZERO)	rcode
1	4	1	1	1	1	3	4

– QR : 0(접속 요구) / 1(응답)
– opcode : 0(표준 조회) / 1(역조회) / 2(서버 상태 요구)
– AA : 권한 있는 대답
– TC : 절단(Truncated) – 전체 크기가 초과하여 512바이트만 리턴
– RD : 재귀 요구
– RA : 재귀 가능 – 서버가 재귀를 지원한다면 응답에서 1로 설정
– (ZERO) : 3bit를 0으로 설정 – 추후 사용을 위해 예약
– rcode : 리턴 코드– 0(에러 없음), 1(양식 오류), 2(서버 실패), 3(이름 에러), 4(구현되지 않음), 5(거절), 6~15(추후 사용)

개념 체크

 단답형 문제

14.5, 10.3, 07.3, 04.9
01 인터넷 서비스에서 다른 컴퓨터를 자신의 컴퓨터와 같이 원격으로 사용할 수 있도록 지원해 주는 것은?

10.3, 08.9
02 네트워크 내의 주소에 해당하는 IP 어드레스 중 네트워크를 식별하기 위해 몇 비트를 네트워크 어드레스에 사용할지 정의하는 것은?

 객관식 문제

10.5, 09.5
03 다음 ㉠ ~ ㉡의 설명과 관련 있는 인터넷 서비스는?

> ㉠ 다수의 사용자들이 각 분야별로 공지사항 및 최신정보를 제공해 주는 서비스이다.
> ㉡ 지역적으로 멀리 떨어진 컴퓨터로 파일들을 송수신하는 서비스이다.

① ㉠ FTP	㉡ 유즈넷
② ㉠ 유즈넷	㉡ FTP
③ ㉠ 유즈넷	㉡ 텔넷
④ ㉠ FTP	㉡ 전자우편

06.8
04 다음 중 IP 주소 형식 중에서 호스트를 가장 많이 할당할 수 있는 인터넷 주소 클래스는?
① 클래스 A
② 클래스 B
③ 클래스 C
④ 클래스 D

| **정답** | 01. Telnet 02. 서브넷 마스크 03. ② 04. ①

// POINT // 58 X.25, TCP/IP, 표준안 제정 기관

출제빈도 상 중 하

---

01 X.25

◈ X.25의 특징

- 패킷 교환망에 대한 ITU-T의 권고안이다.
- DTE와 DCE의 인터페이스를 규정한다.
- 흐름 및 오류 제어 기능을 제공한다.
- 패킷 교환망에서 패킷의 원활한 정보 전송을 위한 통신 절차이다.
- 전송 품질이 우수하고 가상 회선 방식을 이용하여 한 개의 회선에 다수의 논리 채널을 나눠 주므로 효율성이 높다.

◈ X.25의 계층 구조

패킷 계층
프레임 계층
물리 계층

- **물리 계층(Physical Layer)**
  - OSI 7계층의 물리 계층에 해당한다.
  - X.21을 사용한다.
  - DTE/DCE 접속에 필요한 물리적 접속 방식을 정의한다.
- **프레임 계층(Frame Layer)**
  - OSI 7계층의 데이터 링크 계층에 해당한다.
  - 오류 제어, 흐름 제어 기능을 수행한다.
  - LAPB(Link Access Procedure Balanced) 프로토콜을 사용한다.
- **패킷 계층(Packet Layer)**
  - OSI 7계층의 네트워크 계층에 해당한다.
  - 가상 회선을 이용해 경로를 유지해 패킷 전송이 안전하다.
  - 메시지를 패킷으로 조립, 분해하고 패킷 단위 오류 제어 및 흐름 제어를 담당한다.

---

02 TCP/IP

◈ TCP/IP

- **의미**
  - TCP 프로토콜과 IP 프로토콜의 결합적 의미이다.
  - TCP가 IP보다 상위층에 존재한다.
  - 인터넷 기본 프로토콜이다.
- **TCP(Transmission Control Protocol)**
  - OSI 7계층의 전송 계층에 해당한다.
  - **특징** : 접속형 서비스, 전이중 전송 서비스, 신뢰성 있는 서비스를 제공한다.
  - **기능** : 패킷 다중화, 오류 제어, 흐름 제어, 순서 제어가 있다.
- **IP(Internet Protocol)**
  - OSI 7계층의 네트워크 계층에 해당한다.
  - 비연결성, 비신뢰성 서비스를 제공한다.
  - 데이터 그램이라는 데이터 전송 형식을 갖는다.
  - **기능** : 패킷 분해/조립, 호스트 주소 지정, 경로 선택 기능을 제공한다.

◈ **TCP/IP의 구조**

응용 계층 표현 계층 세션 계층	응용 계층
전송 계층	전송 계층
네트워크 계층	인터넷 계층
데이터 링크 계층 물리계층	링크 계층
〈OSI 7계층〉	〈TCP/IP〉

- **링크 계층(Link Layer)**
  - 프레임(실제 데이터)을 송·수신한다.
  - Ethernet, IEEE 802, HDLC, X.25, RS-232C
- **인터넷 계층(Internet Layer)**
  - 주소 지정, 경로 배정을 제공한다.
  - IP(Internet Protocol) : 주소, 경로를 설정한다.
  - ARP(Address Resolution Protocol) : IP Address를 물리적 하드웨어 주소(MAC Address)로 변환하는 프로토콜이다.
  - RARP(Reverse Address Resolution Protocol) : 호스트의 물리 주소를 통하여 논리 주소인 IP 주소를 얻어오기 위해 사용되는 프로토콜이다.
  - ICMP, IGMP
- **전송 계층(Transport Layer)**
  - 호스트 간 통신을 제공한다.
  - TCP(Transmission Control Protocol) : 연결형 프로토콜이다.
  - UDP(User Datagram Protocol) : 비연결형 프로토콜이다.
- **응용 계층(Application Layer)**
  - 응용 프로그램 간의 데이터를 송·수신한다.
  - FTP, SMTP, SNMP, Telnet

03 표준안 제정 기관

◈ **표준안 제정 기관**

- ISO(International Organization for Standardization, 국제표준화기구)
- ITU-T(International Telecommunication Union-telecommunication Standardization Sector) : 전화 전송, 전화 교환 신호 방법 등에 관한 권고안을 제정하며, 아날로그 통신에 사용되는 인터페이스 권고안인 V 시리즈와 데이터통신에 사용되는 인터페이스를 위한 권고안 X 시리즈 표준을 규정한다.
- IEC(International Electrotechnical Commission, 국제전기표준협회)
- IEEE(Institute of Electric and Electronic Engineers, 전기전자기술자협회)
- IAB(Internet Activities Board, 인터넷아키텍처위원회)

◈ **기타 표준안 용어**

RFC(Request For Commnets) : IETF에서 발표하는 인터넷 기술과 관련된 공문서 간행물로, 인터넷 연구와 개발 공동체의 작업 문서이다. 통신프로토콜, 인터넷 서비스 등에 대해서 다루고 있으며, 제출된 문서가 인정되면 특정한 번호가 붙은 RFC 문서로 공고한다.

단답형 문제

10.9, 06.9, 05.3, 03.9
01 공중 데이터망에서 사용되는 DTE/DCE 간의 상호접속에 대한 정의를 규정한 권고안은?

15.3, 14.5, 03.9, 02.3
02 인터넷에서 사용하고 있는 통신용 프로토콜은?

객관식 문제

09.5
03 다음 중 인터넷 관련 사항으로 옳지 <u>않은</u> 것은?
① TCP/IP는 TCP 프로토콜과 IP 프로토콜의 결합적 의미로서 TCP가 IP보다 상위층에 존재한다.
② TCP/IP는 계층형 구조를 가지고 있다.
③ TCP는 OSI 참조모델의 네트워크 계층에 대응되고, IP는 트랜스포트 계층에 대응된다.
④ ICMP는 Internet Control Message Protocol을 뜻한다.

18.5, 17.5, 13.9, 11.9
04 TCP 프로토콜에 대한 설명으로 틀린 것은?
① 신뢰성 있는 전송 프로토콜이다.
② 전이중 서비스를 제공한다.
③ 비연결형 프로토콜이다.
④ 스트림 데이터 서비스를 제공한다.

17.9, 08.3, 07.5, 98.5
05 다음 중 인터넷 TCP/IP 구조와 관련되는 프로토콜이 <u>아닌</u> 것은?
① SNA ② UDP
③ ICMP ④ ARP

20.9
06 ITU-T에서 1976년에 패킷 교환망을 위한 표준으로 처음 권고한 프로토콜은?
① X.25 ② I.9577
③ CONP ④ CLNP

15.9
07 미국의 IAB가 인터넷에 관한 조사, 제안, 기술, 소견 등을 공표한 온라인 공개 문서로 네트워크 프로토콜 또는 서비스를 구현할 때 필요한 절차와 형식 등 인터넷에 관한 정보를 알리기 위한 주요한 수단으로 사용되는 것은?
① CRM ② IEEE
③ IFC ④ RFC

16.5
08 국제전기통신연합의 약칭으로 국제 간 통신규격을 제정하는 산하기구를 두고 있는 것은?
① ITU ② BSI
③ DIN ④ JIS

|정답| 01. X.25 02. TCP/IP 03. ③ 04. ③ 05. ① 06. ① 07. ④ 08. ①

해설과 따로 보는
기출문제

이론을 모두 학습했다면 이제 본격적으로 문제 풀이를 시작해야 합니다. PART 02
에는 2022~2023년 필기 기출문제 총 5회분을 수록하였습니다. 최신 기출문제
풀이를 통해 출제 경향을 파악하고 실전 감각을 빠르게 향상시킬 수 있습니다.
문제와 해설을 따로 분리하여, 자신이 작성한 정답과 비교하며 학습할 수 있도
록 구성하였습니다.

1과목 사무자동화시스템

01 WYSIWYG에 대한 설명으로 옳은 것은?

① 출판물의 입력과 편집·인쇄 등의 전 과정을 컴퓨터화한 전자 편집 인쇄 시스템이다.

② 디지타이즈된 사진을 자유자재로 편집할 수 있는 환경을 말한다.

③ 전문지식이 없는 사람도 컴퓨터를 사용할 수 있도록 개발된 환경이다.

④ 사용자가 화면으로 보는 모습 그대로 인쇄되어 나오는 편집환경이다.

02 다음 중 팩시밀리의 기능 설명 중 잘못 연결된 것은?

① 자동 수신 – 송신 측의 원격 조정으로 수신하는 경우

② 부분 전송 – 원고의 밑 부분을 스킵(Skip)해서 보내는 경우

③ 자동 송신 – 수신 측의 원격 조정으로 송신시키는 경우

④ 자동 절단 – 수신 측 원고의 크기에 맞추어 송신 측 기록지를 자동 절단하여 송신하는 경우

03 광케이블을 특정 지점까지만 연결하고 구내에는 UTP 또는 동축케이블을 연결하는 것과는 달리 광케이블을 구내의 종단까지 직접 연결하여 기존 방식 대비 최대 100배 이상 빠른 서비스를 제공할 수 있는 초고속 인터넷 서비스의 명칭은?

① ADSL

② FTTH

③ WLAN

④ VDSL

04 감열기록방식의 모사전송기로 수신한 당해 문서는 복사하여 접수하여야 한다. 이러한 경우에 해당하는 문서 기준은?

① 보존기간이 1년 이상인 문서

② 보존기간이 3년 이상인 문서

③ 보존기간이 5년 이상인 문서

④ 보존기간이 10년 이상인 문서

05 다음 중 입력장치에 해당하지 않는 것은?

① 스캐너

② 디지타이저

③ 플로터

④ 라이트 펜

06 다음 중 안소프(Ansoff)에 의한 기업의 의사결정에 포함되지 않는 것은?

① 경쟁적 의사결정

② 전략적 의사결정

③ 관리적 의사결정

④ 업무적 의사결정

07 다음 중 페이욜(H. Fayol)의 관리 기능이라고 볼 수 없는 것은?

① 회계활동

② 기술활동

③ 재무활동

④ 예산활동

08 데이터베이스 ACID에 대한 설명으로 가장 옳지 않은 것은?

① A : Atomicity(원자성)의 의미이며 트랙잭션과 관련된 작업들이 부분적으로 실행되다가 중단되지 않는 것을 보장하는 것을 말한다.

② C : Consistency(일관성)의 의미로 트랜잭션 실행을 성공적으로 완료하면 언제나 일관성 있는 DB상태로 유지하는 것을 말한다.

③ I : Isolation(고립성)의 의미로 트랜잭션 수행 시 다른 트랜잭션 연산 작업이 중간에 개입되지 못하도록 보장하는 것을 말한다.

④ D : Dictation(사전)의 의미로 데이터베이스가 사전의 구조를 가지는 것을 의미한다.

09 다음 중 SRAM에 대한 설명으로 옳지 않은 것은?

① 읽고 쓰기가 가능한 메모리이다.
② SRAM이 DRAM보다 구조가 간단하다.
③ SRAM은 refresh 작업이 없기 때문에 DRAM보다 처리 속도가 빠르다.
④ 전원이 공급되는 한 지속적으로 기록된 자료가 유지된다.

10 데이터에 대한 데이터로 정의되며, 기능적인 측면에서 데이터에 대한 구조화된 데이터로 정의되는 것은?

① 시맨틱 데이터
② 멀티미디어 데이터
③ 메타 데이터
④ 흐름 데이터

11 워드프로세서의 매크로에 대한 설명으로 가장 옳지 않은 것은?

① 반복적인 작업을 순서대로 기억시켜 놓고 필요할 때 실행시키는 기능이다.
② 매크로는 별도의 파일로 저장해 두거나 정의된 매크로를 다시 편집할 수 있다.
③ 동일한 도형이나 문단 형식, 서식 등에 매크로를 사용할 수 있다.
④ 매크로는 키보드의 입력만을 기억할 수 있다.

12 다음 중 전자문서교환(EDI)에 관한 설명으로 틀린 것은?

① 컴퓨터로 표준화된 전자문서를 작성하여 통신망을 통해 상대방에게 전송할 수 있다.
② 재입력 과정 없이 다음 업무처리에 즉각 활용할 수 있다.
③ EDI는 거래당사자가 컴퓨터로 읽을 수 있는 서로 합의된 표준화된 자료이다.
④ EDI는 표준양식으로 즉시 판독이 가능한 부호화된 형태이다.

13 다음 중 사무실 내부 환경 분석에 해당하지 않은 것은?

① 사무구성원 분석
② 공공정보서비스 현황
③ 업무 분석
④ 사무기기 분석

14 인터넷을 전용선처럼 사용할 수 있도록 특수 통신체계와 암호화 기법을 제공하는 서비스로 기업 본사와 지사 또는 지사 간에 전용망을 설치한 것과 같은 효과를 거둘 수 있는 것은?

① Anti-virus
② Firewall
③ IDS
④ VPN

15 데이터베이스 모델 중 계층적 데이터베이스의 특징에 해당하는 것은?

① 하나의 부노드(Parent Node)가 다수 개의 자노드(Child Node)를 갖는다.
② 데이터 상호 간의 유연성이 좋다.
③ 테이블을 이용해 데이터 상호 관계를 정의한다.
④ 다른 데이터베이스로 변환이 쉽다.

16 다음이 의미하는 것은?

- 데이터의 의미를 표현하고, 그 의미를 바탕으로 데이터를 처리하고 분석할 수 있도록 하는 데이터이다.
- 인공지능, 사물인터넷, 빅데이터 등 다양한 분야에서 활용되고 있다.

① 시맨틱 데이터
② 멀티미디어 데이터
③ 메타 데이터
④ 흐름 데이터

17 다음 중 전자상거래에 관한 특징이 아닌 것은?

① 생산자는 소자본 창업이 가능하다.
② 근로자는 시공간을 초월하여 업무를 수행할 수 있다.
③ 소비자는 상품을 선택할 기회가 적다.
④ 운송비가 절감되고 상품 조사가 용이하다.

18 길브레스 부부는 인간의 동작을 구성하는 기본적인 요소를 18가지의 미세동작으로 나누고 이 미세동작이 결합함으로써 작업이 수행된다고 보았으며, 이 18가지의 미세동작을 기호화하였는데 그 기호의 이름은?

① Symbol
② Code
③ Therblig
④ Mark

19 MPEG 표준에서 오디오 표준 분류를 위한 규격은?

① MPEG-A
② MPEG-B
③ MPEG-C
④ MPEG-D

20 사무실의 물리적 보안을 위한 장치 또는 기술이 아닌 것은?

① 지문인식기
② 안티바이러스
③ 폐쇄회로 텔레비전
④ 디지털 도어록

2과목 사무경영관리개론

21 다음 사무처리 방식에 대한 설명으로 가장 옳은 것은?

① 개별 처리 방식은 다수의 사무원이 자료 수집에서 작성까지의 모든 사무처리를 하는 방식이다.
② 로트 처리 방식은 여럿이 분담하여 사무처리를 하는 방식으로 각 사무원이 각자 맡은 사무를 처리한다.
③ 유동 작업 방식은 임의로 사무기계 및 사무원을 배치하여 사무처리를 행하는 방식이다.
④ 자동화 방식은 컴퓨터 및 사무기기를 사용하여 사무를 수동적으로 처리하는 방식이다.

22 다음 중 기록물 관리를 총괄, 조정하고 기록물의 영구보존 및 관리를 위한 기관은?

① 국가기록원
② 국가정보원
③ 정부전산정보관리소
④ 한국정보사회진흥원

23 행정기관 등에 송신한 전자문서는 언제 송신자가 발송한 것으로 보는가?

① 그 전자문서의 발신 시점이 정보시스템에 의하여 전자적으로 결재된 때
② 그 전자문서의 송신 시점이 정보시스템에 의하여 전자적으로 결재된 때
③ 그 전자문서의 발신 시점이 정보시스템에 의하여 전자적으로 기록된 때
④ 그 전자문서의 송신 시점이 정보시스템에 의하여 전자적으로 기록된 때

24 EDI(Electronic Data Interchange)에 대한 설명으로 틀린 것은?

① EDI는 기업 간 또는 공공기관 간의 표준화된 행정서식을 통신망을 통해 직접 전송신호를 주고받는 것을 말한다.
② EDI는 컴퓨터가 자동으로 판독할 수 있는 일정한 구조를 가진 메시지 형태의 서류를 교환한다.
③ EDI는 컴퓨터 시스템들 간의 신속, 정확한 정보교환 요구에서 생긴 것이다.
④ EDI는 Computer to Computer 통신방식에 의한 정보의 재입력과 문서처리의 오류를 배제하지 못한다.

25 사무소의 위치를 선정할 때의 기준과 거리가 먼 것은?

① 회사인 경우 거래처와의 연락이 편리한 곳
② 지사 혹은 지점이 있을 때 조직 전체에 대한 업무지원을 최대한으로 할 수 있는 곳
③ 근처에 생활환경이 편리한 주거시설이 있는 곳
④ 유사한 업종이 한 곳에 집합하여 있지 않은 곳

26 사무실 배치(Office Layout)를 할 때 고려해야 할 사항으로 가장 타당하지 않은 것은?

① 사무처리나 업무의 흐름이 원활히 유통되도록 한다.
② 건물의 공간을 잘 활용하도록 한다.
③ 고객보다는 근무자 입장에서 가장 우선적으로 배치하여야 한다.
④ 부서 확대 등 미래를 예측하여 융통성 있는 배치를 한다.

27 사무자동화를 위한 선결과제로 적합하지 않은 것은?

① 사무환경의 정비
② 사무관리제도의 개혁
③ 조직 및 체제의 재정비
④ 기존 컴퓨터 전체를 대형 컴퓨터로 교체

28 계획을 세우고 이를 달성하기 위하여 인간, 기계, 자료, 방법 등을 조정하는 모든 활동은?

① 조직
② 관리
③ 행동
④ 통제

29 사무실 내 조명을 위한 방법 중 그 성격이 다른 하나는?

① 직접조명
② 간접조명
③ 반간접조명
④ 자연조명

30 경영 정보 시스템의 기능에 대한 설명으로 가장 옳지 않은 것은?

① 컴퓨터를 이용한 사무업무의 신속한 처리를 위한 시스템이다.
② 프로그램이 가능한 정형적인 의사결정을 하는 시스템이다.
③ PC, 팩스, 워드, 통신장치 등을 이용하여 의사소통을 담당하는 시스템이다.
④ 컴퓨터 등의 정보기술뿐만 아니라 인적자원도 포함하는 인간-기계 시스템이다.

31 "경영체는 인체요, 사무는 신경계통"이라고 주장한 학자의 이름은?

① 래핑웰
② 달링톤
③ 로빈슨
④ 피터슨

32 다음 중 사무관리의 기능을 가장 옳게 정의한 것은?

① 조직의 효율성 제고를 위해 장래를 예측하는 기능
② 경영 내부의 여러 기능과 활동을 효과적으로 달성하기 위한 조정, 지휘, 통제에 관한 기능
③ 사무와 생산에 관련된 기능을 모아 통합 처리하는 기능
④ 인적자원관리에 관한 업무를 주로 담당하는 기능

33 문서의 결재에 관한 설명으로 가장 옳지 않은 것은?

① 결재권자의 서명란에는 서명날짜를 함께 표시한다.
② 위임전결하는 경우에는 전결하는 사람의 서명란에 "전결" 표시를 한 후 서명하여야 한다.
③ 대결하는 경우에는 대결하는 사람의 서명란에 "대결" 표시를 하고 서명하여야 한다.
④ 위임전결사항을 대결하는 경우에는 전결하는 사람의 서명란에 "대결" 표시를 하고 서명하여야 한다.

34 DDC(Dewey Decimal Classification)에 의한 분류 중 연결이 틀린 것은?

① 100 : 철학
② 200 : 기술
③ 300 : 사회과학
④ 500 : 자연과학

35 자료의 십진분류 방법 중에서 우리나라의 일반자료의 분류에 많이 사용되는 분류법은?

① SDC
② UDC
③ NDC
④ KDC

36 정보 유출 등 침해사고를 방지하기 위한 대책으로 가장 옳지 않은 것은?

① 정보시스템의 악의적인 외부 침입을 1차적으로 차단하기 위한 방화벽을 설치한다.
② 침입탐지시스템 및 침입방지시스템을 이용하여 인바운드(Inbound) 패킷을 모니터링하고 의심되는 패킷은 차단한다.
③ 무선네트워크의 전파 도달 범위를 조절하여 건물 외부에서 접속이 불가능하도록 한다.
④ 비밀정보는 복호화가 불가능하도록 강력한 암호화 알고리즘을 적용하여 암호화한다.

37 듀이의 십진분류법에서 "문학"이 의미하는 세 자리 코드는?

① 100
② 300
③ 800
④ 900

38 사무계획을 특성에 따라 분류할 때 계획의 순응능력 따른 분류는?

① 구조계획과 과정계획
② 장기계획과 단기계획
③ 고정계획과 신축계획
④ 표준계획과 개별설정계획

39 사무를 위한 작업의 구성요소에 해당되지 않는 것은?

① 계산
② 분류 · 정리
③ 정보예측
④ 기록 또는 면담

40 라인조직의 단점으로 가장 옳지 않은 것은?

① 상위자에게 너무 많은 책임이 주어짐
② 조직구성원의 의욕과 창의력이 저하됨
③ 독단적인 처사에 의한 폐단을 면하기 어려움
④ 책임과 권한의 구분이 명확함

3과목 | 프로그래밍 일반

41 컴파일러에 의해 수행되는 자료 타입 강제 변환으로 혼합형 산술 계산 시 시스템에 의해 자동으로 형 변환이 수행되는 타입 자동 변환을 무엇이라고 하는가?

① 명시적 형 변환
② 구조적 형 변환
③ 수학적 형 변환
④ 묵시적 형 변환

42 상향식 파싱 기법에 해당하지 않는 것은?

① 파스 트리의 리프, 즉 입력스트링으로부터 위쪽으로 파스 트리를 만들어 가는 방식
② Shift Reduce 파싱이라고도 함
③ 입력 문자열에 대해 루트에서 왼쪽 우선순으로 트리의 노드를 만들어 감
④ 주어진 스트링의 시작이 심볼로 축약될 수 있으면 올바른 문장이고, 그렇지 않으면 틀린 문장으로 간주하는 방법

43 은행원 알고리즘에 대한 설명으로 옳지 않은 것은?

① "Dijkstra"가 제안한 방법이다.
② 교착상태 해결 방법 중 예방(Prevention) 기법이다.
③ 자원의 양과 사용자(프로세스) 수가 일정해야 한다.
④ "안전 상태"와 "불안전 상태"라는 두 가지 상태가 존재한다.

44 정적 바인딩이 발생하는 시간이 아닌 것은?

① 프로그램 호출 시간
② 번역 시간
③ 링크 시간
④ 언어 정의 시간

45 Java에서 하위 클래스에서 상위 클래스를 참조하기 위해 사용하는 명령어는?

① extends
② static
③ super
④ method

46 페이지 교체 알고리즘 중 현시점에서 가장 오랫동안 사용하지 않은 페이지를 교체하는 기법은?

① SCR
② FIFO
③ LFU
④ LRU

47 Parse Tree에 대한 설명으로 가장 거리가 먼 것은?

① 작성된 표현식이 BNF의 정의에 의해 바르게 작성되었는지를 확인하기 위해 만드는 트리이다.
② 주어진 표현식에 대한 파스 트리가 존재한다면, 그 표현식은 BNF에 의해 작성될 수 없음을 의미한다.
③ 문법의 시작 기호로부터 적합한 생성 규칙을 적용할 때마다 가지치기가 이루어진다.
④ 파스 트리의 터미널 노드는 단말 기호들이 된다.

48 "A+B*C−D"을 후위(Postfix) 표기법으로 표현한 것은?

① ABC*D−+
② AB+C*D−
③ ABC+*D−
④ ABC*+D−

49 UNIX 운영체제에서 커널에 대한 설명으로 틀린 것은?

① 컴퓨터가 부팅될 때, 주기억장치에 적재된 후 상주하면서 실행된다.
② 프로세스 관리, 기억장치 관리 등의 기능을 수행한다.
③ 하드웨어를 보호하고 프로그램과 하드웨어 간의 인터페이스 역할을 담당한다.
④ 사용자의 명령어를 인식하여 프로그램을 호출하고 명령을 수행하는 명령어 해석기이다.

50 어휘 분석의 주된 역할은 원시 프로그램을 하나의 긴 스트링으로 보고 문자 단위로 스캐닝하여 문법적으로 의미 있는 일련의 문자들로 분할해 내는 것이다. 이때 분할된 문법적인 단위를 무엇이라고 하는가?

① Token
② Parser
③ BNF
④ Pattern

51 다음 C 코드 결과로 알맞은 것은?

```
#include <stdio.h>
int main()
{
    int a = 65;
    int *p = &a;
    printf("%c", (*p)++);
    return 0;
}
```

① A
② 65
③ B
④ 66

52 운영체제의 성능 평가 요소로 거리가 먼 것은?

① 반환 시간
② 신뢰도
③ 비용
④ 처리 능력

53 BNF 형식에 맞게 생성된 수는?

```
<num> → <num><dig>|<dig>
<dig> → 1|3|5|7|9
```

① 917
② 985
③ 972
④ 732

54 수명 시간 동안 고정된 하나의 값과 이름을 가지며, 프로그램이 동작하는 동안 절대로 값이 바뀌지 않는 것을 의미하는 것은?

① 상수
② 변수
③ 포인터
④ 블록

55 C 언어에서 다음 코드의 실행 결과는?

```
#include <stdio.h>
int main()
{
    int a = 3;
    int b = 7;
    int c = a + b;
    printf("%d", c % a);
    return 0;
}
```

① 1
② 2
③ 3
④ 4

56 프로그램에서 하나의 값을 저장할 수 있는 기억 장소로서, 저장되어 있는 값은 프로그램 실행 중에 언제라도 변경될 수 있는 것은?

① 변수
② 상수
③ 주석
④ 예약어

57 C 언어에서 다음 코드의 결과 값은?

```
int main(void)
{
    int x=3;
    int resultxy;
    resultxy=1+x<<2;
    printf("%d", resultxy);
    return 0;
}
```

① 2
② 4
③ 8
④ 16

58 중위 표기법(Infix Notation)으로 표현된 산술식 "X=A+C/D"를 전위 표기법(Prefix Notation)으로 옳게 나타낸 것은?

① =X+A/CD
② =+/XACD
③ /CD+A=X
④ XACD/+=

59 어휘 분석 과정에서 토큰으로 인식되지 않는 것은?

① 예약어
② 식별자
③ 구두점 기호
④ 토큰 사이의 공백문자

60 C 언어에서 다음 코드의 실행 결과가 될 수 없는 것은?

```
#include <stdio.h>
int main()
{
  int a=7, b=14;
  if(a<b)
  {
    printf("%s\n", "a<b");
  }
  if(a<=b)
  {
    printf("%s\n", "a<=b");
  }
  if(a!=b)
  {
    printf("%s\n", "a value is not equal b");
  }
  if(a==b)
  {
    printf("%s\n", "a=b");
  }
  if(a>=b)
  {
    printf("%s\n", "a>=b");
  }
  if(a>b)
  {
    printf("%s\n", "a>b");
  }
  return 0;
}
```

① a<b
② a<=b
③ a=b
④ a value is not equal b

61 물리적 하드웨어 주소인 이더넷 주소를 IP 주소로 변환하는 프로토콜은?

① ARP
② RARP
③ HDLC
④ PPP

62 전송 효율을 최대한 높이려고 데이터 블록의 길이를 동적으로 변경시켜 전송하는 ARQ 방식은?

① Adaptive ARQ
② Stop-And-Wait ARQ
③ Selective ARQ
④ Go-back-N ARQ

63 FDDI에 대한 설명으로 틀린 것은?

① FDDI는 한 개의 링으로 구성된다.
② 물리 계층에 해당하는 프로토콜은 PHY, PMD가 있다.
③ 토큰 매체 액세스 제어방법으로 작동한다.
④ 매체로 광섬유 케이블을 사용한다.

64 샤논의 이론을 적용하여 채널의 대역폭(W)이 3.1[kHz]이고, 채널의 출력 S/N이 100일 경우 채널의 통신용량(C)은 약 몇 bps인가?

① 20640
② 20740
③ 20840
④ 20940

65 사용되는 문자의 빈도수에 따라서 코드의 길이가 달라지는 코드는?

① 7421
② 그레이(Gray)
③ 비퀴너리(Biquinary)
④ 허프만(Huffman)

66 8진 PSK에서 반송파 간의 위상차는?

① π ② $\pi/2$
③ $\pi/4$ ④ $\pi/8$

67 HDLC 프레임 구조에 포함되지 않는 것은?

① 플래그(Flag) 필드
② 제어(Control) 필드
③ 주소(Address) 필드
④ 시작(Start) 필드

68 다음 중 위성 통신의 다원접속 방법이 아닌 것은?

① 신호 분할 다원접속
② 주파수 분할 다원접속
③ 시분할 다원접속
④ 코드 분할 다원접속

69 반송파로 사용하는 정현파의 위상에 정보를 실어 보내는 변조 방식은?

① ASK
② DM
③ PSK
④ ADPCM

70 데이터 터미널과 데이터 통신기기의 접속규격에 해당하는 것은?

① V.21
② V.23
③ V.24
④ V.26

71 IP 주소 체계에서 B 클래스의 주소 범위는?

① 0.0.0.0 ~ 127.255.255.255
② 128.0.0.0 ~ 191.255.255.255
③ 192.0.0.0 ~ 223.255.255.255
④ 224.0.0.0 ~ 239.255.255.255

72 다음 중 이메일 프로토콜과 관계가 없는 것은?

① SNMP
② SMTP
③ POP
④ MIME

73 HDLC에서 한 프레임(Frame)을 구성하는 요소로 가장 거리가 먼 것은?

① Flag
② Address Field
③ Control Field
④ Start/Stop bit

74 IEEE802.6으로 공표된 분산형 예약 방식의 프로토콜은?

① FDDI
② DQDB
③ QAM
④ LAN

75 라우팅(Routing) 프로토콜이 아닌 것은?

① BGP
② OSPF
③ SMTP
④ RIP

76 1200[baud]의 변조속도를 갖는 전송선로에서 신호 비트가 Tribit이면, 전송속도[bps]는?

① 1200
② 2400
③ 3600
④ 4800

77 FM에서 변조지수가 10, 변조신호의 최고 주파수를 4kHz라 할 때 소요 대역폭[kHz]은?

① 8
② 40
③ 88
④ 400

78 빌딩, 공장, 대학 캠퍼스 등과 같이 한정된 영역을 대상으로 설치되는 통신망으로써 구내통신망이라고도 불리는 네트워크 유형으로 가장 옳은 것은?

① LAN(Local Area Network)
② VAN(Value Added Network)
③ WAN(Wide Area Network)
④ ISDN(Integrated Service Digital Network)

79 210.10.10.100/26의 IP 주소 범위에 포함되는 IP 주소는?

① 210.10.10.60
② 210.10.10.10
③ 210.10.10.100
④ 210.10.255.100

80 정보보안 3요소에 해당하지 않는 설명은?

① 기밀성 : 인가된 사용자에 대해서만 자원 접근이 가능하다.
② 무결성 : 인가된 사용자에 대해서만 자원 수정이 가능하며 전송 중인 정보는 수정되지 않는다.
③ 가용성 : 인가된 사용자는 가지고 있는 권한 범위 내에서 언제든 자원 접근이 가능하다.
④ 휘발성 : 인가된 사용자가 수행한 데이터는 처리 완료 즉시 폐기되어야 한다.

1과목 사무자동화시스템

01 순차접근(Sequential Access)방식의 저장장치로 옳은 것은?

① Flash Memory ② 자기 테이프
③ 윈체스터 디스크 ④ CD-ROM

02 인터넷을 통한 전자상거래(EC)의 효과로 옳지 않은 것은?

① 잠재고객의 확보와 물리적 제약 극복
② 소비자의 다양한 정보와 선택의 다양화
③ 완벽한 기밀성과 익명성의 보장
④ 구매자의 비용 절감

03 정보보안의 3요소가 아닌 것은?

① 기밀성
② 무결성
③ 가용성
④ 책임성

04 MIS의 기본 구성 요소와 그 관련 설명이 가장 옳게 짝지어지지 않은 것은?

① 의사결정 Sub System – MIS의 지휘기능에 해당하며, System 설계 기능도 포함
② 데이터베이스 Sub System – 체계적으로 축적된 데이터의 집합 기능
③ 프로세스 Sub System – 자료 저장·검색기능
④ 시스템 설계 Sub System – 의사결정의 이론과 방법에 따라 System 구성

05 광케이블을 특정 지점까지만 연결하고 구내에는 UTP 또는 동축케이블을 연결하는 것과는 달리 광케이블을 구내의 종단까지 직접 연결하여 기존 방식 대비 최대 100배 이상 빠른 서비스를 제공할 수 있는 초고속 인터넷 서비스의 명칭은?

① ADSL
② FTTH
③ WLAN
④ VDSL

06 Windows 시스템상에서 일본어, 중국어 등 문자 수가 많은 언어로 입력하기 위해 필요한 소프트웨어는?

① OLE
② OCX
③ IME
④ Active X

07 다음 중 출력장치에 해당하지 않는 것은?

① Printer
② Plotter
③ Digitizer
④ CRT

08 관계 데이터베이스에서 릴레이션은 참조할 수 없는 외래키 값을 가질 수 없음을 의미하는 제약 조건은?

① 개체 무결성
② 참조 무결성
③ E-R 모델링
④ 해싱

09 다음 중 SRAM에 대한 설명으로 옳지 않은 것은?

① 읽고 쓰기가 가능한 메모리이다.
② SRAM이 DRAM보다 구조가 간단하다.
③ SRAM은 refresh 작업이 없기 때문에 DRAM보다 처리속도가 빠르다.
④ 전원이 공급되는 한 지속적으로 기록된 자료가 유지된다.

10 데이터에 대한 데이터로 정의되며, 기능적인 측면에서 데이터에 대한 구조화된 데이터로 정의되는 것은?

① 시맨틱 데이터
② 멀티미디어 데이터
③ 메타 데이터
④ 흐름 데이터

11 SQL 언어의 데이터 제어어(DCL)가 아닌 것은?

① GRANT
② DROP
③ COMMIT
④ DELETE

12 기억기능을 가진 반도체들을 여러 개 묶어서 HDD처럼 사용할 수 있도록 개발된 제품으로 HDD에 비해 액세스 시간이 빠른 저장장치는?

① ODD
② SATA
③ SSD
④ SCSI

13 다음 중 멀티미디어 저작도구가 아닌 것은?

① 멀티미디어 툴북
② 솔라리스
③ 오소웨어
④ 디렉터

14 다음 중 기억 장치 용량 단위가 가장 작은 것은?

① KB
② MB
③ PB
④ TB

15 서류를 처리해야 할 날짜별로 철해 두었다가, 처리해야 할 날짜가 되면 그 서류를 찾아 처리하는 방법은?

① 자동독촉제도(Come up System)
② 카드색인제도(Tickler System)
③ 보고제도(Report System)
④ 간트도표(Gantt chart)

16 다양한 형태의 데이터베이스 자원을 통합 및 가공하여 의사결정 지원을 목적으로 특별히 설계한 주제 중심의 정보저장소는?

① 데이터 마이닝
② 데이터 마트
③ OLAP
④ 데이터웨어하우징

17 다음 중 전자상거래에 관한 특징이 아닌 것은?

① 생산자는 소자본 창업이 가능하다.
② 근로자는 시공간을 초월하여 업무를 수행할 수 있다.
③ 소비자는 상품을 선택할 기회가 적다.
④ 운송비가 절감되고 상품 조사가 용이하다.

18 기업에서 원재료의 생산·유통 등 모든 공급망 단계를 최적화하여 수요자가 원하는 제품을 적시, 적소에 제공하는 개념으로 옳은 것은?

① CRM
② SCM
③ ERP
④ MIS

19 지속적인 개선을 달성하기 위해 기업 내부의 활동과 기능, 관리 능력을 외부 기업과의 비교를 통해 평가하고 판단하는 것은?

① Benchmarking
② CALS
③ EDI
④ XML

20 사무실의 물리적 보안을 위한 장치 또는 기술이 아닌 것은?

① 지문인식기
② 안티바이러스
③ 폐쇄회로 텔레비전
④ 디지털 도어록

2과목 사무경영관리개론

21 힉스(Hicks)의 사무업무 내용에 의한 분류가 아닌 것은?

① 기록의 보존
② 정보의 검색과 가공
③ 커뮤니케이션
④ 기록과 보고서의 준비

22 현대적(과학적) 사무관리의 3S에 해당하지 않는 것은?

① Standardization
② Simplification
③ Simulation
④ Specialization

23 행정기관에서 사무관리 방법상 필요에 따라 나누는 자료의 종류로 옳은 것은?

① 행정간행물, 행정자료, 일반자료
② 행정간행물, 행정자료, 사무내규자료
③ 행정간행물, 법률고시자료, 일반자료
④ 행정간행물, 회사규정자료, 일반자료

24 일반적인 비공개 기록물의 공개원칙 기준으로 옳은 것은?

① 생산연도 발생 후 10년이 경과하면 공개
② 생산연도 발생 후 30년이 경과하면 공개
③ 생산연도 종료 후 10년이 경과하면 공개
④ 생산연도 종료 후 30년이 경과하면 공개

25 다음의 내용이 설명하는 사무통제를 위한 관리도구로 맞는 것은?

> 작업량, 시간, 평가 등을 나타내는 간단한 부호를 사용하여 절차계획과 일정계획의 내용을 작업자에게 쉽게 이해시키기 위한 관리 도구

① 절차 도표
② 간트 차트
③ PERT
④ 티클러 시스템

26 정보처리능력을 가진 장치에 의하여 전자적인 형태로 작성, 송수신 또는 저장된 문서는?

① 인증서
② 전자문서
③ 전자서명
④ 전자결재

27 공공기록물 중 보존기간 종료시까지 관할 기록관 또는 특수 기록관에 보관해야 하는 기록물은?

① 보존기간이 5년 이하인 기록물
② 보존기간이 10년 이하인 기록물
③ 보존기간이 20년 이하인 기록물
④ 보존기간이 30년 이하인 기록물

28 다음 중 사무실 배치 원칙과 가장 거리가 먼 것은?

① 대실주의(큰방주의)는 사무실 배치에 있어서 가능한 독방을 늘린다.
② 사무의 성격이 유사한 부서는 가깝게 배치한다.
③ 내부 및 외부 민원 업무 등 대중과 관계가 많은 부서는 가급적 입구근처에 배치한다.
④ 장래 확장에 대비하여 탄력성 있는 공간을 확보한다.

29 단일 송신자와 단일 수신자간의 통신이므로, 단일 인터페이스를 사용하는 IPv6 주소 지정 방식은?

① 애니캐스트
② 유니캐스트
③ 멀티캐스트
④ 브로드캐스트

30 다음 중 사무계획화를 가장 옳게 설명한 것은?

① 사무계획화는 기업의 모든 계층에 필요한 것은 아니고 특정한 계층인 경영진에서만 필요로 한 것이다.
② 사무계획화는 기업경영에 필요한 사무관리 목표를 정한 후, 그것을 효과적으로 수행할 수 있도록 하고자 함이다.
③ 사무계획화의 기본 내용은 사무인력을 예측하여 미리 예산을 확정하고자 하는 것이다.
④ 사무계획화의 기본 내용은 정보만을 지속적으로 가공하여 생산하는 것이다.

31 사무 간소화 단계에서 사무량 측정 대상으로 가장 옳지 않은 것은?

① 업무의 구성이 동일한 사무
② 사무량이 적은 잡다한 사무
③ 일상적으로 일정한 처리 방법으로 반복되는 사무
④ 내용적으로 처리 방법이 균일하여 변동이 별로 없는 사무

32 다음 중 사무관리의 기능을 가장 옳게 정의한 것은?

① 조직의 효율성 제고를 위해 장래를 예측하는 기능
② 경영내부의 여러 기능과 활동을 효과적으로 달성하기 위한 조정, 지휘, 통제에 관한 기능
③ 사무와 생산에 관련된 기능을 모아 처리하는 기능
④ 인적자원관리에 관한 업무를 주로 담당하는 기능

33 행정기관 등에 송신한 전자문서는 언제 송신자가 발송한 것으로 보는가?

① 그 전자문서의 발신 시점이 정보시스템에 의하여 전자적으로 결재된 때
② 그 전자문서의 송신 시점이 정보시스템에 의하여 전자적으로 결재된 때
③ 그 전자문서의 발신 시점이 정보시스템에 의하여 전자적으로 기록된 때
④ 그 전자문서의 송신 시점이 정보시스템에 의하여 전자적으로 기록된 때

34 사무개선의 목표로 옳지 않은 것은?

① 용이성
② 신속성
③ 다양성
④ 경제성

35 사무실을 너무 세분화하는 것보다는 여러 과를 한 사무실에 배정하여 사용하는 것이 바람직하다고 생각하는 사무실의 배정 방식은?

① 대사무실주의 배치
② 관련 부서의 인근 배치
③ 업무처리 흐름에 따른 직선적 배치
④ 실무자 중심의 사무실 배치

36 정보유출 등 침해사고를 방지하기 위한 대책으로 가장 옳지 않은 것은?

① 정보 시스템의 악의적인 외부 침입을 1차적으로 차단하기 위한 방화벽을 설치한다.
② 침입탐지 시스템 및 침입방지시스템을 이용하여 인바운드(Inbound)패킷을 모니터링하고 의심되는 패킷은 차단한다.
③ 무선네트워크의 전파 도달 범위를 조절하여 건물 외부에서 접속이 불가능하도록 한다.
④ 비밀정보는 복호화가 불가능하도록 강력한 암호화 알고리즘을 적용하여 암호화한다.

37 행정업무의 운영 및 혁신에 관한 규정 19조 문서의 쪽 번호 등 표지 기준에서 다음 빈칸에 알맞은 것은?

> 2장 이상으로 이루어진 문서가 제1호 각 목의 어느 하나에 해당하는 경우에는 제2호 각 목의 구분에 따라 쪽 번호 또는 발급번호를 표시하거나 (   ) 등을 하여야 한다.

① 접수번호　　　　② 쪽 번호
③ 발급번호　　　　④ 간인

38 사무계획을 특성에 따라 분류할 때 계획의 순응능력에 따른 분류는?

① 구조계획과 과정계획
② 장기계획과 단기계획
③ 고정계획과 신축계획
④ 표준계획과 개별설정계획

39 사무를 위한 작업의 구성요소에 해당되지 않는 것은?

① 계산　　　　　　② 분류정리
③ 정보예측　　　　④ 기록 또는 면담

40 다음 사무처리 방식에 대한 설명으로 가장 옳은 것은?

① 개별처리방식은 다수의 사무원이 자료수집에서 작성까지의 모든 사무처리를 하는 방식이다.
② 로트처리방식은 여럿이 분담하여 사무처리를 하는 방식으로 각 사무원이 각자 맡은 사무를 처리한다.
③ 유동작업 방식은 임의로 사무기계 및 사무원을 배치하여 사무처리를 행하는 방식이다.
④ 자동화 방식은 컴퓨터 및 사무기기를 사용하여 사무를 수동적으로 처리하는 방식이다.

3과목　프로그래밍 일반

41 어휘 분석에 대한 다음 설명의 ( ) 안에 들어갈 내용으로 옳은 것은?

> "어휘 분석의 주된 역할은 원시 프로그램을 하나의 긴 스트링으로 보고 원시 프로그램을 문자 단위로 스캐닝하여 문법적으로 의미 있는 일련의 문자들로 분할해 내는 것을 말한다. 이때 분할된 문법적인 단위를 (   )(이)라고 한다."

① 모듈　　　　　　② BNF
③ 오토마타　　　　④ 토큰

42 상향식 파싱 기법에 해당하지 않는 것은?

① 파스 트리의 리프, 즉 입력스트링으로부터 위쪽으로 파스 트리를 만들어 가는 방식
② Shift Reduce 파싱이라고도 함
③ 입력 문자열에 대해 루트에서 왼쪽 우선 순으로 트리의 노드를 만들어 감
④ 주어진 스트링의 시작이 심볼로 축약될 수 있으면 올바른 문장이고, 그렇지 않으면 틀린 문장으로 간주하는 방법

43 BNF 형식에 맞게 생성된 수는?

> ⟨num⟩ → ⟨num⟩⟨dig⟩|⟨dig⟩
> ⟨dig⟩→ 1|3|5|7|9

① 917　　　　　　② 985
③ 972　　　　　　④ 732

44 Java 명령어 중 하위클래스에서 상위클래스를 참조하기 위해 사용하는 것은?

① extends　　　　② static
③ super　　　　　④ method

45 (aa|b)*a의 정규표현으로 만들 수 있는 스트링이 아닌 것은?

① a
② aaa
③ ba
④ aba

46 반복을 나타내는 구문은?

① $A::=\alpha_1|\alpha_2|\alpha_3$
② $A::=\{\alpha\}$
③ $A::=\alpha$
④ $A::=(\alpha_1|\alpha_2)\beta$

47 C언어의 포인트 형(Pointer type)에 대한 설명으로 틀린 것은?

① 포인터 변수는 기억장소의 번지를 기억하는 동적 변수이다.
② 포인터는 가리키는 자료형이 일치할 때 대입하는 규칙이 있다.
③ 보통 변수의 번지를 참조하려면 번지 연산자 #을 변수 앞에 쓴다.
④ 실행문에서 간접연산자 *를 사용하여 포인터 변수가 지시하고 있는 내용 참조한다.

48 "A+B*C−D"을 후위(Postfix) 표기법으로 표현한 것은?

① A B C * D −+
② A B + C * D−
③ A B C + * D −
④ A B C * + D −

49 다음 중 선점 스케줄링 알고리즘이 아닌 것은?

① RR(Round Robin)
② SRT(Shortest Remaining Time)
③ HRN(Highest Response−ratio Next)
④ MQ(Multi−level Queue)

50 C 언어에서 정수가 2byte로 표현되고 "int a[2][3]"로 선정된 배열의 첫 번째 자료가 1000번지에 저장되었다. 이때 a[1][1] 원소가 저장된 주소는?

① 1002
② 1004
③ 1006
④ 1008

51 다음 C 코드 결과로 나타날 수 있는 값은?

```
void main( ) {
    int k;
    k = 1;
    while(k<60)
    {
        if(k%4==0)
        printf("%d\n", k−2);
        k++;
    }
}
```

① 0
② 8
③ 24
④ 30

52 다음은 무엇에 대한 설명인가?

"매개변소의 개수 및 데이터 형(Data Type)에 따라 수행하는 행위가 다른 동일한 이름의 메소드를 여러 개 정의할 수 있다."

① Identity
② Information Hiding
③ Polymorphism
④ Object

53 프로그램이 동작하는 동안 변화되는 값을 기억하는 것은?

① 변수
② 상수
③ 주석
④ 디버거

54 다음 그림과 같은 기억장소에서 15K를 요구하는 프로그램이 30K 공백의 작업 공간에 배치될 경우, 사용된 기억장치 배치 전략은?

운영체제
사용 중인 공간
30K 공간
사용 중인 공간
16K 공간
사용 중인 공간
50K 공간
사용 중인 공간

① First Fit Strategy
② Worst Fit Strategy
③ Best Fit Strategy
④ Big Fit Strategy

55 아래의 정규 문법으로 생성되는 문장은?

정규문법 G : 1. S → aS | aB

2. C → a | aC

3. B → bC

① aaab   ② abc
③ abaa   ④ baba

56 컴퓨터시스템의 운영체제(O/S)에서 제어프로그램(Control Programs)의 주된 기능으로 가장 거리가 먼 것은?

① Job Management
② Accounting Management
③ Data Management
④ Resource Management

57 어휘분석 과정에서 토큰으로 인식되지 않는 것은?

① 예약어
② 식별자
③ 구두점 기호
④ 토큰 사이의 공백문자

58 수식 "A+(B*C)"를 Postfix 표기법으로 옳게 나타낸 것은?

① A B C + *
② + A * B C
③ A + B * C
④ A B C * +

59 C 언어에서 변수 사용 시 "r-value"에 해당하는 것은?

① 모든 변수명
② 배열 원소의 위치
③ 4와 같은 상수
④ 포인터 자신의 값이 있는 위치

60 촘스키가 분류한 문법 중 프로그래밍 언어에서 구문을 분석하는 데 사용하는 것은?

① Type 0   ② Type 1
③ Type 2   ④ Type 3

4과목 정보통신개론

61 E-mail 관련 프로토콜이 아닌 것은?

① IMAP
② POP3
③ SMTP
④ VoIP

62 전송 효율을 최대한 높이려고 데이터 블록의 길이를 동적으로 변경시켜 전송하는 ARQ방식은?

① Adaptive ARQ
② Stop-And-Wait ARQ
③ Selective ARQ
④ Go-back-N ARQ

63 TCP/IP 모델에서 인터넷 계층에 해당되는 프로토콜은?

① SMTP
② ICMP
③ SNA
④ FTP

64 샤논의 이론을 적용하여 채널의 대역폭(W)이 3.1[kHz]이고, 채널의 출력 S/N이 100일 경우 채널의 통신용량(C)은 약 몇 bps인가?

① 20640
② 20740
③ 20840
④ 20940

65 L2 스위치의 기본 기능이 아닌 것은?

① Address Learning
② Filtering
③ Forwarding
④ Routing

66 아날로그 신호를 디지털 신호로 변환하는 PCM 부호 변조 방식의 일종으로 이전 샘플과 현재 샘플 간의 차이를 계산하여 차분 신호를 생성해서 변조하는 방식은?

① FM
② DM
③ PSK
④ FSK

67 전화회선을 이용하지 않는 통신 서비스는?

① FAX
② TELETEXT
③ ARS
④ VIDEOTEX

68 IP 주소 체계에서 B클래스의 주소 범위는?

① 0.0.0.0 - 127.255.255.255
② 128.0.0.0 - 191.255.255.255
③ 192.0.0.0 - 223.255.255.255
④ 224.0.0.0 - 239.255.255.255

69 반송파로 사용되는 정현파의 주파수에 정보를 실어 보내는 디지털 변조 방식은?

① FM
② DM
③ PSK
④ FSK

70 광섬유의 구조 손실 중 코어와 클래드 경계면의 불균일로 인하여 발생하는 손실은?

① 다중 모드 손실
② 불균등 손실
③ 코어 손실
④ 마이크로밴딩 손실

71 변조의 개념을 옳게 설명한 것은?

① 디지털 신호를 아날로그 신호로 변환하는 것이다.
② 전송된 신호를 저주파 신호 성분과 고주파 신호 성분으로 합하는 것이다.
③ 제3고주파 신호를 변환하는 것이다.
④ 전송하고자 하는 신호를 주어진 통신 채널에 적합하도록 처리하는 과정이다.

72 정보통신시스템의 구성 요소에 해당되는 용어가 잘못 표기된 것은?

① DTE : 데이터 단말 장치
② CCU : 공통신호 장치
③ DCE : 데이터 회선종단 장치
④ MODEM : 신호변환 장치

73 전송속도가 9600[bps]인 데이터를 8진 PSK로 변조하여 전송할 때 변조속도는 몇 [baud]인가?

① 1600
② 2400
③ 3200
④ 4800

74 IEEE802.6으로 공표된 분산형 예약방식의 프로토콜은?

① FDDI
② DQDB
③ QAM
④ LAN

75 라우팅(Routing) 프로토콜이 아닌 것은?

① BGP
② OSPF
③ SMTP
④ RIP

76 UDP 프로토콜에 대한 설명으로 틀린 것은?

① 비연결형 전송
② 작은 오버헤드
③ 빠른 전송
④ 신뢰성 있는 데이터 전송 보장

77 아날로그 데이터를 디지털 신호로 변환하는 대표적인 PCM(Pulse Code Modulation) 변조 방식의 과정은?

① 표본화 → 양자화 → 부호화 → 복호화
② 표본화 → 부호화 → 복호화 → 양자화
③ 표본화 → 부호화 → 양자화 → 복호화
④ 표본화 → 복호화 → 부호화 → 양자화

78 다중접속 방식이 아닌 것은?

① FDMA
② TDMA
③ CDMA
④ XXUMA

79 203.230.7.110/29의 IP 주소 범위에 포함되어 있는 네트워크 및 브로드 캐스트 주소는?

① 203.230.7.102 / 203.230.7.111
② 203.230.7.103 / 203.230.7.254
③ 203.230.7.104 / 203.230.7.111
④ 203.230.7.105 / 203.230.7.254

80 Bellman-Ford 알고리즘을 사용하는 라우팅은?

① 거리 벡터 라우팅
② 링크 상태 라우팅
③ 비트맵 라우팅
④ 벡터 링크 라우팅

1과목 사무자동화시스템

01 재난, 재해, 테러 등 예기치 못한 위기의 발생으로 주요 사무 업무 중단위험이 발생할 경우 최대한 빨리 핵심 업무를 복구하여 기업 경영의 연속성을 유지할 수 있는 경영기법은?

① BCP(Business Continuity Management)
② CDP(Certificate in Data Processing)
③ GNP(Gross National Product)
④ GDP(Gross Domestic Product)

02 다음 중 전자상거래에 관한 특징이 아닌 것은?

① 생산자는 소자본 창업이 가능하다.
② 근로자는 시공간을 초월하여 업무를 수행할 수 있다.
③ 소비자는 상품을 선택할 기회가 적다.
④ 운송비가 절감되고 상품 조사가 용이하다.

03 데이터웨어하우징에서 수집되고 분석된 자료를 사용자에게 제공하기 위해 분류 및 가공되는 요소기술은?

① 데이터 추출
② 데이터 저장
③ 데이터 마이닝
④ 데이터 액세스

04 의사결정에 필요한 정보를 데이터베이스로부터 검색하여 필요한 분석을 하고 보기 쉬운 형태로 편집, 출력해 주는 시스템의 개념에 해당하는 용어로 가장 옳은 것은?

① CALS
② DSS
③ MIS
④ PERTS

05 캐시(Cache)기억장치에 대한 설명으로 가장 옳지 않은 것은?

① 저용량 고속의 반도체 기억장치이다.
② 기억용량이 커질수록 엑세스 시간이 짧아진다.
③ CPU는 캐시에서 수행한 명령과 자료를 얻는다.
④ 프로그램의 수행 시간을 단축하는 데 사용된다.

06 사무자동화의 접근 방법으로 가장 거리가 먼 것은?

① 전사적 접근 방식
② 공통과제형 접근 방식
③ 기기도입형 접근 방식
④ 기술통합형 접근 방식

07 컴퓨터의 처리속도 단위 중 피코초(ps)에 해당하는 수치를 10의 지수 승 형태로 가장 올바르게 표현한 것은?

① 10^{-9}
② 10^{-12}
③ 10^{-15}
④ 10^{-18}

08 정보의 송수신을 원활하게 하기 위하여 정보를 일시적으로 저장하여 처리 속도의 차를 수정하는 방식은?

① Streaming
② Buffering
③ Caching
④ Mapping

09 UNIX 운영체제에서 커널에 대한 설명으로 틀린 것은?

① 컴퓨터가 부팅될 때, 주기억장치에 적재된 후 상주하면서 실행된다.
② 프로세스 관리, 기억장치 관리 등의 기능을 수행한다.
③ 하드웨어를 보호하고 프로그램과 하드웨어 간의 인터페이스 역할을 담당한다.
④ 사용자의 명령어를 인식하여 프로그램을 호출하고 명령을 수행하는 명령어 해석기이다.

10 다음 중 인터넷 접속을 위한 유/무선 통신 기술이 아닌 것은?

① FTTH
② HSDPA
③ LTE
④ TTC-95K

11 전자기기 등에 네트워크 접속의 기능을 갖추어 거시적으로 사물 간의 네트워크를 구현할 수 있는 기술을 의미하는 용어로 가장 옳은 것은?

① IoT
② FTTH
③ Router
④ VDSL

12 충격식에 해당하는 프린터는?

① 도트 매트릭스
② 레이저
③ 열 전사
④ 잉크젯

13 TCP/IP(Transmission Control Protocol/Internet Protocol)상에서 네트워크 설정을 할 때 TCP/IP 등록 정보에 해당하지 않은 것은?

① 도메인 네임(Domain Name)
② IP Address
③ 게이트웨이(Gateway)
④ URL(Uniform Resource Locator)

14 거래 상대방의 응용 시스템들이 질의와 응답으로 구성된 두 개 이상의 짧은 메시지를 한 번의 접속 상태에서 주고받는 EDI 방식은?

① 참여형 EDI
② 대화형 EDI
③ 일괄 처리형 EDI
④ 즉시 응답형 EDI

15 교착상태의 필요조건에 해당하지 않는 것은?

① Mutual Exclusion
② Hold and Wait
③ Circular Wait
④ Preemption

16 순차접근방식의 보조기억매체는?

① Flash Memory
② LTO
③ Hard Disk
④ SSD

17 데이터베이스 시스템의 트랜잭션의 속성은 ACID로 정의한다. ACID에 각각 해당하는 용어로 가장 옳지 않은 항목은?

① A : Atomicity
② C : Circumstance
③ I : Isolation
④ D : Durability

18 다음 중 정보의 축소, 확대, 검색이 자유롭고 COM 시스템, CAR 시스템 등에서 사용되는 기억매체는?

① 마이크로필름
② 광디스크
③ 자기테이프
④ 감광지

19 사무자동화시스템 구축을 위한 통신기술에서 모바일이동통신 관련 무선통신기술이 아닌 것은?

① ADSL
② LTE
③ 3G
④ HSDPA

20 다음 중 Zisman의 사무자동화에 대한 정의와 관계없는 것은?

① 시스템 과학
② 의사 결정
③ 컴퓨터 기술
④ 행동 과학

2 과목 사무경영관리개론

21 문서의 결재에 관한 설명으로 가장 옳지 않은 것은?

① 결재권자의 서명란에는 서명 날짜를 함께 표시한다.
② 위임 전결하는 경우에는 전결하는 사람의 서명란에 "전결" 표시를 한 후 서명하여야 한다.
③ 대결하는 경우에는 대결하는 사람의 서명란에 "대결" 표시를 하고 서명하여야 한다.
④ 위임 전결사항을 대결하는 경우에는 전결하는 사람의 서명란에 "대결" 표시를 하고 서명하여야 한다.

22 정보통신망의 고도화와 안전한 이용 촉진을 위하여 설립한 것은?

① 한국정보보호진흥원
② 한국인터넷진흥원
③ 한국정보통신기술협회
④ 한국소프트웨어진흥원

23 다음 괄호 안 내용으로 가장 적합한 것은?

"행정기관 등에 송신한 전자문서는 그 전자문서의 송신 시점이 정보시스템에 의하여 전자적으로 (   )된 때에 송신자가 발송한 것으로 본다."

① 입력   ② 전송
③ 기록   ④ 발송

24 사무량 측정 방법에서 다음 설명에 가장 부합하는 개념은?

기본 동작들에 대한 표준 소요시간을 미리 설정해 놓고, 사무를 구성하는 요소별 표준 소요시간을 더하여 표준시간을 구하는 방법이다.

① CMU
② PTS
③ Stop Watch
④ Work Sampling

25 자료 관리를 위한 일반적인 데이터베이스 시스템과는 다르게 빅데이터는 분석이 난해한 대규모의 데이터를 의미한다. 빅데이터의 3가지 특징인 3V와 가장 거리가 먼 것은?

① Vacant
② Variety
③ Velocity
④ Volume

26 사무계획을 세울 때 고려해야 할 사항이 아닌 것은?

① 사무 처리 방식의 결정
② 필요 정보의 확정
③ 사무량 예측
④ 사무실 면적

27 사무통제의 수단과 가장 거리가 먼 것은?

① Tickler System
② Taylor System
③ Come Up System
④ PERT

28 사무분담 조사법에서 근무시간 중 일정한 시간을 한정시킨 다음 계속하여 조사하는 발췌 검사식 방법은?

① 연속관찰법　　　② 계속관찰법
③ 면접청취법　　　④ 기록진행법

29 사무 간소화의 대상이 되는 작업과 가장 거리가 먼 것은?

① 사무처리 소요시간이 타 작업과 비교하여 상대적으로 긴 작업
② 사무처리 비용이 타 작업과 비교하여 상대적으로 많이 소요되는 작업
③ 정보의 상호전달, 자료의 배분 등이 잘 안 되는 1회성 작업
④ 업무의 반복, 불평등한 업무량 등으로 불평불만이 제기되는 작업

30 다음 중 "코를 킁킁거리다"라는 뜻의 도청 공격을 의미하는 용어로 가장 옳은 것은?

① 스푸핑　　　　　② Dos
③ 스니핑　　　　　④ XSS

31 정보관리를 수행하기 위해 필요한 기본적인 요건을 결정하는 것으로 의사결정자가 요구하는 정보의 확정, 사무량 및 처리 방침을 결정하는 기능은?

① 정보통제　　　　② 정보처리
③ 정보제공　　　　④ 정보계획

32 다음 중 사무 간소화의 목적이라고 볼 수 없는 것은?

① 사무업무에 오류가 없도록 처리하기 위해서
② 사무업무의 인력을 감소시키기 위해서
③ 사무작업을 현재보다 쉽게 처리하기 위해서
④ 사무업무를 신속하게 처리하기 위해서

33 다음 중 Tickler System, Come up System이 속하는 사무관리의 관리 수단 체계는?

① 사무조직
② 사무조정
③ 사무통제
④ 사무계획

34 사무관리와 정보관리에 관한 설명 중 옳지 않은 것은?

① 정보관리의 목적은 의사결정에 필요한 정보를 신속, 정확, 용이하게 제공하는 것이다.
② 정보관리와 사무관리는 사무활동을 대상으로 하는 점에서 같으나 관리범위가 사무관리는 넓고 정보 관리는 좁다.
③ 사무관리의 목적 중 하나는 지정된 데이터를 지정된 기일 및 방법으로 작성하는 것이다.
④ 사무관리의 범위는 정보관리 내의 정보통제기능과 정보처리기능을 대상으로 한다.

35 사무실 배치 목표와 거리가 먼 것은?

① 집무능률의 향상에 이바지될 수 있어야 할 것
② 행정 또는 경영관리의 기능적 수행이 용이하도록 할 것
③ 직원의 노동, 위생조건이 충족되도록 할 것
④ 내 · 외부 환경의 변화에 적응되지 않도록 할 것

36 기능식 조직의 장점이 아닌 것은?

① 권한과 책임이 확정되어 있고 명확하다.
② 조직구조는 전문가로 구성되어 있다.
③ 보다 양질의 감독이 가능하다.
④ 교육 훈련이 용이하다.

37 사무계획 수립 절차에 속하지 않는 것은?

① 시정조치
② 정보의 수집
③ 최종안의 선택
④ 사무의 목적 및 목표의 명확화

38 사무관리의 전문화에 속하지 않는 것은?

① 집단적 전문화
② 기계적 전문화
③ 개인적 전문화
④ 표준적 전문화

39 사무관리의 기능에 대한 설명으로 옳은 것은?

① 계획화는 경영활동을 합리적으로 수행하기 위하여 활동목표 및 실시과정에 가장 유리하게 도달할 수 있도록 사후에 결정짓는 것을 말한다.
② 조직화는 직무가 능률적으로 달성될 수 있도록 인적자원의 적재적소 배치, 물적 요소의 명확화, 그리고 이들을 유기적으로 결합하여 직무가 능률적으로 달성될 수 있도록 하는 관리 활동이다.
③ 동기화는 경영조직의 횡적조직과 계층별 조직에 있어서 업무수행에 필요한 이해나 견해가 대립된 제 활동과 노력을 결합하고 동일화해서 조화를 기하는 기능이다.
④ 조정화는 기준과 지시에 따라 실행되고 있는가를 확인 대조하면서 오류를 범하지 않도록 사전에 방지하는 기능이다.

40 다음 중 집무환경의 중요한 요소와 가장 거리가 먼 것은?

① 색채조절   ② 소음조절
③ 시간조절   ④ 공기조절

41 Java 언어에서 기본 데이터형을 객체 데이터형으로 바꾸어주는 클래스는?

① abstract
② super
③ final
④ wrapper

42 C 언어에서 문자열 출력 시 사용하는 함수는?

① gets( )   ② getchar( )
③ puts( )   ④ putchar( )

43 토큰들의 문법적 오류를 검사하고, 오류가 없으면 파스 트리를 생성하는 컴파일 단계는?

① 어휘 분석 단계
② 최적화 단계
③ 중간코드 생성 단계
④ 구문 분석 단계

44 프로그래밍 언어의 해독 순서로 옳은 것은?

① 링커 → 로더 → 컴파일러
② 컴파일러 → 링커 → 로더
③ 로더 → 컴파일러 → 링커
④ 컴파일러 → 로더 → 링커

45 BNF 심볼에서 정의를 나타내는 기호는?

① | ② ::=
③ 〈 〉   ④ →

46 메서드 명칭은 동일하지만 매개변수 수와 데이터 타입 및 기능을 다르게 정의하는 개념은?

① 클래스
② 인스턴스
③ 추상화
④ 다형성

47 프로그램 실행 시 원시 프로그램을 문자 단위로 스캐닝하여 문법적으로 의미 있는 일련의 문자들로 분할된 단위는?

① 토큰
② 오토마타
③ BNF
④ 모듈

48 C 언어에서 정수형 자료 선언 시 사용하는 것은?

① char
② float
③ double
④ int

49 컴파일 단계 중 원시 프로그램을 토큰으로 분리하는 단계는?

① 어휘 분석 단계
② 구문 분석 단계
③ 중간코드 생성 단계
④ 최적화 단계

50 순서 제어 구조에서 묵시적인 방법에 해당하는 것은?

① 반복문을 사용하는 방법
② GOTO문을 사용하는 방법
③ 연산자의 우선순위에 따른 수식 계산
④ 연산자의 순서를 프로그래머가 변경하는 방법

51 Chomsky 문법 중 생성 규칙에 제한이 없는 문법은?

① Type 0
② Type 1
③ Type 2
④ Type 4

52 JAVA 언어에 대한 특징이 아닌 것은?

① 다중 상속을 받을 수 없다.
② 다른 컴퓨터의 환경에 이식이 쉽다.
③ 캡슐화로 구조화할 수 있다.
④ 재사용성이 높다.

53 UNIX 명령어에서 현재 작업 중인 디렉터리 경로를 보여 주는 명령어는?

① dir
② cat
③ pwd
④ write

54 다음 문장은 몇 개의 토큰으로 분리될 수 있는가?

> k = 4 + c ;

① 3   ② 4
③ 5   ④ 6

55 구문 분석기가 올바른 문장에 대해 그 문장의 구조를 트리로 표현한 것으로 루트, 중간, 단말 노드로 구성되는 트리는?

① 파스 트리
② 라운드 트리
③ 시프트 트리
④ 토큰 트리

56 C 언어에서 문자형 자료 선언 시 사용하는 것은?

① float
② double
③ char
④ int

57 C언어에서 다음 코드의 결과 값은?

```
#include <stdio.h>
int main() {
    int x = 4, y = 7;
    int resultxy;
    resultxy = x & y;
    printf("%d", resultxy);
    return 0;
}
```

① 0 　　　　　　　　② 4
③ 7 　　　　　　　　④ 11

58 원시 프로그램을 컴파일러가 수행되고 있는 컴퓨터의 기계어로 번역하는 것이 아니라 다른 기종에 맞는 기계어로 번역하는 것은?

① Cross Compiler
② Preprocessor
③ Linker
④ Debugger

59 소프트웨어 설계에서 사용되는 대표적인 추상화 메커니즘이 아닌 것은?

① 구조 추상화
② 자료 추상화
③ 제어 추상화
④ 기능 추상화

60 C++ 함수 정의 시 아래의 func( )처럼 매개 변수를 전달하는 방법은?

```
void main( ) {
    int a = 3 ;
    func(a) ;
}
void func(int &x) {
    x = 5 ;
}
```

① Call by Value
② Call by Reference
③ Call by Name
④ Call by Position

4과목　정보통신개론

61 ITU-T에서 1976년에 패킷교환망을 위한 표준으로 처음 권고한 프로토콜은?

① X.25
② I.9577
③ CONP
④ CLNP

62 나이퀴스트 채널용량 산출 공식(C)으로 옳은 것은? (단, 잡음이 없는 채널로 가정, S/N : 신호대잡음비, M : 진수, B : 대역폭)

① $C = Blog_2(S/N)(bps)$
② $C = 2Blog_2M(bps)$
③ $C = 2Blog_2(10+S/N)(bps)$
④ $C = Blog_2(M+1)(bps)$

63 다음 중 인터넷 서비스와 관련하여 FTP(File Transfer Protocol)에 관한 설명으로 옳지 않은 것은?

① 컴퓨터와 컴퓨터 사이에 파일을 주거나 받을 수 있는 원격 파일 전송 프로토콜이다.
② FTP 프로그램을 이용하여 FTP 서버에 파일을 전송하거나 수신하고, 파일의 삭제 및 이름 바꾸기 등을 할 수 있다.
③ Anonymous FTP는 FTP 서버에 계정이 없는 익명의 사용자도 접속하여 사용할 수 있는 서비스이다.
④ 그림, 동영상, 실행 파일, 압축 파일 등은 ASCII 모드로 전송한다.

64 OSI 7 계층에서 데이터링크 계층의 기능에 해당하는 것은?

① 코드 변환
② 우편 서비스
③ 네트워크 가상 터미널
④ 오류 제어

65 다음 중 FTP에 대한 설명으로 틀린 것은?

① get : 파일을 다운로드하는 기능이다.
② put : 파일을 업로드하는 기능이다.
③ ls : 파일 목록을 표시하는 기능이다.
④ bin : 텍스트 모드로 파일을 전송한다.

66 IEEE 802.15 규격의 범주에 속하며 사용자를 중심으로 작은 지역에서 주로 블루투스 헤드셋, 스마트 워치 등과 같은 개인화 장치들을 연결시키는 무선통신 규격은?

① WPAN
② VPN
③ WAN
④ WLAN

67 광대역 종합 정보 통신망인 ATM 셀(Cell)의 구조로 옳은 것은?

① Header : 5 옥텟, Payload : 53 옥텟
② Header : 5 옥텟, Payload : 48 옥텟
③ Header : 2 옥텟, Payload : 64 옥텟
④ Header : 6 옥텟, Payload : 52 옥텟

68 라우팅(Routing) 프로토콜이 아닌 것은?

① BGP
② OSPF
③ SMTP
④ RIP

69 LAN의 네트워크 형태(Technology)에 따른 분류에 속하지 않는 것은?

① 스타형
② 버스형
③ 링형
④ 교환형

70 HDLC(High-level Data Link Control) 동작 모드에 해당하지 않는 것은?

① 정규 응답 모드(NRM)
② 비동기 응답 모드(ARM)
③ 비동기 균형 모드(ABM)
④ 동기 균형 모드(SBM)

71 샤논(Shannon)의 정리에 따라 백색 가우스 잡음이 발생되는 통신선로의 용량(C)이 옳게 표시된 것은? (단, W : 대역폭, S/N : 신호대잡음비)

① $C=W\log_2(1+S/N)$
② $C=2W\log_{10}(10+S/N)$
③ $C=W\log_2(S/N)$
④ $C=3W\log_{10}(1+S/N)$

72 ATM 셀의 헤더 길이는 몇 [byte] 인가?

① 2
② 5
③ 8
④ 10

73 Link State 방식의 라우팅 프로토콜은?

① RIP   ② RIP V2
③ IGRP   ④ OSPF

74 다음 중 이기종 단말 간 통신과 호환성 등 모든 네트워크상의 원활한 통신을 위해 최소한의 네트워크 구조를 제공하는 모델로 네트워크 프로토콜 디자인과 통신을 여러 계층으로 나누어 정의한 통신 규약 명칭은?

① ISO 7 계층
② Network 7 계층
③ TCP/IP 7 계층
④ OSI 7 계층

75 아날로그 음성 데이터를 디지털 형태로 변환하여 전송하고, 디지털 형태를 원래의 아날로그 음성 데이터로 복원시키는 것은?

① CCU
② DSU
③ CODEC
④ DTE

76 둘 이상의 서로 다른 네트워크에 접속하여 서로 간에 데이터를 주고 받을 수 있도록 경로 선택, 혼잡 제어, 패킷 폐기 기능을 수행하는 것은?

① Hub
② Repeater
③ Router
④ Bridge

77 변조속도가 1600(baud)이고, 쿼드비트를 사용하여 전송할 경우 전송속도(bps)는?

① 2400
② 3200
③ 4800
④ 6400

78 데이터 전송의 흐름이 양방향으로 전송이 가능하지만, 동시에 양방향으로 전송할 수 없으므로 정보의 흐름을 전환하여 반드시 한 방향으로만 전송하는 전송 방식은?

① 전이중(Full Duplex) 방식
② 반이중(Half Duplex) 방식
③ 단방향(Simplex) 방식
④ 비동기(Asynchronous) 전송 방식

79 LAN의 매체 접근 제어 방식 중 Token Passing 방식에 사용되는 Token의 기능으로 맞는 것은?

① 채널의 사용권
② 노드의 수
③ 전송매체
④ 패킷 전송량

80 IEEE 802 시리즈의 표준화 모델이 옳게 짝지어진 것은?

① IEEE 802.2 - 매체접근 제어(MAC)
② IEEE 802.3 - 광섬유 LAN
③ IEEE 802.4 - 토큰 버스(Token Bus)
④ IEEE 802.5 - 논리링크 제어(LLC)

1과목 사무자동화시스템

01 프로그램의 실행 중 인터럽트(Interrupt)가 발생할 경우에 현재의 프로그램 상태가 저장되어 있는 레지스터를 무엇이라 하는가?

① PSW
② PC
③ PCW
④ ACC

02 컴퓨터 시스템에서 중앙처리장치와 각각의 입·출력장치가 서로 독립적으로 작동하는 것으로 처리할 데이터를 디스크에 저장하고 이것을 다른 장치가 이용하도록 하는 것은?

① Spooling
② Multiplexer
③ Buffering
④ DASD

03 사무자동화의 특징으로 가장 거리가 먼 것은?

① 사무자동화 도입으로 인건비 및 관리비의 감소를 도모할 수 있다.
② 사무자동화는 CEO의 의사결정이 궁극적 목표이다.
③ 맨-머신 인터페이스이다.
④ 주로 비구조적인 과제를 지원한다.

04 컴퓨터 시스템에 사용되는 메모리에 대한 설명으로 가장 거리가 먼 것은?

① 캐시메모리는 CPU와 기억장치 간의 속도 차를 해소하기 위한 메모리이다.
② RAM은 일반적으로 주기억 메모리(Main Memory)로 사용되며, 휘발성이 없다.
③ 가상메모리는 보조기억장치의 일부를 주기억장치처럼 사용하기 위한 메모리이다.
④ 버퍼메모리는 2개의 장치가 데이터를 주고받을 때 두 장치 간의 속도 차를 해소하기 위한 장치이다.

05 특정 기업 간의 CALS 및 EDI를 통한 수주, 구매, 조달 및 납품 등과 관련된 기업 간의 전자상거래를 의미하는 용어로 가장 적합한 것은?

① B2C
② B2B
③ C2C
④ C2G

06 다음에서 사무자동화 정의와 관계없는 사람은?

① Michael D. Zisman
② Vincent Lum
③ Hammer Sibru
④ Wilson Magnus

07 다음 중 EDI 국제표준은?

① UN/EDIFACT
② TDCC
③ UCS
④ WINS

08 사무자동화의 배경 요인 중 사회적 요인에 가장 거리가 먼 것은?

① 정보화 사회의 출현으로 사무실에서 처리해야 할 정보의 양이 증가하였다.
② 단순 노동보다는 지적 노동이 부각되었다.
③ 생산부문의 합리화, 자동화에 부응하여 오피스에 대한 관심의 증가로 인해 기업 구조가 변화하였다.
④ 이미지, 소리, 그래픽과 같은 멀티미디어 기술의 등장으로 다양한 형태의 정보처리가 가능하게 되었다.

09 다음 중 원격회의 시스템에 대한 설명으로 가장 옳지 않은 것은?

① 멀리 떨어진 지역의 회의실을 화상과 음성통신 기술을 통해 연결하여 화면을 보면서 회의하는 시스템이다.
② 원격회의 시스템은 약자로 VCS라고도 한다.
③ 대부분 음성 및 영상을 Simplex 전송방식을 사용한다.
④ 물리적 이동에 따르는 시간과 경비를 줄일 수 있다.

10 정보보안의 측면에서 전자상거래 시스템 구축을 위한 기본적 충족 요건이 아닌 것은?

① Confidentiality
② Efficiency
③ Integrity
④ Availability

11 사무자동화가 추구하는 목적과 가장 거리가 먼 것은?

① 사무부문의 생산성 향상
② 효과적인 정보관리
③ 사무 처리의 비용 절감
④ 사무실의 무인화 및 사무원의 부속품화

12 다음 중 그룹웨어(Groupware)의 특징으로 가장 옳지 않은 것은?

① 통신망을 이용한다.
② 구성원들 간에 정보를 주고받으면서 생산성을 높이는 데 주안점을 둔다.
③ 정보를 공유하여 신속한 결정을 내릴 수 있도록 지원한다.
④ 기업과 소비자 간의 판매 서비스 교환에 중점을 둔다.

13 중앙처리장치의 구성요소가 아닌 것은?

① 주기억장치   ② 연산장치
③ 제어장치   ④ 입·출력장치

14 자기 디스크의 구성요소에 대한 설명으로 가장 거리가 먼 것은?

① 트랙은 회전축을 중심으로 데이터가 기록되는 동심원이다.
② 실린더는 여러 장의 디스크 판에서 같은 위치에 있는 트랙의 모임으로 트랙의 수와 실린더의 수는 동일하다.
③ Search Time은 읽기/쓰기 헤드가 지정된 트랙에 도달하는 데 걸리는 시간이다.
④ Transmission Time은 읽은 데이터를 주기억장치로 보내는 데 걸리는 시간이다.

15 다음 중 주기억장치에 기억되어 있는 명령어를 호출하여 중앙처리장치로 가져오도록 하는 명령어 호출 사이클은?

① Interrupt Cycle
② Fetch Cycle
③ Execution Cycle
④ Indirect Cycle

16 다음 설명에 해당하는 전자상거래 관련 용어는?

> 은행 거래에서 서비스 요금이나 상품 대금을 직접 현금으로 지불하는 대신 신용카드나 지로 등으로 처리하는 방법

① EDI   ② EFT
③ CALS   ④ CRM

17 다음 중 출력장치에 해당하지 않는 것은?

① Printer   ② Plotter
③ Digitizer   ④ CRT

18 다음 중 데이터의 접근 속도가 가장 빠른 장치는?

① SSD
② Harddisk
③ CD-ROM
④ DVD-ROM

19 다음 중 COM(Computer Output Microfilm)의 장점이 아닌 것은?

① 그래픽 이미지를 수록할 수 있다.
② 충격식 프린터에 대체되어 고속인쇄가 가능하다.
③ 촬영에서부터 현상까지의 시간이 짧아서 효과적이다.
④ 충격식 프린터에 비하여 비용절감 효과가 있다.

20 그룹웨어의 구성요소로 가장 관계가 없는 것은?

① 서버   ② 클라이언트
③ 네트워크   ④ FAX

---

2 과목 **사무경영관리개론**

21 다음 설명에 가장 부합하는 사무관리의 원칙은?

> 작업 동작의 개선, 기계화, 표준화, 사무분담의 합리화, 사무환경의 정비 등을 통하여 사무작업을 현재보다 쉽게 하려는 것

① 경제성   ② 정확성
③ 신속성   ④ 용이성

22 문서 기안 시 발의자와 보고자의 표시를 생략할 수 있는 문서가 아닌 것은?

① 검토나 결정이 필요하지 아니한 문서
② 회의록
③ 각종 증명 발급
④ 수신자에게 전달된 전자문서

23 다음 중 페이욜(H.Fayol)이 주장한 관리의 고유 기능의 활동 범주에 속하지 않는 것은?

① Accounting
② Technical
③ Financial
④ Audit

24 산업안전보건기준에 관한 규칙의 사무실 공기관리와 작업 기준 등에서 제651조 미생물오염관리의 조치사항에 해당하지 않는 것은?

① 누수 등으로 미생물의 생장을 촉진할 수 있는 곳을 주기적으로 검사하고 보수할 것
② 1년마다 사무실 소재지 관할 구청의 검사 및 관리 감독을 받을 것
③ 미생물이 증식된 곳은 즉시 건조, 제거 또는 청소할 것
④ 건물 표면 및 공기정화설비 등에 오염되어 있는 미생물은 제거할 것

25 다음 중 MIS(경영정보 시스템)에 대한 설명으로 가장 거리가 먼 것은?

① MIS는 기업의 전략, 계획, 조정, 관리, 운영 등의 결정을 보조하는 특징을 갖고 있다.
② MIS는 창조적이고 지적인 공학적 설계와 관계없이 프로그래밍을 통한 업무 전산화를 말한다.
③ MIS의 전문성은 기업의 업무를 분석하고 기업경영을 진단하는 능력이다.
④ MIS는 분석과 진단에 의해 기업업무의 정보요구가 정의되어야 하고, 정의된 정보를 효율적으로 처리할 수 있는 시스템을 개발하고 관리하는 특징을 갖고 있다.

26 정보전달방식을 전자적으로 하는 것으로써 메시지를 컴퓨터에 축적하여 수신자가 검색, 출력하여 볼 수 있는 시스템을 무엇이라고 하는가?

① 팩시밀리 시스템(Facsimile System)
② 전자메일 시스템(Electronic Mail System)
③ 마이크로필름 시스템(Microfilm System)
④ CAR 시스템(Computer Assisted Retrieval System)

27 듀이 십진분류법(DDC)에서 기술과학에 해당하는 코드는?

① 200   ② 400
③ 600   ④ 800

28 다음 중 Tickler System, Come up System이 속하는 사무관리의 관리 수단 체계는?

① 사무계획
② 사무조직
③ 사무조정
④ 사무통제

29 사무관리의 개념에 대한 설명으로 가장 옳지 않은 것은?

① 헨리(Henry)는 사무관리를 눈에 보이지 않는 힘으로 기업의 목적 달성을 위하여 지휘, 통제하는 행위로 정의했다.
② 사무실의 사무작업을 효과적으로 수행하여 기업의 목표를 달성하도록 관리하는 것이다.
③ 조직의 운영에 필요한 유용한 정보를 효율적으로 관리하는 것을 의미한다.
④ 사무관리에서 가장 중점을 두는 것은 능률이다.

30 다음 중 집무환경의 중요한 요소와 가장 거리가 먼 것은?

① 색채조절
② 소음조절
③ 시간조절
④ 공기조절

31 현대적(과학적) 사무관리의 3S에 해당하지 않는 것은?

① Standardization
② Simplification
③ Simulation
④ Specialization

32 다음 중 자료 관리에 대한 설명으로 가장 옳지 않은 것은?

① 자료의 자연 증가를 통제할 수 있다.
② 자료처리에 따르는 경비를 절감할 수 있다.
③ 자료를 서식화할 수 있다.
④ 자료를 필요로 하는 곳에 신속하게 전달할 수 있다.

33 다음 중 사무실 배치 원칙과 가장 거리가 먼 것은?

① 사무의 성격이 유사한 부서는 가깝게 배치한다.
② 내부 및 외부 민원 업무 등 대중과 관계가 많은 부서는 가급적 입구근처에 배치한다.
③ 대실주의(큰방주의)는 사무실 배치에 있어서 가능한 독방을 늘인다.
④ 장래확장에 대비하여 탄력성 있는 공간을 확보한다.

34 기록물 관리의 원칙으로 공공기관 및 기록물관리기관의 장은 기록물의 생산부터 활용까지의 모든 과정에 걸쳐 관리할 때의 원칙으로 옳은 것은?

① 진본성, 무결성, 신뢰성
② 진본성, 무결성, 보관성
③ 진본성, 공개성, 신뢰성
④ 영구성, 무결성, 신뢰성

35 암호화 등의 문서 발신방법을 지정한 경우의 조치로 옳은 것은?

① 문서 두문의 마지막에 '암호' 등으로 발신할 방법을 표시
② 문서 본문의 마지막에 '암호' 등으로 발신할 방법을 표시
③ 문서 두문의 시작에 '암호' 등으로 발신할 방법을 표시
④ 문서 본문의 시작에 '암호' 등으로 발신할 방법을 표시

36 산업안전보건기준에 관한 규칙상 용도별 조도 기준 중 틀린 것은?

① 초정밀 작업 : 750럭스 이상
② 정밀 작업 : 300럭스 이상
③ 보통 작업 : 200럭스 이상
④ 기타 작업 : 75럭스 이상

37 다음 ( )에 가장 적합한 내용을 순서대로 나열한 것은?

> 법규문서는 ( )에 의하여 작성하고, ( )를 사용한다.

① 시행문형식, 일자별 일련번호
② 시행문형식, 누년 일련번호
③ 조문형식, 일자별 일련번호
④ 조문형식, 누년 일련번호

38 자료의 내용을 요약, 정리한 것으로 이용자가 원문 참조를 해야 할 것인가의 여부를 정하는 지침이 되는 것을 무엇이라 하는가?

① Abstract
② Index
③ List
④ Footnote

39 EDIFACT의 구성요소에서 3가지 기본요소가 아닌 것은?

① 문법과 구문규칙
② 데이터 엘리먼트 디렉토리
③ 표준 메시지
④ 코드집

40 전자기록물의 저장, 이관, 백업, 복원, 보존 등을 위한 기록매체 및 장치가 준수하여야 할 사항으로 가장 옳지 않은 것은?

① 전자기록물을 정확하고 신뢰성 있게 수록 및 재생할 수 있어야 한다.
② 전자기록물을 현재의 저장환경으로부터 새로운 저장환경으로 손상 없이 옮길 수 있어야 한다.
③ 다른 매체로 복제본 제작이 가능하여야 한다.
④ 수록된 전자기록물을 임의 수정, 삭제, 위조, 변조 등으로부터 물리적으로 보호할 수 있어야 한다.

3과목 프로그래밍 일반

41 사용자가 작성한 소스코드를 실행하면서 오류 등을 찾기 위한 프로그램의 명칭으로 가장 옳은 것은?

① Emulator
② Linkage Editor
③ SPI
④ Debugger

42 프로그래밍 언어에서 시스템이 알고 있는 특수한 기능을 수행하도록 이미 용도가 정해져 있는 단어로서, 프로그래머가 변수 이름이나 다른 목적으로 사용할 수 없는 것은?

① Array
② Constant
③ Reserved Word
④ Pointer

43 주석(Comment)의 제거, 상수 정의 치환, 매크로 확장 등 컴파일러가 처리하기 전에 먼저 처리하여 확장된 원시 프로그램을 생성하는 것은?

① Cross compiler
② Loader
③ Preprocessor
④ Linker

44 시스템 프로그래밍에 가장 적합한 언어는?

① C
② COBOL
③ Fortran
④ Pascal

45 다음 수식(expression)을 EBNF로 맞게 표현한 것은?

> $\langle expression \rangle ::= \langle expression \rangle + \langle expression \rangle \mid$
> $\qquad \langle expression \rangle - \langle expression \rangle \mid$
> $\qquad \langle expression \rangle * \langle expression \rangle \mid$
> $\qquad \langle expression \rangle / \langle expression \rangle$

① $<expression>::=<expression>(+|-|*|/)<expression>$
② $<expression>=<expression>[+|-|*|/]<expression>$
③ $<expression>:: <expression>\{+|-|*|/\}<expression>$
④ $<expression>::=expression [+|-|*|/]<expression>$

46 아래 코드의 실행 결과는?

```c
#include <stdio.h>
int main( )
{
    int a = 5, b = 0;
    int t1, t2, t3;
    t1 = a && b;
    t2 = a || b;
    printf("%d", t1 + t2);
    return 0;
}
```

① 0   ② 1
③ 2   ④ 5

47 작성된 표현식이 BNF의 정의에 의해 바르게 작성되었는지를 확인하기 위해 만들어진 tree는 무엇인가?

① Parse Tree
② Binary Search Tree
③ Binary Tree
④ Skewed Tree

48 프로그래밍 언어의 구문 분석 기법에서 파스 트리의 루트(Root)로부터 시작하여 파스 트리를 만들어 가는 파싱 기법은?

① Universal Parsing
② Bottom-up Parsing
③ Top-Down Parsing
④ LL Technique

49 다음과 같은 기억장소에서 15KB를 요구하는 프로그램이 50KB 공백의 작업공간에 배치될 때의 기억장치 배치 전략은?

OPERATING SYSTEM
Used Space
30KB 공간
Used Space
16KB 공간
Used space
50KB 공간
Used space

① First Fit   ② Best Filet
③ Worst Fit   ④ Top Fit

50 변수의 속성에서 프로그램 수행 중 변경될 수 있는 것은?

① Type   ② Location
③ Value   ④ Name

51 부프로그램(Subprogram) 사용의 특징에 해당하지 않는 것은?

① 시스템 설계 시 효율적이다.
② 가독성 및 유지, 보수가 편리하다.
③ 프로그램이 커지므로 기억장소를 많이 필요하게 된다.
④ 프로그래머는 동일한 프로그램을 한 번만 작성해서 필요시 호출하여 사용이 가능하다.

52 구조적 프로그램의 기본 구조가 아닌 것은?

① 순차 구조   ② 반복 구조
③ 일괄 구조   ④ 선택 구조

53 표준 C 언어에 대한 설명으로 가장 옳지 않은 것은?

① 수행속도가 빠르고 크기 및 효율 등의 기능면에서 고급언어와 어셈블리어의 중간기능을 수행한다.
② 융통성을 중요시하는 Interpreter 언어의 범주이다.
③ 1970년대 초 AT&T사의 벨연구소에서 UNIX OS 개발을 위해 제작한 언어가 시초가 되었다.
④ 시스템 소프트웨어 작성이 용이한 언어이다.

54 중위 표기법(Infix notation)으로 표현된 산술식 "X=A+C/D"를 전위 표기법(Prefix notation)으로 옳게 나타낸 것은?

① =X+A/CD   ② =+/XACD
③ /CD+A=X   ④ XACD/+=

55 다음 C 프로그램의 결과값은?

```c
#include <stdio.h>
int main()
{
    int i, t = 0;

    for(i = 1; i <= 10; i += 2)
    {
        t += i;
    }
    printf("%d", t);
    return 0;
}
```

① 15   ② 25
③ 35   ④ 45

56 기계어에 대한 설명으로 가장 옳지 않은 것은?

① 0 또는 1로만 구성되어 있다.
② 컴퓨터가 이해하는 언어이다.
③ 프로그램 작성이 용이하다.
④ 처리 속도가 빠르다.

57 다음 C 프로그램의 결과값은?

```c
#include <stdio.h>
int main()
{
    int value = 2;
    int sum = 0;
    switch (value)
    {
        case 1: sum += 4;
        case 2: sum += 2;
        case 3: sum += 1;
    }
    printf("%d", sum);
    return 0;
}
```

① 1   ② 2
③ 3   ④ 4

58 객체지향 개념에서 이미 정의되어 있는 상위 클래스(슈퍼 클래스 혹은 부모 클래스)의 메소드를 비롯한 모든 속성을 하위 클래스가 물려받는 것을 무엇이라 하는가?

① Abstraction
② Method
③ Inheritance
④ Message

59 다음 중 C, Java에서 공통 사용되는 예약어는?

① sizeof   ② malloc
③ class   ④ typedef

60 C 언어의 FOR문, COBOL 언어의 PERFORM문에 해당하는 것은?

① 반복문
② 종료문
③ 입출력문
④ 선언문

61 프로토콜 구성요소에 해당하지 않는 것은?

① Syntax
② Semantics
③ Parameter
④ Timing

62 데이터 통신에서 오류가 검출되면 자동으로 송신 스테이션에게 재전송을 요청하는 ARQ 방식의 종류가 아닌 것은?

① Stop-and-Wait ARQ
② Control-Data ARQ
③ Go-Back-N ARQ
④ Selective-Repeat ARQ

63 다음 중 전송로상의 두 지점인 P1과 P2 간의 상대적인 신호의 세기를 dB로 표현한 것으로 가장 옳은 것은?

① $\dfrac{P1}{P2}$

② $10\log\dfrac{P1}{P2}$

③ P1 – P2

④ $\log\dfrac{P1}{P2}$

64 다음 중 뉴미디어의 특징과 가장 거리가 먼 것은?

① 고속성
② 상호작용성
③ 쌍방향성
④ 획일성

65 비트율이 14,400(bps)인 64-QAM 신호의 보율은 얼마인가?

① 1200baud
② 2400baud
③ 4800baud
④ 7200baud

66 전자기기 등에 네트워크 접속의 기능을 갖추어 거시적으로 사물 간의 네트워크를 구현할 수 있는 기술을 의미하는 용어로 가장 옳은 것은?

① IoT
② FTTH
③ Router
④ VDSL

67 ISDN 채널 구조에서 기본 속도인 BRI(Basic Rate Interface)는 무엇인가?

① 2B+D
② B+D
③ 23B+2D
④ 23+D

68 OSI 7 계층 참조모델 중 데이터링크 계층의 주요 기능에 해당되지 않는 것은?

① 데이터 링크의 설정과 해지
② 경로 설정
③ 오류검출 및 정정
④ 흐름 제어

69 LAN의 토폴로지 형태로 가장 적절하지 않은 것은?

① Star Topology
② Bus Topology
③ Ring Topology
④ Square Topology

70 데이터 전송에서 1차원 Parity에 대한 설명으로 가장 적합한 것은?

① 수신된 데이터에서 전송 오류를 무시한다.
② 수신된 데이터에서 전송 오류의 검출을 수행한다.
③ 수신된 데이터에서 전송 오류의 정정을 수행한다.
④ 수신된 데이터에서 전송 오류의 암호화를 수행한다.

71 ITU-T에 의해 개발된 유명한 표준으로서, 공중 디지털 네트워크를 통한 전송을 규정한 것은?

① 802 프로젝트
② V 시리즈
③ X 시리즈
④ Z 시리즈

72 다음 중 데이터 단말기의 제어 기능과 가장 거리가 먼 것은?

① 입출력 제어
② 다중화 제어
③ 송수신 제어
④ 에러 제어

73 패킷망에서 데이터의 양이 적고, 융통성이 요구되는 경우에 가장 적합한 교환 방식은?

① 회선 다중통신(Circuit Multiplexing)
② 가상회선(Virtual Circuit)
③ 메시지 교환(Message Switching)
④ 데이터그램(Datagram)

74 IEEE 802 표준규격으로서 광대역 LAN을 규정한 것은?

① 802.5
② 802.6
③ 802.7
④ 802.8

75 다음 중 데이터 통신 장비 또는 장치에 속하지 않는 것은?

① MODEM
② AVR
③ NIC
④ DSU

76 광섬유의 특징에 대한 설명 중 잘못된 것은?

① 아주 빠른 전송속도를 가지고 있다.
② 넓은 대역폭을 가지며 외부 간섭의 영향을 받는다.
③ 매우 낮은 전송 에러율을 가지고 있다.
④ 네트워크 보안성이 높다.

77 종합정보통신망에 해당하는 용어는?

① ISDN
② LAN
③ VAN
④ WAN

78 문자 위주 동기전송에서 문자 동기를 나타내는 전송 제어 문자로 맞는 것은?

① SYN
② SOH
③ ETX
④ ENQ

79 주파수분할다중화(FDM) 방식에서 보호대역(Guard Band)이 필요한 이유는?

① 인접한 채널 사이의 간섭을 방지하기 위해서다.
② 주파수 대역폭을 조정하기 위해서다.
③ 좁은 주파수 대역에 많은 채널을 쓰기 위해서다.
④ 신호의 세기를 적게 하기 위해서이다.

80 IEEE 802.15 기술은 WPAN(무선 개인 영역 네트워크)을 의미한다. WPAN 영역에 해당하지 않는 것은?

① WiFi
② Bluetooth
③ ZigBee
④ UWB

1 과목 사무자동화시스템

1 과목 사무자동화시스템

01 다음 SQL문의 의미로 옳은 것은?

> select hk, nm from ipsi;

① 테이블 ipsi에 항목 hk, nm의 값을 삽입하라.
② 테이블 ipsi에서 항목 hk, nm의 모든 값을 추출하라.
③ 테이블 ipsi에서 항목 hk, nm의 값을 삭제하라.
④ 테이블 ipsi에 두 항목 hk, nm의 값으로 변경하라.

02 master file의 변경 사항을 일시적으로 저장하고 있는 파일을 무엇이라 하는가?

① transaction file
② work file
③ history file
④ program file

03 사무자동화를 통합형으로 추진하고자 할 때 가장 거리가 먼 것은?

① 전체 회사를 대상으로 추진하여야 할 것
② 구속력 없이 시간을 두고 느슨하게 추진체제를 확립할 것
③ 사내 사무관리 제도와 관련되어 있어야 할 것
④ 기존 시스템과 원만히 융화되어야 할 것

04 파일링시스템의 장점으로 가장 거리가 먼 것은?

① 서류분실 방지
② 정보통신의 용이
③ 신속한 검색활용의 용이
④ 불필요한 문서의 폐기

05 블루레이 디스크(Blue-ray Disc)에 대한 설명으로 옳지 않은 것은?

① 고선명 비디오를 위한 디지털 데이터를 저장할 수 있다.
② DVD 디스크에 비해 훨씬 짧은 파장을 갖는 레이저를 사용한다.
③ 단층 기록 면을 갖는 블루레이 디스크는 최대 10GB까지 데이터를 기록할 수 있다.
④ DVD와 같은 크기인데도 더 많은 데이터를 저장할 수 있다.

06 기업의 외부, 내부의 비즈니스, 데이터를 수집, 가공하고 관리자들에게 필요한 때에 요구하는 정보를 곧바로 제공할 수 있는 시스템을 무엇이라 하는가?

① MIS(Management Information System)
② OA(Office Automation)
③ DPS(Data Processing System)
④ MS(Management Science)

07 사무자동화가 발전할 수 있는 배경 기술과 가장 관계없는 것은?

① 작업자의 창의력 발전
② 소프트웨어 기술의 발전
③ 통신기술의 발전
④ 하드웨어 기술의 발전

08 다음 중 뉴미디어의 발달 과정을 올바르게 나열한 것은?

> ㄱ : 전파미디어 시대
> ㄴ : 영상미디어 시대
> ㄷ : 정보통신미디어 시대
> ㄹ : 활자미디어 시대

① ㄱ → ㄴ → ㄷ → ㄹ
② ㄱ → ㄹ → ㄴ → ㄷ
③ ㄹ → ㄱ → ㄴ → ㄷ
④ ㄹ → ㄴ → ㄱ → ㄷ

09 다음 CD-ROM에 대한 설명으로 가장 옳지 않은 것은?

① 레이저 빔을 비추어 반사하는 정도로써 정보를 읽는다.
② 광디스크의 일종이다.
③ Read-only 매체이다.
④ 주기억 장치로 사용된다.

10 다음 중 세계 최초의 상업용 컴퓨터는?

① UNIVAC
② EDSAC
③ EDVAC
④ ENIAC

11 디스크에 저장된 데이터에 접근하여 읽는 데 소요되는 전체 시간을 무엇이라 하는가?

① Seek Time
② Transfer Time
③ Access Time
④ Latency Time

12 다음 중 사무자동화 단계별 추진의 설명으로 옳지 않은 것은?

① 제1단계는 자동화 업무의 효율화를 위해 컴퓨터 도입으로 사무자동화의 기반조성을 추진한다.
② 제2단계는 온라인 도입으로 사무자동화 추진조직과 체계 확립을 추진한다.
③ 제3단계는 LAN을 도입하여 개별기기 간의 연계화를 추진한다.
④ 제4단계는 부문별 정보 통신망의 구축을 위해 표준화를 추진한다.

13 MPEG 표준에서 오디오 표준 분류를 위한 규격은?

① MPEG-A
② MPEG-B
③ MPEG-C
④ MPEG-D

14 백화점이나 전시장 또는 공항이나 철도역 같은 곳에 설치되어 각종 행사 절차나 상품 정보, 시설물의 이용 방법, 인근지역에 대한 관광 정보 등을 제공하는 무인 정보 단말기는?

① CTI
② RF 단말기
③ KIOSK
④ ATM

15 다음 중 그룹웨어의 기능과 거리가 먼 것은?

① 의사결정기능
② 이미지 편집기능
③ 정보공유기능
④ 업무흐름 관리기능

16 다음 사무자동화 관련 주변 장치에서 자료 기억 또는 저장장치가 아닌 것은?

① 자기디스크 장치
② 자기테이프 장치
③ 자기문자판독 장치
④ 자기드럼 장치

17 데이터베이스 관리 시스템(DBMS)이 가지는 기능으로 옳지 않은 것은?

① 탐색 기능
② 정의 기능
③ 조작 기능
④ 제어 기능

18 사무자동화는 컴퓨터에 대한 전문 지식이 없는 사용자들이 편리하게 사용할 수 있는 분산자료 처리 시스템의 특별한 경우라고 말한 사람은?

① Zisman
② Hammer
③ Ellis
④ Marcus

19 의사결정에 필요한 정보를 데이터베이스로부터 검색하여 필요한 분석을 행하고 보기 쉬운 형태로 편집, 출력해 주는 시스템으로 가장 적합한 것은?

① 사무자동화시스템
② 그룹웨어시스템
③ 전자출판시스템
④ 의사결정지원시스템

20 다음 중 디지털 데이터 압축방식이 아닌 것은?

① JPEG
② MIDI
③ MPEG
④ INDEO

2과목 사무경영관리개론

21 공공기관 및 기록물관리기관에서는 자료보관 관리를 위해서 공공기록물 관리에 관한 법률 제5조에 따라 공공기록물관리의 원칙을 준수하여야 한다. 다음 중 기록물관리의 원칙에 해당되지 않는 것은?

① 진본성
② 무결성
③ 신뢰성
④ 공동성

22 다음 중 사무작업의 효율화 연구에 해당되지 않는 것은?

① 작업 연구
② 공간 연구
③ 시간 연구
④ 공정 연구

23 다음 중 사무통제의 수단과 거리가 먼 것은?

① Tickler System
② Come Up System
③ PERT
④ Taylor System

24 공문서의 내용을 둘 이상의 항목으로 구분할 필요가 있을 때 첫째 항목(가장 상위 항목)의 구분으로 옳은 것은?

① 1., 2., 3., 4 …로 나누어 표시한다.
② 가., 나., 다., 라 …로 나누어 표시한다.
③ 1), 2), 3), 4) …로 나누어 표시한다.
④ (1), (2), (3), (4) …로 나누어 표시한다.

25 사무원, 사무기기, 사무환경에 대한 배치 원칙으로 틀린 것은?

① 관리자는 하위자의 뒤쪽에 횡으로 배치한다.
② 타인과 등을 맞댈 경우 최저 70cm, 통로는 90cm 이상의 간격을 확보한다.
③ 책상은 동일한 방향을 향해서 나란히 배치한다.
④ 사무기기는 개별적으로 사용한다.

26 라인-스태프 조직(직계참모 조직)의 장점이 아닌 것은?

① 지휘, 명령 계통의 일관성을 유지할 수 있다.
② 시간적 여유를 가지고 의사 결정을 할 수 있다.
③ 전문가를 활용하여 직무의 질과 능률을 높일 수 있다.
④ 전체의 통일성과 질서를 유지할 수 있다.

27 다음 중 그 목적상 필요한 범위에서 공표된 프로그램을 복제 또는 배포할 수 있는 경우는? (단, 복제된 부분이 차지하는 비중 및 복제된 부수 등에 비추어 프로그램의 저작재산권자의 이익을 부당하게 해치는 경우는 예외로 한다.)

① 초, 중, 고등학교 및 사설 교육기관에서 교육을 담당하는 자가 수업과정에 제공할 목적으로 복제 또는 배포하는 경우
② 가정과 같은 한정된 장소에서 개인 영리 목적으로 복제하는 경우
③ 컴퓨터의 유지, 보수를 위하여 그 컴퓨터를 이용하는 과정에서 프로그램을 영구적으로 복제하는 경우
④ 재판 또는 수사를 위하여 복제하는 경우

28 조직 내 부서 혹은 전략적 비즈니스 유닛(Strategic Business Unit)의 최종 사용자들의 목적에 맞게 설계된 것으로, 데이터웨어하우스와 사용자 사이의 중간층에 위치하며 데이터웨어하우스보다 규모나 비용 측면에서 축소된 개념은?

① 데이터 하이퍼
② 데이터 큐브
③ 데이터 마트
④ 데이터 모델

29 행정기관의 장으로부터 사무의 내용에 따라 결재권을 위임받은 자가 행하는 결재 방법은?

① 대결   ② 전결
③ 공람   ④ 후결

30 사무자동화 추진 조직 구성에서 전문 인력 집단을 구성하여 추진하기 때문에 해당 분야의 구체적 전개는 가능하나 타부서와의 의견 조정이 어려운 유형은?

① 사용자 주도형
② 위원회 주도형
③ 전문조직 주도형
④ 프로젝트 주도형

31 사무관리의 작업능률을 위하여 고려되어야 할 사항이 아닌 것은?

① 사무작업의 간소화
② 동작의 경제화
③ 사무용 집기의 인간공학적 설계 및 배치
④ 사무비용의 절감

32 의사결정시스템의 특성이 아닌 것은?

① 다양한 데이터를 획득하여 의사결정에 필요한 정보처리를 할 수 있도록 설계되어야 한다.
② 그래픽을 이용하여 정보처리 결과를 보여 주고 출력하는 기능이 있어야 한다.
③ 의사결정자와 시스템 간의 대화식 정보처리가 가능하도록 설계되어야 한다.
④ 의사결정과정 중에 발생한 환경의 변화는 제외하고 유연하게 설계되어야 한다.

33 저작권법 제1장제2조(정의)에 명시된 저작물 등의 원본 또는 그 복제물을 공중에게 대가를 받거나 받지 아니하고 양도 또는 대여하는 것에 해당하는 것은?

① 복제   ② 발행
③ 공표   ④ 배포

34 실내 장소별 적합한 색채가 아닌 것은?

① 일반사무실 벽 – 황색, 녹색, 청색
② 회의실 – 강한 색채를 가진 밝은 중간색
③ 복도 – 사무실보다 짙은 한색 계통
④ 일반사무실 문 또는 벽 아래 부분 – 다색, 짙은 녹색

35 EDIFACT의 구성요소 중 기본요소에 해당되지 않는 것은?

① 네트워크 가이드라인
② 문법과 구문규칙
③ 데이터 엘리먼트 디렉토리
④ 표준 메시지

36 다음 중 일정 시간 내에 생산되는 작업 단위의 수를 말하며, 시간 표준을 포함하는 사무 표준의 종류는?

① 양(Quantity) 표준
② 질(Quality) 표준
③ 양 및 질 표준
④ 완성도

37 경영 기능별 경영정보 시스템에 해당되지 않는 것은?

① 생산정보시스템
② 마케팅정보시스템
③ 인사정보시스템
④ 일괄정보시스템

38 사무조직화의 기본적인 원칙이 아닌 것은?

① 목적의 원칙
② 책임권한의 원칙
③ 의무 확대의 원칙
④ 기능화의 원칙

39 반복성의 유무에 의한 사무의 분류 중 거의 매일 똑같이 반복해서 발생하는 사무는?

① 본래 사무
② 상례 사무
③ 지원 사무
④ 예외 사무

40 행정업무의 운영 및 혁신에 관한 규정에 의한 서식 설계의 일반 원칙이 아닌 것은?

① 전문용어를 사용하여 문서의 품격을 높여야 한다.
② 서식에는 용지의 규격과 지질을 표시하여야 한다.
③ 서식은 특별한 사유가 없으면 별도의 기안문과 시행문을 작성하지 아니한다.
④ 행정기관의 로고, 상징, 마크, 홍보문구 등을 표시하여 행정기관의 이미지를 높일 수 있도록 하여야 한다.

41 두 개 이상의 CPU를 지닌 시스템으로 여러 작업을 병렬 처리하여 처리율을 높일 수 있는 시스템의 명칭으로 가장 적합한 것은?

① Multi-user System
② Multi-tasking System
③ Multi-processing System
④ Multi-programming System

42 다음 중 재배치 형태의 기계어로 된 여러 개의 모듈을 묶어서 로드 모듈을 작성하는 것은?

① 로더(Loader)
② 어셈블러(Assembler)
③ 프리프로세서(Preprocessor)
④ 링키지 에디터(Linkage Editor)

43 다음 C 프로그램의 출력값은?

```
#include <stdio.h>
void main(void)
 {
   int  a=3, b=10;
   if (b>5)
     printf ("%x\n", a+b);
   else
     printf ("%x\n", b-a);
 }
```

① 7   ② 13
③ D   ④ A

44 다음 보기에서 단항 연산자는?

① COMPLEMENT
② AND
③ OR
④ XOR

45 기계어에 대한 설명으로 옳지 않은 것은?

① 2진수 0과 1을 사용하여 명령어와 데이터를 나타낸다.
② 컴퓨터가 직접 이해할 수 있는 언어이다.
③ 전문적인 지식이 없으면 이해하기 힘들다.
④ 기계마다 언어가 동일하여 호환성이 높다.

46 다음 C 언어 코드의 의미를 가장 잘 설명한 것은?

```
int *pt = new int;
```

① 1개의 정수 영역을 정적(static)으로 확보한다.
② 256개의 실수 영역을 정적(static)으로 확보한다.
③ 1개의 정수 영역을 동적(dynamic)으로 확보한다.
④ 256개의 실수 영역을 동적(dynamic)으로 확보한다.

47 다음 C 언어는 두 수의 비트별 AND, OR, XOR을 구하는 프로그램이다. 실행 결과는?

```
int main(void)
{
   int a=3, b=6;
   int c, d, e;
   c = a & b;
   d = a | b;
   e = a ? b;
   printf("%d %d %d\n", c, d, e);
```

① 2 2 5
② 2 7 5
③ 5 2 2
④ 5 7 2

48 BNF에서 사용되는 심볼(symbol) 중 "정의"의 의미를 갖는 것은?

① ::=
② #
③ |
④ &

49 다음 JAVA 코드 출력문의 결과는?

```
..생략..
System.out.println("5 + 2 = " + 3 + 4);
System.out.println("5 + 2 = " + (3 + 4));
..생략..
```

① 5 + 2 = 34
  5 + 2 = 34
② 5 + 2 = 34
  5 + 2 = 7
③ 7 = 7
  7 + 7
④ 5 + 2 + 3 + 4
  5 + 2 = 7

50 다음 중 운영체제의 기억장치 교체 기법 중 최근에 가장 오랫동안 사용하지 않은 페이지를 교체하는 기법은?

① OPT   ② LRU
③ LFU   ④ NUR

51 표준 C 언어에서 포인터 변수를 사용할 때 기억장소의 관리 문제로 데이터 접근 경로가 없어진 후에도 데이터 객체가 메모리에 지속적으로 남아 있는 경우가 발생하며 이를 쓰레기(garbage)라고 한다. 이 쓰레기를 없애기 위해 사용되는 함수 명령은?

① free   ② fork
③ malloc   ④ return

52 C 언어에서 나머지를 구하는 연산자는?

① %   ② @
③ #   ④ !

53 하나 이상의 유사한 객체들을 묶어서 하나의 공통된 특성을 표현한 객체지향 프로그래밍의 요소는?

① Abstract   ② Object
③ Message   ④ Class

54 프로그램에서 하나의 단위값을 저장할 수 있는 기억장소로서, 저장되어 있는 값은 프로그램 실행 중에 언제라도 변경될 수 있는 것은?

① Constant
② Comment
③ Reserved
④ Variable

55 Absolute Loader에서 각 기능별 수행 주체를 연결한 것으로 옳지 않은 것은?

① 기억장소 할당 – 프로그래머
② 연결 – 프로그래머
③ 재배치 – 어셈블러
④ 적재 – 컴파일러

56 C 언어로 구현된 다음 프로그램의 실행 결과에 의해 변수 a와 b에 저장된 값은? (단, "⟨⟨"는 왼쪽 시프트(Lsh), "⟩⟩"는 오른쪽 시프트(Rsh)를 의미한다.)

```
int  a=16, b=64;
a=a⟩⟩2;
b=b⟨⟨2;
```

① a=4, b=256
② a=8, b=128
③ a=32, b=32
④ a=64, b=16

57 다음 JAVA 프로그램이 실행되었을 때의 결과는?

```
public class Operator{
public static void main(String[] args) {
int x=5, y=0, z=0;
y = x++;
z = --x;
System.out.print(x + ", " + y + ", " + z);
}
}
```

① 5, 5, 5
② 5, 6, 5
③ 6, 5, 5
④ 5, 6, 4

58 10진수 634를 BCD 코드로 표현한 것은?

① 011000110100
② 001100110100
③ 011000110011
④ 001100110011

59 표준 C 언어의 관계 연산자 중 "A와 B가 같지 않다"의 의미를 갖는 것은?

① A 〈 〉 B
② A != B
③ A 〈= B
④ A &= B

60 자바에서 사용하는 접근 제어자의 종류가 아닌 것은?

① private
② internal
③ default
④ public

4과목 **정보통신개론**

61 IPv6의 특징으로 틀린 것은?

① IPv6의 주소의 길이는 256비트이다.
② 암호화와 인증 옵션 기능을 제공한다.
③ 프로토콜의 확장을 허용하도록 설계되었다.
④ 흐름 레이블(Flow Lable)이라는 항목이 추가되었다.

62 통신 소프트웨어의 세 가지 기본 구성요소로 옳은 것은?

① 데이터 송수신, 통신 하드웨어 제어, 이용자 인터페이스 제어
② 데이터 입출력 제어, 데이터 처리, 데이터 분배
③ 네트워크 제어, 전송 부호 관리, 이용자 인터페이스 제어
④ 데이터 입출력 제어, 데이터 전송 제어, 통신 회선 제어

63 이기종 프로토콜을 사용하는 망을 서로 연결하는 데 사용되는 장치 또는 시스템으로 가장 적합한 것은?

① repeater
② gateway
③ server
④ client

64 HDLC 링크구성 방식에 따른 세 가지 동작모드에 해당하지 않는 것은?

① 정규응답모드(NRM)
② 동기응답모드(SRM)
③ 비동기응답모드(ARM)
④ 비동기균형모드(ABM)

65 메시지의 임시 저장과 실시간 처리가 가능한 교환망은?

① 공중전화 교환망
② 회선 교환망
③ 메시지 교환망
④ 패킷 교환망

66 X.25 프로토콜의 3개 계층에 해당하지 않는 것은?

① 트랜스포트 계층
② 프레임 계층
③ 패킷 계층
④ 물리 계층

67 전송 장애의 주요 형태가 아닌 것은?

① 신호 감쇠
② 지연 왜곡
③ 잡음
④ 변복조

68 국제전기통신연합의 약칭으로 국제 간 통신 규격을 제정하는 산하기구를 두고 있는 것은?

① ITU
② BSI
③ DIN
④ JIS

69 시분할(Time-sharing)시스템의 설명으로 가장 거리가 먼 것은?

① 실시간(real-time) 응답이 주로 요구된다.
② 컴퓨터와 이용자가 서로 대화형으로 정보를 교환한다.
③ 컴퓨터 파일 자원의 공동 이용이 불가능하다.
④ 다수의 단말기가 1대의 컴퓨터를 공동으로 사용한다.

70 HDLC(High-Level Data Link Control)에 대한 설명으로 틀린 것은?

① 비트지향형의 프로토콜이다.
② 링크 구성 방식에 따라 세 가지 동작모드를 가지고 있다.
③ 데이터링크 계층의 프로토콜이다.
④ 반이중과 전이중 통신이 불가능하다.

71 정보통신 시스템의 기능에 해당하지 않는 것은?

① 거리와 시간의 극복
② 대용량 파일의 공동 이용
③ 정보 전송의 비신뢰성
④ 대형 컴퓨터의 공동 이용

72 그림의 네트워크 형상(Topologe) 구조는?

① Bus형
② Token Ring형
③ Star형
④ Peer to peer형

73 3개 bit가 한 개의 신호 단위인 경우, 통신 속도 bps와 보(baud)의 관계는?

① bps = 1/3baud
② bps = 2baud
③ bps = 3baud
④ bps = 4baud

74 다음 중 CRC 방식과 거리가 먼 것은?

① HDLC에서 사용
② 전진에러 제어
③ 생성다항식을 사용
④ 오류검출 기능

75 IEEE 802.15 규격의 범주에 속하며 사용자를 중심으로 작은 지역에서 주로 블루투스 헤드셋, 스마트 워치 등과 같은 개인화 장치들을 연결시키는 무선통신 규격은?

① WPAN　　　② VPN
③ WAN　　　④ WLAN

76 컴퓨터의 물리적 자원들이 한 건물 내에 산재해 있을 때 정보자원의 공유를 가능하게 해 주는 통신망으로 가장 적합한 것은?

① LAN   ② VAN
③ WAN   ④ ISDN

77 데이터를 양쪽방향으로 모두 전송할 수 있으나 동시에 양쪽 방향에서 전송할 수 없는 통신 방식은?

① 단방향 통신(Simplex)
② 반이중 통신(Half Duplex)
③ 이중 통신(Duplex)
④ 역방향 통신(Reverse)

78 전송 제어 장치(TCU)와 통신 제어 장치(CCU)에 대한 설명으로 가장 적합하지 않은 것은?

① 전송 제어 장치는 입출력 장치에 대한 각 데이터 전송회선과의 접속 및 전송 제어를 수행한다.
② 통신 제어 장치는 컴퓨터에 대한 각 데이터 전송 회선과의 접속 및 전송 제어를 한다.
③ 전송 제어 장치는 많은 통신회선 수를 취급하며 메시지의 처리 기능이 없다.
④ 통신 제어 장치는 많은 통신회선 수를 취급하며 메시지의 처리 기능이 있다.

79 아날로그 데이터를 디지털 신호로 변환하는 PCM(Pulse Code Modulation) 방식의 진행순서를 바르게 나타낸 것은?

① 표본화 → 부호화 → 양자화 → 여과 → 복호화
② 표본화 → 양자화 → 부호화 → 복호화 → 여과
③ 표본화 → 부호화 → 양자화 → 복호화 → 여과
④ 표본화 → 양자화 → 여과 → 부호화 → 복호화

80 정보통신 시스템에서 송신할 비트열에 대하여 NRZ(Non Return to Zero), RZ(Return to Zero)와 같은 변환을 수행하는 것은?

① 단말장치
② 전송장치
③ 교환장치
④ 컴퓨터장치

정답 및 해설

PART 03에는 필기 기출문제의 정답과 해설을 수록하였습니다. 혼자서도 학습 가능하도록 각 문제에 해당하는 정확하고 자세한 해설을 제시하였습니다. 정답 과 해설을 체크하며 현재 자신의 실력을 확인하고 부족한 부분은 확실히 보완하 도록 합니다.

정답 및 해설

2023년 기출공략 문제
1-148p

01 ④	02 ②	03 ②	04 ②	05 ③
06 ①	07 ④	08 ④	09 ②	10 ③
11 ④	12 ④	13 ②	14 ④	15 ①
16 ①	17 ③	18 ③	19 ④	20 ②
21 ②	22 ①	23 ④	24 ④	25 ④
26 ③	27 ④	28 ②	29 ④	30 ②
31 ②	32 ②	33 ④	34 ②	35 ④
36 ④	37 ③	38 ③	39 ④	40 ④
41 ②	42 ②	43 ②	44 ①	45 ③
46 ④	47 ②	48 ④	49 ④	50 ①
51 ①	52 ③	53 ①	54 ①	55 ①
56 ①	57 ④	58 ①	59 ④	60 ③
61 ②	62 ①	63 ①	64 ①	65 ④
66 ③	67 ④	68 ①	69 ③	70 ③
71 ②	72 ①	73 ④	74 ②	75 ③
76 ③	77 ③	78 ①	79 ③	80 ④

1 과목 사무자동화시스템

01 ④

WYSIWYG(위지윅, What You See Is What You Get) : 사용자가 화면으로 보는 모습 그대로 출력되어 나오는 편집환경을 의미한다.

02 ②

팩시밀리는 전체 문서를 전송하므로 '부분 전송'이라는 개념은 일반적으로 적용되지 않는다.

03 ②

FTTH(Fiber To The Home) : 광섬유를 집안까지 연결한다는 뜻의 FTTH는 초고속 인터넷 설비 방식의 하나이다. 광통신회선을 일반 가입자의 안방까지 지원하여 고품질의 광대역 통신서비스를 제공할 수 있는 기술이며, FTTP(Fiber To The Premises)라고도 한다. 각 가정에 개별적으로 광섬유를 부설하면 전화, 팩스, 데이터, 텔레비전 영상까지 한 줄의 광섬유로 전송할 수 있게 된다.

04 ②

법원사무관리규칙 시행내규 제31조 (문서의 접수)
⑥ 감열기록방식의 모사전송기로 보존기간이 3년 이상인 문서를 수신한 때에는 당해 문서를 복사하여 접수하여야 한다. 이 경우 수신한 문서는 폐기한다.

05 ③

플로터는 대형 출력에 사용되는 출력장치이다.

06 ①

안소프는 경영전략이란 시장과 제품에 대한 최종 도달점의 길이 개념으로 볼 수 있으며, 이에 따른 구체적인 의사결정에는 상품 시장의 선택, 경쟁상의 이점, 성장벡터, 시너지 등이 포함된다고 주장하였다. 기업의 의사결정을 전략적 의사결정, 관리적 의사결정, 운영적 의사결정으로 분류하였다.

07 ④

페이욜(Fayol, H)의 경영 5대 관리 기능 : 기술적 행위, 상업적 행위, 재무적 행위, 안전행위, 회계행위, 관리행위(계획화, 조직화, 지휘, 조정화, 통제화)

08 ④

트랜잭션의 특성
- **원자성(Atomicity)** : 완전하게 수행 완료되지 않으면 전혀 수행되지 않아야 한다.
- **일관성(Consistency)** : 시스템의 고정 요소는 트랜잭션 수행 전후에 같아야 한다.
- **격리성(Isolation, 고립성)** : 트랜잭션 실행 시 다른 트랜잭션의 간섭을 받지 않아야 한다.
- **영속성(Durability, 지속성)** : 트랜잭션의 완료 결과가 데이터베이스에 영구히 기억된다.

09 ②

DRAM과 SRAM의 비교

구분	동적 램(DRAM)	정적 램(SRAM)
구성 소자	콘덴서	플립플롭
재충전 여부	필요	불필요
전력 소모	적음	많음
접근 속도	느림	빠름
집적도(밀도)	높음	낮음
복잡도	단순	복잡
가격	저가	고가
용도	주기억장치	캐시 메모리

10 ③

시스템 카탈로그(System Catalog)
- 시스템 자신이 필요로 하는 여러 가지 객체(기본 테이블, 뷰, 인덱스, 데이터베이스, 패키지, 접근 권한 등)에 관한 정보를 포함하고 있는 시스템 데이터베이스이다.
- 데이터 사전(Data Dictionary) 또는 메타 데이터(Meta Data)라고도 한다.

11 ④

매크로
- 반복 작업과 빈번하게 행하는 일련의 조작을 자동화할 수 있다.
- 매크로를 이용하면 작업을 자동화할 수 있어 작업 수행 시간이 단축되고, 작업 오류의 가능성을 줄일 수 있다.
- 매크로는 키보드와 마우스의 행동을 기억할 수 있다.

12 ④

EDI는 부호화된 형태의 문서가 아닌 컴퓨터가 자동으로 판독할 수 있는 일정한 구조를 가진 메시지 형태의 서류를 교환한다.

13 ②

사무자동화의 추진단계 중 환경 분석
- **내적 환경 분석**
  - **인적 분석** : 사무요원의 의식 구조, 추진 주체, 호응도
  - **사무기기 분석** : 자동화의 요구, 자동화기기 사용 가능성 기기 배정
  - **사무구조 분석** : 업무 분석, 문서 분석, 자료 분석, 사무 시스템 분석 조사 및 분석 방법
  - 설문 조사, 면담 조사, 감시 조사
- **외적 환경 분석**
  - 컴퓨터 및 사무자동화 기기 생산업체
  - 통신에 관한 사항
  - 공공 서비스(데이터베이스, 통신, 사무자동화) 업체
  - 전문 용역 업체

14 ④

- **VPN(Virtual Private Network)** : 통신 사업자에게 임대한 공용 인터넷 망을 전용선처럼 사용할 수 있도록 특수 통신체계와 암호화 기법을 제공하는 서비스이다.
- **IDS(Intrusion Detection System)** : 정보시스템의 보안을 위협하는 행위가 발생할 경우 이를 감지하여 침입을 차단하는 시스템이다.

15 ①

논리적 데이터 모델
- **계층형 데이터 모델** : 하나의 부노드(Parent Node)가 다수 개의 자노드(Child Node)를 갖는 데이터베이스를 트리(Tree) 구조로 표현한다.
- **관계형 데이터 모델** : 데이터베이스를 테이블(Table)의 집합으로 표현한다.
- **네트워크형 데이터 모델** : 데이터베이스를 그래프(Graph) 구조로 표현하며(오너-멤버 관계), CODASYL DBTG 모델이라고도 한다.

16 ①

시맨틱 데이터
- 데이터의 의미를 표현하고, 그 의미를 바탕으로 데이터를 처리하고 분석할 수 있도록 하는 데이터이다.
- 인공지능, 사물인터넷, 빅데이터 등 다양한 분야에서 활용되고 있다.

오답 피하기

메타 데이터 : 데이터에 대한 데이터로 정의되며, 기능적인 측면에서 데이터에 대한 구조화된 데이터로 정의된다.

17 ③

소비자는 상품을 선택할 기회가 확대된다.

18 ③

서블릭(Therblig)
- 동작연구의 한 수단으로써 길브레스 부부의 연구에 의해 인간의 동작을 구성하는 기본적인 요소를 18가지의 미세동작으로 나누고 이 미세동작이 결합함으로써 작업이 수행된다고 보았다.
- 서블릭은 이 18가지의 미세동작을 기호화한 것이다.
- 길브레스(Gilbreth)를 뒤집어 표현하여 서블릭이 된다.

19 ④

MPEG 표준 분류
- **MPEG-A** : 멀티미디어 애플리케이션 포맷(MAF)을 위한 표준이다.
- **MPEG-B** : 시스템 표준 분류를 위한 MPEG 표준이다.
- **MPEG-C** : 비디오 표준 분류를 위한 MPEG 표준이다.
- **MPEG-D** : 오디오 표준 분류를 위한 MPEG 표준이다. 사실상 MPEG 서라운드(MPEG Surround) 표준에 해당한다.
- **MPEG-E** : 멀티미디어 미들웨어를 위한 표준이다.

20 ②

안티바이러스는 소프트웨어적인 기술에 해당한다.

2 과목 사무경영관리개론

21 ②

사무처리 방식의 결정
- **의의** : 필요한 정보와 측정된 사무량, 장소 및 기계 등의 모든 조건을 고려하여 결정한다.
- **개별 처리 방식** : 1인의 사무원이 정보의 수집부터 작성까지 모두 처리한다. 사외 정보 사무, 일시적 사무, 돌발적 사무 처리 등에 많이 적용된다.
- **로트(Lot) 처리 방식** : 정보의 수집부터 작성까지 여러 사무원이 분담하여 처리한다. 각 사무원이 맡은 처리를 행한 다음 다른 사람에게 넘기는 방식으로, 경상 사무에서 많이 이용한다.
- **유동 처리 방식** : 사무의 처리 순서대로 사무 기계 및 사무원을 배치하여 1인의 사무원 또는 1대의 사무 기계 처리가 끝나면 다음 사무 공정으로 진행한다.
- **오토메이션 방식** : 컴퓨터 및 사무기기를 사용하여 사무를 자동으로 처리하는 방식이다.

22 ①

- **국가기록원** : 기록물 관리를 총괄, 조정하고 기록물의 영구보존 및 관리를 위한 기관이다.
- **정부전산정보관리소(政府電算情報管理所, Government Computer Center)** : 행정 경쟁력 강화와 대민정보 서비스 제공 업무를 수행하는 정부 연구기관이다.

23 ④

전자정부법(시행일자 : 2023-05-16) 제28조(전자문서의 발송시기 및 도달시기)
① 행정기관 등에 송신한 전자문서는 그 전자문서의 송신 시점이 정보시스템에 의하여 전자적으로 기록된 때에 송신자가 발송한 것으로 본다.

24 ④

EDI(Electronic Data Interchange)
- 기업 간 또는 공공기관 사이에 교환되는 문서로 작성된 거래정보를 컴퓨터 간의 전자적 수단으로 표준화된 형태와 코드체계를 이용하여 교환하는 방식이다.
- EDI는 컴퓨터가 자동으로 판독할 수 있는 일정한 구조를 가진 메시지 형태의 서류를 교환한다.
- EDI는 Computer to Computer 통신방식에 의한 정보의 재입력과 문서 처리의 오류를 줄여 줄 수 있다.

25 ④

사무소 위치 선정의 고려사항

- 거래처 및 고객의 접근이 쉬워야 한다.
- 지사, 지점과의 연계성을 고려해야 한다.
- 사무 업무에 따른 법률적 검토가 있어야 한다.
- 정보 및 공공기관과의 접근성을 고려해야 한다.
- 기타 사무실의 가격, 대외 홍보효과, 수용인원, 향후 확장 가능성 등을 고려해야 한다.

26 ③

사무자동화 사무실 배치 원칙

- 사무의 성질상 유사하거나 연락이 많은 부, 과는 거리적으로 가깝게 배치하여 작업의 편리를 도모하며 일의 흐름이 직선적이 되도록 배치한다.
- 공중과 관계가 깊은 부, 과는 입구 근처에 배치하며 관리자의 개인실을 가능한 한 감소시키고 면적도 작게 하며, 공동의 응접실이나 회의실의 활용을 도모하도록 한다.
- 장래 확장에 대비하여 탄력성 있는 공간을 확보해 두고 장래의 자동화 계획도 계산해 넣어야 한다.
- 사무실 배치에 있어서 가능한 한 독방을 제한한다.
- 채광은 왼쪽 어깨 위에서 비치도록 한다.

27 ④

사무자동화를 위한 선결과제

- 사무환경의 정비
- 사무관리제도의 개혁
- 조직 및 체제의 재정비
- 정보시스템의 확립

28 ②

- **사무관리** : 관리란 자체가 목적이 아니라 하나의 수단으로서 '한 조직이 공통의 목표를 달성할 수 있도록 계획을 세우고 이를 달성하기 위하여 인간, 기계, 재료, 방법 등으로 조정하는 모든 활동'을 말한다.
- **페이욜(Fayol, H.)** : 기업 활동의 본질적 기능은 기술(Technical), 영업(Commercial), 재무(Financial), 보안(Security), 회계(Accounting), 관리(Management)에 있으며, 그중 가장 중요한 것은 관리이다.

29 ④

자연조명은 태양광을 의미하며, 나머지 조명은 전기에 의한 인위적 조명이다.

30 ②

경영 정보 시스템(MIS, Management Information System)

- MIS는 기업 경영에서 의사결정의 유효성을 높이기 위하여, 경영 내외의 관련 정보(전략, 계획, 조정, 관리, 운영 등)를 즉각적, 대량으로 수집ㆍ전달ㆍ처리ㆍ저장ㆍ이용할 수 있도록 편성한 인간과 컴퓨터와의 결합 시스템을 의미한다.
- MIS는 창조적이고 지적인 공학적 설계와 관련된 프로그래밍을 통한 업무 전산화를 말한다.
- MIS의 전문성은 기업의 업무를 분석하고 기업 경영을 진단하는 능력이다.
- MIS의 분석과 진단에 의해 기업 업무의 정보 요구가 정의되어야 하고, 정의된 정보를 효율적으로 처리할 수 있는 시스템을 개발하고 관리하는 특징을 갖고 있다.

31 ②

학자에 따른 사무의 정의

- **달링톤(Darlington)** : "회사를 인체로 본다면 경영은 두뇌에 해당하며, 생산과 판매는 손이다. 이러한 여러 가지 기능이 원활히 수행되게 하는 것이 사무이다. 따라서 사무는 인체의 신경계통과 같은 기능을 수행한다."라고 주장하였다.

- **레핑웰(Leffingwell)**
  - "경영활동의 전체 진행을 도모하게 하며, 경영의 각 기능을 결합시켜주는 기능이다." → 사무를 벨트-컨베이어(Belt-conveyer)에 비유하였다.
  - 사무를 회계와 계산, 분류와 정리, 서사와 면담으로 분류하였다.

32 ②

사무관리의 기본 정의

- 경영 내부의 여러 기능과 활동을 능률적으로 달성하기 위해 정보처리 활동을 효율적이고 합리적으로 수행하기 위한 제반 관리 활동의 총칭이다.
- 사무의 실체를 작업으로 규정하는 것이다.
- 초기 연구자는 레핑웰(W.H.Leffingwell)이다.
- 사무소는 공장과 같이 사무라는 서비스를 생산한다.

33 ④

행정업무의 운영 및 혁신에 관한 규정 시행규칙 제7조(문서의 결재)

① 결재권자의 서명란에는 서명날짜를 함께 표시한다.

② 제10조 제2항에 따라 위임전결하는 경우에는 전결하는 사람의 서명란에 "전결" 표시를 한 후 서명하여야 한다.

③ 제10조 제3항에 따라 대결(代決)하는 경우에는 대결하는 사람의 서명란에 "대결" 표시를 하고 서명하되, 위임전결사항을 대결하는 경우에는 전결하는 사람의 서명란에 "전결" 표시를 한 후 대결하는 사람의 서명란에 "대결" 표시를 하고 서명하여야 한다.

④ 제2항과 제3항의 경우에는 서명 또는 "전결" 표시를 하지 아니하는 사람의 서명란은 만들지 아니한다.

34 ②

DDC(듀이십진분류법) : 총류(000), 철학(100), 종교(200), 사회과학(300), 언어(400), 과학(500), 기술(600), 예술(700), 문학(800), 역사/지리(900)

35 ④

KDC(한국십진분류법) : 공공도서관 등에서 사용하는 분류법으로 10개 항목으로 분류된 주류와 대분류, 중분류로 구분한다.

36 ④

복호화가 불가능하도록 암호화하면 비밀정보를 열람할 수 없게 된다.

37 ③

DDC(Dewey Decimal Classification)의 도서 십진분류법

- 000 Generalities 총류
- 100 Philosophy & Psychology 철학 및 심리학
- 200 Religion 종교
- 300 Social Sciences 사회과학
- 400 Language 언어
- 500 Natural Sciences & Mathematics 자연과학 및 수학
- 600 Technology(Applied Sciences) 기술(응용과학)
- 700 The Arts 예술
- 800 Literature & Rhetoric 문학 & 수사
- 900 Geography & History 지리 및 역사

38 ③

사무계획을 특성에 따라 분류할 때 계획의 순응능력에 따라 고정계획과 신축계획으로 구분된다.

39 ③

사무를 위한 작업의 구성요소
- 계산(Computing)
- 분류 · 정리(Classifying and Filing)
- 기록(Writing : 인쇄 포함)
- 면담(Interviewing)
- 의사소통(Communicating : 운반 포함)

40 ④

책임과 권한의 구분이 명확한 것은 라인조직의 장점이다.

3 과목 | 프로그래밍 일반

41 ④

자동 형 변환(묵시적 형 변환)
- 여러 개의 변수가 혼합되어 사용되는 경우 변환 규칙에 따라 자동으로 형이 변환된다.
- 두 개 이상의 데이터형이 혼합된 연산에서는 순위가 높은 데이터형으로 변환하여 계산한다.

42 ③

- **상향식 구문 분석(Bottom-up Parsing)**
  - 파스 트리의 리프, 즉 입력스트링으로부터 위쪽으로 파스 트리를 만들어 가는 방식이다.
  - Shift Reduce 파싱이라고도 한다.
  - 주어진 스트링의 시작이 심볼로 축약될 수 있으면 올바른 문장이고, 그렇지 않으면 틀린 문장으로 간주하는 방법이다.
- **하향식 구문 분석(Top-down Parsing)**
  - 루트로부터 터미널 노드 쪽으로 파스 트리를 구성하는 것으로, 입력 문자열에 대한 좌측 유도(Left Most Derivation) 과정이다.
  - 파스 트리의 루트로부터 시작하여 파스 트리를 만들어 가는 방식이다.
  - 입력 문자열에 대해 루트로부터 왼쪽 우선순으로 트리의 노드를 만들어 간다.
  - 생성 규칙이 잘못 적용될 경우 문자열을 다시 입력으로 보내는 반복 강조 방법을 사용한다.

43 ②

회피(Avoidance) : 교착상태의 발생 가능성을 인정하고 교착상태가 발생하려고 할 때, 교착상태 가능성을 피해가는 방법(은행원 알고리즘)이다.

44 ①

정적 바인딩(Static Binding)
- 번역 시간(Translation Time)
- 링크 시간(Link Time)
- 언어 정의 시간
- 언어 구현 시간
- 로드 시간(Load Time)

45 ③

- **super** : 하위 클래스에서 상위 클래스를 참조하기 위해 사용하는 명령어이다.
- **extends** : 상위 클래스에서 하위 클래스로 상속하기 위해 사용하는 명령어이다.

46 ④

페이지 교체 알고리즘
- **LRU(Least Recently Used)** : 가장 오랫동안 사용되지 않았던 페이지를 교체하는 방식이다.
- **FIFO(First In First Out)** : 먼저 입력된 페이지를 먼저 교체하는 방식이다.
- **OPT(OPTimal replacement)** : 가장 오랫동안 사용되지 않을 페이지를 대체하는 방식이다.
- **NUR(Not Used Recently)** : 가장 최근에 사용되지 않은 페이지를 교체하는 방식이다.

47 ②

주어진 표현식에 대한 파스 트리가 존재한다면, 그 표현식은 BNF에 의해 작성될 수 있음을 의미한다.

48 ④

- **후위(Postfix) 표기법**
  - 피연산자 뒤에 연산자를 표기한다.
  - 일반적인 수식은 A+B를 AB+로 표시한다.
  - 연산자 우선순위대로 묶은 뒤 연산자를 괄호 뒤로 이동한다.
- **'A+B*C-D'의 후위 표기법 변환** : A+B*C-D → A+(B*C)-D → (A+(B*C))-D → ((A+(B*C))-D) → ((A+(BC)*)-D) → ((A(BC)*)+D)- → ABC*+D-

49 ④

- **쉘(Shell)** : 사용자의 명령어를 인식하여 프로그램을 호출하고 명령을 수행하는 명령어 해석기이다.
- **커널(Kernel)** : 프로세스 간의 통신, 파일관리, 입 · 출력 관리 등을 수행한다.

50 ①

토큰(Token) : 원시 프로그램을 하나의 긴 스트링으로 보고 문자 단위로 스캐닝하여 문법적으로 의미 있는 일련의 문자들로 분할해 내는데, 이때 분할된 문법적인 단위를 말한다.

51 ①

#include 〈stdio.h〉 int main() {	• 기본 입출력 라이브러리 추가 • 정수형 main 함수 시작

int a = 65;
int *p = &a;
printf("%c", (*p)++);
	• 정수형 변수 a에 65 입력
	• a의 주소를 포인터변수 *p에 입력
	• ①

return 0; }	main() 함수 종료

- (*p)++를 통해 포인터 p가 가리키는 메모리 위치의 값을 읽고 출력한 다음 값을 1 증가시킨다. 즉, 65를 출력하고 *p값은 66이 된다.
- %c 서식 지정자를 사용하여, 'A'를 출력한다.

오답 피하기
- %c는 정수를 문자형으로 변환하여 출력한다.
- ASCII 코드표의 65는 알파벳 A이다.

52 ③

운영체제 성능 평가 요인
- **반환 시간(Turnaround Time)** : 질문에 대한 답변 시간(반응시간)을 의미한다.
- **신뢰도(Reliability)** : 작업의 정확성에 대한 것이다.
- **처리량(Throughput)** : 주어진 시간 내에 처리하여 결과를 출력하는 양을 의미한다.
- **이용 가능도(Availability)** : 시스템을 100%로 봤을 때 사용 가능한 정도를 의미한다.

53 ①

- 다음은 LHS가 RHS로 정의된다는 표현이다.
- |는 or로 택일을 의미한다.

〈num〉 → 〈num〉〈dig〉|〈dig〉
〈dig〉 → 1|3|5|7|9
LHS(Left Hand Side) RHS(Right Hand Side)

- 〈dig〉와 같이 '〈〉'로 묶인 기호는 비단말 기호(Non-terminal Symbol)이다.
- 0, 1, 2와 같이 직접 나타낼 수 있는 기호는 단말 기호(Terminal Symbol)이다.
- →, |와 같이 BNF 표기에서 사용되는 특수한 기호는 메타 기호(Meta Symbol)이다.
- 유도(Derivation)란 언어의 문장들은 BNF의 규칙을 적용해 가며 생성되는데, 시작 기호(Start Symbol)라 불리는 비단말 기호에서 시작되며, 이러한 문장 생성 과정을 의미한다.

〈num〉 → 〈num〉〈dig〉 ── ①
|〈dig〉 ── ②

- **〈number〉 ⇒ 〈number〉〈dig〉** : ① 〈number〉를 〈number〉〈dig〉로 대치
⇒ **〈number〉〈dig〉〈dig〉** : ① 〈number〉를 〈number〉〈dig〉로 대치
⇒ **〈dig〉〈dig〉〈dig〉** : ②에 의해 〈number〉를 〈dig〉로 대치
- 즉, 〈dig〉에 대치된 1, 3, 5, 7, 9의 숫자를 이용하여 3자리 경우의 수를 만들 수 있다.
- 보기 중에 1, 3, 5, 7, 9가 아닌 수가 포함된 것은 답이 될 수 없다.

54 ①

- **상수** : 프로그램이 동작하는 동안 값이 절대로 변하지 않는 값을 말한다.
- **변수** : 기억 장치의 한 장소를 추상화한 것으로, 프로그래머가 프로그램 내에서 정의하고 이름을 줄 수 있는 자료 객체를 말한다.

55 ①

#include 〈stdio.h〉 int main() {	• 기본 입출력 라이브러리 추가 • 정수형 main 함수 시작

int a = 3;
int b = 7;
int c = a + b;
printf("%d", c % a);
	• a 변수에 3 할당
	• b 변수에 7 할당
	• c 변수에 a 변수와 b 변수의 합 할당
	• c 변수와 a 변수의 나머지 계산

return 0; }	main() 함수 종료

56 ①

- **변수(Variable)** : 기억 장치의 한 장소를 추상화한 것으로, 프로그래머가 프로그램 내에서 정의하고 이름을 줄 수 있는 자료 객체이다.
- **상수(Constant)** : 프로그램이 동작하는 동안 값이 절대로 변하지 않는 값이다.

- **주석(Comment)**
  - 프로그램에 실제 실행되지 않고 프로그래머가 코드의 이해를 돕거나 분석을 위해 써놓은 일종의 프로그램 설명이다.
  - 프로그램 문서화의 중요한 부분으로 추후 유지보수에 유리하다.
  - 대부분의 프로그래밍 언어에서 각각의 주석 형식은 달라도 주석을 허용한다.

57 ④

- 좌측 산술 시프트(〈〈) 1비트 시 값이 2배가 된다.
- 우측 산술 시프트(〉〉) 1비트 시 값이 1/2배가 된다.
- **int x=3;** : 정수형 변수 x 초기값 3
- **int resultxy;** : 정수형 변수 resultxy 선언
- resultxy=1+x〈〈2; → 1+3〈〈2 → 4〈〈2 → 4^2 → 16
- **printf("%d", resultxy);** : 10진수 16(resultxy) 출력

58 ①

- 연산자 우선순위대로 괄호로 묶는다. → X=(A+(C/D))
- 괄호 앞으로 연산자를 빼준다. → =X+A/CD

59 ④

토큰으로 인식되는 대상 : 예약어, 공백(문자열 내의 공백), 구두점, 여는 괄호, 콜론, 세미콜론 등과 같은 특수 기호, 식별자, 지정어, 상수, 단말 기호들로 인식된다. 키워드, 변수, 연산자, 숫자 등이 있다.

60 ③

#include 〈stdio.h〉 int main() {	표준 입출력 라이브러리 추가 main 함수 시작
int a=7, b=14;	a=7, b=14 로 변수 초기화
if(a〈b) printf("%s\n","a〈b");	7〈14 → True → a〈b 출력
if(a〈=b) printf("%s\n", "a〈=b");	7〈=14 → True → a〈=b 출력
if(a!=b) printf("%s\n","a value is not equal b");	7!=14 → True → a value is not equal b 출력
if(a==b) printf("%s\n","a=b");	7==14 → False
if(a)=b) printf("%s\n","a)=b");	7)=14 → False
if(a)b) printf("%s\n","a)b");	7)14 → False
return 0; }	main 함수 종료

7=14는 만족하지 않으므로, a=b는 출력되지 않는다.

4과목 정보통신개론

61 ②

- **RARP(Reverse Address Resolution Protocol)** : 호스트의 물리 주소를 통하여 논리 주소인 IP 주소를 얻어오기 위해 사용되는 프로토콜이다.
- **ARP(Address Resolution Protocol)** : IP Address를 물리적 하드웨어 주소(MAC Address)로 변환하는 프로토콜이다.

62 ①

ARQ 종류
- **적응적 ARQ(Adaptive ARQ)** : 전송 효율을 높이기 위해 블록의 길이를 동적(Dynamic)으로 변경시킬 수 있는 방식이다.
- **정지-대기 ARQ(Stop-And-Wait ARQ)** : 송신 측에서 1개의 프레임을 전송한 후, 수신 측에서 오류의 발생을 점검하여 ACK 또는 NAK를 보내올 때까지 대기하는 ARQ 방식이다.
- **연속적 ARQ(Continue ARQ)** : 정지-대기 ARQ의 단점을 보완하기 위한 방식이다.
  - **선택적 재전송 ARQ(Selective-Repeat ARQ)** : NAK 신호를 받은 블록만을 재전송하는 방식이다.
  - **Go-Back-N ARQ** : 다수의 데이터 블록을 송신하고, 수신 측으로부터 NAK 신호가 전송되면 NAK 신호를 받은 블록부터 다음의 모든 블록을 재전송하는 방식이다.

63 ①

FDDI(Fiber Distributed Digital Interface)의 특징
- 매체로 광섬유를 사용하며 이중 링 구조이다.
- 토큰 링 프로토콜을 개선한 방식을 사용한다.
- 100km의 거리를 전송속도 100Mbps까지 제공한다.
- 주로 backbone 네트워크로 사용한다.

64 ①

통신용량 C = Blog₂(1+S/N)
- B : 대역폭, S : 신호 전력, N : 잡음
- $3100 * \log_2(1+100) \rightarrow 3100 * \log_2(101) \rightarrow 3100 * 6.6582114$
- $3100 * 6.6582114 = 20640.45$

65 ④

허프만 코드 : 주어진 문자열의 빈도 정보를 바탕으로 각 문자에 대응하는 코드를 생성한다. 빈도가 높은 문자는 짧은 코드로, 빈도가 낮은 문자는 긴 코드로 표현함으로써 압축률을 높일 수 있다.

66 ③

PSK
- 반송파의 위상을 각각 다르게 하여 디지털 데이터를 전송하는 방식이다.
- M진 PSK에서 M은 2^n을 의미한다. 8진 = 2^3이다.
- 2진, 4진, 8진 등의 종류가 있다.
  - 2진 PSK 180°
  - 4진 PSK 90°
  - 8진 PSK 45°
- π = 180°
- 180 / 45 = 4

67 ④

HDLC 프레임 구성
- **플래그(Flag)** : 프레임의 시작과 끝을 나타내며, 항상 '01111110'을 취한다.
- **제어부(Control Field)** : 프레임 종류를 식별한다.
- **주소부(Address Field)** : 송·수신국을 식별한다.
- **정보부(Information Field)** : 실제 정보를 포함한다.

68 ①

다원접속(Multi Access)
- 한정된 주파수를 효율적으로 활용하기 위해 주파수 대역의 공통모체를 다수가 함께 사용하는 방법이다.
- **구현 기술**
  - **FDMA(Frequency Division Multiple Access)** : 주파수 분할
  - **TDMA(Time Division Multiple Access)** : 시간 분할
  - **CDMA(Code Division Multiple Access)** : 코드 분할
  - **SDMA(Spatial Division Multiple Access)** : 공간 분할

69 ③

모뎀의 신호 방식(디지털 → 아날로그로 변조)
- **ASK** : 진폭 편이 변조로, 전송파로 사용되는 정현파의 진폭에 정보를 싣는 변조 방식이다.
- **FSK** : 주파수 편이 변조이다.
- **PSK** : 반송파로 사용하는 정현파의 위상에 정보를 실어 보내는 변조 방식이다.
- **QAM** : 직교 진폭 변조이다.

70 ③

V.24 : ITU-T가 규정한 모뎀과 단말 간의 인터페이스 규격으로 모뎀과 단말 간의 인터페이스 신호에 관한 정의를 모은 것이다. RS-232C의 신호 규격과 거의 동일하다.

71 ②

IP 주소(Internet Protocol Address)

A class	• 대형 기관 및 기업에서 사용한다. • 2^24(=16,777,216) 중 16,777,214개의 호스트 사용이 가능하다. • 0.0.0.0 ~ 127.255.255.255
B class	• 중형 기관 및 기업에서 사용한다. • 2^16(=65,536) 중 65,534개의 호스트 사용이 가능하다. • 128.0.0.0 ~ 191.255.255.255
C class	• 소형 기관 및 기업에서 사용한다. • 2^8(=256) 중 254개의 호스트 사용이 가능하다. • 192.0.0.0 ~ 223.255.255.255
D class	• 멀티캐스트용이며, netid와 hostid가 없다. • 224.0.0.0 ~ 239.255.255.255
E class	실험용이다.

72 ①

SNMP(Simple Network Management Protocol) : 네트워크를 관리하는 프로토콜로, 모든 네트워크 장비의 트래픽을 관리하고 감시할 수 있다. 네트워크망을 관리하기 위해 MIB(Management Information Base)가 사용된다.

73 ④

HDLC 프레임 구성
- **플래그(Flag)** : 프레임의 시작과 끝을 나타내며, 항상 '01111110'을 취한다.
- **주소부(Address Field)** : 송·수신국을 식별한다.
- **제어부(Control Field)** : 프레임 종류를 식별한다.
- **정보부(Information Field)** : 실제 정보를 포함한다.

74 ②

DQDB(Distributed Queue Dual Bus)
- 이중 버스 형태로 구성되어 있다.
- 분산 큐라고 하는 큐잉 방식을 이용하여 전송하기에 앞서 미리 준비된 큐에 데이터를 삽입하고 자기 차례가 되었을 때 전송하는 방식이다.

75 ③

- **SMTP(Simple Mail Transfer Protocol)** : 메일 전송 프로토콜이다.
- **OSPF(Open Shortest Path First Protocol)** : 링크 상태 라우팅 프로토콜이다. IP 패킷에서 프로토콜 번호 89번을 사용하여 라우팅 정보를 전송하여 안정되고 다양한 기능으로 가장 많이 사용되는 IGP(Interior Gateway Protocol)이다.
- **RIP(Routing Information Protocol)** : IP 통신망의 경로 지정 통신 규약의 하나이다. 경유하는 라우터의 대수(hop의 수량)에 따라 최단 경로를 동적으로 결정하는 거리 벡터 알고리즘을 사용한다.

76 ③

- **3비트(tribit; 8위상)** : bps = 3baud
- 1200[baud] * 3 = 3600bps

77 ③

- FM 소요 대역폭 = 2 * (변조주파수) * (변조지수 + 1)
- 2 * (4) * (10 + 1)
- 2 * 4 * 11 = 88

78 ①

LAN(Local Area Network, 근거리 통신망)
- 정보 통신 기술 발전에 의해 출현한 정보화의 한 형태이다. 한 건물 또는 공장, 학교 구내, 연구소 등의 일정지역 내에 설치된 통신망으로 각종 기기 사이의 통신을 실행하는 것이다.
- 단말기 10대 정도인 소규모 사무실 단위의 사무자동화시스템 구축에 가장 적합한 통신망이다.

79 ③

210.10.10.100/26
- **서브넷 마스크** : 11111111.11111111.11111111.11000000
- **서브넷 마스크** : 255.255.255.192
- 32bit − 26bit = 6bit = 2^6 = 64, 총 64개의 IP 할당
- **네트워크 주소** : 210.10.10.64
- **브로드캐스트 주소** : 210.10.10.127
- **호스트 주소 범위** : 210.10.10.65 − 210.10.10.126

80 ④

정보보안의 3요소
- **기밀성(Confidentiality)** : 인가되지 않는 사용자가 객체 정보의 내용을 알 수 없도록 하는 보안요소이다.
- **무결성(Integrity)** : 시스템 내의 정보는 오직 인가된 사용자만 수정할 수 있는 보안 요소이다.
- **가용성(Availability)** : 정보 시스템 또는 정보에 대한 접근과 사용이 요구 시점에 완전하게 제공될 수 있는 상태를 의미하는 보안 요소이다.

01 ②	**02** ③	**03** ④	**04** ④	**05** ②
06 ③	**07** ③	**08** ①	**09** ②	**10** ③
11 ④	**12** ③	**13** ②	**14** ①	**15** ②
16 ④	**17** ③	**18** ②	**19** ①	**20** ②
21 ②	**22** ③	**23** ①	**24** ②	**25** ②
26 ②	**27** ②	**28** ①	**29** ②	**30** ②
31 ②	**32** ②	**33** ④	**34** ③	**35** ①
36 ④	**37** ④	**38** ③	**39** ③	**40** ②
41 ④	**42** ③	**43** ①	**44** ③	**45** ④
46 ②	**47** ③	**48** ④	**49** ③	**50** ④
51 ④	**52** ③	**53** ①	**54** ①	**55** ③
56 ③	**57** ③	**58** ④	**59** ③	**60** ③
61 ④	**62** ①	**63** ②	**64** ①	**65** ④
66 ②	**67** ②	**68** ②	**69** ④	**70** ②
71 ④	**72** ②	**73** ③	**74** ②	**75** ③
76 ④	**77** ①	**78** ④	**79** ③	**80** ①

1과목 사무자동화시스템

01 ②

- **자기 테이프(Magnetic Tape)**
  - 자성 물질을 입힌 테이프를 릴에 감아서 만든 기억장치이다.
  - 순차 접근만 가능하며 대량의 자료를 장시간 보관하는 데 가장 유리한 장치이다.
- **윈체스터 디스크** : 자기 디스크에 헤드가 가까울수록 불순물이나 결함에 의한 오류 발생의 위험이 더 큰 문제점을 해결한 방식이다.

02 ③

전자상거래
- 인터넷을 통해 소비자와 기업이 상품과 서비스를 사고파는 행위로, 일반적인 상거래뿐만 아니라 고객 마케팅, 광고, 조달, 서비스 등을 포함하는 개념이다.
- 인터넷을 통한 거래를 진행함으로써 완벽한 기밀성과 익명성을 보장하기 어렵다.

03 ④

정보보안의 3대 목표 : 무결성(Integrity), 기밀성(Confidentiality), 가용성(Availability)

04 ④

경영정보시스템의 기본 구성
- **의사 결정 서브시스템(Decision Making Subsystem)** : MIS의 지휘 기능에 해당하며, System 설계 기능도 포함
- **프로세스 서브시스템(Process Subsystem)** : 자료 저장 · 검색기능
- **데이터베이스 서브시스템(Database Subsystem)** : 체계적으로 축적된 데이터의 집합 기능
- **통신 서브시스템(Communication Subsystem)** : Mis 기기의 통신을 위한 기능
- **시스템 설계 서브시스템(System Design Subsystem)** : MIS의 유지, 개발, 통합을 위한 기능

05 ②

FTTH(Fiber To The Home)
- 광섬유를 집안까지 연결한다는 뜻의 FTTH는 초고속 인터넷 설비 방식의 하나로, 광통신 회선을 일반 가입자의 안방까지 지원하여 고품질의 광대역 통신 서비스를 제공할 수 있는 기술이며 FTTP(Fiber To The Premises)라고도 한다.
- 각 가정에 개별적으로 광섬유를 부설하면 전화, 팩스, 데이터, 텔레비전 영상까지 한 줄의 광섬유로 전송할 수 있게 된다.

06 ③

IME 모드(입력시스템 모드) : 테이블이나 폼에서 텍스트 상자 컨트롤 데이터를 입력하려고 할 때 입력모드를 '한글' 또는 '영숫자반자'와 같은 입력상태로 지정하려고 할 때 사용하는 소프트웨어이다.

07 ③

Digitizer는 펜을 이용하여 입력을 도와주는 입력장치이다.

08 ②

무결성(Integrity)
- **개체 무결성** : 기본키의 값은 널 값이나 중복값을 가질 수 없다는 제약 조건이다.
- **참조 무결성** : 참조할 수 없는 외래키 값을 가질 수 없다는 제약 조건이다.

09 ②

DRAM과 SRAM의 비교

구분	동적 램(DRAM)	정적 램(SRAM)
구성 소자	콘덴서	플립플롭
재충전 여부	필요	불필요
전력 소모	적음	많음
접근 속도	느림	빠름
집적도(밀도)	높음	낮음
복잡도	단순	복잡
가격	저가	고가
용도	주기억장치	캐시 메모리

10 ③

시스템 카탈로그(System Catalog)
- 시스템 자신이 필요로 하는 여러 가지 객체(기본 테이블, 뷰, 인덱스, 데이터베이스, 패키지, 접근 권한 등)에 관한 정보를 포함하고 있는 시스템 데이터베이스이다.
- 데이터 사전(Data Dictionary) 또는 메타 데이터(Meta Data)라고도 한다.

11 ④

DELETE는 데이터 조작어이다.

12 ③

SSD(Solid State Drive 또는 Disk)
- HDD에 비해 속도가 빠르고, 발열 및 소음이 적으며, 소형화 · 경량화할 수 있는 장점이 있다.
- 기억매체로 플래시 메모리나 DRAM을 사용하나 DRAM은 제품 규격이나 가격, 휘발성의 문제로 많이 사용하지는 않는다.
- SSD는 HDD에 비해 외부의 충격에 강하며, 디스크가 아닌 메모리에 데이터를 기록하므로 배드섹터가 발생하지 않는다.

13 ②

솔라리스 : 선 마이크로시스템즈에서 개발한 운영체제이다.

14 ①

자료의 용량 단위
- 1 byte = 8 bit
- 1 Kbyte = 10^3 Byte = 2^10 Byte
- 1 Mbyte = 10^6 Byte = 2^20 Byte
- 1 Gbyte = 10^9 Byte = 2^30 Byte
- 1 Tbyte = 10^12 Byte = 2^40 Byte
- 1 Pbyte = 10^15 Byte = 2^50 Byte

15 ②

사무통제의 종류
- **자동 독촉 제도(Come-up System)** : 정해진 시기에 처리해야 할 사무계획을 세운 후, 사무계획에 필요한 서류를 전담직원이 관리하고, 자동으로 독촉하게 하는 제도이다.
- **티클러 시스템(Tickler System)** : 색인 카드철(Tickler File)을 이용하여 서류를 관리 후 날짜에 맞춰 서류를 처리한다.
- **간트 차트** : 작업량, 시간, 평가 등을 나타내는 간단한 부호를 사용하여 절차계획과 일정계획의 내용을 작업자에게 쉽게 이해시키기 위한 것이다. 유기적인 전후 관계를 나타내지 못하는 단점이 있다.

16 ④

- **데이터 웨어하우스(Data Warehouse)** : 기업의 정보자산을 효율적으로 활용하기 위해 기업의 전략적 관점에서 효율적인 의사결정을 위한 데이터의 통합을 목표로 하는 주제 중심의 정보저장소이다.
- **데이터마이닝** : 데이터 웨어하우스에 저장된 데이터에 의미를 부여하여 조직의 의사 결정에 도움을 주는 데이터베이스 시스템이다.
- **OLAP(On-Line Analytical Processing)**
  - 데이터 웨어하우스에서 사용자가 대용량 데이터를 쉽고 다양한 관점에서 추출 및 분석할 수 있도록 지원하는 기술이다.
  - 다양한 형태의 데이터베이스 자원을 통합 및 가공하여 의사 결정 지원을 목적으로 특별히 설계한 주제 중심의 정보저장소이다.
  - 데이터 웨어하우스나 데이터 마트에서 데이터를 분석하는 기술이다.
- **OLTP(Online Transaction Processing)**
  - 여러 이용자가 네트워크상에서 실시간으로 데이터베이스의 데이터를 조회/갱신하는 등의 단위 작업을 처리하는 방식을 말한다.
  - 주로 신용카드 조회 업무나 자동 현금 지급 등 금융 전산 관련 부문에서 많이 발생하기 때문에 '온라인 거래처리'라고도 한다.

17 ③

소비자는 상품을 선택할 기회가 확대된다.

18 ②

- **SCM(Supply Chain Management, 공급망 관리)** : 기업에서 원재료의 생산 · 유통 등 모든 공급망 단계를 최적화해 수요자가 원하는 제품을 원하는 시간과 장소에 제공하는 개념이다.
- **CRM(Customer Relationship Management, 고객관계관리)** : 기업이 고객과 관련된 내외부 자료를 분석 · 통합해 고객 중심 자원을 극대화하고 이를 토대로 고객특성에 맞게 마케팅 활동을 계획 · 지원 · 평가하는 과정이다.

19 ①

Benchmarking : 기업 내부의 활동과 기능, 관리능역을 제고하기 위해 참고 대상이나 사례를 정하고, 그와의 비교 분석을 통해 필요한 전략 또는 교훈을 찾아보려는 행위이다.

20 ②

안티바이러스는 소프트웨어적인 기술에 해당한다.

2과목 사무경영관리개론

21 ②

힉스(Hicks) : 사무작업은 계산, 기록, 서신, 전화, 보고, 회의, 명령, 기록의 파일화 및 폐기를 포함한 기록 보존 등의 의사소통 등으로 구분한다.

22 ③

현대 과학적 사무관리의 3S
- 사무관리의 표준화(Standard)
- 사무관리의 간소화(Simplification)
- 사무관리의 전문화(Speciality)

23 ①

자료
- 행정기관이 생산 또는 취득하는 각종 기록물(공문서 제외)중 행정기관에서 상당기간에 걸쳐 이를 보존 또는 활용할 가치가 있는 도서, 사진, 디스크, 테이프, 필름, 슬라이드 기타 각종 형태의 기록물
- **자료의 적합성에 대한 평가 방법** : 유용성, 신뢰성, 효과성, 자료의 수집시간
- **행정기관에서 사무관리 방법상 필요에 따라 나누는 자료의 종류** : 행정간행물, 행정자료, 일반 자료

24 ④

공공기록물 관리에 관한 법률 제8장 제35조
③ 비공개 기록물은 생산연도 종료 후 30년이 지나면 모두 공개하는 것을 원칙으로 한다. 다만, 제19조 제4항 및 제5항에 따라 이관시기가 30년 이상으로 연장되는 기록물의 경우에는 그러하지 아니하다.

25 ②

- **자동 독촉 제도(Come-up System)** : 정해진 시기에 처리해야 할 사무계획을 세운 후, 사무계획에 필요한 서류를 전담직원이 관리하고, 자동으로 독촉하게 하는 제도이다.
- **티클러 시스템(Tickler System)** : 색인 카드철(Tickler File)을 이용하여 서류를 관리 후 날짜에 맞춰 서류를 처리하는 제도이다.
- **간트차트(Gantt Chart)** : 간단한 부호를 사용하여, 작업의 전체적인 상황을 작업자에게 쉽게 이해시키기 위한 것이며 유기적인 전후 관계를 나타내지 못한다(반복적인 업무를 대상으로 함).
- **PERT** : 프로젝트의 달성에 필요한 모든 작업을 작업 관련 내용과 순서를 기초로 네트워크형으로 파악. 프로젝트를 구성하는 작업내용은 이벤트(원(圓))로 표시하며, 각 작업의 실시는 액티비티(화살표)라 하여 소요시간과 함께 화살표로 표시한다. 따라서, 계획내용은 이벤트, 액티비티 및 시간에 의해서 그림과 같은 네트워크 모양으로 표시한다.

26 ②

- "전자문서"라 함은 정보처리시스템에 의하여 전자적 형태로 작성되어 송신 또는 수신되거나 저장된 정보를 말한다.
- "전자서명"이라 함은 서명자를 확인하고 서명자가 당해 전자문서에 서명하였음을 나타내는 데 이용하기 위하여 당해 전자문서에 첨부되거나 논리적으로 결합된 전자적 형태의 정보를 말한다.

27 ②

공공기록물 관리에 관한 법률 시행령[일부개정 2008.2.29 대통령령 제20741호]
제30조(보존장소) ① 보존기간이 10년 이하인 기록물은 보존기간 종료 시까지 관할 기록관 또는 특수기록관에서 보존한다.

28 ①

대사무실(큰 방)의 이점
- **정의** : 사무실을 너무 세분화하는 것보다는 여러 과를 한 사무실에 배정하여 사용하는 것이 바람직하다고 생각하는 사무실의 배정 방식이다.
- 실내 공간 이용도를 높일 수 있으며 상관의 감독을 쉽게 한다.
- 사무의 흐름을 직선화하는 데 편리하며 직원 상호 간 친목도를 높인다.
- 과별로 직원 상호 간에 행동상의 비교가 이루어져 자유통제가 쉽다.
- 사무실을 너무 세분화하는 것보다는 여러 과를 한 사무실에 배정하여 사용하는 것이 바람직하다고 생각하는 사무실의 배정 방식이다.

29 ②

IPv6
- 주소의 길이가 128비트이다.
- 유니캐스트, 멀티캐스트, 애니캐스트의 3가지 주소 유형이 있다.
- IPv4 대비 라우팅 능력 개선 및 라우팅 옵션 개선, 보안 취약점 개선이 가능하다.
- 패킷은 기본 헤더와 페이로드로 구성된다.
- 0으로만 구성된 섹션은 0을 모두 생략하고 두 개의 콜론으로 대체할 수 있으며 주소당 한번만 허용한다.

오답 피하기
- **유니캐스트** : 단일 송신자와 단일 수신자간의 통신이므로, 단일 인터페이스를 사용한다.
- **애니캐스트** : 주소로 지정된 패킷은 적절한 멀티캐스트 라우팅 토폴로지를 통해 주소로 식별되는 가장 가까운 인터페이스인 단일 인터페이스로 배달된다.
- **멀티캐스트** : 한 번의 송신으로 메시지나 정보를 목표한 여러 컴퓨터에 동시에 전송한다.

30 ②

- **사무계획화**
  - 기업의 모든 계층에서 필요한 목표를 정하고 그 목표를 효과적으로 수행할 수 있도록 하는 것이다.
  - 사무 작업의 내용을 파악하고 필요정보를 확정하여 필요한 사무량을 예측하여 목표 사무처리 방식을 결정하는 것이다.
- **사무계획화의 요건**
  - 합리 타당하게 설정하며 신축 탄력성이 있도록 수립한다.
  - 객관적이고 정확하게 수립하며 실시 가능한 대체안 중 최선을 선택한다.
  - 자금의 조달과 원천을 결정한다.

31 ②

사무량 측정 대상
- 업무의 구성이 동일한 사무
- 일상적으로 일정한 처리 방법으로 반복되는 사무
- 상당 기간 내용적으로 처리 방법이 균일하여 변동이 별로 없는 사무
- 성과 또는 진행 상황을 수치화하여 일정 단위로서 계산할 수 있는 사무

32 ②

사무관리의 기본 정의
- 경영내부의 여러 기능과 활동을 능률적으로 달성하기 위해 정보처리 활동을 효율적이고 합리적으로 수행하기 위한 제반 관리 활동의 총칭이다.
- 사무의 실체를 작업으로 규정하는 것이다.
- 초기연구자는 레핑웰(W.H.Leffingwell)이다.
- 사무소는 공장과 같이 사무라는 서비스를 생산한다.

33 ④

전자정부법(시행일자 : 2023-05-16) 제28조(전자문서의 발송시기 및 도달시기)

① 행정기관 등에 송신한 전자문서는 그 전자문서의 송신 시점이 정보시스템에 의하여 전자적으로 기록된 때에 송신자가 발송한 것으로 본다.

② 행정기관 등이 송신한 전자문서는 수신자가 지정한 정보시스템 등에 입력된 때에 그 수신자에게 도달된 것으로 본다. 다만, 지정한 정보시스템 등이 없는 경우에는 수신자가 관리하는 정보시스템 등에 입력된 때에 그 수신자에게 도달된 것으로 본다.

34 ③

사무관리의 원칙

- 용이성, 정확성, 신속성, 경제성
- 다양성은 사무개선의 목표가 아니라 사무개선 대상이다.

35 ①

대사무실(큰 방)의 이점

- **정의** : 사무실을 너무 세분화하는 것보다는 여러 과를 한 사무실에 배정하여 사용하는 것이 바람직하다고 생각하는 사무실의 배정 방식이다.
- 실내 공간 이용도를 높일 수 있으며 상관의 감독을 쉽게 한다.
- 사무의 흐름을 직선화하는 데 편리하며 직원 상호 간 친목도를 높인다.
- 과별로 직원 상호 간에 행동상의 비교가 이루어져 자유통제가 쉽다.
- 사무실을 너무 세분화하는 것보다는 여러 과를 한 사무실에 배정하여 사용하는 것이 바람직하다고 생각하는 사무실의 배정 방식이다.

36 ④

복호화가 불가능하도록 암호화하면 복호화가 불가능해 비밀정보를 열람할 수 없게 된다.

37 ④

제19조(문서의 쪽 번호 등 표시)

2장 이상으로 이루어진 문서가 제1호 각 목의 어느 하나에 해당하는 경우에는 제2호 각 목의 구분에 따라 쪽 번호 또는 발급번호를 표시하거나 간인(間印) 등을 하여야 한다.

1. 대상 문서

가. 문서의 순서 또는 연결 관계를 명백히 할 필요가 있는 문서

나. 사실관계나 법률관계의 증명에 관계되는 문서

다. 허가, 인가 및 등록 등에 관계되는 문서

38 ③

특성에 따른 사무계획의 순응능력에 따른 분류 : 고정계획과 신축계획으로 구분된다.

39 ③

사무를 위한 작업 구성요소

- 기록(Writing : 인쇄 포함)
- 계산(Computing)
- 면담(Interviewing)
- 의사소통(Communicating : 운반 포함)
- 분류 · 정리(Classifying and Filing)

40 ②

사무처리 방식의 결정

- **의의** : 필요한 정보와 측정된 사무량, 장소 및 기계 등의 모든 조건을 고려하여 결정한다.
- **개별처리방식** : 1인의 사무원이 정보의 수집부터 작성까지 모두 처리. 사외 정보 사무, 일시적 사무, 돌발적 사무 처리 등에 많이 적용된다.

- **로트(Lot)처리방식** : 정보의 수집부터 작성까지를 여러 사무원이 분담 처리, 각 사무원이 맡은 처리를 행한 다음 다른 사람에게 넘기는 방식으로 경상 사무에서 많이 이용한다.
- **유동 처리 방식** : 사무의 처리 순서대로 사무 기계 및 사무원을 배치하여 1인의 사무원 또는 1대의 사무 기계 처리가 끝나면 다음 사무 공정으로 진행한다.
- **오토메이션 방식** : 컴퓨터 및 사무기기를 사용하여 사무를 자동으로 처리하는 방식이다.

3 과목 프로그래밍 일반

41 ④

어휘 분석 : 프로그램 실행 시 원시 프로그램을 문자 단위로 스캐닝하여 문법적으로 의미 있는 일련의 문자들로 분할해 내는 역할을 한다.

42 ③

- **상향식 구문분석(Bottom-up parsing)**
  - 파스 트리의 리프, 즉 입력스트링으로부터 위쪽으로 파스 트리를 만들어 가는 방식이다.
  - Shift Reduce 파싱이라고도 한다.
  - 주어진 스트링의 시작 심볼로 축약될 수 있으면 올바른 문장이고, 그렇지 않으면 틀린 문장으로 간주하는 방법을 말한다.
- **하향식 구문 분석(top-down parsing)**
  - 루트로부터 터미널 노드 쪽으로 파스 트리를 구성하는 것으로 입력 문자열에 대한 좌측유도(Left Most Derivation) 과정이다.
  - 파스 트리의 루트로부터 시작하여 파스 트리를 만들어가는 방식이다.
  - 입력 문자열에 대해 루트로부터 왼쪽 우선 순으로 트리의 노드를 만들어 간다.
  - 생성 규칙이 잘못 적용될 경우 문자열을 다시 입력으로 보내는 반복 강조 방법을 사용한다.

43 ①

다음은 LHS가 RHS로 정의된다는 표현이다.

- |는 or로 택일을 의미한다.

〈num〉 → 〈num〉〈dig〉|〈dig〉	
〈dig〉 → 1|3|5|7|9	
LHS(left hand side)	RHS(right hand side)

- 〈dig〉와 같이 '〈〉'로 묶인 기호 : 비단말 기호(Non-Terminal Symbol)
- 0, 1, 2와 같이 직접 나타낼 수 있는 기호 : 단말 기호(Terminal Symbol)
- →, |와 같이 BNF 표기에서 사용되는 특수한 기호 : 메타 기호(Meta Symbol)
- **유도(Derivation)** : 언어의 문장들은 BNF의 규칙을 적용해가며 생성된다. 시작 기호(Start Symbol)라 불리는 비단말 기호에서 시작되며, 이러한 문장 생성 과정을 의미한다.

〈num〉 → 〈num〉〈dig〉 ── ①
|〈dig〉 ── ②

- 〈number〉
  - ⇒ 〈number〉〈dig〉 : ①〈number〉를 〈number〉〈dig〉로 대치
  - ⇒ 〈number〉〈dig〉〈dig〉 : ①〈number〉를 〈number〉〈dig〉로 대치
  - ⇒ 〈dig〉〈dig〉〈dig〉 : ②에 의해 〈number〉를 〈dig〉로 대치
- 즉, 〈dig〉에 대치된 1, 3, 5, 7, 9의 숫자를 이용하여 3자리 경우의 수를 만들 수 있다.
- 보기 중에 1, 3, 5, 7, 9가 아닌 수가 포함된 것은 답이 될 수 없다.

44 ③

- **super** : 하위클래스에서 상위클래스를 참조하기 위해 사용하는 명령어이다.
- **extends** : 상위클래스에서 하위클래스로 상속하기 위해 사용하는 명령어이다.

45 ④

- **aa|b** : aa 이거나 b를 출력할 수 있다.
- **(aa|b)*** : aa 이거나 b를 그룹으로 묶어 반복 출력할 수 있다.
- **(aa|b)*a** : 맨 뒤 a는 a로 끝나야 한다는 의미이다.

보기를 모두 경우의 수에 따라 대입해본다.
a나 b로 시작하면서 a로 끝나야 한다.
④번의 경우, a 또는 b 택일하여 시작해야 하나 모두 표시되어 있어 오류가 된다.

46 ②

표의 기호 정의(정규 표현식)

표현	의미
^x	문자열의 시작을 표현하며 x 문자로 시작됨을 의미한다.
x$	문자열의 종료를 표현하며 x 문자로 종료됨을 의미한다.
.x	임의의 한 문자의 자리수를 표현하며 문자열이 x로 끝난다는 것을 의미한다.
x+	반복을 표현하며 x 문자가 한 번 이상 반복됨을 의미한다.
x?	존재 여부를 표현하며 x 문자가 존재할 수도, 존재하지 않을 수도 있음을 의미한다.
x*	반복 여부를 표현하며 x 문자가 0번 또는 그 이상 반복됨을 의미한다.
x|y	or를 표현하며 x 또는 y 문자가 존재함을 의미한다.
(x)	그룹을 표현하며 x를 그룹으로 처리함을 의미한다.
(x)(y)	그룹들의 집합을 표현하며 앞에서부터 순서대로 번호를 부여하여 관리하고 x, y 는 각 그룹의 데이터로 관리된다.
(x)(?:y)	그룹들의 집합에 대한 예외를 표현하며 그룹 집합으로 관리되지 않음을 의미한다.
x{n}	반복을 표현하며 x 문자가 n번 반복됨을 의미한다.
x{n,}	반복을 표현하며 x 문자가 n번 이상 반복됨을 의미한다.

47 ③

보통 변수의 번지를 참조하려면 번지 연산자 &을 변수 앞에 쓴다.

48 ④

- **후위(postfix) 표기법**
  - 피연산자 뒤에 연산자를 표기한다.
  - **일반적인 수식** : A+B를 AB+로 표시한다.
  - 연산자 우선순위대로 묶은 뒤 연산자를 괄호 뒤로 이동한다.
- **A+B*C−D**
  - A+B*C−D → A+(B*C)−D → (A+(B*C))−D → ((A+(B*C))−D)
  - ((A+(B*C))−D) → (A+(BC)*)−D) → ((A(BC)*)+D)−
  - ABC*+D−

49 ③

- **선점형 스케줄링 기법**
  - **라운드 로빈** : 시분할 방식을 위해 고안된 방식으로 FIFO 방식으로 수행하되 각 작업은 할당 시간 동안만 CPU를 사용한다.
  - **SRT(Shortest Remaining Time)** : 남은 처리시간이 가장 짧은 작업을 먼저 수행한다.
- **비선점형 스케줄링 기법**
  - **FIFO(First In First Out)** : 가장 먼저 들어온 작업을 가장 먼저 처리한다.
  - **SJF(Shortest Job First)** : 처리시간이 가장 짧은 작업부터 먼저 처리한다.
  - **HRN(Highest Response−ratio Next)** : 처리시간이 긴 작업의 대기시간이 길어지는 SJF의 단점을 보완한다.

50 ④

- a[2][3]은 a변수의 배열 크기가 2행 3열이란 의미이며 정수의 크기가 2byte이므로 각 배열의 크기가 2byte씩임을 알 수 있다. C에서 첫 번째 배열은 (0,0)으로 시작한다.
- **a[2][3] 배열 (2행 3열)**

- **a[2][3] 배열의 주소 할당**

주소	1000	1002	1004
배열	a(0,0)	a(0,1)	a(0,2)
주소	1006	1008	1010
배열	a(1,0)	a(1,1)	a(2,1)

51 ④

- 변수 k는 1부터 60까지 1씩 증가한다.

```
k = 1;
while(k<60)
~
k++;
```

- 변수 k가 4의 배수이면 그때 k보다 2 작은 값을 출력한다.

```
if(k%4==0)
    printf("%d\n", k−2);
```

  - 즉 1~60까지 수 중에서 4의 배수인 값보다 2 작은 값이 출력된다.
  - (4)2, (8)6, (12)10, (16)14 ~ 32(30), 36(34) ~

52 ③

객체지향 기법의 기본 원칙

- **캡슐화(Encapsulation)** : 데이터와 데이터를 조작하는 연산을 하나로 묶는 것을 의미하며 연관된 데이터와 함수를 함께 묶어 외부와 경계를 만들고 필요한 인터페이스만을 밖으로 드러내는 과정을 의미한다.
- **정보 은닉(Information Hiding)** : 객체가 다른 객체로부터 자신의 자료를 숨기고 자신의 연산만을 통하여 접근을 허용하는 것을 의미하며 캡슐화와 밀접한 관계가 있다.
- **추상화(Abstraction)** : 주어진 문제나 시스템 중에서 중요하고 관계있는 부분만을 분리하여 간결하고 이해하기 쉽게 만드는 작업을 의미한다.
- **상속성(Inheritance)** : 상위 클래스의 속성과 메소드를 하위 클래스가 물려받는 것을 의미하며 클래스와 객체를 재사용할 수 있다.
- **다형성(Polymorphism)** : 많은 상이한 클래스들이 동일한 메소드명을 이용하는 능력을 의미하며 한 메시지가 객체에 따라 다른 방법으로 응답할 수 있는 것을 의미한다.

53 ①

- **변수와 상수**
  - **변수(Variable)** : 기억 장치의 한 장소를 추상화 한 것으로 프로그래머가 프로그램 내에서 정의하고 이름을 줄 수 있는 자료 객체이다.
  - **상수(Constant)** : 프로그램이 동작하는 동안 값이 절대로 변하지 않는 값이다.
- **주석(Comment)**
  - 프로그램에 실제 실행되지 않고 프로그래머가 코드의 이해를 돕거나 분석을 위해 써놓은 일종의 프로그램 설명이다.
  - 프로그램 문서화의 중요한 부분으로 추후 유지보수에 유리하다.
  - 대부분의 프로그래밍 언어에서 각각의 주석 형식은 달라도 주석을 허용한다.

54 ①

배치(Placement) 전략

- **최초 적합(First Fit)** : 입력되는 작업의 순서에 따라 주기억장치 첫 번째 기억 공간부터 할당한다.
- **최적 적합(Best Fit)** : 입력되는 작업의 크기에 맞는 주기억장치를 찾아 할당한다.
- **최악 적합(Worst Fit)** : 입력되는 작업의 크기에 맞지 않고 낭비가 가장 심한 공간을 찾아 할당한다.
- 이 문제에서 50K 공간에 15K를 적재함으로서 내부단편화가 35K로 가장 많이 발생한다.

55 ③

BNF에서 | 는 택일를 의미한다. 제시된 순서에 따라 정규문법에 맞춰 경우의 수를 찾아보면 된다.

- **S → aS | aB**
  - S는 a로 시작하면서 S로 끝나거나 a로 시작하면서 B로 끝난다. 즉 ④번은 b로 시작하므로 답이 될 수 없다.
  - aa, aaa(S재귀) 또는 aBC가 될 수 있다.
- **C → a | aC**
  - C는 a로 시작하거나 a로 시작해 C로 끝난다.
  - a 또는 aa, aaa(C재귀)이 될 수 있다.
- **B → bC**
  B는 b로 시작 C로 끝난다.
- **S → aS | aB를 앞의 C, B를 대입해 찾는다.**
  - aS → aa, aaa, aaaa가 될 수 있으며 또는
  - aB → abC → aba 또는 abaa 가 될 수 있다.
  - 보기 중 가능한 문법은 abaa이므로 답은 ③이다.

56 ②

- **제어 프로그램(Control Program)**
  - 감시 프로그램(Supervisor Program)
  - 작업 제어 프로그램(Job Control Program)
  - 자료 관리 프로그램(Data Management Program)
- **처리 프로그램(Processing Program)**
  - 언어 번역 프로그램(Language Translator Program)
  - 서비스 프로그램(Service Program)
  - 문제 프로그램(Problem Program)

57 ④

토큰으로 인식되는 대상

- 예약어, 공백(문자열 내의 공백), 구두점, 여는 괄호, 콜론, 세미콜론 등과 같은 특수 기호, 식별자, 지정어, 상수, 단말 기호 들로 인식된다.
- 키워드, 변수, 연산자, 숫자 등이 있다.

58 ④

후위(postfix) 표기법

- 피연산자 뒤에 연산자를 표기
- **일반적인 수식** : A+B를 AB+로 표시한다.
- 연산자 우선순위대로 묶은 뒤 연산자를 괄호 뒤로 이동한다.
- A+(B*C) → (A+(B*C)) → (A(BC)*)+ → ABC*+

59 ③

- 프로그래밍 언어에서 A = B라는 표현은 A와 B가 같다는 의미가 아니라 오른쪽 값(B)를 왼쪽 값(A)에 입력한다는 의미를 가진다.
- 여기서 A가 왼쪽에 있으므로 Left – Value, B가 오른쪽에 있으므로 R – Value가 된다.
- 다르게 말하면 A(기억장소)에 B(값)를 입력한다는 의미이고 각 위치를 R, L Value라고 정의한다.
- 변수명, 배열 원소, 포인터의 위치 모두 기억장소에 해당하므로 L Value가 된다.

60 ③

Noam Chomsky의 문법 구조

- **Type 0 문법** : 튜링 머신(Turing Machine), (Recursively Enumerable set), 모든 형식문법 포함한다.
- **Type 1 문법** : 선형 한계 오토마타(Linear Bounded Automata), (Context–sensitive language), 문맥인식에 사용한다.
- **Type 2 문법** : 푸시다운 오토마타(Push Down Automata) (Context–Free Language), 구문분석에 사용한다.
- **Type 3 문법** : 유한 상태 오토마타(Finite Automata) (Regular Language), 언어의 어휘구조(lexical–structure), 어휘 분석에 사용한다.

4과목 정보통신개론

61 ④

VoIP(Voice Over Internet Protocol) : 인터넷망을 통하여 음성을 전달할 수 있는 인터넷 전화 프로토콜이다.

> 오답 피하기

전자우편 프로토콜

- **SMTP(Simple Mail Tranfer Protocol)** : 사용자의 컴퓨터에서 작성된 메일을 다른 사람의 계정이 있는 곳으로 전송하는 프로토콜이다.
- **POP3(Post Office Protocol)** : 메일 서버에 도착한 E–Mail을 사용자 컴퓨터로 가져오는 메일 서버에서 제공하는 프로토콜이다.
- **IMAP(internet Messaging Access Protocol)** : 포트번호 143을 사용하고 메시지의 헤더만을 다운로드할 수 있으며 다중 사용자 메일박스와 서버에 기반을 둔 저장 폴더를 만들어 주는 기능을 제공함으로써 스마트폰, 태블릿, 다른 PC 등의 이메일 클라이언트에서도 확인이 가능한 이메일 프로토콜이다.
- **MIME(Multi–purpose Internet Mail Extension)** : 웹 브라우저가 지원하지 않는 각종 멀티미디어 파일의 내용을 확인하고, 실행시켜 주는 프로토콜이다.

62 ①

ARQ 종류
- **정자-대기 ARQ (Stop-And-Wait ARQ)** : 송신 측에서 1개의 프레임을 전송한 후, 수신 측에서 오류의 발생을 점검하여 ACK 또는 NAK를 보내올 때까지 대기하는 ARQ 방식이다.
- **연속적 ARQ(Continue ARQ)** : 정자-대기 ARQ의 단점을 보완하기 위한 방식이다.
  - **Go-Back-N ARQ** : 다수의 데이터 블록을 송신하고, 수신 측으로부터 NAK 신호가 전송되면 NAK 신호를 받은 블록부터 다음의 모든 블록을 재전송하는 방식이다.
  - **선택적 재전송 ARQ(Selective-Repeat ARQ)** : NAK 신호를 받은 블록만을 재전송하는 방식이다.
- **적응적 ARQ(Adaptive ARQ)** : 전송 효율을 높이기 위해서 블록의 길이를 동적(Dynamic)으로 변경시킬 수 있는 방식이다.

63 ②

TCP/IP 인터넷 계층(Internet Layer) 프로토콜
- **IP(Internet Protocol)** : 주소, 경로를 설정하는 프로토콜이다.
- **ARP(Address Resolution Protocol)** : IP Address를 물리적 하드웨어 주소(MAC Address)로 변환하는 프로토콜이다.
- **RARP(Reverse Address Resolution Protocol)** : 호스트의 물리 주소를 통하여 논리 주소인 IP 주소를 얻어오기 위해 사용되는 프로토콜이다.
- **ICMP(Internet Control Message protocol, 인터넷 제어 메시지 프로토콜)** : TCP/IP 계층의 인터넷 계층에 해당한다. 네트워크 컴퓨터에서 운영체제의 오류 메시지를 전송받는 데 주로 쓰이며, 인터넷 프로토콜에 의존하여 작업을 수행한다.

64 ①

통신용량 C = Blog₂(1+S/N)
- B : 대역폭, S : 신호 전력, N : 잡음
- $3100 * \log_2(1+100) \rightarrow 3100 * \log_2(101) \rightarrow 3100 * 6.6582114$
- $3100 * 6.6582114 = 20640.45$

65 ④

- **Layer 2 스위치**
  - OSI 2계층(Data Link)까지의 기능을 한다.
  - MAC(Media Access Conrol) 주소를 읽어 스위칭한다.
- **스위치의 4가지 기능**
  - **Address Learning** : 프레임의 출발지 맥주소가 맥 테이블에 없으면 300초 동안 저장한다.
  - **Flooding** : 프레임의 목적지 맥주소가 없을 시 브로드캐스팅을 통해 확인한다.
  - **Forwarding** : 프레임의 목적지 맥주소가 있을 때 해당 포트로만 프레임을 전달한다.
  - **Filtering** : 프레임의 목적지 맥주소가 테이블에 있을 경우 해당 주소가 아닌 곳에는 전달하지 않는 역할을 한다.
  - Routing은 L3 스위치가 담당한다.

66 ②

- **모뎀의 신호 방식(디지털 → 아날로그로 변조)**
  - **ASK** : 진폭 편이 변조
  - **FSK** : 주파수 편이 변조
  - **PSK** : 위상 편이 변조
  - **QAM** : 직교 진폭 변조
- **DM(Delta Modulation)**
  - 이전 샘플과 현재 샘플 간의 차이를 계산하여 차분 신호를 생성하여, 차분 신호를 1 또는 0으로 표현하는 디지털 신호로 변환한다.

- 주로 단순하고 저비용의 시스템에서 사용되며, 신호 대역폭을 줄이고 신호 압축을 위해 사용될 수 있다.
- 잡음에 강한 특징을 가지고 있어 주로 음성 전송이나 통신 시스템에서 사용된다.

67 ②

텔레텍스트의 특징
- 문자 다중 방송
- 방송 시스템 + 데이터 뱅크 + TV 수상기
- 단방향 시스템으로 텔레비전 전파의 지극히 짧은 간격을 이용하여 문자 정보를 전달하는 방식
- 일기예보, 프로그램 안내, 교통방송 등의 자막

68 ②

IP 주소(Internet Protocol Address)

A class	• 대형 기관 및 기업에서 사용 • 2^24(=16,777,216) 중 16,777,214개의 호스트 사용 가능 • 0.0.0.0 - 127.255.255.255
B class	• 중형 기관 및 기업에서 사용 • 2^16(=65,536) 중 65,534개의 호스트 사용 가능 • 128.0.0.0 - 191.255.255.255
C class	• 소형 기관 및 기업에서 사용 • 2^8(=256) 중 254개의 호스트 사용 가능 • 192.0.0.0 - 223.255.255.255
D class	• 멀티캐스트용, netid와 hostid가 없다. • 224.0.0.0 - 239.255.255.255
E class	실험용

69 ④

모뎀의 신호 방식(디지털 → 아날로그로 변조)
- **ASK** : 진폭 편이 변조
- **FSK** : 주파수 편이 변조
- **PSK** : 위상 편이 변조
- **QAM** : 직교 진폭 변조

70 ②

광섬유의 구조 손실
- **불균등 손실** : 코어와 클래드 경계면의 불균일로 인하여 발생한다.
- **코어 손실** : 광섬유 케이블을 구부려 사용할 때 발생한다.
- **마이크로벤딩 손실** : 광섬유 측압에 의한 코어와 크래드 경계면 요철로 인한 빛의 방사에 의해 발생한다.

오답 피하기

광섬유의 재료 손실
- **레일리 산란 손실** : 광이 미소한 입자에 부딪힐 때 광이 여러 방향으로 산란하는 현상에 의해 발생한다.
- **흡수 손실** : 광섬유 재료 자체에 의해 흡수되어 열로 변환되어 발생하는 손실로, 광섬유의 유리 중에 포함된 Fe, Cu 등의 천이 금속이나 수분 등의 불순물로 인하여 발생한다.
- **회선 손실** : 광섬유를 영구접속 또는 임의 접속으로 연결 시 발생하는 접속 손실과 광원과 광섬유 결합 시 발생하는 결합 손실이 있다.

71 ④

변조 : 전송하고자 하는 신호를 주어진 통신 채널에 적합하도록 처리하는 과정이다.

72 ②

CCU(Commuication Control Unit) : 전송 회선과 단말 장치 사이에 위치해서 프로토콜의 정의에 따라 통신 제어 기능을 담당하게 되는 장치이다.

73 ③

- 8진 = 3bit
- baud = bps/bit
- 9600/3 = 3200[baud]

74 ②

DQDB(Distributed Queue Dual Bus)
- DQDB는 이중버스 형태로 구성되어 있다.
- 분산 큐라고 하는 큐잉 방식을 이용하여 전송하기에 앞서 미리 준비된 큐에 데이터를 삽입하고 자기 차례가 되었을 때 전송하는 방식이다.

75 ③

- **SMTP(Simple Mail Transfer Protocol)** : 메일전송 프로토콜이다.
- **RIP(Routing Information Protocol)** : IP 통신망의 경로 지정 통신 규약의 하나. 경유하는 라우터의 대수(hop의 수량)에 따라 최단 경로를 동적으로 결정하는 거리 벡터 알고리즘을 사용한다.
- **OSPF(Open Shortest Path First protocol)** : 링크 상태 라우팅 프로토콜로 IP 패킷에서 프로토콜 번호 89번을 사용하여 라우팅 정보를 전송하여 안정되고 다양한 기능으로 가장 많이 사용되는 IGP(Interior Gateway Protocol)이다.

76 ④

신뢰성 있는 데이터 전송을 보장하는 프로토콜은 TCP이다.

> **오답 피하기**

TCP(Transmission Control Protocol)
- OSI 7계층의 전송 계층에 해당한다.
- 접속형(연결형) 서비스, 전이중 데이터 전송 서비스, 신뢰성 서비스, 스트림 데이터 서비스를 제공한다.
- 패킷 다중화, 오류 제어, 흐름 제어, 순서 제어 등의 기능을 한다.

77 ①

PCM 순서 : 표본화 → 양자화 → 부호화 → 복호화 → 여과기

> **오답 피하기**

[ㅍ,ㅇ,ㅂ → 표,인,봉]으로 암기

78 ④

다중접속 방식의 종류 : FDMA, TDMA, CDMA

79 ③

203,230,7,110/29
- 서브넷 마스크를 255,255,255,248로도 표현 가능하다.
- /29는 서브넷을 표현할 때 사용한다. ipv4는 총 32bit이며 4개의 각 블록 8bit를 왼쪽부터 1로 채운 1의 개수이다.

1	1	1	1	1	1	1	1	255 (8bit)
1	1	1	1	1	1	1	1	255 (8bit)
1	1	1	1	1	1	1	1	255 (8bit)
1	1	1	1	1	0	0	0	248 (8bit)

- 이 네트워크에서는 8개의 IP가 할당되고 첫 번째(네트워크 주소) 마지막 (브로드캐스트 주소) 로 사용되어 6개의 장치만 연결 가능하다.

- 서브넷 마스크(and 연산)는 제시된 IP를 2진수로 변환하여 곱한 결과를 이용한다. 마스크의 0 자리는 결국 00이 된다.
  110 (0110 1110)
  248 (1111 1000)
  ─────────────
  104 (0110 1000)
  - cf. 102(0110 0110), 103(0110 0111), 105(0110 1001)
  - 104 ~ 111까지가 사용 범위가 된다.
- **간단히 계산하는 방법**
  - 마지막 블록의 2진수 변환값이 xxxxx000인 주소가 네트워크 주소가 된다. → 104(0110 1000)
  - 마지막 블록의 2진수 변환값이 xxxxx111인 주소가 브로드캐스트 주소가 된다. → 111(0110 1111)

80 ①

- **거리 벡터 라우팅** : 가장 짧은 경로 스패닝 트리를 찾기 위해 경로상의 홉(hop) 수에 따라 반복하여 실행되는 라우팅 알고리즘이다. 벨맨 포워드 라우팅 알고리즘(Bellman-Forward Routing Algorithm)이라고도 한다
- **Bellman-Ford 알고리즘**
  - 최단 거리를 구하는 알고리즘의 일종이다.
  - 네트워크에서 임의 단말을 시작 점으로 선택하고 나머지 단말들과 최단거리를 모두 구한다. 단말 간 가중치가 음수인 경우까지 감안한 알고리즘이다.

2023년 기출문제 02회
1-167p

01 ①	02 ③	03 ③	04 ②	05 ②
06 ④	07 ②	08 ②	09 ④	10 ④
11 ①	12 ①	13 ④	14 ②	15 ④
16 ②	17 ②	18 ①	19 ①	20 ②
21 ④	22 ②	23 ③	24 ②	25 ①
26 ④	27 ②	28 ②	29 ③	30 ③
31 ④	32 ②	33 ③	34 ②	35 ④
36 ①	37 ①	38 ④	39 ②	40 ③
41 ④	42 ③	43 ④	44 ②	45 ②
46 ④	47 ①	48 ④	49 ①	50 ③
51 ①	52 ①	53 ③	54 ④	55 ①
56 ③	57 ②	58 ①	59 ①	60 ②
61 ①	62 ②	63 ④	64 ④	65 ④
66 ①	67 ②	68 ③	69 ④	70 ④
71 ①	72 ②	73 ④	74 ④	75 ③
76 ③	77 ④	78 ②	79 ①	80 ③

---

1 과목 | 사무자동화시스템

01 ①

BCP(업무 영속성 관리, Business Continuity Management) : 재난, 재해, 테러 등 예기치 못한 위기의 발생으로 주요 사무 업무 중단위험이 발생하면 최대한 빨리 핵심 업무를 복구하여 기업 경영의 연속성을 유지할 수 있는 경영기법이다.

02 ③

소비자는 상품을 선택할 기회가 확대된다.

03 ③

- **데이터 웨어하우스(Data Warehouse)** : 기업의 정보자산을 효율적으로 활용하기 위해 기업의 전략적 관점에서 효율적인 의사결정을 한 데이터의 통합을 목표로 하는 기술 환경이다.
- **데이터 마이닝** : 데이터 웨어하우스에 저장된 데이터에 의미를 부여하여 조직의 의사결정에 도움을 주는 데이터베이스 시스템이다.

04 ②

DSS(Decision Support System, 의사결정지원시스템) : 경영 의사결정에 필요한 정보를 데이터베이스로부터 검색하여 필요한 분석을 하고 보기 쉬운 형태로 편집, 출력해 주는 시스템이다.

05 ②

캐시(Cache)기억장치 : 중앙처리장치(CPU)의 속도와 주기억장치의 속도 차이가 클 때 명령어의 수행 속도를 중앙처리장치의 속도와 비슷하게 하기 위하여 사용하는 메모리이다. 저용량 고속의 반도체 장치이다.

06 ④

사무자동화의 접근(추진) 방식

- **전사적 접근 방식** : 사업 전반에 걸쳐 문제점이나 개선점을 분석 정리하여 추진되는 방식으로 최적의 시스템을 구성하고 추진 효과를 극대화한다.
- **부문 전개 접근 방식** : 특정한 한 부문을 선정하여 추진하고 전체로 확대하는 방식이다.
- **공통과제형 접근 방식** : 문서보안, 사무환경 개선 등과 같은 각 부분의 공통 과제를 대상으로 추진하는 방식이다.
- **기기도입형 접근 방식** : 사무자동화기기를 시험적으로 도입하여 사용자의 사무자동화 이해도를 높이고, 단계적으로 적용 분야를 넓혀가는 방식이다.
- **계층별 접근 방식** : 일반 사무직에서 최고 경영자 또는 직위에 따라 사무자동화를 적용하는 방식이다.
- **업무별 접근 방식** : 업무 개선이 우선되어야 할 분야부터 시작하여 완료 시까지 업무의 흐름에 따라 사무자동화를 적용시켜 나가는 방식이다.

07 ②

처리속도 단위

- **ms(밀리/초 : milli second)** : 10^{-3}
- **μs(마이크로/초 : micro second)** : 10^{-6}
- **ns(나노/초 : nano second)** : 10^{-9}
- **ps(피코/초 : pico second)** : 10^{-12}
- **fs(펨토/초 : femto second)** : 10^{-15}
- **as(아토/초 : atto second)** : 10^{-18}

08 ②

- **스풀링(Spooling)** : 처리속도가 빠른 CPU와 속도가 느린 프린터 사이에서 두 장치 간의 속도 차이를 줄여주기 위한 임시 기억장소로 보조기억장치를 사용하며 가상메모리와 버퍼메모리를 혼합한 기능으로 볼 수 있다.
- **Buffering** : CPU와 입·출력 장치와의 속도 차이를 줄이기 위해 사용하는 기법이다.

09 ④

- **쉘(Shell)** : 사용자의 명령어를 인식하여 프로그램을 호출하고 명령을 수행하는 명령어 해석기이다.
- **커널(Kernel)** : 프로세스 간의 통신, 파일관리, 입·출력 관리 등을 수행한다.

10 ④

- **전술용 전자식 교환기(TTC-95K)** : 1995년 정부주도 업체자체 개발로 삼성전자㈜에서 전술용 전자식 교환기를 국내 개발 전력화 운용 중이다.
- **FTTH(Fiber To The Home)** : 광섬유를 집안까지 연결한다는 뜻의 FTTH는 초고속 인터넷 설비 방식의 하나로, 광통신회선을 일반 가입자의 안방까지 지원하여 고품질의 광대역 통신서비스를 제공할 수 있는 기술을 말한다.
- **LTE(Long Term Evolution)** : WCDMA와 CDMA2000의 3세대 통신과 4세대 이동통신 4G의 중간에 해당하는 기술이라 하여 3.9세대라고도 하며, 채널 대역폭은 1.25~20MHz, 29HMz 대역폭을 기준으로 하향링크의 최대 전송속도는 100Mbps, 상향링크의 최대 전송속도는 50Mbps이다.
- **HSDPA(High Speed Downlink Packet Access)** : 고속하향패킷접속을 통해 3세대 이동통신 기술인 W-CDMA나 CDMA보다 훨씬 빠른 속도로 데이터를 주고받을 수 있는 3.5세대 이동통신방식이다.

11 ①

사물인터넷(Internet of Things) : 생활 속 사물들을 유무선 네트워크로 연결해 정보를 공유하는 환경. 가전제품, 전자기기뿐만 아니라 헬스케어, 원격 검침, 스마트홈, 스마트카 등 다양한 분야에서 사물을 네트워크로 연결하는 것을 의미한다.

12 ①

- **충격식 인쇄기** : 기계적으로 종이에 충격을 줘 인쇄하는 방식으로 도트 매트릭스 프린터가 대표적이다.
- **비충격식 인쇄기** : 기계적 충격을 가하지 않고 인쇄하는 방식으로, 레이저, 잉크젯, 열전사 프린터 등이 있다.

13 ④

네트워크 설정을 할 때 TCP/IP 등록 정보 : ① 도메인 네임(Domain Name), ② IP Address, ③ 게이트웨이(Gateway)

오답 피하기

URL(Uniform Resource Locator)은 인터넷 주소 형식을 의미한다.
🔗 http://dumok.net

14 ②

EDI의 유형

- **배치형 EDI(Batch EDI)** : 축적 전송(Store and Forward) 방식을 이용하여 통신회사의 효율성을 추구하는 방식이다.
- **실시간형 EDI(Real Time EDI)** : 실시간 응답 방식을 말한다.
- **대화형 EDI(Interactive EDI)** : 거래 상대방의 응용 시스템들이 질의와 응답으로 구성된 두 개 이상의 짧은 메시지를 한 번의 접속 상태에서 주고받는 방식이다.
- **개방형 EDI(Open EDI)** : 이질적인 거래형태/정보기술 및 데이터 구조를 지닌 거래 주체 사이에 공공 표준을 활용하여 상호 운용하는 방식을 말한다.
- **인터넷 EDI(Internet EDI)** : EDI 문서 전송 시 TCP/IP프로토콜을 사용하는 방식을 말한다.

15 ④

교착상태 필수 4요소

- 상호 배제(Mutual Exclusion)
- 점유와 대기(Hold & Wait)
- 비선점(Non Preemption)
- 순환 대기(Circular Wait, 환형 대기)

16 ②

- **LTO(Linear Tape-Open, 개방 선형 테이프)**
  - 고속 데이터 처리와 대용량 형식으로 만들어진 백업용 개방 테이프 시스템이다. Accelis 방식과 Ultrium 방식이 있다.
  - 240MB/S의 속도를 가진다.
  - 순차접근방식의 저장장치이다.
- **SSD(Solid State Drive)** : 반도체를 이용하여 정보를 저장하는 장치이다. 하드디스크 드라이브에 비하여 속도가 빠르고 기계적 지연이나 실패율, 발열 · 소음도 적으며, 소형화 · 경량화할 수 있는 장점이 있다.

17 ②

트랜잭션의 특성
- **원자성(Atomicity)** : 완전하게 수행 완료되지 않으면 전혀 수행되지 않아야 한다.
- **일관성(Consistency)** : 시스템의 고정 요소는 트랜잭션 수행 전후에 같아야 한다.
- **격리성(Isolation, 고립성)** : 트랜잭션 실행 시 다른 트랜잭션의 간섭을 받지 않아야 한다.
- **영속성(Durability, 지속성)** : 트랜잭션의 완료 결과가 데이터베이스에 영구히 기억된다.

18 ①

- **마이크로필름의 특징**
  - 고밀도기록이 가능하여 대용량화하기 쉽다.
  - 기록내용을 확대하면 그대로 재현된다.
  - 기록내용의 보존이 반영구적이다.(100년 이상)
  - 공간이 절약된다.
  - 저렴하고 쉽게 복사할 수 있다.
- **COM(Computer Output Microfilm)**
  - 종이에 인쇄된 정보를 축소 촬영한 필름에 저장하는 시스템이다.
  - 컴퓨터의 출력 정보를 마이크로 이미지 촬영기를 이용하여 온-라인 및 마이크로 필름으로부터 오프-라인으로 촬영 현상을 처리하는 시스템이다.
- **CAR(Computer Assisted Retrieval)** : 컴퓨터를 이용하여 마이크로필름을 고속 자동으로 검색해주는 시스템이다.

19 ①

- **ADSL** : 전화선을 이용한 초고속 인터넷망이다.
- **LTE(Long Term Evolution)** : WCDMA와 CDMA2000의 3세대 통신과 4세대 이동통신 4G의 중간에 해당하는 기술이라 하여 3.9세대라고도 하며, 채널 대역폭은 1.25~20MHz, 29HHz 대역폭을 기준으로 하향링크의 최대 전송속도는 100Mbps, 상향링크의 최대 전송속도는 50Mbps이다.
- **HSDPA(High Speed Downlink Packet Access)** : 고속하향패킷접속을 통해 3세대 이동통신 기술인 W-CDMA나 CDMA보다 훨씬 빠른 속도로 데이터를 주고받을 수 있는 3.5세대 이동통신방식이다.

20 ②

Michael D. Zisman 정의의 구분
- 컴퓨터 기술(Computer Technology)
- 통신 기술(Communication Technology)
- 시스템 공학(System Engineering)
- 행동 과학(Behavior Science)

---

21 ④

행정업무의 운영 및 혁신에 관한 규정 시행규칙 제7조(문서의 결재)
① 결재권자의 서명란에는 서명 날짜를 함께 표시한다.
② 제10조 제2항에 따라 위임 전결하는 경우에는 전결하는 사람의 서명란에 "전결" 표시를 한 후 서명하여야 한다.
③ 제10조 제3항에 따라 대결(代決)하는 경우에는 대결하는 사람의 서명란에 "대결" 표시를 하고 서명하되, 위임 전결사항을 대결하는 경우에는 전결하는 사람의 서명란에 "전결" 표시를 한 후 대결하는 사람의 서명란에 "대결" 표시를 하고 서명하여야 한다.
④ 제2항과 제3항의 경우에는 서명 또는 "전결" 표시를 하지 아니하는 사람의 서명란은 만들지 아니한다.

22 ②

정보통신망의 고도화와 안전한 이용 촉진을 위하여 설립한 것은 한국인터넷진흥원이다.

오답 피하기

정보통신망 이용촉진 및 정보보호 등에 관한 법률 제48조의2(침해사고의 대응 등) ① 방송통신위원회는 침해사고에 적절히 대응하기 위하여 다음 각 호의 업무를 수행하고, 필요하면 업무의 전부 또는 일부를 한국인터넷진흥원이 수행하도록 할 수 있다. 〈개정 2009.4.22〉
1. 침해사고에 관한 정보의 수집 · 전파
2. 침해사고의 예보 · 경보
3. 침해사고에 대한 긴급조치

23 ③

전자정부법(시행일자 : 2023-05-16) 제28조(전자문서의 발송시기 및 도달시기)
① 행정기관 등에 송신한 전자문서는 그 전자문서의 송신 시점이 정보시스템에 의하여 전자적으로 기록된 때에 송신자가 발송한 것으로 본다.

24 ②

사무량 측정 방법
- **경험적 측정법(청취법)** : 사무 경험이 많은 담당자나 그 업무에 정통한 사람에게 문의한 후 사무량을 측정한다.
- **시간 관측법(Stop Watch)** : 업무를 직접 관찰하여 소요시간을 측정하는 방법이다.
- **워크샘플링법(Work Sampling)** : 임의의 시간 간격으로 작업사항을 직접 관측하여 특별한 관측기구가 필요 없다 누구라도 할 수 있다.
- **PTS(Predetermined Time Standards Method)법** : 기본 동작에 대한 표준시간을 설정하고, 사무작업에 구성 동작으로 전체 표준시간을 구하는 방법을 말한다.
- **실적 기록법** : CMU(Clerical Minute per Unit) 방법이라고도 하며, 일정단위 사무량과 소요시간을 기록하고 통계적 분석을 통해 표준 시간을 결정한다. 기록양식과 기입방법이 정확하다면 우수한 측정방법이다.

25 ①

- **빅데이터 3V** : 데이터의 크기(Volume), 데이터의 속도(Velocity), 데이터의 다양성(Variety)
- **빅데이터 4V** : 데이터의 크기(Volume), 데이터의 속도(Velocity), 데이터의 다양성(Variety), 데이터의 가치(Value)

26 ④

사무계획의 요소
- **사무계획 목표** : 경영활동을 하기 위한 지표이다.
- **사무량 예측** : 계획 결정의 기초가 되는 것으로 정보를 수집하고 분석해 얻는 과정이다.
- **방침(Policy)** : 목표를 달성하기 위한 원칙내지 규칙이다.
- **스케줄(Schedule)** : 해야 할 일에 대한 시간적 순서이다.
- **프로그램(Program)** : 목표를 달성하기 위한 행위의 계획이다.
- **예산(Budget)** : 사무계획에 필요한 예산을 예측한다.

27 ②

Taylor System
- 작업의 과학적, 시간적 관리를 꾀하는 제도이다.
- 작업과정에서 노동자의 태만을 방지하고 최대의 능률을 발휘하도록 시간 연구와 동작 연구를 바탕으로 하여 공정한 1일의 작업 표준량을 제시한다.
- 과업관리와 함께 의욕을 고취시키기 위해 차별적인 성과급제도를 채택한다.
- 기능식 직공장제도를 도입한 관리방식이다.

28 ②

계속관찰법 : 근무시간 중 일정한 시간을 한정시킨 다음 계속하여 조사하는 발췌 검사식 방법이다.

29 ③

- **사무 간소화 대상**
  - 사무처리 소요시간이 타 작업과 비교하여 상대적으로 긴 작업
  - 사무처리 비용이 타 작업과 비교하여 상대적으로 많이 소요되는 작업
  - 업무의 반복, 불평등한 업무량 등으로 불평불만이 제기되는 작업
- **사무 간소화 부적합 대상**
  - 사무량 측정이 부적합한 대상
  - 조사 기획과 같은 비교적 판단 및 사고력이 요구되는 사무

30 ③

- **스니핑 (Sniffing)** : "코를 킁킁거리다"는 뜻으로 도청 공격을 의미하는 용어로 네트워크를 거쳐 전송되는 패킷 정보를 읽어 계정과 암호를 알아내는 행위이다.
- **스푸핑 (Spoofing)** : 눈속임에서 파생된 것으로, 검증된 사람이 네트워크를 통해 데이터를 보낸 것처럼 데이터를 변조하여 접속을 시도하는 침입 형태이다.
- **DDoS(Distributed Denial of Service)** : 특정 시스템에 통신량을 급격히 오버플로우를 일으켜 정상적인 서비스를 수행하지 못하도록 만드는 행위이다.
- **XSS(Cross–site scripting, 사이트 간 스크립팅)** : 게시판, 웹 메일 등에 삽입된 악의적인 스크립트에 의해 페이지가 깨지거나 다른 사용자의 사용을 방해하거나 쿠키 및 기타 개인 정보를 특정 사이트로 전송시키는 공격이다.

31 ④

정보관리의 기능
- **정보계획** : 정보관리를 수행하기 위해 필요한 기본적인 요건을 결정하는 것으로 의사결정자가 요구하는 정보의 확정, 사무량 및 처리 방침을 결정하는 기능이다.
- **정보통제** : 공정 관리에 해당하는 정보관리의 핵심 기능. 이 기능의 성패에 따라 정보관리의 경영적 가치가 좌우된다.
- **정보처리** : 정보관리의 실제 활동으로 사무활동 그 자체, 사무작업 실행과 보고 기능을 포함한다.
- **정보보관 및 정보제공** : 적시에 정보를 제공하고 생산성을 높이기 위한 기능이다.

32 ②

- **간소화의 목적** : 용이성, 정확성, 신속성
- **간소화 방법**
  - 본질적이 아닌 작업을 제거한다.
  - 사무작업에서 불필요한 단계나 복잡성을 제거한다.
  - 작업을 단순화하여 사무중복을 최소화한다.

33 ③

사무통제의 종류
- **자동 독촉 제도(Come–up System)** : 정해진 시기에 처리해야 할 사무계획을 세운 후, 사무계획에 필요한 서류를 전담직원이 관리하고, 자동으로 독촉하게 하는 제도이다.
- **티클러 시스템(Tickler System)** : 색인 카드철(Tickler File)을 이용하여 서류를 관리 후 날짜에 맞춰 서류를 처리한다.
- **간트 차트(Gantt Chart)** : 작업량, 시간, 평가 등을 나타내는 간단한 부호를 사용하여 절차계획과 일정계획의 내용을 작업자에게 쉽게 이해시키기 위한 것이다. 유기적인 전후 관계를 나타내지 못하는 단점이 있다.

34 ②

정보관리와 사무관리는 사무활동을 대상으로 하는 점에서 같으나 관리범위가 사무관리는 좁고 정보 관리는 넓다.

35 ④

사무자동화 사무실 배치원칙
- 사무의 성질상 유사하거나 연락이 많은 부, 과는 거리적으로 가깝게 배치하여 작업의 편리를 도모하고 일의 흐름이 직선적이 되도록 배치한다.
- 공중과 관계가 깊은 부, 과는 입구 근처에 배치하며 관리자의 개인실을 가능한 감소시키고 면적도 작게 하며, 공동의 응접실이나 회의실의 활용을 도모하도록 한다.
- 장래 확장에 대비하여 탄력성 있는 공간을 확보해 두고 장래의 자동화 계획도 계산해 넣어야 한다.
- 사무실 배치에 있어서 가능한 한 독방을 제한한다.
- 채광은 왼쪽 어깨 위에서 비치도록 한다.

36 ①

기능식 (스태프)조직
- 관리자에 대한 조언 · 직무를 스태프에게 수평적으로 분담시키는 조직으로 전문화의 장점을 살린 관리조직이다.
- **장점**
  - 조직구조는 전문가로 구성되어 있고 보다 좋은 감독이 가능하다.
  - 교육 훈련이 용이해 전문가 양성이 쉽고 작업의 표준화가 가능하다.
- **단점**
  - 권한이 분산되어 책임 전가가 가능하다.
  - 관리비용이 증가하고 경영전체의 조정이 어렵다.

37 ①

사무계획 수립 절차 : 목적 → 목표 → 방침의 명확화 → 정보 수집 → 정보 분석 → 전제 설정 → 대안 구상 → 최종안 결정

38 ④

사무관리의 전문화(Specialization) : 개인적 전문화, 집단적 전문화, 기계적 전문화, 기술적 전문화를 기하도록 관리를 해야 한다.

39 ②

- ① : 사후에 결정짓는 것이 아니라 사전에 목적을 달성하기 위해 전망이나 예측을 하는 것을 계획화라 한다.
- ③ : 조정화에 대한 설명이다.
- ④ : 통제화에 대한 설명이다.

40 ③

사무환경 요소 : 실내조명, 색채조절, 공기조절(냉/난방), 환기시설, 방음설비) 등이 있다.

3과목 프로그래밍 일반

41 ④

- **wrapper** : Java 언어에서 기본 데이터형을 객체 데이터형으로 바꾸어 주는 클래스이다.
- **abstract** : Java 언어에서 추상 메소드를 한 개 이상 포함한 클래스로 상속 시에 추상 메소드를 반드시 재정의해야 한다.
- **super** : 상속 관계에서 상위 클래스이다.
- **sub** : 상속 관계에서 하위 클래스이다.
- **final** : 마지막으로 구현한다라는 의미로 클래스를 제한할 때 사용한다.

42 ③

C언어의 입출력 함수
- **printf()** : 형식화된 출력
- **puts()** : 문자열 출력
- **putchar()** : 한 문자 출력
- **scanf()** : 형식화된 입력
- **gets()** : 문자열 입력
- **getchar()** : 한 문자 입력

43 ④

구문 분석 : 주어진 문장이 정의된 문법 구조에 따라 정당하게 하나의 문장으로 사용될 수 있는가를 확인하는 작업이다. 컴퓨터 분야에서는 컴파일러에 의하여 원시 프로그램을 기계어 프로그램으로 번역할 때 낱말 분석 (Lexical Analysis) 결과로 만들어진 토큰들을 문법에 따라 분석하는 파싱 (Parsing) 작업을 수행하여 파스 트리를 구성하는 작업을 지칭한다.

44 ②

원시프로그램 → 컴파일러 → 목적프로그램 → 링커 → 로더

45 ②

BNF 심벌
- **→** : 정의될 대상(Object)
- **∷=** : 정의
- **|** : 택일
- **⟨ ⟩** : 비종단

46 ④

객체지향 기법의 기본 원칙
- **캡슐화(Encapsulation)** : 데이터와 데이터를 조작하는 연산을 하나로 묶는 것을 의미하며 연관된 데이터와 함수를 함께 묶어 외부와 경계를 만들고 필요한 인터페이스만을 밖으로 드러내는 과정을 의미한다.

- **정보 은닉(Information Hiding)** : 객체가 다른 객체로부터 자신의 자료를 숨기고 자신의 연산만을 통하여 접근을 허용하는 것을 의미하며 캡슐화와 밀접한 관계가 있다.
- **추상화(Abstraction)** : 주어진 문제나 시스템 중에서 중요하고 관계있는 부분만을 분리하여 간결하고 이해하기 쉽게 만드는 작업을 의미한다.
- **상속성(Inheritance)** : 상위 클래스의 속성과 메소드를 하위 클래스가 물려받는 것을 의미하며 클래스와 객체를 재사용할 수 있다.
- **다형성(Polymorphism)** : 많은 상이한 클래스들이 동일한 메소드명을 이용하는 능력을 의미하며 한 메시지가 객체에 따라 다른 방법으로 응답할 수 있는 것을 의미한다.

47 ①

토큰 : 원시 프로그램을 하나의 긴 스트링으로 보고 원시 프로그램을 문자 단위로 스캐닝하여 문법적으로 의미 있는 일련의 문자들로 분할 내는데 이때 분할된 문법적인 단위를 말한다.

48 ④

C언어의 문자형
- **char** : 문자형
- **int** : 정수형 (2byte)
- **float** : 실수형 (4byte)
- **double** : 실수형 (8byte)

49 ①

어휘 분석 : 문법적 의미 있는 문자들로 분해해서 토큰 생성하는 단계이다.

50 ③

- **묵시적 순서제어**
  - 프로그램 언어에서 미리 정해진 순서에 따라서 제어가 일어나는 것을 의미한다.
  - 일반 언어에서 순서를 명시적으로 제어하는 문장이 없으면 문장 나열 순서로 제어한다.
  - 수식에서 괄호가 없으면 연산자 우선순위에 의해서 수식이 계산된다.
- **명시적 순서제어**
  - 해당 언어에서 각 문장이나 연산의 순서를 프로그래머가 직접 명시한다.
  - GOTO문이나 반복문을 사용해서 문장의 실행 순서를 바꾼다.
  - 수식의 괄호를 사용해서 연산의 순서를 바꾼다.

51 ①

Noam Chomsky의 문법 구조
- **Type 0 문법** : 튜링 머신(Turing Machine), (Recursively Enumerable Set), 모든 형식문법 포함한다. 생성 규칙에 제한이 없다.
- **Type 1 문법** : 선형 한계 오토마타(Linear Bounded Automata), (Context-Sensitive Language)
- **Type 2 문법** : 푸시다운 오토마타(Push Down Automata), (Context-Free Language), 구문분석에 사용한다.
- **Type 3 문법** : 유한 상태 오토마타(Finite Automata), (Regular Language), 언어의 어휘구조(Lexical-Structure), 어휘분석에 사용한다.

52 ①

JAVA 언어는 객체지향언어로 다중 상속을 받을 수 있다.

53 ③

UNIX 명령어
- **fork** : 프로세스 생성, 복제
- **mount** : 기존 파일 시스템에 새로운 파일 시스템을 서브디렉터리에 연결
- **cp** : 파일 복사
- **mv** : 파일 이동
- **rm** : 파일 삭제
- **cat** : 파일 내용 화면에 표시
- **open** : 텍스트 문서 열기
- **chmod** : 파일의 사용 허가 지정
- **chown** : 소유자 변경
- **ls** : 현재 디렉터리 내의 파일 목록 확인
- **pwd** : 현재 작업 중인 디렉터리 경로를 보여 주는 명령어

54 ④

변수명, 연산자, 구두점 모두 각각 한 개씩 토큰으로 분리할 수 있다.

55 ①

파스 트리
- 구문 분석기가 언어 번역에서 문법의 시작 기호가 어떻게 스트링을 유도하는가를 그림으로 표현하는 것이다.
- 어떤 표현이 BNF에 의해 바르게 작성되었는지 확인하기 위해 만드는 트리이다.
- 구문 분석기가 올바른 문장에 대해 그 문장의 구조를 루트, 중간, 단말노드로 구성하여 트리로 표현한 것이다.

56 ③

C언어의 문자형
- **CHAR** : 문자형
- **INT** : 정수형(2Byte)
- **FLOAT** : 실수형(4Byte)
- **DOUBLE** : 실수형(8Byte)

57 ②

#include 〈stdio.h〉 int main() {	• 출력 헤더 정의 • main() 함수 시작
int x = 4, y = 7;	x=4, y=7 할당
int resultxy;	resultxy 변수선언
resultxy = x & y;	4 와 7을 논리 곱 연산
printf("%d", resultxy);	결과를 10진수로 출력
return 0; }	main() 함수 종료

0100 → 4
0111 → 7
─────── 논리 곱
0100 → 4
&는 C 언어에서 논리 곱 연산을 수행한다. 논리 연산을 위해 정수 4, 7을 2진수로 변환한 뒤 논리 곱 처리한다.

58 ①

크로스 컴파일러(Cross Compiler) : 번역이 이루어지는 컴퓨터와 번역된 기계어에 이용되는 컴퓨터가 서로 다른 기종의 컴퓨터일 때 사용하는 컴파일러의 한 가지이다.

59 ①

추상화 메커니즘의 종류
- **자료 추상화** : 컴퓨터 내부의 자료 표현을 추상화한다.
- **제어 추상화** : 몇 개의 기계 명령어를 모아 이해하기 쉬운 추상 구문으로 만드는 것이다.
- **기능 추상화** : 입력 데이터를 출력 데이터로 변환하는 과정을 추상화하는 방법이다.

60 ②

Call by Reference (참조에 의한 호출)

void main () {
    int a = 3 ;
    func (a) ;
}
	정수형 변수 a에 3 입력
	a 호출
	즉 아래 func 함수연산 결과인 5가 a에 입력된다.

void func(int &x) {
    x = 5 ;
}
	func 함수 값으로 정수 x를 받는다.
	정수 5가 x에 입력된다.

4 과목 정보통신개론

61 ①

X.25 : 패킷 전송을 위한 DTE/DCE 접속규격(1976년에 패킷교환망을 위한 표준으로 처음 권고)이다.

62 ②

나이퀴스트 채널용량 공식 : $C = 2B\log_2 M$

63 ④

FTP 전송 방식
- **텍스트 모드 (TEXT)** : ASCII 방식의 문자 전송 시에 사용하는 옵션이다.
- **바이너리 모드(BINARY)** : 동영상, 그림, 프로그램 등 전송 시에 사용하는 옵션이다.

64 ④

- **데이터링크 계층(Data Link Layer)**
  - 흐름 제어, 오류 제어
  - **표준** : HDLC, LLC, LAPB, LAPD, ADCCP
- **세션 계층(Session Layer)** : 프로세스 간에 대한 연결을 확립, 관리, 단절 수단 제공
- **표현 계층(Presentation Layer)** : 코드 변환, 암호화, 압축, 구문 검색

65 ④

FTP(File Transfer Protocol)
- 멀리 떨어져 있는 컴퓨터로부터 파일을 전송받거나 전송하는 서비스를 의미한다.
- **bin** : 텍스트 모드 외의 파일을 전송할 때 사용한다.
- **ascii** : 텍스트 모드 파일 전송할 때 사용한다.

66 ①

- **WPAN(Wireless Personal Area Network)** : 10m 이내의 거리에서 무선 서비스를 제공하기 위한 무선 개인 통신망이다. UWB, ZigBee, 블루투스 기술 등이 활용된다.
- **WLAN(Wireless LAN)** : 무선랜이다.

67 ②

ATM
- 광대역 종합정보통신망 B-ISDN 을 실현하기 위하여 사용된다.
- 48 Byte의 페이로드(Payload)를 갖고 있다.
- 5 Byte의 헤더를 갖고 있다.
- 정보는 셀 단위로 나누어 전송하며 멀티미디어 서비스에 적합하다.
- 비동기식 전달 모드로 고속데이터 전송에 사용된다.
- 1.5(Mbps) 이상 Gbps 급의 고속 통신속도를 제공한다.

68 ③

- **SMTP(Simple Mail Transfer Protocol)** : 메일전송 프로토콜이다.
- **RIP(Routing Information Protocol)** : IP 통신망의 경로 지정 통신 규약의 하나로 경유하는 라우터의 대수(hop의 수량)에 따라 최단 경로를 동적으로 결정하는 거리 벡터 알고리즘을 사용한다.
- **OSPF(Open Shortest Path First protocol)** : 링크 상태 라우팅 프로토콜로 IP 패킷에서 프로토콜 번호 89번을 사용하여 라우팅 정보를 전송하여 안정되고 다양한 기능으로 가장 많이 사용되는 IGP(Interior Gateway Protocol)이다.

69 ④

LAN Topology 종류

성형(Star)	망형(Mesh)	링형(Ring)

계층형(Tree)	버스형(Bus)	격자망형(Grid)

70 ④

HDLC의 데이터 전송모드
- **표준(정규) 응답 모드(NRM)** : 반이중 통신을 하는 포인트 투 포인트 또는 멀티 포인트 불균형 링크 구성에 사용하며 종국은 주국의 허가가 있을 때만 송신한다.
- **비동기 응답 모드(ARM)** : 전이중 통신을 하는 포인트 투 포인트 불균형 링크 구성에 사용하며 종국은 주국의 하가 없이도 송신이 가능하지만, 링크 설정이나 오류 복구 등의 제어기능은 주국만 한다.
- **비동기 균형(평형) 모드(ABM)** : 포인트 투 포인트 균형 링크에서 사용하면 혼합국끼리 허가 없이 언제나 전송할 수 있도록 설정 가능하다.

71 ①

- 통신용량 $C = W\log_2(1+S/N)$
- W : 대역폭, S: 신호 전력, N: 잡음

72 ②

ATM 셀(Cell)의 구조
- 48 Byte의 페이로드(Payload)를 갖고 있다.
- 5 Byte의 헤더를 갖고 있다.
- 정보는 셀 단위로 나누어 전송하며 멀티미디어 서비스에 적합하다.

- 비동기식 전달 모드로 고속데이터 전송에 사용된다.
- 1.5(Mbps) 이상 Gbps 급의 고속 통신속도를 제공한다.

73 ④

- **RIP(Routing Information Protocol)** : IP 통신망의 경로 지정 통신 규약의 하나로, 경유하는 라우터의 대수(hop의 수량)에 따라 최단 경로를 동적으로 결정하는 거리 벡터 알고리즘을 사용한다.
- **OSPF(Open Shortest Path First protocol)** : 링크 상태(Link State) 라우팅 프로토콜로 IP 패킷에서 프로토콜 번호 89번을 사용하여 라우팅 정보를 전송하여 안정되고 다양한 기능으로 가장 많이 사용되는 IGP(Interior Gateway Protocol)이다.

74 ④

OSI 7 Layer : 개방된 이기종 단말 간 통신과 호환성 등 모든 네트워크상의 원활한 통신을 위해 최소한의 네트워크 구조를 제공하는 모델이다.

구분	Layer	기능
상	Application	사용자에게 서비스 제공
	Presentation	코드 변환, 암호화, 압축, 구문 검색
	Session	프로세스 간에 대한 연결을 확립, 관리, 단절 수단 제공
	Transport	통신 양단 간의 에러 제어 및 흐름 제어
	Network	경로 설정 및 네트워크 연결 관리
하	Data Link	흐름 제어, 에러 제어
	Physical	전기적, 기능적, 절차적 기능 정의

75 ③

코덱(CODEC; COder/DECoder)
- 아날로그 형태를 디지털 신호로 변환하거나(Coder) 다시 아날로그로 환원하는(Decoder) 장치다.
- 펄스 부호 변조(PCM) 방식을 이용하여 데이터를 변환한다.

오답 피하기

아날로그 신호를 디지털로 변환하여 전송하고 수신단에서 다시 복원하는 장치는 디코더(Decoder)가 된다. 모뎀은 디지털 신호를 아날로그로 변조하여 전송하고 수신단에서 다시 디지털로 복조한다.

76 ③

통신장치
- **게이트웨이** : 프로토콜이 다른 통신망을 상호 접속하기 위한 장치이다.
- **브릿지** : 프로토콜이 동일한 두 개의 LAN을 연결할 때 사용한다. 물리계층까지 기능을 수행할 수 있다.
- **라우터** : 둘 이상의 서로 다른 네트워크에 접속하여 서로 간에 데이터를 주고받을 수 있도록 경로 선택, 혼잡 제어, 패킷 폐기 기능을 수행한다.

77 ④

- **1비트 신호 단위인 경우(onebit; 2')** : bps = 1baud
- **2비트 신호 단위인 경우(dibit; 4')** : bps = 2 baud
- **3비트 신호 단위인 경우(tribit; 8')** : bps = 3 baud
- **4비트 신호 단위인 경우(Quardbit; 16')** : bps = 4 baud
- **bps = baud * 비트 수**
  - Quardbit는 신호당(보오당) 4비트이다.
  - 따라서 4bit × 1600[Baud] = 6400bps이다.

78 ②

데이터 통신 방식의 종류
- **단방향(Simplex) 방식** : 정보전송은 한 방향으로만 이루어진다.
- **반이중 통신(Half Duplex) 방식** : 2선 회선을 이용해 정보 전송은 양쪽으로 가능하나 한 순간에는 한쪽 방향으로만 가능하다.
- **전이중 통신 (Full Duplex) 방식** : 4선식 회선을 이용하여 양방향 동시 통신 가능한 회선이다.

79 ①

Token Passing : 채널의 사용권을 균등 분배하기 위하여 사용권을 의미하는 토큰을 차례로 전달 나가는 방법이다. Token은 채널의 사용권을 가진다.

80 ③

IEEE 802의 표준 규격
- **802.1** : 상위 계층 인터페이스
- **802.2** : 논리링크 제어(LLC)
- **802.3** : CSMA/CD
- **802.4** : 토큰 버스(Token Bus)
- **802.5** : 토큰 링(Token Ring)
- **802.6** : MAN
- **802.8** : 고속 이더넷(Fast Ethernet)
- **802.11** : 무선 LAN

2022년 기출문제 01회
1-176p

01 ①	02 ①	03 ②	04 ②	05 ②
06 ④	07 ①	08 ④	09 ③	10 ②
11 ④	12 ④	13 ④	14 ③	15 ②
16 ②	17 ③	18 ①	19 ③	20 ④
21 ④	22 ④	23 ④	24 ②	25 ②
26 ②	27 ①	28 ④	29 ①	30 ③
31 ③	32 ③	33 ③	34 ①	35 ②
36 ③	37 ④	38 ①	39 ④	40 ③
41 ④	42 ③	43 ③	44 ①	45 ①
46 ②	47 ①	48 ③	49 ③	50 ③
51 ③	52 ③	53 ②	54 ①	55 ②
56 ③	57 ③	58 ③	59 ③	60 ①
61 ③	62 ②	63 ②	64 ④	65 ②
66 ①	67 ①	68 ②	69 ④	70 ②
71 ③	72 ②	73 ④	74 ③	75 ②
76 ②	77 ①	78 ①	79 ①	80 ①

1과목 사무자동화시스템

01 ①

레지스터의 종류 – 연산장치

누산기(ACC, Accumulator)	연산 결과를 임시로 기억한다.
가산기(Adder)	2진수들의 더하기를 수행한다.
보수기(Complement)	입력 데이터의 보수를 출력한다.
데이터 레지스터(Data Register)	연산에 필요한 자료를 보관하는 레지스터이다.
프로그램 상태 레지스터 (PSWR, Program Status Word Register)	• 시스템 내부의 순간순간의 상태를 기록하고 있는 정보인 PSW(Program Status Word)를 기억한다. • 플래그 레지스터(Flag Register) 또는 상태 레지스터(Status Register)라고도 한다.

02 ①

- **스풀링(Spooling)** : 처리 속도가 빠른 CPU와 속도가 느린 프린터 사이에서 두 장치간의 속도 차이를 줄여주기 위한 임시 기억장소로 보조기억장치를 사용하며 가상메모리와 버퍼메모리를 혼합한 기능이다.
- **버퍼링(Buffering)** : CPU와 입 · 출력 장치와의 속도 차이를 줄이기 위해 사용하는 기법이다.

03 ②

사무자동화의 특징
- 사무자동화를 통해 인건비 및 관리비를 절약할 수 있다.
- 사무생산성을 향상시키고 사무처리 시간을 단축할 수 있다.
- 인간과 기계 간의 인터페이스 구조를 가진다.

04 ②

RAM
- 읽고 쓰기가 자유로운 메모리이며 휘발성을 갖는다.
- **종류**

구분	동적 램(DRAM)	정적 램(SRAM)
구성 소자	콘덴서	플립플롭
특징	주기적인 재충전(Refresh) 필요	전원이 공급되는 동안 기억 내용 유지
접근 속도	느림	빠름
집적도	높음	낮음
가격	낮음	높음
용도	일반 주기억장치	캐시 메모리

05 ②

B2B(Business to Business)
- 기업 간 전자상거래. 사이버공간에서 전자매체를 이용해 이뤄지는 기업과 기업 간의 거래로 공사 자재나 부품, 재료나 공사 입찰 같은 것들이 주로 취급된다.
- 특정 기업 간의 CALS 및 EDI를 통한 수주, 구매, 조달 및 납품 등과 관련된 기업 간의 전자상거래를 의미한다.

06 ④

- **Michael D. Zisman** : 사무자동화를 컴퓨터 기술(Computer Technology), 통신 기술(Communication Technology, 시스템 공학(System Engineering), 행동 과학(Behavior Science)으로 정의를 구분하였다.
- **Vincent Lum** : "사무자동화란 어떤 조직체의 목적이나 정책을 수행하기 위하여 사무실의 기능을 자동화하는 것이며, 여러 가지 장비를 이용하여 다양한 응용 분야를 통합함으로써 사무실 근로자의 생산성을 높이려는 적극적인 노력이다."라고 정의하였다.

07 ①

- **EDIFACT(Electronic Data Interchange For Administration, Commerce and Transport)** : 국제 연합 유럽 경제 위원회(UN/ECE)에서 미국과 유럽 각국이 협조하여 추진하고 있는 표준 EDI 통신 규약. 행정·상업·수송을 위한 전자 자료 교환(EDI)이라는 뜻으로, UN/EDIFACT라고도 한다.
- **EDIFACT 기본요소**
  - 문법과 구문규칙
  - 데이터 엘리먼트 디렉터리
  - 표준 메시지

08 ④

사무자동화의 배경 요인
- **경제적 요인**
  - 사무 부분의 비용 상승
  - 사무부분의 종사자 증가
  - 사무 부분의 저생산성
- **사회 환경적 요인**
  - 정보 산업의 급속한 발전과 확대
  - 복잡하고 다양한 정보의 생산
  - 정보의 효율적인 관리와 배분의 필요성이 증대
  - 사무실 업무의 표준화 및 합리화의 필요성
  - 노동인구의 고령화 및 고학력화
  - 생산부문의 합리화, 자동화에 부응한 기업구조의 변화
- **기술적 요인**
  - 컴퓨터 기술의 발달
  - 통신기술의 발달
  - 소프트웨어 기술의 발달
  - 사무자동화 기기의 다양화 및 저가격화

09 ③

원격회의 시스템은 양방향 소통이 필요하므로 Simplex가 아니라 Duplex 전송 방식을 사용한다.

10 ②

- **정보보호가 달성하려는 목표** : 인증(Authentication), 무결성(Integrity), 부인방지(Non-repudiation), 기밀성(Confidentiality), 가용성(Availability), 인가(Authorization)를 목표로 한다.
- 정보보안 측면에서 효율성(Efficiency)은 충족 요건에 해당하지 않는다.

11 ④

사무자동화의 궁극적 목적
- 효과적인 정보관리와 조직의 최적화를 통해 사무부문의 지적 생산성 향상에 따른 경쟁력 증대
- 사무 부분의 질적 향상 및 비용 절감

12 ④

그룹웨어
- 공동작업이나 공동목표에 참여하는 다양한 작업그룹을 지원한다.
- 신속하고 정확한 의사결정을 지원한다.
- 컴퓨터의 환경을 최대로 활용하여 개인 및 조직의 이익과 생산성을 극대화할 수 있는 환경을 제공한다.
- 클라이언트/서버 환경에서 구현되며, 이들 클라이언트와 서버 간을 네트워크로 연결하는 정보공유 구조이다.
- 비즈니스 규칙이나 작업자들의 역할에 따라 그룹의 업무처리 흐름을 자동화하는 워크플로우 기능이 있다.

13 ④

중앙처리장치의 개념(CPU ; Central Processing Unit)
- 컴퓨터의 모든 장치의 동작을 제어하고 명령을 실행하는 장치이다.
- **구성 요소** : 제어장치, 연산장치, 레지스터(주기억장치), 버스가 있다.

14 ③

기억장치 접근시간
- **Access Time**
  - 정보를 기억장치에 기억시키거나 읽어내는 명령을 한 후부터 실제로 정보를 기억 또는 읽기 시작할 때까지 소요시간이다.
  - Access Time = Seek Time + Latency Time + Transmission Time
- **Seek Time** : 읽기/쓰기 헤드가 지정된 트랙에 도달하는 데 걸리는 시간이다.

15 ②

- **메이저 스테이트(Major State)의 개념** : 중앙처리장치가 현재 무엇을 하고 있는가를 나타내는 상태이다.
- **메이저 스테이트 종류**
  - **Fetch** : 주기억장치에 기억되어 있는 명령어를 호출하여 중앙처리장치로 가져오도록 하는 명령어이다.
  - **Indirect** : 기억장치로부터 오퍼랜드(데이터)의 번지를 인출하는 단계
  - **Execute** : 실제로 명령을 실행하는 단계이다.
  - **Interrupt** : 인터럽트 발생 시 복귀주소(PC)를 저장시키고, 제어 순서를 인터럽트 처리 프로그램의 첫 번째 명령으로 옮기는 단계이다.

16 ②

EFT(Electronic Funds Transfer, 전자 자동 결재 시스템) : 은행 거래에서 서비스 요금이나 상품 대금을 직접 현금으로 지불하는 대신 신용카드나 지로 등으로 처리하는 방법을 의미한다.

17 ③

Digitizer는 펜을 이용하여 입력을 도와주는 입력장치이다.

18 ①

SSD(Solid State Drive)
- 반도체를 이용하여 정보를 저장하는 장치이다. 하드디스크 드라이브에 비하여 속도가 빠르고 기계적 지연이나 실패율, 발열·소음이 적으며, 소형화·경량화할 수 있다는 장점이 있다.
- CD-ROM 〈 DVD-ROM 〈 Hard disk 〈 SSD 순으로 빠르다.

19 ③

COM(Computer Output Microfilm)
- 종이에 인쇄된 정보를 축소 촬영한 필름에 저장하는 시스템이다.
- 컴퓨터의 출력 정보를 마이크로 이미지 촬영기를 이용하여 온-라인 및 마이크로필름으로부터 오프-라인으로 촬영 현상을 처리하는 시스템이다.
- 마이크로필름을 이용하는 데 있어 촬영부터 현상까지 시간이 많이 소요된다.

20 ④

그룹웨어의 구성요소는 서버, 클라이언트, 네트워크로 구성되며, FAX는 관련이 없다.

21 ④

사무 관리의 원칙
- **용이성** : 작업동작의 개선, 기계화, 사무분담의 합리화, 사무환경의 정비, 표준화 등을 통하여 사무 작업을 현재보다 쉽게 하려는 것이다.
- **정확성** : 기계화, 전기 회수의 감소, 검사 및 점검 방법의 적정화, 사무 분담의 상호 견제 등을 통하여 사무 작업을 현재보다 쉽게 하려는 것이다.
- **신속성** : 표준화, 경로의 축소, 신속한 운송 수단을 통하여 사무 업무를 신속하게 처리하는 것이다.
- **경제성** : 소모용품의 절감, 장표의 설계 및 운용의 합리화, 문서 의존도의 절감 등을 통하여 사무 처리에 지출되는 비용을 줄이는 것이다.

22 ④

행정업무의 운영 및 혁신에 관한 규정 제8조(문서의 기안) 4항
기안문에는 행정안전부령으로 정하는 바에 따라 발의자(기안하도록 지시하거나 스스로 기안한 사람을 말한다)와 보고자를 알 수 있도록 표시하여야 한다. 다만, 다음 각 호의 문서에는 발의자와 보고자의 표시를 생략할 수 있다.
1. 검토나 결정이 필요하지 아니한 문서
2. 각종 증명 발급, 회의록, 그 밖의 단순 사실을 기록한 문서
3. 일상적 · 반복적인 업무로서 경미한 사항에 관한 문서

23 ④

- **사무관리** : 관리란 자체가 목적이 아니라 하나의 수단으로서 '한 조직이 공통의 목표를 달성할 수 있도록 계획을 세우고, 이를 달성하기 위하여 인간, 기계, 재료, 방법 등으로 조정하는 모든 활동'을 말한다.
- **페이욜(Fayol, H.)** : 기업 활동의 본질적 기능은 기술(Technical), 영업(Commercial), 재무(Financial), 보안(Security), 회계(Accounting), 관리(Management)에 있다. 그중 가장 중요한 것은 관리이다.

24 ②

제651조(미생물오염관리)
사업주는 미생물로 인한 사무실 공기 오염을 방지하기 위하여 다음 각 호의 조치를 하여야 한다.
1. 누수 등으로 미생물의 생장을 촉진할 수 있는 곳을 주기적으로 검사하고 보수할 것
2. 미생물이 증식된 곳은 즉시 건조 · 제거 또는 청소할 것
3. 건물 표면 및 공기정화설비 등에 오염되어 있는 미생물은 제거할 것

25 ②

경영정보 시스템(Management Information System)
- 기업 경영에서 의사결정의 유효성을 높이기 위하여, 경영 내외의 관련 정보(전략, 계획, 조정, 관리, 운영 등)를 즉각적, 대량으로 수집 · 전달 · 처리 · 저장 · 이용할 수 있도록 편성한 인간과 컴퓨터와의 결합 시스템을 의미한다.
- MIS의 전문성은 기업의 업무를 분석하고 기업경영을 진단하는 능력이다.
- MIS의 분석과 진단에 의해 기업업무의 정보요구가 정의되어야 하고, 정의된 정보를 효율적으로 처리할 수 있는 시스템을 개발하고 관리하는 특징을 갖고 있다.
- MIS는 창조적이고 지적인 공학적 설계와 관련된 프로그래밍을 통한 업무 전산화를 말한다.

26 ②

전자메일 시스템(Electronic Mail System) : 정보전달방식을 전자적으로 하는 것으로써 메시지를 컴퓨터에 축적하여 수신자가 검색, 출력하여 볼 수 있는 시스템이다.

27 ③

DDC(Dewey Decimal Classification) 도서의 십진분류법
- 000 generalities 총류
- 100 Philosophy & psychology 철학 및 심리학
- 200 Religion 종교
- 300 Social sciences 사회 과학
- 400 Language 언어
- 500 Natural sciences & mathematics 자연 과학 및 수학
- 600 Technology (Applied sciences) 기술 (응용과학)
- 700 The arts 예술
- 800 Literature & rhetoric 문학 & 수사
- 900 Geography & history 지리 및 역사

28 ④

- **사무통제** : 사무집행이 당초 계획한 대로 행해지고 있는 지의 여부를 확인하고 계획과 실시 간의 차이를 시정하는 관리활동이다.
- **자동 독촉 제도(Come-up System)** : 정해진 시기에 처리해야 할 사무계획을 세운 후, 사무계획에 필요한 서류를 전담직원이 관리하고, 자동으로 독촉하게 하는 제도이다.
- **티클러 시스템(Tickler System)** : 색인 카드철(Tickler File)을 이용하여 서류를 관리 후 날짜에 맞춰 서류를 처리하는 제도이다.
- **간트차트(Gantt Chart)** : 간단한 부호를 사용하여, 작업의 전체적인 상황을 작업자에게 쉽게 이해시키기 위한 것이다. 유기적인 전후 관계를 나타내지 못한다(반복적인 업무를 대상으로 함).

29 ①

사무관리의 개념
- 조직의 운영에 필요한 유용한 정보를 효율적으로 관리하는 것을 말한다.
- 테리(Terry)는 사무관리를 눈에 보이지 않는 힘으로 기업의 목적을 달성하기 위하여 지휘, 통제하는 행위로 정의하였다.
- 리틀필드(Littlefield)는 사무의 계획, 조직, 조정, 인사, 통제, 지위를 전체적이거나 부분적으로 수행하는 행위로 무형의 역할에 의해 조직의 목적을 달성해 가는 과정이라고 정의하였다.

30 ③

사무환경 요소 : 실내조명, 색채조절, 공기조절(냉/난방, 환기시설, 방음설비) 등이 있다.

31 ③

현대 과학적 사무 관리의 3S
- 사무 관리의 표준화(Standard)
- 사무 관리의 간소화(Simplification)
- 사무 관리의 전문화(Speciality)

32 ③

자료 관리의 필요성
- 자료의 자연 증가를 통제할 수 있다.
- 자료의 이동 과정을 신속하게 파악할 수 있다.
- 많은 양의 자료에서 필요한 자료를 계획적으로 수집, 분류할 수 있다.
- 자료처리에 따르는 경비를 절약할 수 있다.
- 업무수행 과정에서 자연적으로 발생하는 자료를 관리하는 것이므로 이미 만들어진 자료를 서식화하기 어렵다.

33 ③

대사무실(큰방)의 이점
- **정의** : 사무실을 너무 세분화하는 것보다는 여러 과를 한 사무실에 배정하여 사용하는 것이 바람직하다고 생각하는 사무실의 배정 방식이다.
- 실내 공간 이용도를 높일 수 있으며 상관의 감독을 쉽게 한다.
- 사무의 흐름을 직선화하는데 편리하며 직원 상호 간 친목도를 높인다.
- 과별로 직원 상호 간에 행동상의 비교가 이루어져 자유통제가 쉽다.

34 ①

공공기록물 관리에 관한 법률 제5조(기록물관리의 원칙)
공공기관 및 기록물관리기관의 장은 기록물의 생산부터 활용까지의 모든 과정에 걸쳐 진본성(眞本性), 무결성(無缺性), 신뢰성 및 이용 가능성이 보장될 수 있도록 관리하여야 한다.

35 ②

행정업무의 운영 및 혁신에 관한 규정 시행규칙 제13조(문서의 발신방법 등)
- ① 영 제16조 제1항에 따라 업무관리시스템 또는 전자문서시스템 등을 이용하여 정보통신망으로 문서를 발신하거나 수신하였을 때에는 그 발신 또는 수신 기록을 전자적으로 관리하여야 한다.
- ② 영 제16조 제2항에 따라 우편·팩스 등의 방법으로 문서를 발신한 때에는 그 발신기록을 증명할 수 있는 관계 서류 등을 기안문과 함께 보존하여야 한다.
- ③ 영 결재권자가 제16조 제5항에 따라 암호화 등의 발신방법을 지정한 경우에는 문서 본문의 마지막에 "암호" 등으로 발신할 방법을 표시하여야 한다.

36 ③

사무실의 조도
- **초정밀 작업** : 750lux 이상
- **정밀 작업** : 300lux 이상
- **보통 작업** : 150lux 이상
- **그 밖의 작업** : 75lux 이상

37 ④

법규문서는 조문형식에 의하여 작성하고, 누년 일련번호를 사용한다.

38 ①

자료관리와 연관된 단어
- **색인(索引, index)** : 본문 중의 중요한 목·술어·인명·지명 등을 뽑아 한 곳에 모아, 이들의 본문 소재의 페이지를 기재한 것
- **초록(抄錄, Abstract)** : 필요한 부분만을 뽑아서 적음. 또는 그런 기록 ≒ 초(抄)·초기(抄記)
- **목록(目錄, List)** : 어떤 물품의 이름이나 책 제목 따위를 일정한 순서로 적은 것 ≒ 약질·표목(標目)
- **각주(脚註, Footnote)** : 논문 따위의 글을 쓸 때, 본문의 어떤 부분의 뜻을 보충하거나 풀이한 글을 본문의 아래쪽에 따로 단 것 ≒ 아랫주·주각(註脚)

39 ④

EDIFACT 기본요소
- 문법과 구문규칙
- 데이터 엘리먼트 디렉토리
- 표준 메시지

40 ③

공공기록물 관리에 관한 법률 시행규칙 제23조
① 전자기록물을 정확하고 신뢰성 있게 수록 및 재생할 수 있어야 한다.
② 전자기록물을 현재의 저장환경으로부터 새로운 저장환경으로 손상 없이 옮길 수 있어야 한다.
③ 같은 매체로 복제본 제작이 가능하여야 한다.
④ 수록된 전자기록물을 임의 수정, 삭제, 위조, 변조 등으로부터 물리적으로 보호할 수 있어야 한다.

3과목 프로그래밍 일반

41 ④

Debugging : 프로그램 코딩 시의 오류를 정정하는 작업을 의미한다.

42 ③

예약어(Reserved Word)
- 기호들은 특별한 의미를 가지고 있다.
- 프로그램을 좀 더 읽기 쉽도록 해준다.
- 컴파일러가 기호 테이블을 짧은 시간에 탐색하도록 한다.
- 오류 회복을 할 수 있도록 한다.
- 프로그래머가 변수 이름으로 사용할 수 없다.
- 프로그램의 신뢰성을 향상시킨다.
- 번역 과정에서 속도를 높여준다.

43 ③

프리프로세서(전처리기, Preprocessor) : 주석(Comment)의 제거, 상수 정의 치환, 매크로 확장 등 컴파일러가 처리하기 전에 먼저 처리하여 확장된 원시 프로그램을 생성한다.

44 ①

프로그램 언어별 사용용도

C	UNIX의 개발언어로 시스템적 언어. 실시간 통신 등 여러 분야에 적용되는 범용언어, UNIX에 기본적으로 이식되어 있으며 시스템 프로그래밍에 적합
COBOL	정보처리 분야에 적합한 사무 처리
FORTRAN	과학 기술용
PASCAL	대표적인 구조적인 언어이며 학문적인 언어
SNOBOL	스트림 자료의 활용의 예정 가격 빈번
BASIC	대화형 인터프리터 언어
Ada	군사목적용 언어
LISP	인공지능용 언어
JAVA	객체지향언어, 네트워크 환경 기반의 분산작업 가능한 언어

45 ①

BNF 심볼의 정의
- → : 정의될 대상(object)
- ::= : 정의
- | : 택일
- ⟨ ⟩ : 비종단
- { } : 반복
- ⟨expression⟩ + ⟨expression⟩ | ⟨expression⟩ − ⟨expression⟩ | ⟨expression⟩ * ⟨expression⟩ | ⟨expression⟩ / ⟨expression⟩
- 구문 연산자만 표현하면 + | − | * | /
- 압축하면 ⟨expression⟩(+ | − | * | /)⟨expression⟩

46 ②

C언어의 논리연산자
- **논리부정(!) 연산자** : '참'을 '거짓'으로 '거짓'을 '참'으로 부정
- **논리곱(&&) 연산자** : 좌측과 우측 피연산자가 모두 '참'이어야 '참'의 결과
- **논리합(||) 연산자** : 좌측과 우측 피연산자 중 좌측 연산자가 '참'이면 '참'의 결과

#include ⟨stdio.h⟩	printf() 함수와 같은 표준 입출력 헤더 파일
int main( )	프로그램의 시작점인 main() 함수를 정의
int a = 5, b = 0;	a와 b라는 정수형 변수를 선언하고 5와 0으로 초기화
t1 = a && b;	a와 b의 논리곱을 계산하여 t1에 저장 　5 : 0101 　0 : 0000 　―――――― 　　　0000
t2 = a || b;	a와 b의 논리합을 계산하여 t2에 저장 　5 : 0101 　0 : 0000 　―――――― 　　　0101
printf("%d", t1 + t2);	t1과 t2의 합을 출력
return 0;	프로그램의 종료

47 ①

파스 트리 특징
- **파스 트리 존재** : '주어진 BNF에 의하여 작성되었다'고 말한다.
- **파스 트리 존재하지 않은 경우** : '주어진 BNF에 의해 작성될 수 없다'고 말한다.

48 ③

하향식 구문 분석(Top-Down Parsing)
- 루트로부터 터미널 노드 쪽으로 파스트리를 구성하는 것으로 입력 문자열에 대한 좌측유도(Left Most Derivation) 과정이다.
- 파스 트리의 루트로부터 시작하여 파스트리를 만들어가는 방식이다.
- 입력 문자열에 대해 루트로부터 왼쪽 우선 순으로 트리의 노드를 만들어 간다.
- 생성 규칙이 잘못 적용될 경우 문자열을 다시 입력으로 보내는 반복 강조 방법을 사용한다.

49 ③

배치(Placement) 전략
- **최초 적합(First Fit)** : 입력되는 작업의 순서에 따라 주기억장치 첫 번째 기억 공간부터 할당한다.
- **최적 적합(Best Fit)** : 입력되는 작업의 크기에 맞는 주기억장치를 찾아 할당한다.

- **최악 적합(Worst Fit)** : 입력되는 작업의 크기에 맞지 않고 낭비가 가장 심한 공간을 찾아 할당한다.
- 50KB 공간에 15KB가 할당되면 35KB의 가장 큰 공간의 단편화가 발생한다.

50 ③

변수와 상수
- **변수(Variable)** : 기억 장치의 한 장소를 추상화한 것, 프로그래머가 프로그램 내에서 정의하고 이름을 줄 수 있는 자료 객체이다.
- **상수(Constant)** : 프로그램이 동작하는 동안 값이 절대로 변하지 않는 값이다.

51 ③

부프로그램
- 고급 언어에서는 프로그램의 모듈화를 위해서 부프로그램을 지원한다.
- 한 프로그램 내에서 특정한 일이 여러 번 실행될 필요가 있을 때 이를 부프로그램으로 작성하여 프로그램의 여러 곳에서 사용할 수 있다.
- 프로그래밍에 드는 시간과 프로그램이 차지하는 기억 장소를 절약할 수 있다.
- 전체적인 프로그램을 모듈러하게 구성할 수 있다.

52 ③

구조적(Structured) 프로그램의 기본 구조
- 순차(Sequence) 구조
- 조건(Condition) 구조
- 반복(Repetition) 구조

53 ②

C 언어의 특징
- 효율성이 좋아 대규모의 프로그램을 만들 수 있다.
- 포인터에 의한 번지 연산 등 다양한 연산 기능을 가진다.
- 컴파일러 기법의 언어이며 이식성이 뛰어나 컴퓨터 기종에 관계없이 프로그램을 작성할 수 있다.
- UNIX 운영체제를 구성하는 시스템 프로그램이다.
- 포인터에 의한 번지 연산 등 다양한 연산 기능을 가진다.
- 소프트웨어 부품화를 실현할 수 있어 유연성을 가진다.

54 ①

연산자 우선순위대로 ( )로 묶는다.
- X=(A+(C/D)) → 괄호 앞으로 연산자를 빼준다.
- =X+A/CD

55 ②

#include ⟨stdio.h⟩ int main() {	• 표준 입출력 헤더 가져오기 • main() 함수 시작
int i, t = 0;	• 정수형 변수 i와 t를 선언하고 t에 초기값 0을 할당

for(i = 1; i ⟨= 10; i += 2)
{
　t += i;
}
	• for 반복문을 사용하여 변수 i를 1부터 10까지 2씩 증가시키며 반복
	　− i 값은 1, 3, 5, 7, 9로 변경되고, t에는 이들 값을 차례로 누적합한다.
	　− 반복할 때마다 i 값을 t에 더한다.
	　− (1+ 3+ 5+ 7+ 9) = 25

printf("%d", t);
return 0;
}
	• t 변수 출력 (25)
	• 프로그램 종료

56 ③

기계어
- 저급언어(기계어, 어셈블리어)는 적용되는 기계에 종속적이므로 각 적용되는 기계마다 언어가 다르다.
- 사람이 사용하는 자연어와 거리가 먼 기계어(코드)로 이루어져 프로그램 작성 및 유지보수가 어렵다.
- 2진수 0과 1을 사용하여 명령어와 데이터를 나타낸다.

57 ③

#include 〈stdio.h〉 int main() {	• 표준 입출력 헤더 가져오기 • main( ) 함수 시작
int value = 2; int sum = 0;	• 변수 초기화

switch (value)
{
　case 1: sum += 4;
　case 2: sum += 2;
　case 3: sum += 1;
}
	• switch 문을 사용하여 value의 값에 따라 다른 동작을 수행
	– case 2의 코드부터 아래로 순차적으로 실행되므로, sum에 2가 추가되고,
	– 다음에 sum에 1이 더해진다.
	– 결과는 3

printf("%d", sum);
return 0;
}
	• sum 변수 출력
	• 프로그램 종료

58 ③

객체지향 기법의 기본원칙
- **추상화(Abstraction)** : 필요 없는 부분은 생략하고 객체의 속성 중 중요한 것만 개략적으로 표현하는 것이다.
- **캡슐화(Encapsulation)** : 데이터와 데이터를 조작하는 연산을 하나로 묶는 것을 의미한다. 캡슐화는 응집도 강해짐, 결합도 약해짐, 인터페이스의 단순화, 재사용이 용이한 것이 장점이다.
- **상속성(Inheritance)** : 상위 클래스의 속성과 메소드를 하위 클래스가 물려받는 것을 의미함 – 클래스와 객체를 재사용할 수 있다.

59 ③

Class는 C, 자바에서 모두 사용된다. 나머지는 C에서 사용되는 예약어이다.

60 ①

C 언어의 FOR문, COBOL 언어의 PERFORM문은 반복문에 해당한다.

4과목 정보통신개론

61 ③

프로토콜의 기본 구성요소
- **구문(syntax)** : 데이터 형식, 부호화, 신호 레벨 등을 규정한다.
- **의미(semantic)** : 효율적, 정확한 전송을 위한 개체 간의 조정과 에러 제어를 한다.
- **순서(timing)** : 접속되는 개체 간의 통신 속도의 조정과 메시지의 순서 제어를 한다.

62 ②

ARQ 종류
- **정자-대기 ARQ** : 송신측에서 1개의 프레임을 전송한 후, 수신 측에서 오류의 발생을 점검하여 ACK 또는 NAK를 보내올 때까지 대기하는 ARQ 방식이다.
- **연속적 ARQ** : 정자-대기 ARQ의 단점을 보완하기 위한 방식이다.
  - **Go-Back-N ARQ** : 다수의 데이터 블록을 송신하고, 수신 측으로부터 NAK 신호가 전송되면 NAK 신호를 받은 블록부터 다음의 모든 블록을 재전송하는 방식이다.
  - **선택적 재전송 ARQ** : NAK 신호를 받은 블록만을 재전송하는 방식이다.
- **적응적 ARQ** : 전송효율을 높이기 위해서 블록의 길이를 동적(Dynamic)으로 변경시킬 수 있는 방식이다.

63 ②

데시벨(dB)
- 전화를 발명한 벨의 이름을 따 만들어졌다.
- 두 비교 대상 간의 비율을 나타내는 값이다.
- 사람의 귀가 log 함수 곡선과 비슷하게 음량의 증감을 느끼게 되는데 이를 공식화한 것이다.
- $dB = 10\log_{10}(P1/P2)$

64 ④

뉴미디어의 특징
- 대화 형식의 통신으로 상호 작용성이 있다.
- 필요한 시기에 메시지를 보내고 받을 수 있는 비동시성이 있다.
- 다채널, 쌍방향 통신이다.
- 정보의 형태가 다양하다.

65 ②

직교 진폭 변조(QAM, Quadrature Shift Keying)
- 위상과 진폭을 함께 변화시켜서 변조하는 방식이며, 고속(주로 9,600bps) 데이터 전송에 이용된다. 진폭 위상 변조라고도 한다.
- 64-QAM은 64개의 위상과 진폭 변조를 의미한다.
- $64 = 2^6$이므로 6bit이다.
- 14400bps / 6bit = 2400Baud

66 ①

IoT(Internet of Thing, 사물인터넷) : 생활 속의 사물들(전자기기, 가전제품, 헬스케어) 등에 네트워크 접속의 기능을 갖추어 거시적으로 사물 간의 네트워크를 구현할 수 있는 기술이다.

67 ①

ISDN 기본인터페이스(BRI)
- 2B+1D = (2 * 64) + 64 or 16 = 192Kbps or 144Kbps
- 국내의 BRI는 192Kbps이다.

68 ②

OSI 7 Layer

Layer	기능
Application	사용자에게 서비스 제공
Presentation	코드 변환, 암호화, 압축, 구문 검색
Session	프로세스 간에 대한 연결을 확립, 관리, 단절 수단 제공
Transport	통신 양단 간의 에러 제어 및 흐름 제어
Network	경로 설정 및 네트워크 연결 관리
Data Link	흐름 제어, 에러 제어
Physical	전기적, 기능적, 절차적 기능 정의

69 ④

LAN Topology 종류

성형(Star)	망형(Mesh)	링형(Ring)
계층형(Tree)	버스형(Bus)	격자망형(Grid)

70 ②

Parity 체크는 수신된 데이터의 전송 오류만 검출한다. 정정은 불가능하다.

71 ③

- **V 시리즈** : 기존의 공중 전화망 또는 사설 데이터망을 이용한 아날로그 데이터를 전송하기 위해 개발된 터미널 인터페이스이다.
- **X 시리즈** : 공중데이터통신망을 이용하여 디지털 데이터를 전송하기 위해 개발된 신규 터미널용의 인터페이스이다.

72 ②

단말 장치(DTE, Data Terminal Equipment)
- 데이터 통신 시스템과 사용자의 접점에 위치하여 데이터의 입 · 출력을 처리하는 장치이다.
- **기능** : 입 · 출력 기능, 전송 제어 기능, 기억 기능, 에러 제어 기능이 있다.
- 다중화 제어는 다중화기의 기능이다.

73 ④

- **가상 회선 방식**
  - 단말기 간에 논리적인 가상 회선을 미리 설정하여 송신측과 수신측 사이의 연결을 확립한 후에 설정된 경로로 패킷들을 발생 순서대로 전송하는 연결지향형 방식이다.
  - 모든 패킷은 같은 경로로 전송되므로 경로 설정이 필요 없다.
- **데이터그램 방식**
  - 데이터를 패킷 단위로 나누어 특정 경로의 설정 없이 전송되는 방식이다.
  - 패킷마다 전송 경로가 다르다.
  - 네트워크의 상황에 따라 적절한 경로로 전송이 되므로 융통성이 좋다.

74 ③

IEEE 802 표준규격

802.1	상위 계층 인터페이스
802.2	논리 링크 제어(LLC)
802.3	CSMA/CD
802.4	토큰 버스(Token Bus)
802.5	토큰 링(Token Ring)
802.6	MAN
802.8	고속 이더넷(Fast Ethernet)
802.11	무선 LAN

75 ②

PC 전원 관리 장치
- **자동 전압 조절기(AVR)** : 입력 전압의 변동에 관계없이 항상 일정한 출력 전압을 유지한다.
- **무정전 전원 공급 장치(UPS)** : 정전 시 시스템에 일정 시간 동안 전원을 공급한다.
- **정전압 정주파 장치(CVCF)** : 전압과 주파수를 항상 일정하게 유지한다.
- **서지 보호기** : 전압이나 전류의 갑작스런 증가에 의한 손상을 보호하는 장치이다.

76 ②

광섬유 케이블
- 빛을 이용하여 전기적 유도가 발생하지 않아 넓은 대역폭을 가지며 전송 손실이 적으며, 잡음에 특히 강하다.
- 단점으로는 비용이 많이 들고 곡선 설치와 장치 간 접속이 어려워 기계식 접속자 및 레이저를 이용한 용착 접속이 가능하다.
- 성형, 링형의 형태에도 사용이 가능하다.

77 ①

- **LAN(Local Area Network, 근거리 통신망)** : 정보 통신 기술 발전에 의해 출현한 정보화의 한 형태로서, 한 건물 또는 공장, 학교 구내, 연구소 등의 일정 지역 내의 설치된 통신망으로서 각종 기기 사이의 통신을 실행하는 통신망이다.
- **ISDN(Integrated Service Digital Network, 종합 정보 통신망)** : 발신 가입자로부터 수신자까지의 모든 전송, 교환 과정이 디지털 방식으로 처리되며, 음성과 비음성, 영상 등 서비스를 종합적으로 처리하는 통신망이다.

78 ①

문자 위주 동기전송의 전송 제어문자

SYN(Synchronous idle)	동기를 취하거나 유지함
SOH(Start Of Heading)	헤딩의 개시
STX(Start of TeXt)	본문의 개시 및 헤딩의 종료
ETX(End of TeXt)	본문의 종료
ETB(End of Transmission Block)	블록의 종료
ENQ(ENQuiry)	상대국에 데이터 링크 설정 및 응답 요구
DLE(Data Link Escape)	데이터 투과성을 위해 삽입되며, 전송 제어 문자 앞에 삽입하여 전송 제어 문자임을 알림

79 ①

보호대역(Guard Band) : 주파수 분할 다중화 방식은 인접한 채널 간의 간섭을 막기 위해 보호 대역(Guard Band)이 필요하지만 채널의 이용률은 낮아진다.

80 ①

- **WPAN (Wireless Personal Area Network)** : 10m 이내의 거리에서 무선 서비스를 제공하기 위한 무선 개인 통신망이다. UWB, ZigBee, Bluetooth 기술 등이 활용된다.
- **WLAN (Wireless LAN)** : 무선랜(WiFi)이다.

01 ②	02 ①	03 ②	04 ②	05 ③
06 ①	07 ①	08 ③	09 ④	10 ①
11 ③	12 ④	13 ④	14 ④	15 ②
16 ③	17 ①	18 ④	19 ④	20 ②
21 ④	22 ②	23 ④	24 ①	25 ④
26 ④	27 ④	28 ③	29 ②	30 ④
31 ④	32 ④	33 ④	34 ③	35 ①
36 ①	37 ④	38 ③	39 ②	40 ①
41 ③	42 ④	43 ③	44 ①	45 ④
46 ③	47 ②	48 ①	49 ③	50 ②
51 ①	52 ①	53 ④	54 ④	55 ④
56 ①	57 ③	58 ①	59 ②	60 ②
61 ①	62 ①	63 ②	64 ②	65 ④
66 ①	67 ④	68 ①	69 ③	70 ④
71 ③	72 ①	73 ③	74 ②	75 ①
76 ①	77 ②	78 ③	79 ②	80 ②

1 과목 사무자동화시스템

01 ②
- **SELECT문** : 테이블에서 제시된 조건에 해당하는 필드와 레코드를 검색할 때 사용한다.
- **기본 구조**
SELECT 속성명 [ALL | DISTINCT |
FROM 릴레이션명
WHERE 조건;
[GROUP BY 속성명1, 속성명2…]
[HAVING 조건]
[ORDER BY 속성명 [ASC | DESC]];
  - **ALL** : 모든 튜플을 검색(생략 가능)
  - **DISTINCT** : 중복된 튜플 생략
- **의미** : ipsi 테이블에서 hk, nm 필드의 모든 레코드를 검색하시오.

02 ①
Transaction file : 주 파일(master file)의 변경 사항을 일시적으로 저장하고 있는 파일이다. 일반 업무에서 전표와 같은 역할을 하는 것으로 갱신용 데이터나 조합용 데이터를 기록해 두는 파일이다. 실시간으로 처리되는 온라인 시스템에서는 단말기로부터 입력되는 트랜잭션 데이터를 일시적으로 포함하고 있다가 주 컴퓨터 시스템에서 처리함으로써 주 파일이 갱신된다.

03 ②
사무자동화의 수행 방식
- **상향식 접근 방식** : 기업의 최하위 단위부터 자동화하여 그 효과를 점차 증대시키는 방식이다.
- **하향식 접근 방식** : 전체 조직을 총괄 분석하여 자동화에 방해되는 제반 요인을 배제하고 경영자가 요구하는 최적의 시스템을 구축할 수 있는 방식이다.
- **전사적(통합형, 하향식 상향식 절충) 접근 방식** : 사업 전반에 걸쳐 문제점이나 개선점을 분석 정리하여 추진되는 방식이다.

04 ②
파일링 시스템
- 조직체의 유지 발전에 필요한 문서를 그 조직체 물건으로 필요에 따라 누구든지 즉시 이용할 수 있도록 조직적으로 정리, 보관, 폐기하는 일련의 제도이다.
- 신속한 검색을 통하여 문서관리의 효율성과 명확화를 기할 수 있다.
- 보존, 보관, 폐기를 정기적으로 실시함에 따라 업무상 필요한 기록의 보전, 추구가 용이하다.
- 공용 파일에 대하여 개인 물건화를 방지한다.

05 ③
Blu-ray : 디지털 비디오 디스크(DVD)보다 약 10배를 저장할 수 있는 용량의 청자색 레이저를 사용한다. DVD가 650㎚ 파장의 적색 레이저를 사용하는 데 비해 블루 레이 디스크는 좀 더 좁은 405㎚ 파장의 청자색 레이저 사용하며 다중 레이어(면)를 이용할 수 있으며 한 면에 최대 27GB, 듀얼은 50GB 쿼드 레이어는 100G 데이터를 기록한다.

06 ①
경영정보 시스템(Management Information System) : 기업 경영에서 의사결정의 유효성을 높이기 위하여, 경영 내외의 관련 정보(전략, 계획, 조정, 관리, 운영 등)를 즉각적, 대량으로 수집·전달·처리·저장·이용할 수 있도록 편성한 인간과 컴퓨터와의 결합 시스템을 의미한다.

07 ①
사무자동화의 배경 요인
- **경제적 요인**
  - 사무 부분의 비용 상승
  - 사무부분의 종사자 증가
  - 사무 부분의 저생산성
- **사회 환경적 요인**
  - 정보 산업의 급속한 발전과 확대
  - 복잡하고 다양한 정보의 생산
  - 정보의 효율적인 관리와 배분의 필요성이 증대
  - 사무실 업무의 표준화 및 합리화의 필요성
  - 노동인구의 고령화 및 고학력화
  - 생산부문의 합리화, 자동화에 부응한 기업구조의 변화
- **기술적 요인**
  - 컴퓨터 기술의 발달
  - 통신기술의 발달
  - 소프트웨어 기술의 발달
  - 사무자동화 기기의 다양화 및 저가격화

08 ③
뉴미디어의 발달 과정 : 활자 → 전파 → 영상 → 정보통신

09 ④
CD-ROM : 읽기만 하는 저장 장치로 부피와 속도 문제로 주기억 장치로 사용이 불가하다. 주기억장치에는 RAM, ROM 등을 사용한다.

10 ①
초창기 컴퓨터 명칭
- **최초의 상업용 컴퓨터** : UNIVAC
- **폰노이만의 프로그램 내장방식 컴퓨터** : EDSAC
- **진공관을 이용한 최초의 계산기** : ENIAC
- **최초의 2진수처리 프로그램 내장방식 컴퓨터** : EDVAC

11 ③

- **탐색 시간(Seek Time)** : 기록된 내용을 찾기 위하여 액세스 암이 저장 위치(트랙)까지 걸리는 시간이다.
- **검색 시간(Search Time)** : 실린더에 저장된 데이터를 찾기 위해 레코드까지 도달(섹터)하는 데 걸리는 시간이다.
- **접근 시간(Access Time)** : 액세스 암이 실린더를 찾을 때부터 찾고자 하는 자료에 도달할 때까지 소요되는 총 시간(Seek Time + Search Time)이다.

12 ④

사무자동화의 추진화 단계 : 분석(추진 조직 구성, 환경 분석, 요구 분석) – 계획(목표 설정, 계획 수립, 계획 추진) – 운용(운영 및 결과 분석, 평가)

13 ④

MPEG 오디오 표준 분류
- **MPEG–A** : 멀티미디어 애플리케이션 포맷(MAF)을 위한 표준이다.
- **MPEG–B** : 시스템 표준 분류를 위한 MPEG 표준이다.
- **MPEG–C** : 비디오 표준 분류를 위한 MPEG 표준이다.
- **MPEG–D** : 오디오 표준 분류를 위한 MPEG 표준(사실상 MPEG 서라운드(MPEG Surround) 표준에 해당)이다.
- **MPEG–E** : 멀티미디어 미들웨어를 위한 표준이다.

14 ③

Kiosk : 백화점, 서점 등에서 사용하는 무인안내 시스템이다.

15 ②

그룹웨어
- 공동작업이나 공동목표에 참여하는 다양한 작업그룹을 지원한다.
- 신속하고 정확한 의사결정을 지원한다.
- 컴퓨터의 환경을 최대로 활용하여 개인 및 조직의 이익과 생산성을 극대화할 수 있는 환경을 제공한다.
- 클라이언트/서버 환경에서 구현되며, 이들 클라이언트와 서버 간을 네트워크로 연결하는 정보공유 구조한다.
- 비즈니스 규칙이나 작업자들의 역할에 따라 그룹의 업무 처리흐름을 자동화하는 워크플로우 기능이 있다.

16 ③

자기문자판독 장치(MCR) : 자기문자를 판독하는 장치(전자 수표 등)이다.

17 ①

DBMS의 필수 기능
- **정의 기능(Definition Facility)**
  - 데이터베이스 구조 정의
  - 데이터의 논리적 구조와 물리적 구조 사이에 변환이 가능하도록 두 구조 사이의 사상(Mapping) 명시
- **조작 기능(Manipulation Facility)** : 데이터베이스를 접근하여 데이터의 검색/삽입/삭제/갱신 등의 연산 작업을 위한 사용자와 데이터베이스 사이의 인터페이스 수단을 제공한다.
- **제어 기능(Control Facility)**
  - 데이터 무결성 유지
  - 보안 유지 및 권한 검사
  - 병행 제어

18 ④

- **Marcus** : "사무자동화는 컴퓨터에 대한 전문 지식이 없는 사용자들이 편리하게 사용할 수 있는 분산자료 처리 시스템의 특별한 경우이다."

- **Michael D. Zisman** : 사무자동화를 컴퓨터 기술(Computer Technology), 통신 기술(Communication Technology, 시스템 공학(System Engineering), 행동 과학(Behavior Science)으로 구분하였다.

19 ④

- **의사결정지원시스템의 정의** : 사무작업을 보다 일관성 있고 효율적으로 수행하며, 경영관리에 필요한 보고서를 자동으로 만들어 결정자의 복잡한 의사결정을 도와주는 시스템이다.
- **의사결정지원시스템의 특징**
  - 초기시스템은 주로 반구조적, 비구조적 문제를 해결하기 위해 사용하였다.
  - 전통적인 데이터 처리와 경영과학의 계량적 분석기법을 통합하여 사용한다.
  - 의사결정자가 신속하고 다양하게 문제를 해결할 수 있는 정보시스템 환경을 제공한다.
  - 데이터(내부 및 외부)뿐만 아니라 복잡한 분석적 도구와 모형을 사용한다.

20 ②

- **MIDI(Musical Instrument Digital Interface)** : 신시사이저, 리듬머신 등 컴퓨터 음악 연주에 사용되는 장비를 연결하기 위한 전송규격이다.
- **INDEO** : 인텔사에 의해 개발된 비디오 코덱(codec)이다. 초기 버전은 마이크로소프트사의 AVI 코덱 수준이다.

---

2 과목 사무경영관리개론

21 ④

공공기록물 관리에 관한 법률 제5조(기록물관리의 원칙)
공공기관 및 기록물관리기관의 장은 기록물의 생산부터 활용까지의 모든 과정에 걸쳐 진본성(眞本性), 무결성(無缺性), 신뢰성 및 이용가능성이 보장될 수 있도록 관리하여야 한다.

22 ②

- **작업 분석** : 사무 작업에 대한 분석으로 사무 처리를 하기 위한 작업 시간의 조건, 기기 등의 설비 조건, 집무환경 등을 분석하는 것이다.
- **공정 분석** : 사무 업무는 단계별로 흐르면서 진행되는데 이러한 흐름의 과정을 분석하는 것이다.
- **가동 분석** : 사무 가동 비율, 또는 여유율, 업무의 발생 비율 등을 조사, 분석하는 것이다.
- **분담 분석** : 사무 업무는 계층화, 부문화가 되면서 일정한 업무가 수행된다. 업무 수행을 위해 각자의 직무 분담이 발생되는데, 이때 그 업무가 적절한지 여부 등을 분석하는 것이다.

23 ④

- **PERT** : 프로젝트의 달성에 필요한 전작업을 작업관련 내용과 순서를 기초로 네트워크형으로 파악한다. 프로젝트를 구성하는 작업내용은 이벤트(원(圓))으로 표시하며, 각 작업의 실시는 액티비티(화살표)라 하여 소요시간과 함께 화살표로 표시한다. 따라서 계획내용은 이벤트, 액티비티 및 시간에 의해서 그림과 같은 네트워크 모양으로 표시한다.
- **자동 독촉 제도(Come–up System)** : 정해진 시기에 처리해야 할 사무 계획을 세운 후, 사무계획에 필요한 서류를 전담직원이 관리하고, 자동으로 독촉하게 하는 제도이다.
- **티클러 시스템(Tickler System)** : 색인 카드철(Tickler File)을 이용하여 서류를 관리 후 날짜에 맞춰 서류를 처리하는 제도이다.

- **간트차트(Gantt Chart)** : 간단한 부호를 사용하여, 작업의 전체적인 상황을 작업자에게 쉽게 이해시키기 위한 것이다. 유기적인 전후 관계를 나타내지 못한다(반복적인 업무를 대상으로 함).

오답 피하기

Taylor System
- 작업의 과학적, 시간적 관리를 꾀하는 제도이다.
- 작업과정에서 노동자의 태만을 방지하고 최대의 능률을 발휘하도록 하기 위해 시간 연구와 동작 연구를 바탕으로 하여 공정한 1일의 작업 표준량인 과업을 제시하여 과업관리(task management)를 하는 동시에 노동의 욕을 고취시키기 위해 차별적인 성과급제도를 채택하는, 기능식 직공장 제도를 도입한 관리방식이다.

24 ①

행정업무의 운영 및 혁신에 관한 규정 시행규칙 제2조(공문서 작성의 일반 원칙)
① 공문서(이하 "문서"라 한다)의 내용을 둘 이상의 항목으로 구분할 필요가 있으면 그 항목을 순서(항목 구분이 숫자인 경우에는 오름차순, 한글인 경우에는 가나다순을 말한다)대로 표시하되, 상위 항목부터 하위 항목까지 1., 가., 1), 가), (1), (가), ①, ㉮의 형태로 표시한다. 다만, 필요한 경우에는 □, ○, −, · 등과 같은 특수한 기호로 표시할 수 있다.

25 ④

사무기기는 공동 사용하며 동선을 분석하여 공동 이용이 편리한 곳에 배치한다.

26 ④

직계참모 조직
- 라인 조직과 스태프 조직을 절충시킨 조직으로, H.에머슨이 창안하였으므로 「에머슨식 조직」이라고도 한다.
- 지휘, 명령 계통의 일관성을 유지할 수 있다.
- 시간적 여유를 가지고 의사 결정을 할 수 있다.
- 전문가를 활용하여 직무의 질과 능률을 높일 수 있다.

오답 피하기
④는 라인조직의 특징이다.

27 ④

저작권법 제101조의3(프로그램의 저작재산권의 제한)
① 다음 각 호의 어느 하나에 해당하는 경우에는 그 목적상 필요한 범위에서 공표된 프로그램을 복제 또는 배포할 수 있다. 다만, 프로그램의 종류·용도, 프로그램에서 복제된 부분이 차지하는 비중 및 복제의 부수 등에 비추어 프로그램의 저작재산권자의 이익을 부당하게 해치는 경우에는 그러하지 아니하다.
1. 재판 또는 수사를 위하여 복제하는 경우
2. 「유아교육법」, 「초·중등교육법」, 「고등교육법」에 따른 학교 및 다른 법률에 따라 설립된 교육기관(상급학교 입학을 위한 학력이 인정되거나 학위를 수여하는 교육기관에 한한다)에서 교육을 담당하는 자가 수업과정에 제공할 목적으로 복제 또는 배포하는 경우
3. 「초·중등교육법」에 따른 학교 및 이에 준하는 학교의 교육목적을 위한 교과용 도서에 게재하기 위하여 복제하는 경우
4. 가정과 같은 한정된 장소에서 개인적인 목적(영리를 목적으로 하는 경우를 제외한다)으로 복제하는 경우
5. 「초·중등교육법」, 「고등교육법」에 따른 학교 및 이에 준하는 학교의 입학시험이나 그 밖의 학식 및 기능에 관한 시험 또는 검정을 목적(영리를 목적으로 하는 경우를 제외한다)으로 복제 또는 배포하는 경우
6. 프로그램의 기초를 이루는 아이디어 및 원리를 확인하기 위하여 프로그램의 기능을 조사·연구·시험할 목적으로 복제하는 경우(정당한 권한에 의하여 프로그램을 이용하는 자가 해당 프로그램을 이용 중인 때에 한한다)

② 컴퓨터의 유지·보수를 위하여 그 컴퓨터를 이용하는 과정에서 프로그램(정당하게 취득한 경우에 한한다)을 일시적으로 복제할 수 있다. 〈신설 2011.12.2.〉

28 ③

- **데이터웨어하우스(Data Warehouse)** : 기업의 정보자산을 효율적으로 활용하기 위해 기업의 전략적 관점에서 효율적인 의사결정을 한 데이터의 통합을 목표로 하는 기술 환경이다.
- **데이터 마트(Data Mart)**
  - 데이터웨어하우스와 같은 기능을 하지만 규모가 작은 데이터웨어하우스를 의미한다.
  - 데이터웨어하우스와 데이터 마트의 구분은 사용자의 기능 및 제공 범위를 기준으로 한다.

29 ②

- **전결** : 행정기관의 장으로부터 사무의 내용에 따라 결재권을 위임받은 자가 행하는 결재이다.
- **대결** : 결재권자가 휴가, 출장 기타의 사유로 결재권자의 사정에 의하여 결재할 수 없는 때에 그 직무를 대리하는 자가 행하는 결재이다.

30 ④

추진 조직의 유형
- **전문 조직 주도형** : 전문 스텝들의 조직에 의해 주도되며, 전사적 접근이 가능하다.
- **사용자 주도형** : 특정 부서에 의해 주도되며, 문서류에 한정되는 단점이 있다.
- **전산 부문 주도형** : 전산 부문의 지식에만 의존하다보면 제도적, 업무적인 측면이 결여되어 추진과정에서의 제약을 초래한다.
- **위원회 주도형** : 전사적 방향이나 조정 기능에는 강하지만 구체적인 방향 제시에 문제가 있다.
- **프로젝트 주도형** : 구체적인 전개 과정에서는 효과적이나 전사적 접근 단계에서는 적절하지 못하며 전문인력 집단을 구성하여 추진하기 때문에 해당 분야의 구체적 전개는 가능하나 타부서와의 의견조정이 어렵다.

31 ④

작업능률을 위해 사무비용의 절감은 고려 대상이 아니다.

32 ④

의사결정과정 중에 발생한 환경 변화도 포함하여 설계되어야 한다.

33 ④

저작물 관련 용어

복제	프로그램을 유형물에 고정시켜 새로운 창작성을 더하지 아니하고 다시 제작하는 것
개작	원프로그램의 일련의 지시, 명령의 전부 또는 상당 부분을 이용하여 새로운 프로그램을 창작하는 것
배포	원프로그램 또는 그 복제물을 공중에게 양도 또는 대여하는 것
발행	프로그램을 공중의 수요를 충족할 수 있을 정도로 복제하여 공중에게 배포하는 것

34 ③

복도는 사무실보다 밝은 연한색 계통이 적합하다.

35 ①

- EDIFACT(Electronic Data Interchange For Administration, Commerce and Transport) : 국제 연합 유럽 경제 위원회(UN/ECE)에서 미국과 유럽 각국이 협조하여 추진하고 있는 표준 EDI 통신 규약. 행정 · 상업 · 수송을 위한 전자 자료 교환(EDI)이라는 뜻으로, UN/EDIFACT라고도 한다.
- EDIFACT 기본 요소
  - 문법과 구문규칙
  - 데이터 엘리먼트 디렉토리
  - 표준 메시지

36 ①

- **양(Quantity) 표준** : 일정 기간 내에 생산되는 작업 단위의 수이다.
- **질(Quality) 표준** : 사무 작업의 정확도를 뜻하며, 보통 %로 표시한다.
- **양 및 질 표준** : 한 사무 작업에 양 표준과 질 표준을 함께 사용한다.

37 ④

경영의 기능별 분류
- **생산정보시스템** : 생산시스템의 설계, 재고 및 생산일정 계획 등 생산운영에 대한 활동을 지원하는 시스템이다.
- **판매/마케팅정보시스템** : 시장정보수집 및 시장 세분화, 목표시장 선정, 마케팅 믹스 개발과 같은 활동을 지원하는 시스템이다.
- **회계정보시스템** : 회계 전반의 업무를 지원하는 시스템이다.
- **재무정보시스템** : 기업의 자금조달 및 투자활동과 관련된 업무 지원시스템이며 현금관리 및 경영분석이 이에 해당한다.
- **인적자원정보시스템** : 종업원 선발이나 부서배치, 업무평가, 보상을 위한 인사관리기능을 지원하는 시스템이다.

38 ③

사무조직화의 원칙

목적의 원칙	조직의 목적을 분명히 해야 함
기능화의 원칙	조직 구성원의 능력이나 사정 등을 고려하지 않고 해야 할 일을 중심으로 조직을 구성해야 함
명령 일원화의 원칙	조직원은 한 사람의 상사에게 명령을 받아야 함
책임/권한의 원칙	각 계층에 할당된 책임을 명확히 하기 위해 권한을 위임
권한 위임의 원칙	실행 권한을 가능한 한 실시 계층에 가깝게 위임해야 함
전문화의 원칙	구성원은 전문화된 활동 분야를 담당케 하는 것이 바람직함
통솔 범위의 원칙	• 일정 관리자가 감독할 수 있는 직원의 수와 조직의 수는 일정한 통솔 범위 안에 들도록 함 • 통솔 범위 결정요인에는 감독자 능력과 근무시간의 한계, 업무의 성질, 직원들의 능력, 조직의 전통, 조직의 규모, 지리적 조건 등이 있음

39 ②

사무 분류
- **본래 사무** : 조직체의 본래의 목적을 달성하기 위해 수행하는 사무이다.
- **지원 사무** : 참모 부분이 담당하는 사무이다.
- **경영 사무** : 전략적 계획에 관한 사무로 조직체의 최고방침이나 정책적 의사결정을 위해 행해지는 것이다.
- **상례 사무** : 반복성의 유무에 의한 사무의 분류 중 거의 매일 똑같이 반복해서 발생하는 사무이다.

40 ①

행정업무의 운영 및 혁신에 관한 규정 제28조(서식 설계의 일반 원칙)
① 서식은 글씨의 크기, 항목 간의 간격, 적어 넣을 칸의 크기 등을 균형 있게 조절하여 서식에 적을 사항을 쉽게 알 수 있도록 하여야 한다.
② 서식에는 누구나 쉽게 이해할 수 있는 용어를 사용하고, 불필요하거나 활용도가 낮은 항목을 넣어서는 아니 된다.
③ 서식은 특별한 사유가 없으면 별도의 기안문과 시행문을 작성하지 아니하고 그 서식 자체를 기안문과 시행문으로 갈음할 수 있도록 생산등록번호 · 접수등록번호 · 수신자 · 시행일 및 접수일 등의 항목을 넣어야 한다.
④ 법령에서 서식에 날인하여야 한다고 정하고 있지 아니하면 서명이나 날인을 선택할 수 있도록 하여야 한다.
⑤ 서식에는 가능하면 행정기관의 로고 · 상징 · 마크 · 홍보문구 등을 표시하여 행정기관의 이미지를 높일 수 있도록 하여야 한다.
⑥ 민원서식에는 민원인의 편의를 도모하기 위하여 그 민원업무의 처리흐름도, 처리기간, 전자적 처리가 가능한지 등을 표시하여야 하며, 음성정보나 영상정보 등을 수록하거나 연계한 바코드 등을 표기할 수 있다.
⑦ 서식에는 용지의 규격과 지질을 표시하여야 한다.

3과목 프로그래밍 일반

41 ③

- **다중 처리 시스템(Multi-Processing System)** : 여러 개의 CPU와 한 개의 주기억장치로 여러 프로그램을 동시에 처리하는 시스템이다.
- **다중 프로그래밍 시스템(Multi-Programming System)**
  - 하나의 컴퓨터 시스템에서 여러 프로그램들이 같이 컴퓨터 시스템에 입력되어 주기억장치에 적재되고, 이들이 처리장치를 번갈아 사용하며 실행하도록 하는 시스템이다.
  - 처리량을 극대화한다.

42 ④

- **링키지 에디터(Linkage Editor)** : 재배치 형태의 기계어로 된 프로그램을 묶어서 로드 모듈로 만든다.
- **로더(Loader)** : 합쳐진 목적 프로그램을 주기억장치에 적재하여 실행 가능하도록 하는 시스템 프로그램이다.
- **인터프리터** : 고급언어로 작성된 원시프로그램을 행 단위로 번역한다.
- **프리프로세서(Preprocessor)** : 주석(Comment)의 제거, 상수 정의 치환, 매크로 확장 등 컴파일러가 처리하기 전에 먼저 처리하여 확장된 원시 프로그램을 생성한다.

43 ③

int a=3, b=10;	정수변수 a=3, b=10 으로 초기화
if (b)5)	만약 b가 5초과이면 a+b값을 16진수로 출력
printf ("%x\n", a+b);	
else	만약 b가 5초과가 아니면 b-a값을 16진수로 출력
printf ("%x\n", b-a);	

- b가 10이므로 a+b 계산 결과가 16진수로 출력
- 3+10 = 13 = D(16)

44 ①

연산자의 종류
- **단항(Unary) 연산자** : 하나의 입력 자료에 대한 연산으로 Move, Shift, Rotate, Complement 등을 의미한다.
- **이항(Binary) 연산자** : 두 개의 입력 자료에 대한 연산으로 AND, OR, 사칙연산 등을 의미한다.

45 ④

기계어
- 저급언어(기계어, 어셈블리어)는 적용되는 기계에 종속적이므로 각 적용되는 기계마다 언어가 다르다.
- 사람이 사용하는 자연어와 거리가 먼 기계어(코드)로 이루어져 프로그램 작성 및 유지보수가 어렵다.
- 2진수 0과 1을 사용하여 명령어와 데이터를 나타낸다.

46 ③

- int는 정수형 변수이며 *는 역참조 연산자로 pt라는 정수형 포인터 변수를 선언한다.
- 포인터 변수는 선언된 변수의 이름이 아닌 메모리 내의 변수 위치 주소를 사용할 수 있도록 해 준다.
- *pt 포인터 변수에 1개의 정수(int) 영역(new)을 동적으로 할당한다.
- ※ 위 코드는 동적할당에 사용되는 정규화된 식이므로 식과 문제를 암기해 두도록 한다.
  int * pt = new int(2); → 2개의 정수 영역을 동적으로 할당한다.

47 ②

- 정수형 변수 a=3, b=6, c, d, e 할당
- 논리 연산을 위해 2진수로 변환
- 3 = 0011
- 6 = 0110
- **AND(논리 곱)** : 두 수가 모두 1이면 1
- **OR(논리 합)** : 두 수 중 한 개라도 1이면 1
- **XOR(배타적 논리 합)** : 두 수의 값이 다르면 1
- 각 자릿수별로 연산하고 10진수로 변환

AND 연산(&)	OR 연산(|)	XOR 연산(⊕)
0011 & 0110	0011 | 0110	0011 & 0110
0010 = 2	0111 = 7	0101 = 5

48 ①

BNF 심볼
- ::= : 정의
- | : 택일
- 〈 〉 : 비종단

49 ②

JAVA의 System.out.println 메소드
- System.out.println 메소드는 콘솔에 문자열 결과를 출력 후, 행을 변경한다.
- "5 + 2 = "의 문자열 이후의 + 연산의 경우 문자열 간 연결 기능을 수행한다.
- 따라서, "5 + 2 = " 이후 + 3을 수행하면 3이 "3" 문자열로 형 변환 후 "5 + 2 = 3"으로 문자열 연결되며 + 4 역시 4가 "4" 문자열로 형 변환 후 "5 + 2 = 34"로 문자열 연결된 후 출력된다.
- "5 + 2 = " + (3 + 4)의 경우 괄호에 의해 (3 + 4)가 먼저 덧셈 수행하여 7로 산술연산이 되어 "5 + 2 = "와 "7"이 문자열 연결되어 "5 + 2 = 7"이 출력된다.

50 ②

페이지 교체 알고리즘
- **FIFO** : 먼저 입력된 페이지를 먼저 교체하는 방식이다.
- **OPT(OPTimal replacement)** : 가장 오랫동안 사용되지 않을 페이지를 대체하는 방식이다.
- **LRU(Least Recently Used)** : 가장 오랫동안 사용되지 않았던 페이지 교체 방식이다.
- **NUR(Not Used Recently)** : 가장 최근에 사용되지 않은 페이지 교체 방식이다.

51 ①

- **malloc(Memory Allocation)** : 동적 메모리를 할당할 때 사용하는 함수이다.
- **free** : 더 이상 할당된 메모리가 사용될 일이 없을 때 garbage를 없애는 함수이다.
- **fork** : 새로운 프로세스를 생성하는 함수이다.
- **return** : 현재 실행 중인 함수를 끝내고 해당 함수를 호출한 곳으로 돌아가게 하는 함수이다.

52 ①

- **A != B** : A와 B는 같지 않다.
- **A <= B** : A가 B보다 작거나 같다.
- **A 〉 B** : A가 B를 초과한다.
- **A= =B** : 서로 같다.

오답 피하기
% : 산술연산자로, 나머지 구할 때 사용한다.

53 ④

- **클래스(Class)** : 하나 이상의 유사한 객체들을 묶어 공통적 특성을 묶어 공통된 속성과 연산을 표현한 객체의 집단이다.
- **메시지(Message)** : 객체들 간의 상호작용을 위한 수단으로 사용되며, 메시지를 받은 객체는 메서드를 수행한다.

54 ④

- **변수(Variable)** : 기억 장치의 한 장소를 추상화한 것. 프로그래머가 프로그램 내에서 정의하고 이름을 줄 수 있는 자료 객체이다.
- **상수(Constant)** : 프로그램이 동작하는 동안 값이 절대로 변하지 않는 값이다.

55 ④

- 할당 – 프로그래머
- 연결 – 프로그래머
- 재배치 – 어셈블러
- 적재 – 로더

56 ①

- 좌측 산술 시프트 1비트 시 값이 2배이다.
- 우측 산술 시프트 1비트 시 값이 1/2배이다.
- a를 우측 2회 시프트했으므로 16/4 = 4이다.
- b를 좌측 2회 시프트했으므로 64*4 = 256이다.

57 ①

후위 증가연산자(++)와 전위 감소연산자(−−)

- y = x++;
- 변수 y에 변수 x의 값을 대입 후, 변수 x의 값을 1 증가시켜 변수 y에는 5가 변수 x에는 6이 저장된다.
- z = −−x;
- 변수 x의 값을 1 감소시킨 후, 변수 z에 변수 x의 값을 대입하여 변수 x는 5가 변수 z이 저장된다.
- 최종 결과 변수 x, 변수 y, 변수 z를 출력하면 5, 5, 5가 출력된다.

58 ①

BCD 코드 변환 시 10진수 각 자리를 4bit의 2진수로 변환 후 연결함

- 6 = 0110
- 3 = 0011
- 4 = 0100
  → 0110 0011 0100

59 ②

- A != B : A와 B는 같지 않다.
- A <= B : A가 B보다 작거나 같다.
- A > B : A가 B를 초과한다.
- A==B : 서로 같다.

60 ②

JAVA 접근 제한자(접근 제어자)

- public : 모든 접근을 허용한다.
- private : 같은 패키지에 있는 객체와 상속 관계의 객체들만 허용한다.
- default : 같은 패키지에 있는 객체들만 허용한다.
- protected : 현재 객체 내에서만 허용한다.

---

4 과목 | 정보통신개론

61 ①

IPv6(Internet Protocol version 6)는 차세대 주소 체계로 128비트(6비트씩 8개)로 구성된다.

62 ①

통신 소프트웨어의 세 가지 기본 구성요소 : 데이터 송수신, 통신 하드웨어 제어, 이용자 인터페이스 제어가 있다.

63 ②

- **게이트웨이** : 프로토콜의 변환이 필요한 통신망 간 상호 접속에 사용한다.
- **리피터** : 장거리 전송 시 신호 감쇄를 보정하기 위해 사용한다.
- **서버** : 자료를 제공하는 측의 컴퓨터이다.
- **클라이언트** : 자료를 수신하는 측의 컴퓨터이다.

64 ②

HDLC의 데이터 전송모드

- **표준(정규)응답모드(NRM)** : 반이중 통신을 하는 포인트 투 포인트 또는 멀티 포인트 불균형 링크 구성에 사용하며 종국은 주국의 허가가 있을 때만 송신한다.

- **비동기응답모드(ARM)** : 전이중 통신을 하는 포인트 투 포인트 불균형 링크 구성에 사용하며 종국은 주국의 허가가 없이도 송신이 가능하지만, 링크 설정이나 오류 복구 등의 제어기능은 주국만 한다.
- **비동기균형(평형)모드(ABM)** : 포인트 투 포인트 균형 링크에서 사용하면 혼합국끼리 허가 없이 언제나 전송할 수 있도록 설정 가능하다.

65 ④

패킷 교환 방식(Packet Switching)

- 메시지를 일정한 길이의 전송 단위인 패킷으로 나누어 전송하는 방식이다.
- 패킷 단위로 저장–전달(Store–and–Forward) 방식에 의해 데이터를 교환하는 방식이다.
- 다수의 사용자 간에 비대칭적 데이터 전송을 원활하게 하므로 모든 사용자 간에 빠른 응답 시간 제공이 가능하다.
- 전송에 실패한 패킷의 경우 재전송이 가능하다.
- 패킷 단위로 헤더를 추가하므로 패킷별 오버헤드가 발생한다.
- 패킷 교환 방식에서 패킷을 작게 분할할 경우 헤더와 노드지연시간이 증가되며 패킷의 분할/조립시간이 늘어난다.

66 ①

X.25의 계층 구조

패킷 계층
프레임 계층
물리 계층

67 ④

복조는 모뎀에서 전송회선을 통해 전달된 아날로그 신호를 다시 컴퓨터에서 사용할 수 있도록 디지털 신호로 변환하는 과정을 의미한다.

68 ①

- **ITU(International Telecommunication Union)** : 국제전기통신연합
- **JSI(Japanese Industrial Standards)** : 일본공업규격
- **DIN(Deutsche Industric Normen]** : 독일산업규격

69 ③

시분할 방식

- 사용자들에게 일정 시간을 할당하고, CPU를 그 시간만큼 사용할 수 있게 하는 방식이다.
- 실시간(real–time) 응답이 주로 요구된다.
- 컴퓨터와 이용자가 서로 대화형으로 정보를 교환한다.
- 다수의 단말기가 1대의 컴퓨터를 공동으로 사용한다.

70 ④

HDLC(High–Level Data Link Control)

- 비트(Bit) 위주의 데이터링크 계층의 프로토콜이다.
- 전송효율이 좋고 단방향, 반이중, 전이중 방식 모두 지원한다.
- 신뢰성이 높고 포인트 투 포인트, 멀티 포인트, 루프방식 모두 지원한다.
- 전송 제어 제한 없이 비트 정보를 전송할 수 있다.

71 ③

정보통신 시스템은 정보 전송의 신뢰성을 제공한다.

72 ①

성형(Star)	망형(Mesh)	링형(Ring)
계층형(Tree)	버스형(Bus)	격자망형(Grid)

73 ③

- **1비트(onebit; 2위상)** : bps = baud
- **2비트(dibit; 4위상)** : bps = 2baud
- **3비트(tribit; 8위상)** : bps = 3baud

74 ②

- **순환 중복 검사(CRC, Cyclic Redundancy Check)**
  - 집단 오류에 대한 신뢰성 있는 오류 검출을 위해 다항식 코드를 이용하여 에러 검사를 하는 방식이다.
  - 프레임 단위로 오류 검출을 위한 코드를 계산하여 프레임 끝에 부착하는데 이를 "FCS"라 한다.
  - 동기식 전송에 주로 사용한다.
  - 생성 다항식은 CRC-16, CRC-32 등이 있다.
  - 수신단에서 CRC부호로 에러를 검출한다.
  - 여러 비트에서 발생하는 집단성 에러도 검출이 가능하여 신뢰성이 우수하다.
- **전진 에러 제어(순방향 에러 제어, FEC)** : 데이터 전송과정에서 오류가 발생한 경우 오류의 발생을 송신측에 통보하지 않고 스스로 수정하는 방식이며, ARQ와 다르게 역 채널을 사용하지 않아 연속적 데이터 전송이 가능하다.

75 ①

- **WPAN(Wireless Personal Area Network)** : 10m 이내의 거리에서 무선 서비스를 제공하기 위한 무선 개인 통신망이다. UWB, ZigBee, 블루투스 기술 등이 활용된다.
- **WLAN (Wireless LAN)** : 무선랜이다.

76 ①

- **LAN(Local Area Network, 근거리 통신망)** : 정보 통신 기술 발전에 의해 출현한 정보화의 한 형태로서, 한 건물 또는 공장, 학교 구내, 연구소 등의 일정지역 내의 설치된 통신망으로서 각종 기기 사이의 통신을 실행하는 통신망이다.
- **ISDN(Integrated Service Digital Network, 종합 정보 통신망)** : 발신 가입자로부터 수신자까지의 모든 전송, 교환 과정이 디지털 방식으로 처리되며, 음성과 비음성, 영상 등 서비스를 종합적으로 처리하는 통신망이다.

77 ②

데이터 통신 방식의 종류
- **단방향(Simplex)방식** : 정보전송은 한 방향으로만 이루어진다.
- **반이중 통신(Half Duplex)방식** : 2선 회선을 이용해 정보전송은 양쪽으로 가능하나 한 순간에는 한쪽 방향으로만 가능하다.
- **전이중 통신(Full Duplex)방식** : 4선식 회선을 이용하여 양방향 동시 통신 가능한 회선이다.

78 ③

전송 제어 장치 : 단말장치와 전송 회선의 접속 및 신호(메시지)의 타이밍 유지, 오류 제어 등에 사용되는 장치와 변복조 장치를 합쳐서 데이터 전송 장치라 한다.

79 ②

PCM 순서 : 표본화 → 양자화 → 부호화 → 복호화 → 여과기

80 ②

송신할 비트열에 NRZ/RZ를 변환하는 이유는 송신 데이터를 구리선에 전송하기 위함이다. 즉, 신호를 전송하는 전송장치에서 이러한 변환을 수행한다.

자격증은 이기적!

자격증은 이기적!

자격증은 이기적!

이기적으로 공부하면
단기간에 합격할 수 있습니다.